인공지능 시대
미래 핵심 역량 향상을 위한

진로교육의 이해와 실제

Understanding and Practice of Chareer Education
to Improve future core Competency in the Age of Artificial Intelligence

신재한
박소영

박영story

머리말

현재 전 세계는 인공지능이 중심이 되는 '4차 산업혁명 시대'를 맞아 정치, 경제, 사회, 문화 등 다양한 분야에서 변화의 움직임이 대두되고 있다. 4차 산업혁명 시대는 과학기술 간의 경계, 실재와 가상현실의 경계, 기계와 생명의 경계가 희미해지는 시대로서(조현국, 2017), 이전의 그 어떤 혁명보다도 가장 큰 변화를 가져올 것으로 예상할 수 있다.

특히, 노동시장의 변화는 사회경제적 환경의 변화, 직업세계의 변화로 인해 과거 진로지도의 내용과 방법이 혁신적으로 변화될 필요성이 있다. 따라서, 4차 산업혁명 시대를 적극적으로 준비하고 대응할 수 있는 미래교육은 물론, 진로교육의 방향도 변화되어야 한다. 또한, 새로운 진로지도를 할 수 있는 진로교육 체계 재정비는 물론, 학생들에게 이러한 창의적 진로개발에 대한 역량과 안목을 길러주는 진로교육도 필요하다. 이러한 변화하는 시대에 적합한 진로교육이 필요한 시점에 본 저서를 집필하여 진로교육의 새로운 지평선을 열기를 기대해 본다.

본 저서는 1부 4차 산업혁명 시대에 필요한 핵심 역량, 2부 진로교육의 이해, 3부 진로교육과정 적용의 실제, 4부 진로교육을 위한 교수학습 방법, 5부 자유학년제 운영 모형 등 크게 5부로 구성되어 있다. 1부에서는 4차 산업혁명 시대의 특징 및 미래교육 방향, 4차 산업혁명 시대의 핵심 역량과 교육 모델, 역량 기반 학교 교육과정으로 구성되어 있고, 2부에서는 2015 개정 교육과정과 진로교육, 학교급별 진로교육의 목표 및 내용으로 구성되어 있으며 3부에서는 진로교육과정 편성 및 운영, 교과교육을 통한 진로교육, 교과별 진로교육 적용 사례, 창의적 체험활동을 통한 진로교육, 학교급별 진로교육 자료 등으로 구성되어 있다. 또한, 4부에서는 교육과정 재구성, 융합교육, 프로젝트학습, 토의·토론학습 등으로 구성되어 있고, 5부에서는 진로탐색 중점 모형, 학생선택 프로그램 중점 모형, 동아리활동 중점 모형, 예술·체육 중점 모형 등 자유학년제 운영 모형으로 구성되어 있다.

본 저서는 미래사회에 필요한 핵심 직업 역량을 기를 수 있는 이론과 실제적인 내용으로 구성하였으므로, 진로전문가, 상담전문가, 교육전문가 등에게 매우 유용할 뿐만 아니라, 실제 사례를 중심으로 구성되어 있어 누구든지 쉽게 이해할 수 있다. 아무쪼록 본 저서가 진로교육의 이해와 방법을 실천하는 데 기초가 되는 기본 지침서가 되기를 바라는 마음이다. 끝으로 본서 출판에 도움을 주신 박영사 가족 여러분께 감사를 드린다.

2021년 10월

신재한

목차

1부 4차 산업혁명 시대에 필요한 핵심역량

2부 진로교육의 이해

3부 진로교육과정 적용의 실제

목차

4부 진로교육을 위한 교수학습 방법

목차

5부 자유학년제 운영 모형

제 1 부

4차 산업혁명 시대에 필요한 핵심역량

CHAPTER

01

4차 산업혁명시대의 특징 및 미래교육 방향

SECTION

01 4차 산업혁명 시대의 개념

현재 전 세계는 인공지능이 중심이 되는 '4차 산업혁명 시대'를 맞아 정치, 경제, 사회, 문화 등 다양한 분야에서 변화의 움직임이 대두되고 있다. 4차 산업혁명은 18세기 증기기관에 기초한 기계화혁명인 1차 산업혁명, 19세기에서 20세기 초 전기에너지에 기초한 대량생산혁명인 2차 산업혁명, 20세기 후반 컴퓨터와 인터넷 기반의 지식정보혁명인 3차 산업혁명과는 달리, 인공지능을 기반으로 한 사람, 사물, 공간을 초연결, 초지능화한 만물초지능 혁명이다(한경호, 2016). 결론적으로 말하자면 4차 산업혁명은 인공지능, 빅데이터, 사물인터넷, 클라우드, 3D 프린팅, 자율주행 자동차 등과 같이 소프트웨어와 데이터 기반의 지능 디지털 기술변환(intelligent digital technology transformation)에 의한 혁명이라 할 수 있다(Schwab, 2016).

특히, 4차 산업혁명 시대는 과학기술간의 경계, 실재와 가상현실의 경계, 기계와 생명의 경계가 희미해지는 시대로서(조현국, 2017), 이전의 그 어떤 혁명보다도 가장 큰 변화를 가져올 것으로 예상할 수 있다. 즉, 기존의 현재 시장을 유지하면서 이뤄지는 현재 지향적인 형태의 지속적 혁신(substaining innovation)과는 달리, 기존의 시장을 완전히 대체하는 미래 지향적 형태의 파괴적 혁신이라 할 수 있다(Downes & Nunes, 2014). 이러한 4차 산업혁명으로 인해 세계 각국은 빈부격차 심화로 인한 국가 간 불평등과 불균형 심화, 저출산 및 고령화로 인한 경제적 위기, 기존의 직업의 변화로 실업률 증가, 인간성 상실의 위기 등 많은 위기가 노출될 수 있다(박남기, 2017; 한은미, 2016; 조현국, 2017).

따라서, 4차 산업혁명 시대를 적극적으로 준비하고 대응할 수 있는 미래교육의 목적과 방향 탐색, 교수-학습 방법 개선, 미래 사회에 길러야 할 인재 역량 등 다방면으로 모색할 필요가 있다. 또한, 4차 산업혁명 시대는 현재 인간이 수행하고 있는 거의 대부분의 기능이 인공지능으로 대체될 것을 감안하면, 미래교육의 방향도 "두뇌(brain)"의 기능을 밝히는 신경과학, 뇌과학, 인지과학을 토대로 획기적인 패러다임 전환을 가져올 필요가 있다. 즉, 기존의 뇌과학, 심리학, 교육학 등을 융합한 형태로 새롭게 등장하는 교육신경과학(educational neuroscience)은 뇌과학적 지식인 뇌의 인지기능 및 구조를 이해하고, 다양한 실험 상황에서 발견된 연구결과와 일치하는 교육적 원리와 전략을 마련하여 그것을 실제 교육현장에 적용함으로써, 모든 학습자들이 자신의 뇌기능을 활용하여 주도적으로 학습을 계획, 수행할 수 있도록 하는 데 목표를 둔 새로운 교육 패러다임이라 할 수 있다(Jensen, 2007; Ki, 2006).

2016년 다보스포럼에서 Schwab(2016)은 1차, 2차, 3차 산업혁명을 거쳐 4차 산업혁명의 도래를 주장하였다. 먼저 1차 산업혁명을 통해서 증기기관의 발명으로 수송 수단, 물과 증기를 이용한 생산 기계들을 사용하여 산업의 발전을 가져왔고, 2차 산업혁명을 통해 대량 생산을 가능하게 한 자동화를 가져왔다. 또한, 3차 산업혁명은 정보기술의 발달로 컴퓨터를 통한 자동생산 시스템을 구축하였다.

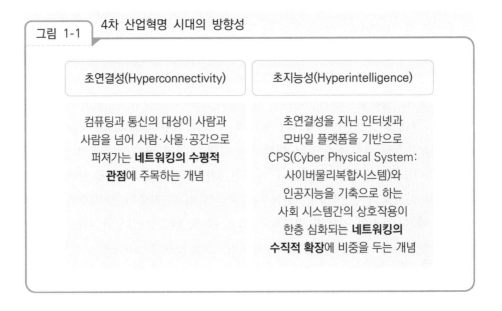

그림 1-1 4차 산업혁명 시대의 방향성

초연결성(Hyperconnectivity)	초지능성(Hyperintelligence)
컴퓨팅과 통신의 대상이 사람과 사람을 넘어 사람·사물·공간으로 퍼져가는 **네트워킹의 수평적 관점**에 주목하는 개념	초연결성을 지닌 인터넷과 모바일 플랫폼을 기반으로 CPS(Cyber Physical System: 사이버물리복합시스템)와 인공지능을 기축으로 하는 사회 시스템간의 상호작용이 한층 심화되는 **네트워킹의 수직적 확장**에 비중을 두는 개념

특히, 4차 산업혁명은 컴퓨팅과 통신의 대상이 사람과 사람을 넘어 사람, 사물, 공간으로 퍼져가는 수평적 네트워킹 확장인 '초연결성(Hyper connectivity)', 인터넷과 모바일 플램폼을 기반으로 사이버물리복합시시스템(Cyber Physical System)과 인공지능을 주축으로 사회 시스템 간의 상호작용이 심화되는 수직적 네트워킹 확장인 '초지능성(Hyper intelligence)' 등 [그림 1-1]과 같은 방향성을 가지고 있다.

SECTION

02 4차 산업혁명 시대의 특징

4차 산업혁명의 특징을 1차, 2차, 3차 산업혁명과 비교해 보면 <표 1-1>과 같이 정리할 수 있다(성태제, 2017; 한동승, 2016).

표 1-1 1,2,3,4차 산업혁명의 비교 분석

구분	시기	에너지원	기술	주요 특징
1차 산업혁명	18세기	석탄, 물	증기기관	기계에 의한 생산
2차 산업혁명	19-20세기초	석유, 전기	내연 연소기관 전기에너지	자동화에 의한 대량생산
3차 산업혁명	20세기 후반	핵에너지, 천연가스	컴퓨터, 로봇	반도체, PC, 인터넷, IT
4차 산업혁명	2015년 이후	친환경에너지	인공지능, 사물인터넷, 3D프린터, 유전공학	빅데이터, 융복합

특히, 세계경제포럼(World Economic Forum)의 창립자인 Schwab(2016)은 1차 산업혁명은 기계화, 2차 산업혁명은 전기화, 3차 산업혁명은 정보화, 4차 산업혁명은 인공지능화, 디지털과 물리세계와의 결합, 바이오 분야의 혁신 등 <표 1-2>와 같이 구분하고 있다. 즉, 4차 산업혁명은 인공지능, 로봇공학, 사물인터넷, 자율주행 자동차, 3D 프린팅, 나노기술, 생명공학, 재료공학, 에너지 저장 기술, 퀀텀 컴퓨팅(Quantum Computing)의 발달 등 과학기술의 혁명적인 진보가 이루어지는 시대라고 볼 수 있다(임종헌, 유경훈, 김병찬, 2017).

표 1-2 1,2,3,4차 산업혁명의 핵심 기술 및 내용

구분	핵심 기술	내용
1차 산업혁명	물, 증기 (water and steam power)	물과 증기를 이용한 증기기관을 활용 생산성 향상
2차 산업혁명	전기 (electric power)	전기 에너지 이용을 통한 대량생산 체제 구축
3차 산업혁명	전자, 정보 기술 (electronics, information technology)	전자와 정보 기술을 이용한 자동화 및 디지털화
4차 산업혁명	디지털, 물리학, 생물학 (digital, physical, biological)	디지털 기술을 바탕으로 물리학, 생물학 결합

또한, Schwab(2016)은 1차 산업혁명은 4차 산업혁명 시대의 특징을 속도, 범위와 깊이, 체제 변화 등 세 가지 측면에서 <표 1-3>과 같이 설명하고 있다.

표 1-3 4차 산업혁명의 특징

구분	특징
속도 (Velocity)	• 과학기술을 포함한 인간 삶의 변화 속도가 기하급수적 증가 • 각 분야들 간의 연계 및 융합 가속화
범위와 깊이 (Breadth & depth)	• 디지털혁명을 기반으로 한 과학기술의 변화 주도적 • 사회, 경제, 문화, 교육 등 사회 전반의 광범위한 변화로 연결 • 인간의 정체성에 대한 철학적 사유 및 논의까지 요구하는 변화
체제 변화 (Systems Impact)	• 시스템 및 체제의 변화, 패러다임 변화 • 개인적인 삶, 국가 체제, 세계 체제 등 변화까지 연결

지금까지 살펴본 산업혁명의 변화 과정과 특징을 정리하면 [그림 1-2]와 같이 도식화할 수 있다(안종배, 2017).

그림 1-2 산업혁명의 변화 과정과 특징

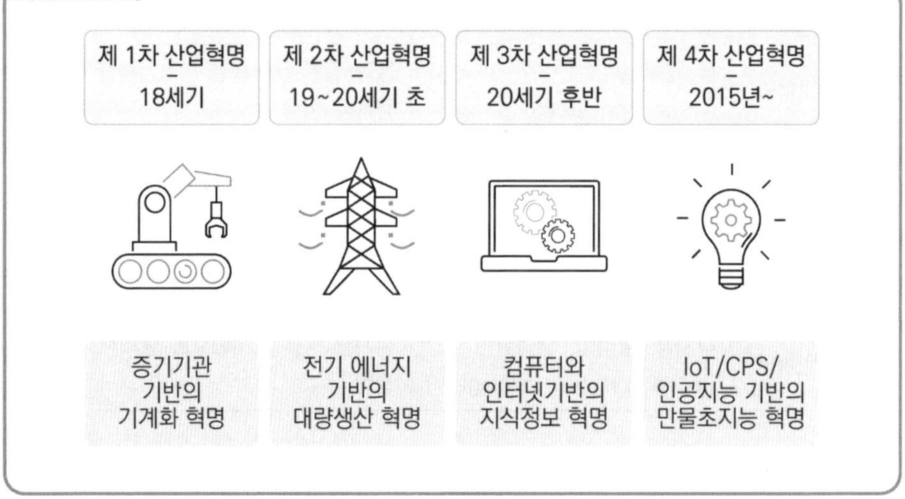

제 1차 산업혁명
18세기
제 2차 산업혁명
19~20세기 초
제 3차 산업혁명
20세기 후반
제 4차 산업혁명
2015년~
증기기관 기반의 기계화 혁명
전기 에너지 기반의 대량생산 혁명
컴퓨터와 인터넷기반의 지식정보 혁명
IoT/CPS/ 인공지능 기반의 만물초지능 혁명

SECTION

03 4차 산업혁명 시대의 미래 직업의 변화

4차 산업혁명 시대에 가장 큰 변화는 미래사회에서의 직업에 대한 전망이다. WEF(2016)는 직업미래보고서에서 인공지능 기술 개발로 인해 202만개의 새로운 직업을 창출하지만, 710만개의 직업은 줄어들 것이라고 발표하고, 구체적인 직업군별 채용 증감 추이를 비교하면 <표 1-4>와 같다. <표 1-4>에서도 알 수 있듯이, 단순 반복적인 직업은 로봇이나 인공 지능이 대체하지만, 오히려, 인성, 감성, 창의성을 요구하는 직업은 오히려 증가할 것으로 예상할 수 있다.

표 1-4 4차 산업혁명 시대에 따른 직업군별 채용 증감 추이 비교

(2015년-2020년, 단위: 천개)

감소 직업군	직업수	증가 직업군	직업수
사무, 관리	-4,759	마케팅, 금융	+ 492
제조, 생산	-1,609	경영	+ 416
건설, 채굴	-497	컴퓨터, 수학	+ 405

또한, 4차 산업혁명 시대에 고용의 변화를 상위 주요 직업과 하위 주요 직업을 비교해 보면 [그림 1-3]과 같이 정리할 수 있다.

그림 1-3 4차 산업혁명 시대에 따른 고용의 변화

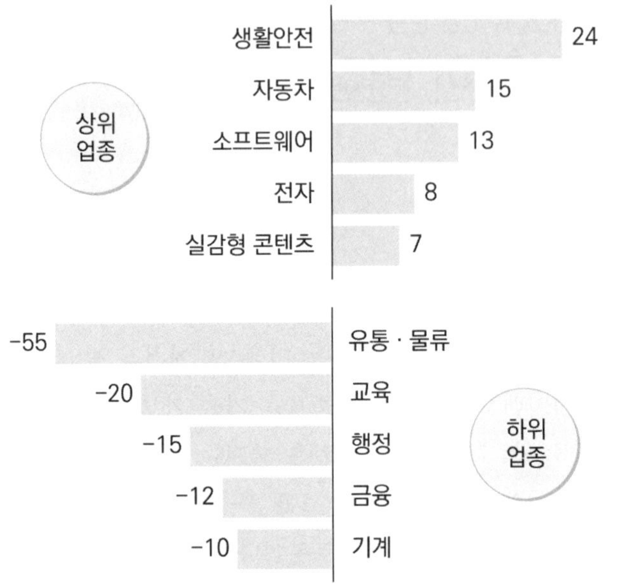
생활안전 24
자동차 15
소프트웨어 13
전자 8
실감형 콘텐츠 7
상위 업종
-55 유통 · 물류
-20 교육
-15 행정
-12 금융
-10 기계
하위 업종

*상위 업종은 최상의 시나리오, 하위업종은 최악의 시나리오 기준, 자료=딜로이트컨설팅

특히, 영국 BBC에서 4차 산업혁명 시대 사라질 위험이 높은 직업으로 텔레마케터, 컴퓨터 입력요원, 법률 비서, 경리, 분류업무, 검표원 등 <표 1-5>와 같이 제시하고 있다. 또한, 4차 산업혁명 시대 직업별 인공지능 대체 비율을 살펴보면 청소원, 주방보조원, 매표원 및 복권 판매원 등의 순으로 가장 높고, 조사 전문가, 세무사, 큐레이터 및 문화재 보조원 등의 순으로 가장 높은 것으로 나타났다.

표 1-5 4차 산업혁명 시대 사라질 위험이 높은 직업(영국 BBC)

단위: 명

순위	직업	Job Title	위험성	종사자 수
1	텔레마케터	Telephone Salesperson	99.0%	43,000
2	(컴퓨터)입력요원	Typist or related keyboard worker	98.5%	51,000
3	법률비서	Legal secretaries	98.0%	44,000
4	경리	Financial account manager	97.6%	132,000
5	분류업무	Weigher, garder or sorter	97.6%	22,000
6	검표원	Routine inspector and tester	97.6%	63,000
7	판매원	Sales administrator	97.2%	70,000
8	회계관리사	Book-keeper, payroll manager or worker	97.0%	436,000
9	회계사	Financial officer	97.0%	35,000
10	보험사	Pensions and insurance clerk	97.0%	77,000
11	은행원	Bank or post office clerk	96.8%	146,000
12	기타 회계 관리사	Financial administrative worker	96.8%	175,000
13	NGO 사무직	Non-governmental Organisation	96.8%	60,000
14	지역 공무원	Local government administrative worker	96.8%	147,000
15	도서관 사서 보조	Library clerk	96.7%	26,000
총 종사자 수 1,527,000				

표 1-6 4차 산업혁명 시대 직업별 인공지능 대체 비율

순위	대체 비율 높은 직업	대체 비율	대체 비율 낮은 직업	대체 비율
1	청소원	1.000	회계사	0.221
2	주방보조원	1.000	항공기조종사	0.239
3	매표원 및 복권판매원	0.963	투자 및 신용 분석가	0.253
4	낙농업 관련 종사원	0.945	자산운용가	0.287
5	주차 관리원 및 안내원	0.944	변호사	0.295
6	건설 및 광업 단순 종사원	0.943	증권 및 외환 달러	0.302
7	금속가공기계조작원	0.943	변리사	0.302
8	청원경찰	0.928	컴퓨터하드웨어 기술자 및 연구원	0.323
9	경량철골공	0.920	기업고위임원	0.324
10	주유원	0.908	컴퓨터시스템 및 네트워크 보안 전문가	0.338
11	펄프 및 종이 생산직(기계조작)	0.905	보건위생 및 환경 검사원	0.345
12	세탁원 및 다림질원	0.902	기계시험원	0.349
13	화학물 가공 및 생산직 (기계조작)	0.902	보험 및 금융 상품개발자	0.354
14	곡식작물재배원	0.900	식품공학 기술자 및 연구원	0.367
15	건축도장공	0.899	대학교수	0.370
16	양식원	0.898	농림어업시험원	0.371
17	콘크리트공	0.897	전기 · 가스 및 수도 관련 관리자	0.375
18	패스트푸드원	0.890	큐레이터 및 문화재보존원	0.379
19	음식 배달원	0.888	세무사	0.379
20	가사도우미	0.887	조사 전문가	0.381

한편, 4차 산업혁명 시대 10년－20년 후까지 남는 직업 25개는 레크레이션 치료사, 정비설치수리 일선 감독자, 위기관리 책임자, 정신건강 약물 관련 사회복지사, 청각 훈련사 등이 있고, 사라질 직업 25개는 전화 판매원, 부동산 등기의 심사조사, 손바느질 재단사, 컴퓨터 이용한 데이터 수집 가공 분석, 보험업자 등 <표 1－7>과 같다.

표 1-7 4차 산업혁명 시대 남는 직업과 사라질 직업

10~20년 후까지 남는 직업 상위25		10~20년 후에 사라지는 직업 상위 25	
1	레크레이션 치료사	1	전화 판매원(텔레마케터)
2	정비설치 수리 일선 감독자	2	부동산 등기의 심리조사
3	위기관리 책임자	3	손바느질 재단사
4	정신 건강약물 관련 사회복지사	4	컴퓨터 이용한 데이터 수집가공분석
5	청각훈련사	5	보험업자
6	작업치료사	6	시계수리공
7	치과교정사의치 기공사	7	화물 취급인
8	의료사회복지사	8	세무신고 대행자
9	구강외과	9	필름사진 현상 기술자
10	소방방재의 제일선 감독자	10	은행 신규계좌 개설 담당자
11	영양사	11	사서 보조원
12	숙박시설의 지배인	12	데이터 입력 작업원
13	안무가	13	시계 조립조정 공학
14	영업 엔지니어	14	보험 청구 및 보험 계약 대행자
15	내과외과	15	증권회사의 일반 사무원
16	교육 코디네이터	16	수주계
17	심리학자	17	대출 담당자
18	경찰청형사의 제일선 감독자	18	자동차 보험 감정인
19	치과의사	19	스포츠 심판

10~20년 후까지 남는 직업 상위25		10~20년 후에 사라지는 직업 상위 25	
20	초등학교 교사(특수교육 제외)	20	은행 창구계
21	의학자(역학자 제외)	21	금속목재고무의 에칭 판화 업체
22	초중학교의 교육 관리자	22	포장기계필링 운영자
23	다리(발)관련 의사	23	구매 담당자
24	임상심리사상담사학교 카운슬러	24	화물 배송 수신계
25	정신건강 상담	25	금속 · 플라스틱 가공용 기계 조작원

(출처: 칼프레이 베네딕트 · 마이클 오스본 '고용의 미래')

SECTION

04 4차 산업혁명 시대의 유망 직업

한편, 우리나라에서도 정부 선정 대한민국 4차 산업 혁명 시대 8대 유망 직업으로 [그림 1-4]와 같이 제시하고 있고 이러한 8대 유망 직업의 공통점은 [그림 1-5]와 같이 정보보안, 사물인터넷, 빅데이터, 스마트 제조 등 ICT라는 점이다.

그림 1-4 4차 산업 혁명 시대 대한민국 8대 유망 직업

스마트 기계 자동화 (스마트 팩토리)
스마트 에너지 제어 (ESS/EMS)
바이오 제약
가상/증강 현실 시스템 (VR/AR)
드론 제작 관리 운영
스마트 금융 시스템 (핀테크)
스마트 팜
스마트 자동차

그림 1-5 4차 산업 혁명 시대 대한민국 8대 유망 직업의 공통점

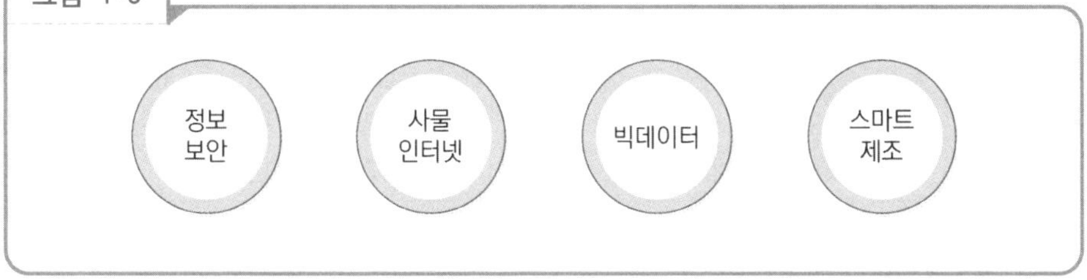
정보 보안
사물 인터넷
빅데이터
스마트 제조

SECTION

05 4차 산업혁명 시대 미래교육의 방향

4차 산업혁명 시대를 대비하여 미국, 영국, 프랑스, 일본 등 세계 각국의 교육정책 현황을 소개하면 <표 1-8>과 같다(서혜숙, 2017).

표 1-8 4차 산업혁명 시대 세계 각국의 교육정책 현황

국가	SW교육	디지털교과서(교수학습) 관련 정책	교육환경(인프라) 정책	개인맞춤형 서비스
 미국	모든 학생을 위한 컴퓨터 과학 교육 정책 추진 발표 ('16년 1월)	디지털교과서 활용 가이드라인('15년)에 따라 주 단위의 디지털교과서 확산 중	학교 인터넷 개선, 디지털 학습 강화를 위해 민간과 협력하여 ConnectED('13년) 추진, 학교 무선망 확충, 학생용 기기(아이패드, 구글 크롬북 등) 보급 확대	사립학교의 24%가 맞춤학습 시스템 이미 사용 또는 사용 예정
 영국	'14년 9월부터 초중등학교 모든 학령에서 SW교육 필수화	케임브리지, 옥스포드 등 민간출판사 주도 디지털교과서 개발 · 활용 확산	(런던) 2,500개 학교에 고속보안네트워크, 문서작성 및 스토리지, 화상회의 시스템 제공	영국학교는 edu-tech에 매년 900만 파운드 이상 투자
 프랑스	'16년 9월 신학기부터 SW를 중학교 정규 과목화	연구학교 시범적용('09~'11년)을 거쳐 디지털교과서 활용 확산 중	디지털학교 프로젝트로 '20년까지 교사 100%, 초중학생 70%에 기기(PC, 스마트패드) 보급 계획	정부보조금으로 초등학교에 맞춤 학습 솔루션 보급

국가	SW교육	디지털교과서(교수학습) 관련 정책	교육환경(인프라) 정책	개인맞춤형 서비스
 일본	'12년부터 중학교, '20년부터 초등학교 SW교육 필수화	'20년부터 디지털 교과서 전면 도입 계획	'14년부터 초중고 인프라 개선사업 추진, '20년 모든 학교 무선망 완비 목표(교육정보화 비전)	일본 총무성은 교육클라우드 정책을 추진하여 학습분석 관리

특히, 제3차 산업혁명 시대 특징인 표준화, 규격화, 정형화된 교육의 방향을 탈피하여 4차 산업혁명 시대에는 다양성, 창의성, 유연성을 강화하는 방향으로 교육이 변화해야 한다. 이러한 변화를 위해서는 미래교육 콘텐츠, 미래교육 시스템, 미래학교, 미래교육 거버넌스 등 교육 관련 모든 체계가 총체적으로 상호 협력하여 [그림 1-6]과 같은 교육 혁신 프레임워크를 설계해야 한다(안종배, 2017).

그림 1-6 4차 산업혁명 시대 미래교육 혁신 프레임워크

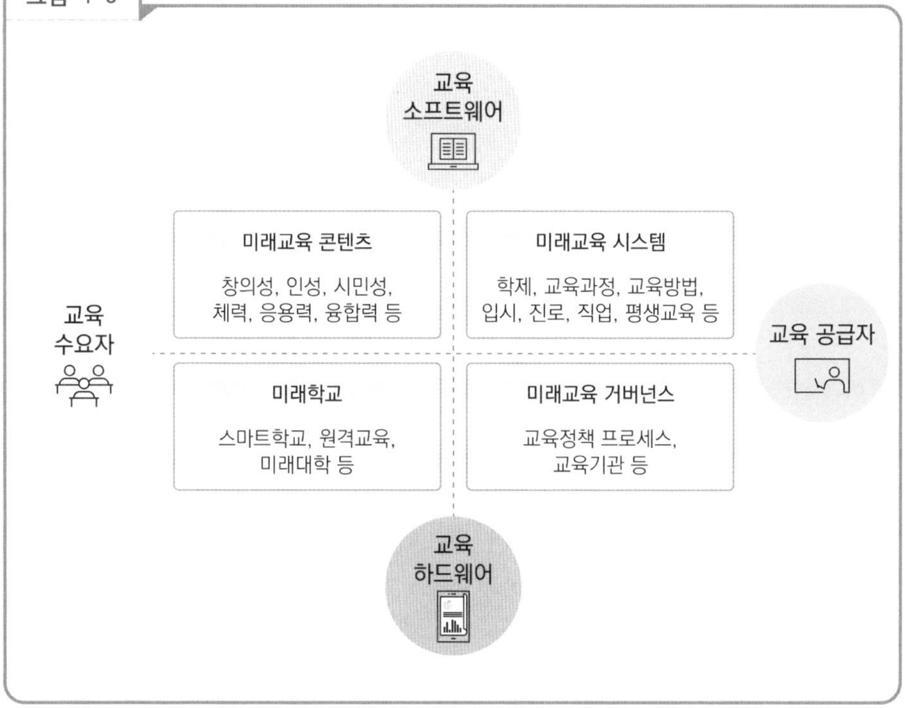
교육
소프트웨어
미래교육 콘텐츠
창의성, 인성, 시민성,
체력, 응용력, 융합력 등
미래교육 시스템
학제, 교육과정, 교육방법,
입시, 진로, 직업, 평생교육 등
교육
수요자
교육 공급자
미래학교
스마트학교, 원격교육,
미래대학 등
미래교육 거버넌스
교육정책 프로세스,
교육기관 등
교육
하드웨어

한편, 4차 산업혁명 시대 미래교육의 혁신 방안은 제도, 학교, 사회, 기술 측면에서 교육과정, 학습평가, 교수학습 영역 등 [그림 1-7]과 같이 도식화할 수 있다(김진숙, 2017).

그림 1-7 4차 산업혁명 시대 미래교육의 혁신 방안

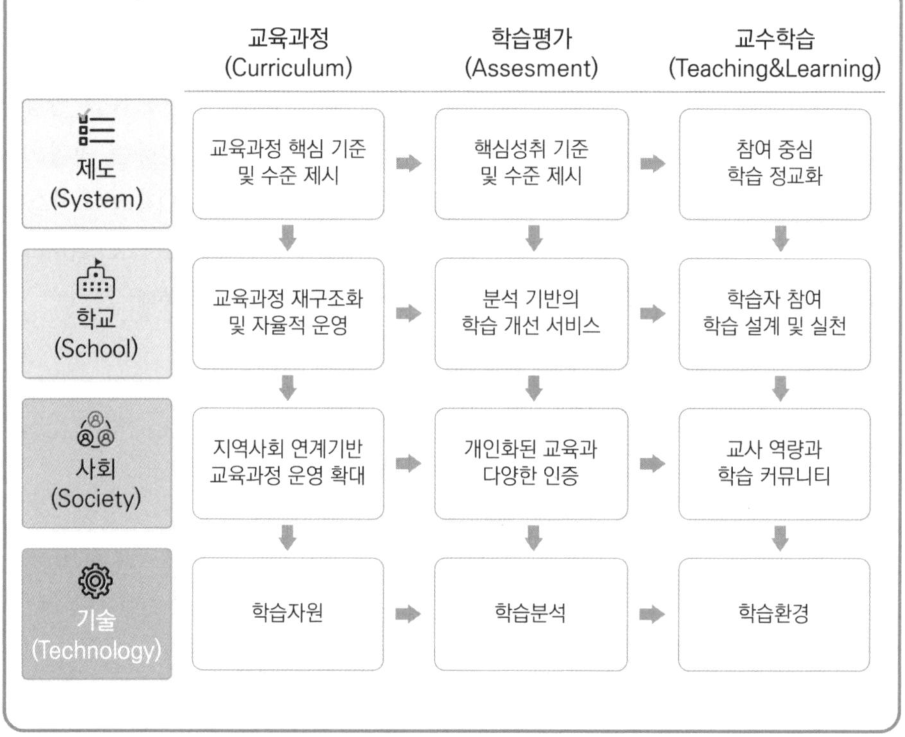

교육과정
(Curriculum)
학습평가
(Assesment)
교수학습
(Teaching&Learning)
제도
(System)
교육과정 핵심 기준 및 수준 제시
핵심성취 기준 및 수준 제시
참여 중심 학습 정교화
학교
(School)
교육과정 재구조화 및 자율적 운영
분석 기반의 학습 개선 서비스
학습자 참여 학습 설계 및 실천
사회
(Society)
지역사회 연계기반 교육과정 운영 확대
개인화된 교육과 다양한 인증
교사 역량과 학습 커뮤니티
기술
(Technology)
학습자원
학습분석
학습환경

안종배(2017)는 4차 산업혁명 시대를 주도할 미래창의혁신 인재를 양성을 미래교육의 비전으로 제시하였고 글로벌 경쟁력 갖춘 미래 창의혁신 인재를 양성하는 교육, 개인의 창의성과 다양성이 존중되고 행복한 삶과 건강한 사회의 지속발전에 기여하는 교육을 미래교육의 목표로 제안하였다. 4차 산업혁명 시대의 미래교육의 비전, 목표를 토대로 미래교육의 혁신 방향을 정리하면 [그림 1-8]과 같이 도식화할 수 있다.

그림 1-8 4차 산업혁명 시대의 미래교육 방향(안종배, 2017)

① 미래교육 시스템 혁신	② 미래학교 혁신	③ 미래교육 콘텐츠 혁신	④ 미래교육 거버넌스 혁신
• 4차 산업혁명 시대에 대응하는 유연한 학제 • 자율적 교육과정과 평가 • 다양한 진로·직업 교육 • 자율적 입시제도와 대학제도 • 다양한 장학 복지	• 4차 산업혁명 시대에 대응하는 창의적 미래 • 지역과 함께하는 학교 • 교사 역할과 교사 시스템 및 교사의 영역 변화 • 교육 공간의 변화 • 직업학교와 대학 모습의 변화	• 4차 산업혁명 시대에 대응하는 창의적 인지 역량 • 인성적 정서 역량 • 협력적 사회 역량 • 생애 학습 역량을 함양할 수 있는 교육 콘텐츠	• 4차 산업혁명 시대에 대응하는 새로운 미래교육 정책 결정 프로세스 • 교육 거버넌스의 새로운 패러다임 • 미래대학 학교 단위 거버넌스의 변화

특히, 4차 산업혁명 시대를 준비하기 위해서는 현재 학생들이 현재에 잘 적응하는 교육 방향을 설정하기 보다는 현재 학생들이 10년, 20년 이후 미래에 잘 적응할 수 있는 역량을 길러주는 교육 방향을 설정할 필요가 있다. 즉, 기존의 선다형 평가 위주의 교육 방법, 단순 암기식 수업 형태, 정답 위주의 입시 체제 등은 미래에 존재하지도 않을 지식을 가르치기 위해 오히려 '시간과 노력의 낭비'라는 결과만 초래할 수 있기 때문에, 4차 산업혁명 시대에 필요한 미래교육의 패러다임을 전환할 필요가 있다. 이에 우리나라 교육부에서는 4차 산업혁명 시대의 미래를 전망하고 현재 우리나라 현실을 감안하여 미래교육의 방향을 유연화, 자율화, 개별화, 전문화, 인간화 등 [그림 1−9]와 같이 5가지를 제시하였다.

그림 1-9 4차 산업혁명 시대의 미래교육 방향(교육부, 2016)

미래전망	우리현실	미래교육 방향
• 인성·감성·창조적 업무분야 우세 • 문제해결력, 비판적 사고, 창의성 중시 • 에듀테크 산업 발전, 맞춤형 교육 • 지능정보기술 분야 인력수요 증가 • 사회양극화 심화, 인간소외	• 학년제 경직성, 선택 과목 다양성 부족 • 강의식·암기식 수업, 경쟁중심 평가 • 기술을 활용한 개별 맞춤형 교육 미흡 • SW 전문인력 공급 부족, 인력유출 • 교육격차 심화, 정보 취약계층 정보격차	유연화 자율화 개별화 전문화 인간화

또한, 4차 산업혁명 시대에 적합한 미래교육의 목적을 ‘창의융합 인재 강국 만들기’로 제시하고 구체적인 미래교육의 방향과 추진 전략을 [그림 1-10]과 같이 발표하였다(교육부, 2016).

그림 1-10 4차 산업혁명 시대의 미래교육 추진 전략(교육부, 2016)

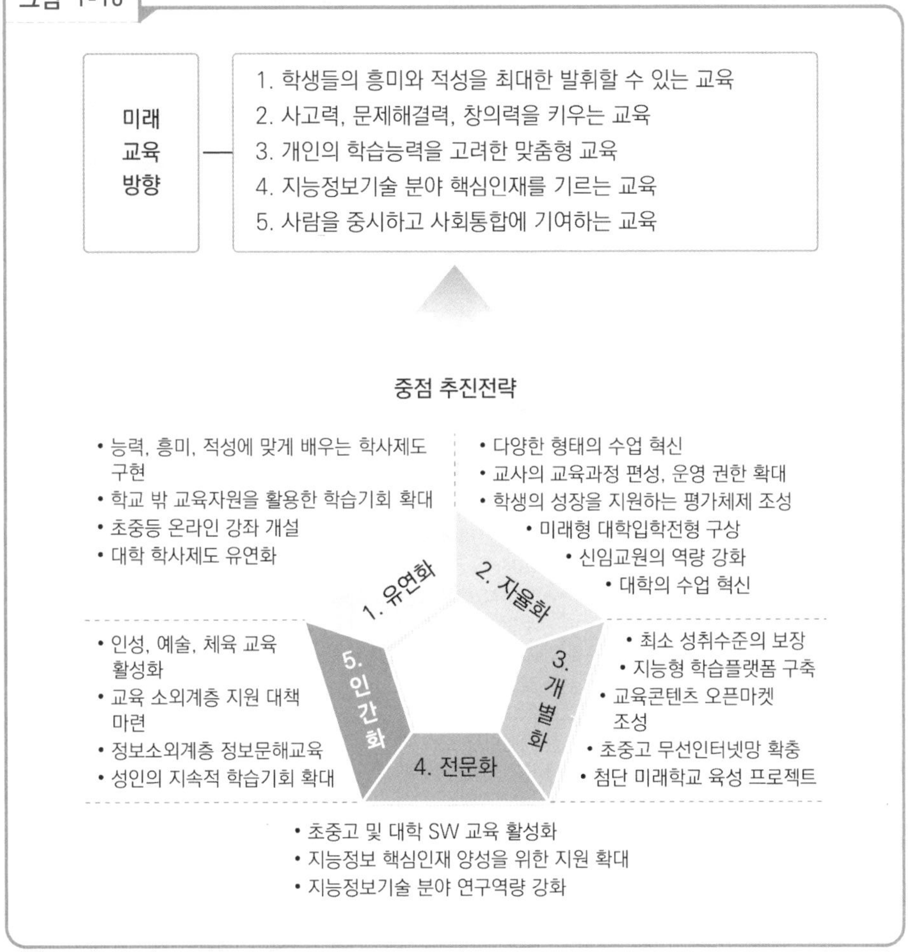

미래 교육 방향
1. 학생들의 흥미와 적성을 최대한 발휘할 수 있는 교육
2. 사고력, 문제해결력, 창의력을 키우는 교육
3. 개인의 학습능력을 고려한 맞춤형 교육
4. 지능정보기술 분야 핵심인재를 기르는 교육
5. 사람을 중시하고 사회통합에 기여하는 교육
중점 추진전략
• 능력, 흥미, 적성에 맞게 배우는 학사제도 구현
• 학교 밖 교육자원을 활용한 학습기회 확대
• 초중등 온라인 강좌 개설
• 대학 학사제도 유연화
• 다양한 형태의 수업 혁신
• 교사의 교육과정 편성, 운영 권한 확대
• 학생의 성장을 지원하는 평가체제 조성
• 미래형 대학입학전형 구상
• 신임교원의 역량 강화
• 대학의 수업 혁신
1. 유연화
2. 자율화
3. 개별화
4. 전문화
5. 인간화
• 인성, 예술, 체육 교육 활성화
• 교육 소외계층 지원 대책 마련
• 정보소외계층 정보문해교육
• 성인의 지속적 학습기회 확대
• 최소 성취수준의 보장
• 지능형 학습플랫폼 구축
• 교육콘텐츠 오픈마켓 조성
• 초중고 무선인터넷망 확충
• 첨단 미래학교 육성 프로젝트
• 초중고 및 대학 SW 교육 활성화
• 지능정보 핵심인재 양성을 위한 지원 확대
• 지능정보기술 분야 연구역량 강화

한편, 4차 산업혁명 시대가 도래함에 따라 불확실한 미래 변화에 빠르게 적응하여 가치있고, 생산성 높고, 유의미한 아이디어와 산출물을 개발할 수 있는 창의인성을 갖춘 인재상을 요구한다. 이러한 21세기 미래인재는 정보통신기술의 발달에 따라 진화하는 지식 기반 사회에 유연하고 탄력있게 대처할 수 있는 역량이 구비되어야 한다. 따라서 이러한 인재 양성을 위해서는 기존의 표준화된 내용으로 순차적 지식 암기 및 습득을 중요시하는 기존의 교육 패러다임이 아니라, [그림 1-11]과 같이 교과 및 체험활동이 융합된 다양하고 특성화된 내용으로 창의적 사고 역량에 중점을 두는 새로운 교육 패러다임이 필요하다(계보경 외, 2106).

그림 1-11 4차 산업혁명 시대 미래교육의 변화 방향

	교육목표/내용	교육방법/매체/서비스	교수자	학습자
기존의 교육 패러다임	• 선형적 · 순차적 · 정형화 · 표준화된 지식 습득 • 이론 중심 내용 • 짜여진 과도한 분량 • 위계적 · 수렴적 사고 • 암기지식 측정 중심의 평가 • 인지적 영역에 초점	• 오프라인 교육 • 강의식 수업(교수자 중심 교육방법) • 교과서(텍스트)중심의 획일적 교육 • 면대면 상호작용	• 지식전달자	• 수동적 학생 • 외재동기 또는 내재동기 • 단선형 인간 • 학력중심 • 학습 · 일 분리 • 개인학습 중심
새로운 교육 패러다임	• 다차원적·비선형적·비구조화된 지식 습득 및 활용 • 현장 중심 내용 (멀티태스킹) • 유연하고 수준별 적절한 분량 • 창의적 · 발산적 사고 • 수행 과정 및 결과에 대한 종합적 평가 • 인지적 · 사회적 · 정의적 영역 고루 포함	• 온·오프라인교육 (Blended Learning) • 토론식/문제기반 수업(학습자 중심 교육방법) • 교과와 체험활동이 창의융합된 다양하고 특성화된 교육 • ICT 및 멀티미디어 기반 쌍방향 상호작용	• 지식조력자/촉진자/코치/카운셀러	• 능동적 학생 • 자기결정성동기 • 창의·융합형 인간 • 역량 중심 • 학습 · 일 병행 • 학습공동체

이 외에도 4차 산업혁명 시대 대학 교육은 교양과 전공 교육과정을 구분하는 이원적인 교육과정이 아니라, 통합적인 교육과정 설계가 필요하다. 4차 산업혁명 시대는 직업 생태계의 변화, 소비 중심에서 공유 중심의 경제 체제 전환, 탈도시화 및 분산화 체제, 인간성 상실의 위기 등 <표 1-9>와 같은 다양한 사회 변화가 일어나기 때문에, 대학의 교양교육도 변화하지 않을 수 없다(조헌국, 2017).

표 1-9 4차 산업혁명 시대 대학교육의 변화 및 해결 방안

미래 사회의 변화	• 직업 생태계의 변화	• 소비 중심에서 공유중심으로의 전환	• 탈도시화, 분산형 체제	• 인간성 상실의 위기
대학의 변화	• 사회변화 적응을 위한 유연한 전공 창업 교육 강화	• 학습 자원의 공유	• 인공지능 기반 학습 및 가상 캠퍼스 개발	• 포스트휴머니즘에 따른 인간-기계 상호작용
교양 교육의 과제	• 미래사회 핵심역량 진단 및 분석 • 분석 기업가정신 교육 • 자기 주도적 전공 설계	• 개방형 플랫폼 개발	• 가상현실 시스템 활용 • 글로벌 시민 교육	• 디지털 인문학의 강조 • 인성교육 강화
해결방안	• 유기체적 교양 · 전공 통합 교육과정 설계 • 중핵 교육과정 고도화 융복합 심화 교과목 개발	• 기초학문 중심 • 개방형 교과목 개발	• 학습 진단 도구개발 • 블렌디드 러닝 활성화 • 지역학 교과목 편성	• 협동학습 중심의 교육 및 평가 체계 구축 • 공동체 학습 경험

CHAPTER 02

4차 산업혁명 시대의 핵심역량과 교육 모델

SECTION

01 4차 산업혁명 시대의 미래 인간상

4차 산업 혁명 시대의 바람직한 인간상은 인터넷, 글로벌한 시민적 책임의식, 탐구적 자율인 등 총체적이고 포괄적이다. 이러한 인간을 기르기 위해서 인지능력(기초인지능력, 인문학적 소양 등), 인지 특성(지적호기심. 탐구정신 등), 정의적 특성(정직, 성실, 은근, 끈기 등) 등 [그림 1-12]와 같이 크게 세 가지 핵심역량을 길러야 한다(성태제, 2017).

그림 1-12 4차 산업혁명 시대 인간상과 핵심역량

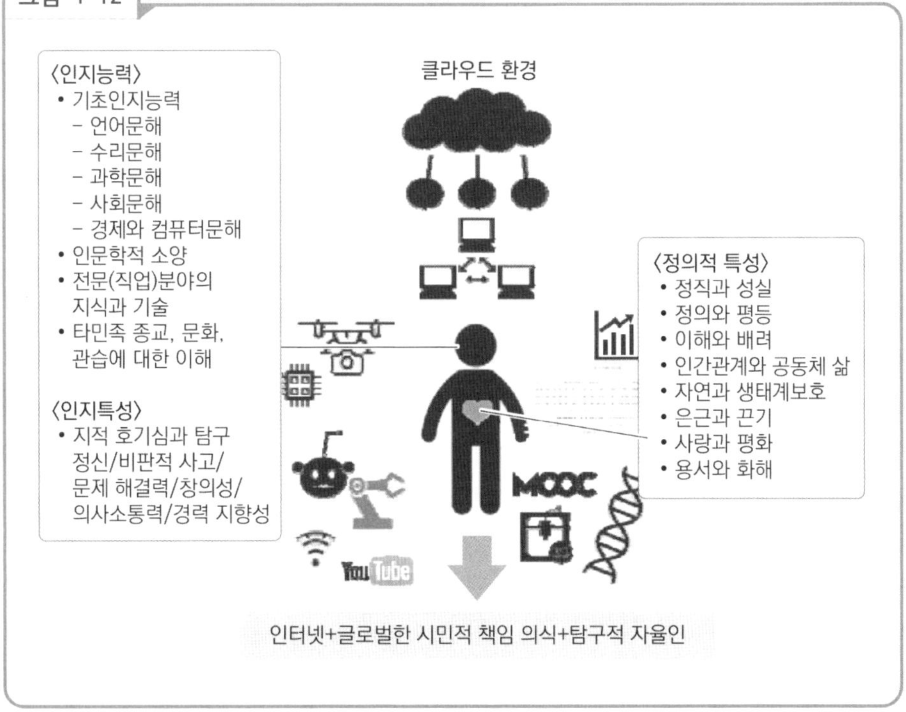
〈인지능력〉
• 기초인지능력
- 언어문해
- 수리문해
- 과학문해
- 사회문해
- 경제와 컴퓨터문해
• 인문학적 소양
• 전문(직업)분야의 지식과 기술
• 타민족 종교, 문화, 관습에 대한 이해
〈인지특성〉
• 지적 호기심과 탐구 정신/비판적 사고/문제 해결력/창의성/의사소통력/경력 지향성
클라우드 환경
MOOC
YouTube
〈정의적 특성〉
• 정직과 성실
• 정의와 평등
• 이해와 배려
• 인간관계와 공동체 삶
• 자연과 생태계보호
• 은근과 끈기
• 사랑과 평화
• 용서와 화해
인터넷+글로벌한 시민적 책임 의식+탐구적 자율인

SECTION

02 4차 산업혁명 시대의 인재 핵심역량

특히, World Economic Forum(2016)은 4차 산업혁명 시대 길러야 할 미래 인재의 핵심역량으로 특정 기능 역량(functional skills)보다는 사회적 역량, 자원관리 역량, 시스템 역량, 문제해결 역량, 과학기술 역량 등 다기능 역량(cross-functional skills)을 강조하였다.

표 1-10 4차 산업혁명 시대 인재 핵심역량

능력(Abilities)	기본 역량 (Basic Skills)	다 기능 역량(Cross-functional Skills)	
인지능력 • 유연한 인지 • 창의성 • 논리적 추리력 • 문제 민감성 • 수학적 추리력 • 시각화 능력	직무내용 역량 • 능동적 학습 • 발표력 • 독해력 • 문장력 • ICT 역량	사회적 역량 • 협업능력 • 감정지능 • 협상력 • 설득력 • 서비스 지향성 • 교수력(teaching)	자원관리 역량 • 재물관리 • 인적자원관리 • 시간관리
신체 능력 • 육체적 힘 • 손재주	직무처리 역량 • 경청 • 비판적 사고 • 모니터링 역량	시스템역량 • 의사결정 • 시스템 분석	과학기술 역량 • 장비 유지, 보수 • 장비 운영, 제어 • 프로그래밍 • 품질관리 • 테크놀로지 및 사용자 경험 디자인 • 기술 문제해결
		문제해결 역량 • 복잡한 문제해결	

특히, 4차 산업혁명 시대 미래교육에서 길러야 할 역량으로 김진숙(2017)은 2015 개정 교육과정에서도 제시하고 있는 창의융합형 인재를 강조하면서 초연결, 초지능, 초융합 사회를 살아가는 창조융합형 인재(Creative Learner)를 제안하였다. 창조융합형 인재가 갖추어야 할 역량으로 상황 맥락 지능, 감성 지능, 사회정서 지능, 신체 지능 등 [그림 1-13]과 같이 도식화할 수 있다.

그림 1-13 4차 산업혁명 시대의 인재 역량(김진숙, 2017)

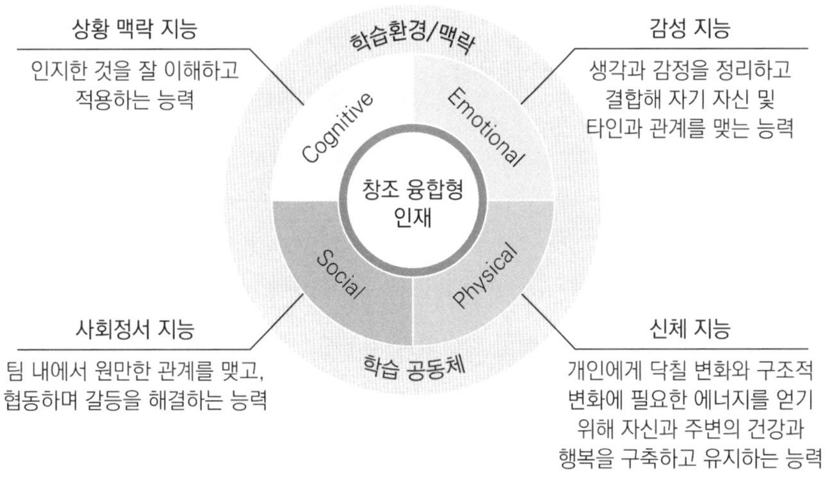
상황 맥락 지능
인지한 것을 잘 이해하고 적용하는 능력
감성 지능
생각과 감정을 정리하고 결합해 자기 자신 및 타인과 관계를 맺는 능력
학습환경/맥락
Cognitive
Emotional
창조 융합형 인재
Social
Physical
학습 공동체
사회정서 지능
팀 내에서 원만한 관계를 맺고, 협동하며 갈등을 해결하는 능력
신체 지능
개인에게 닥칠 변화와 구조적 변화에 필요한 에너지를 얻기 위해 자신과 주변의 건강과 행복을 구축하고 유지하는 능력

또한, 4차 산업혁명시대의 미래교육에서 길러야 할 인재상은 건강한 미래사회를 주도할 창의적으로 사고하는 인성을 갖춘 전문 인재 즉, '미래 창의 혁신 인재(Future Creative Professional)'라 할 수 있다(안종배, 2017). 이러한 인재를 기르기 위해 필요한 역량은 창의로운 인지 역량, 인성을 갖춘 정서 역량, 협력하는 사회 역량, 생애주기 학습 역량 등 [그림 1-14]와 같이 도식화 할 수 있다.

그림 1-14 4차 산업혁명 시대의 인재 역량(안종배, 2017)

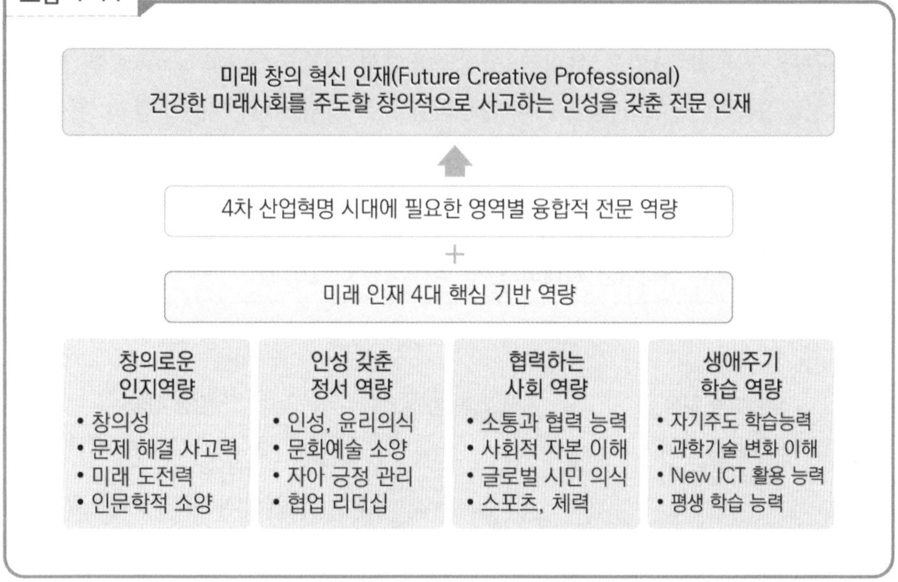

미래 창의 혁신 인재(Future Creative Professional)
건강한 미래사회를 주도할 창의적으로 사고하는 인성을 갖춘 전문 인재
4차 산업혁명 시대에 필요한 영역별 융합적 전문 역량
+
미래 인재 4대 핵심 기반 역량
창의로운 인지역량
• 창의성
• 문제 해결 사고력
• 미래 도전력
• 인문학적 소양
인성 갖춘 정서 역량
• 인성, 윤리의식
• 문화예술 소양
• 자아 긍정 관리
• 협업 리더십
협력하는 사회 역량
• 소통과 협력 능력
• 사회적 자본 이해
• 글로벌 시민 의식
• 스포츠, 체력
생애주기 학습 역량
• 자기주도 학습능력
• 과학기술 변화 이해
• New ICT 활용 능력
• 평생 학습 능력

한편, 4차 산업혁명 시대에 새롭게 강조될 시민성의 덕성 및 역량을 소개하면 <표 1-11>과 같이 정리할 수 있다(김봉섭, 김현철, 박선아, 임상수, 2017).

표 1-11 4차 산업혁명 시대 시민성의 덕성 및 역량

영역	의미	덕성	역량
① 인공지능 관련 '지식 정보에 대한 권리와 의무'	인공지능의 작동 원리와 오작동 위험성에 관한 필수 지식정보를 충분히 알고 이해할 수 있어야 하며, 필요한 정보의 공개를 요구할 권리를 요구할 권리와 더불어 필수 지식을 숙지하고 변경된 사항들에 대해 관심을 갖고 업데이트를 위한 노력을 기울일 의무도 갖고 있음. (알 권리, 소비자 교육을 받을 권리, 환경의식에 대한 책임, 정보에 대한 책임 등)	근면, 성실의 덕성(꾸준한 정보 탐색과 업데이트를 위한 노력)	정보 검색과 획득, 취사선택의 능력(알 권리 행사, 알아야 할 의무 준수)
② 인공지능 관련 '태도와 의지에 대한 권리와 의무'	분쟁이나 피해가 발생하거나 발생할 가능성이 있는 경우에, 귀찮다고 넘어가거나 내 일이 아니라고 덮어두지 않고 적극적으로 해결을 위해 참여하려는 태도와 의지에 관련한 권리와 의무 (안전할 권리, 선택할 권리, 의견 반영 권리, 구제받을 권리, 지속가능 환경 권리, 기술적 중립성 권리, 비판의식에 대한 책임, 사회적 배려에 대한 책임 등)	공감, 배려, 끈기, 이타적 덕성 (피해에 대해 공감하고, 분노하며, 도와주려는 태도)	자기동기화 능력 (귀찮고 힘들어도 문제해결을 위해 포기하지 않으려는 실천 의지를 스스로 북돋우고 그것을 유지하는 능력)
③ 인공지능 관련 '실천과 조직에 대한 권리와 의무'	문제 해결을 위해 효과적으로 대응하고, 자신의 문제해결뿐만 아니라 비슷한 처지의 다른 소비자들을 위해 단체를 조직하고, 연대하여 문제해결의 절차를 제도화하는 데에까지 나아갈 수 있는 권리와 그렇게 해야할 의무 (의견 반영 권리, 단체조직활동의 권리, 참여에 대한 책임, 연대에 대한 책임 등)	능동, 적극, 책무성(움츠러들지 않고 앞으로 나아가 문제를 해결하고 책임을 감당하려는 태도)	의사소통력, 사회적 조직력 (다른 사람들과 함께 힘을 합치고 효과적으로 협력할 수 있는 능력)

SECTION

03 4차 산업혁명 시대의 미래교육 모형

4차 산업혁명 시대 미래의 교육 모형은 <표 1-12>와 같이 5P(Permeable, Public, Pervasive, Paced, Personal) 학습 체제로 정의할 수 있다(조헌국, 2017).

표 1-12 4차 산업혁명 시대의 미래교육모형 5P 학습체제

구분	개념	특징
Permeable	• 산업 사회와 직업 생태계의 변화로 인해 등장하게 될 융복합 중심의 교육과정 개편은 기존의 전공이나 학문 분야 간 장벽의 붕괴 가속화	• 온라인과 오프라인, 인문학과 과학기술, 교과와 비교과, 현실과 사이버 세계, 생물과 무생물 등 경계 붕괴 • 교양과 전공 경계 붕괴, 교양교육 내 여러 학문 분야 간 경계 붕괴 • 교수자와 학습자의 경계 모호
Public	• 인간과 기계의 결합과 개방형 플랫폼의 보급은 집단 지성 등 공동체 중심의 학습 자산 형성 강화	• 인간과 기계를 포괄한 집단 학습을 통해 인간의 인지적, 신체적, 정서적 능력 극대화 • 학습의 성과물 역시 개인의 것이 아닌, 집단의 것으로 이해 • 이론과 실천의 연계 강화
Pervasive	• 인공지능의 발달과 빅데이터의 활용은 학습에 대한 시공간적 제약을 해제하여 언제 어디에서나 학습 가능	• 개방형 플랫폼과 사이버 물리 시스템을 통한 토론과 실습, 강의가 복합된 교과목 운영
Paced	• 탈도시화, 탈분권화된 교육과정의 등장은 개인 잠재력과 학습 목적에 적합한 맞춤형 학습 실현	• 각자의 수준에 맞게 학습량과 과제를 조절해 누구든지 목표에 도달 가능
Personal	• 개인의 성격와 인성을 다루는 인간성을 위한 교육 강조	• 생명 가치와 인간에 대한 참된 이해, 서로 다른 문화 이해 및 배려, 존중

특히, 성태제(2017)는 4차 산업혁명의 특징이 융합과 초유기체이듯이 교육도 교육의 모든 활동이 분절이지 않으며 초유기적으로 이루어져야 하기 때문에, 교육과정, 교수·학습, 교육평가가 유기적인 관계를 가지며 클라우드 환경과 사이버 공간에서 [그림 1-15]와 같이 이루어져야 한다고 주장하였다.

그림 1-15 4차 산업혁명 시대의 교육과정, 교수학습법, 평가 연계 모형

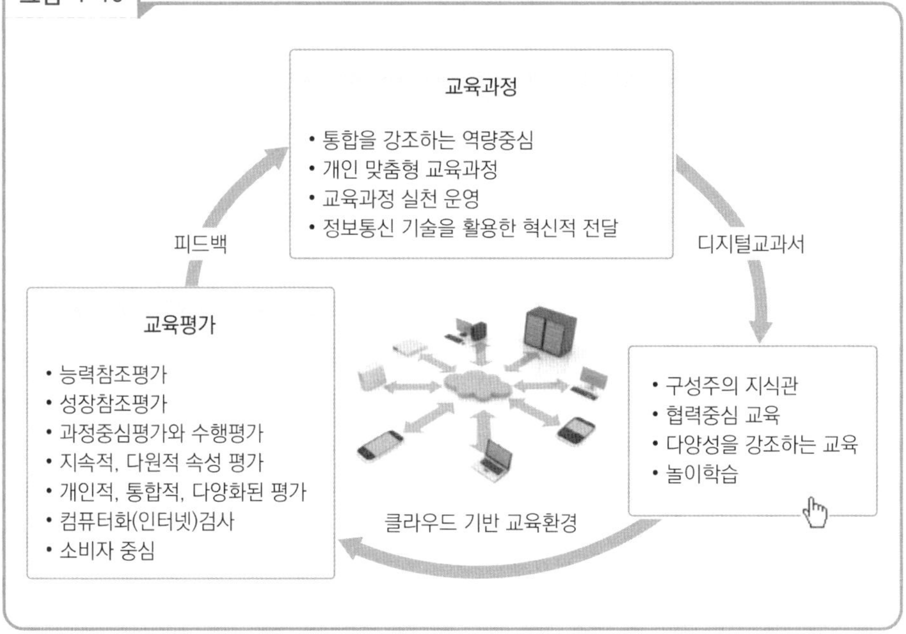
교육과정
• 통합을 강조하는 역량중심
• 개인 맞춤형 교육과정
• 교육과정 실천 운영
• 정보통신 기술을 활용한 혁신적 전달
피드백
디지털교과서
교육평가
• 능력참조평가
• 성장참조평가
• 과정중심평가와 수행평가
• 지속적, 다원적 속성 평가
• 개인적, 통합적, 다양화된 평가
• 컴퓨터화(인터넷)검사
• 소비자 중심
• 구성주의 지식관
• 협력중심 교육
• 다양성을 강조하는 교육
• 놀이학습
클라우드 기반 교육환경

SECTION

04 4차 산업혁명 시대의 미래교육 구성 체제

4차 산업혁명 시대 미래교육의 구성 체제는 교육철학 및 목표, 교육과정, 교육내용, 교육방법 등 <표 1-13>과 같이 구분할 수 있다(임종헌, 유경훈, 김병찬, 2017).

표 1-13 4차 산업혁명 시대에 미래교육의 구성 체제

구분	내용
교육철학 및 목표	• '평생학습자' 육성, 개인 개성의 발견과 발전, 협력과 소통, 인간 존중
교육과정	• 국가 교육과정의 유연화, 교육과정 경로(course) 다양화, 삶 중심 교육과정 재구성
교육내용	• 역량 중심 교육, 인성/시민성/협업능력 강조
교육방법	• 다양한 교육방법 활용, 학습자주도, 테크놀로지 기반 교육, 온라인 기반, 네트워크 기반

특히, 4차 산업혁명 시대에 미래교육의 목적과 방향을 효과적으로 달성하기 위해서는 기존의 교육 패러다임과는 달리, 교육과정, 교수·학습 방법, 교육평가, 교수자 역할, 학습자 역할 등 구성 체제에 많은 변화가 있어야 한다(계보경·박태정·차현진, 2016; 성태제, 2017).

표 1-14 4차 산업혁명 시대의 구성 체제 변화

구분	기존의 교육 패러다임	새로운 교육 패러다임
교육과정	• 분화된 교과 중심 • 국가 주도 표준화된 교육과정 • 선형적, 순차적, 정형화 • 이론 중심 교육내용	• 통합과 융합을 강조하는 역량 중심 • 학교 중심 맞춤형 특색있는 교육과정 • 다차원적, 비선형정, 비표준화 • 현장 실천 중심 교육내용
교수학습 방법	• 행동주의 교육 방법 • 경쟁 중심 교육 • 오프라인 교육 • 한정 공간에서 전달형 교수체제	• 구성주의 교육 방법 • 협력 중심 교육 • 온오프라인 교육(블렌디드 교육) • 공간을 초월한 맞춤형 학습체제
교육평가	• 규준참조 평가, 준거참조 평가 • 결과 중심 평가 • 암기지식 측정 중심 평가	• 능력참조평가, 성장참조평가 • 과정 중심 평가, 수행평가 • 인지, 정의, 사회 영역 균형된 평가
교수자 역할	• 지식 전달자 • 감독자, 권위자	• 지식 조력자, 촉진자 • 코치, 카운셀러
학습자 역할	• 수동적 학습자 • 개인학습 중심 • 학습과 일 분리	• 능동적 학습자 • 학습공동체 • 학습과 일 병행

특히, 4차 산업혁명 시대 학교의 변화 방향을 학교 체제, 학년－학급 체제, 학교 인프라, 거버넌스, 평가, 교사의 역할 등 측면에서 살펴보면 <표 1－15>와 같이 정리할 수 있다(임종헌, 유경훈, 김병찬, 2017).

표 1-15 4차 산업혁명 시대의 학교의 변화 방향

구분	내용	비고
학교 체제	유연한 통합 학교 운영(유초, 초중, 유초중, 초중고 등), 기능 복합 체제(보육, 평생학습 등)	유, 초, 중, 고 학제를 필요에 따라 융통적으로 운영
학년 · 학급체제	학제 유연화, 무학년 및 무학급제 도입, 경험학습인정제 등	테크놀로지(가상현실 등)를 바탕으로 개별화 학습 강조
학교 인프라	테크놀로지 기반(가상학습 환경), 지역사회 교육 자원을 연계, 환경 연계	학교를 넘나드는 지역, 지구촌 학습공동체 구축
거버넌스	교육자치 확대, 단위학교 자율성 강화, 학교자치 확대, 교사 수급과 배치 유연화	-
평가	획일화된 평가 지양, 형성평가 강화, 평가방법의 다양화, 학생의 삶에 초점을 맞춘 평가	-
교사의 역할	학습 디자이너, 학습 컨설턴트, 삶의 멘토, 네트워크 관리자	테크놀로지를 바탕으로 교사의 활동 영역 확대(학교 안팎, 온 · 오프라인)

CHAPTER

03

역량 기반 학교 교육과정

SECTION

01 핵심역량의 개념 및 유형

일반적으로 역량과 유사한 개념은 비전, 미션, 핵심능력, 핵심역량, 역량 요소, 역량 메뉴, 지식, 기술, 내적 특성, 행동 등(이홍민·김종인, 2006)이 있는데, 20세기 초반에는 경영학, 심리학, 교육학 등에서 많이 사용되어 왔으나, 최근에는 그 활용 범위가 확대되고 있다. 이러한 핵심역량의 개념은 학자들마다 매우 다양하게 정의하고 있다(<표 1-16> 참조).

표 1-16 핵심역량의 개념

구분	개념
Hamel & Prahalad (1990)	• 경쟁기업이 결코 따라올 수 없는 자기 기업 특유의 차별화된 기술 및 노하우의 결정체
OECD(2003)	• 복잡한 요구를 성공적으로 충족시키는 능력 또는 활동, 과제를 수행하는 능력
Spencer & Spencer (1998)	• 직무나 특정 상황에서 준거가 되는 효과적이고 탁월한 수행 성과에 직접 관련된 개인 동기, 특질, 자아의식, 지식, 기능 등의 안정적이고 지속적인 특성
Dubois(1993)	• 삶에서의 역할을 성공적으로 수행하도록 사용되거나 소유하고 있는 개인의 특성
Boyatzis (1982)	• 직무에서 효과적이고 탁월한 수행의 원인이 되는 개인의 내적인 특성
Klemp(1980)	• 직무현장에서 효과적이고 우수한 성과를 산출하는 개인의 잠재적 특성

구분	개념
이광우(2008)	• 다양한 현상이나 문제를 효율적으로 또는 합리적으로 해결하기 위해 학습자에게 요구되는 지식, 기능, 태도의 총체
현주 외(2004)	• 요구를 충족시키거나 과제를 성공적으로 수행할 수 있는 능력
김태기 외(2002)	• 특정한 상황이나 직무에서 준거에 다른 효과적이고 우수한 수행의 원인이 되는 개인의 내적 특성
김진모(2001)	• 조직 환경 속에서 탁월하고 효과적으로 업무를 수행할 수 있는 조직원의 행동 특성으로, 그들에게 요구되는 지식, 기술, 태도의 총체

특히, 핵심역량은 선천적으로 타고나는 것이 아니라, 학습될 수 있는 것으로서, 지적능력, 인성(태도), 기술 등을 포괄하는 다차원적(multidimensional) 개념으로, 향후 직업세계를 포함한 미래의 삶에 성공적으로 대처하기 위해 필수적으로 요청되는 능력이다(최승현 외, 2011; 이광우 외, 2008; 박순경 외, 2008). 또한, 핵심역량은 개인 또는 사회인으로서 성공적이고 행복한 삶을 유지하기 위해 기본적으로 갖추어야 할 보편적 능력으로서(이광우 외, 2009), 직업적 삶, 사회적 삶, 인간적 삶, 개인적 삶 등 다양한 측면에서의 유의미한 삶을 살아나가기 위해 필수적인 능력이다.

한편, 미래 사회에 필요한 핵심역량과 교과별 지식이 구심점이 된다는 측면에서 21세기 핵심역량과 교과지식의 균형 잡힌 발달을 강조하였다(Griffin, et al, 2012). 즉, 교과지식과 핵심역량을 긴밀하게 잘 연계함으로써 지식의 깊은 이해는 물론 지식을 활용할 수 있는 창의성도 함양할 수 있다.

따라서, 미래 학교 교육과정은 기존의 교과내용을 보다 교과답게 가르치는 방편으로서 핵심역량을 도입할 수 있다(최승현 외, 2011). 이러한 미래 학교 교육과정의 비전 및 인간상으로 '창의·융합형 인재' 및 '미래 핵심역량을 지닌 융합인재'를 설정하여 교과 교육과정을 통한 핵심역량 구현 및 핵심역량을 통한 교과 교육과정 구현이라는 목적을 달성하기 위해 '교과 교육과정'과 '핵심역량'이라는 두 가지 축으로 [그림 1-16]과 같이 도식화할 수 있다(이근호 외, 2012).

그림 1-15 미래 학교 교육과정의 두 가지 축

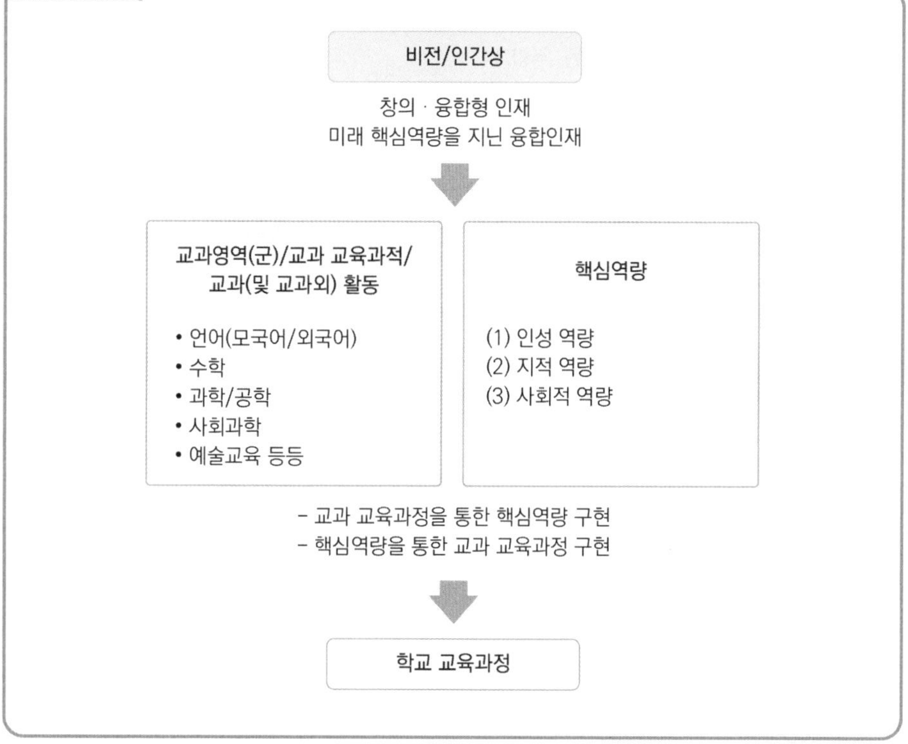
비전/인간상
창의 · 융합형 인재
미래 핵심역량을 지닌 융합인재
교과영역(군)/교과 교육과정/
교과(및 교과외) 활동
• 언어(모국어/외국어)
• 수학
• 과학/공학
• 사회과학
• 예술교육 등등
핵심역량
(1) 인성 역량
(2) 지적 역량
(3) 사회적 역량
- 교과 교육과정을 통한 핵심역량 구현
- 핵심역량을 통한 교과 교육과정 구현
학교 교육과정

일반적으로 핵심역량은 인성 역량, 지적 역량, 사회적 역량 등 크게 3가지 유형으로 <표 1-17>과 같이 구분할 수 있다(이광우 외, 2009).

표 1-17 핵심역량 유형

구분	개념	구성요소
인성 역량	• 인간 성품 계발과 관련된 역량 • 자기존중, 수용, 잠재력 계발, 자기통제와 조절능력 등 개인 차원 및 개인 자격으로 타인을 만나 발생하는 관계 속에서 필요한 역량	도덕적 역량, 자아정체성, 자기인식, 자존감, 개방성, 이해심, 배려윤리 등
지적 역량	• 기본 소양 준비를 기초로 문제를 해결하고 그 과정 속에서 비판적 · 창의적 사고를 발휘하는 데 필요한 역량	창의적 사고능력, 학습역량
사회적 역량	• 사회적 소통을 중시하고 참여를 통해 문제를 인식하고 사회생활 속에서 자신의 위치나 진로를 개척해 나가는 데 필요한 역량	사회생활능력: 공동체에서 개인 삶과 관련된 역량 직무수행능력: 인적자본으로서 직업생활에 필요한 역량

SECTION

02 미래 학교 교육과정에 필요한 핵심역량

미래 사회는 저출산 및 고령화, 과학·정보통신기술 발전, 지구촌 및 다원화 사회 등 다양한 특징을 가지고 있다. 이러한 미래 사회 특징에 따른 미래교육의 방향과 그에 요구되는 핵심역량을 소개하면 <표 1-18>과 같이 요약할 수 있다(이근호 외, 2012; 박재윤 외, 2010).

표 1-18 미래 학교 교육과정에 필요한 핵심역량

구분	미래 사회 특징	미래교육 방향	핵심역량	비고
저출산 및 고령화	• 가족규모변화, 핵가족	• 삶의 질을 높이는 교육	• 삶 향유능력 • 건강한 자아상 • 문화 및 예술적 감수성	인성 역량
	• 저출산 및 고령화	• 학습코칭, 자기주도적 학습 • 평생학습기반 구축 • 삶과 교육·문화 연계 • 진로교육 활성화 • 학교학습과 직업 간 연계성 강화 및 평생직업 능력 개발	• 자기주도적 학습역량 • 자기관리능력 • 문화예술소양	지적 역량
과학·정보통신기술 발전	• 기술혁신, 네트워크 사회 • 가치관 및 생활양식 변화	• 인간소외 해소 교육	• 자아정체성 • 다름에 대한 관용	인성 역량

구분	미래 사회 특징	미래교육 방향	핵심역량	비고
	• 첨단테크놀로지 • 디지털화된 지식사회 • 정보화, 네트워크 사회	• 교육체제 유연화 • 가상현실 이용한 학습 환경, 사이버학습 • 디지털교과서, 스마트 러닝, U러닝 • 평생학습사회	• ICT소양 • 정보처리능력 • 자기주도학습역량 • 문제해결역량	지적 역량
지구촌 및 다원화 사회	• 다원주의 • 사회 다원화 • 다문화 및 세계화	• 교육대상자 다원화 • 다문화교육 • 세계시민교육 • 국제이해교육 • 학교와 지역사회 연계 강화	• 남과 더불어 살 수 있는 자질 • 공동체 의식 • 타인 배려 • 열린 자세로 세상 수용 • 다문화이해능력	인성 역량
	• 국제화/세계화 • 다원주의 • 사회다원화/신자유주의 • 다문화 및 세계화	• 교육경쟁 심화 • 학교와 지역사회 연계 강화 • 다문화이해교육	• 글로벌 시민의식/세계 시민성 • 문화 및 예술적 감수성 • 의사소통능력 • 문제해결능력 • 갈등조정능력 • 개인적/사회적 책무성 • 문화적 역량	사회적 역량
지식 기반 사회	• 간학문적 융합기술발달 • 학문 간 융복합/융복합 지식 창출	• 간학문적, 범교과적, 융합학문적 교육 • 고급융합기술 인력양성 • 통섭형 인재양성 • 학제 간 통합교육	• 전문지식	지적 역량
사회·경제적 양극화	• 개인주의 성향 강화 • 사회적 갈등/격차 심화	• 교육 양극화/격차 해소 요구 • 교육기회 형평성/교육복지 증진 요구	• 배려와 관용 • 소통과 협동 • 팀워크 역량	사회적 역량
환경 문제	• 제한된 지구환경	• 친환경교육/인간중심 사고를 벗어난 생태중심 사고 • 지속가능발전교육	• 글로벌 시민의식 • 생태적 지속가능성 • 사회적 책무성 • 환경감수성/생태학적 윤리/환경의식	사회적 역량

SECTION

03 초 · 중등교육에서 강조해야 할 핵심역량

초·중등교육에서 강조해야 할 핵심역량은 창의력, 문제해결능력, 의사소통능력, 정보처리능력, 대인관계능력, 자기관리능력, 시민의식, 국제감각, 진로개발능력 등 <표 1-19>과 같다(이광우, 2008).

표 1-19 초 · 중등교육에서 강조해야 할 핵심역량

구분	하위요소		개념
창의력	사고 기능	유창성	특정 문제 상황에서 가능한 많은 아이디어를 산출하는 능력
		융통성	고정적인 시각을 변화시켜 다양한 아이디어나 반응을 산출하는 능력
		독창성	남과 다른 독특하고 새로운 아이디어를 산출하는 능력
		정교성	다듬어지지 않은 아이디어를 유용하게 발전시키는 능력
		유추성	특정 대상을 기존의 것과 연결지어 생각하는 능력
	사고 성향	민감성	주변 세계와 문제에 예민한 관심을 보이며 새로운 것을 탐색하는 성향
		개방성	제한 없이 모든 가능성과 다양한 경험을 수용하는 성향
		독립성	타인에게 의존하지 않고 자신의 힘으로 해결하는 성향
		과제집착력	성취하고자 하는 일을 포기하지 않고 과제에 몰두하는 성향
		자발성	문제 상황에 적극적으로 대처하고 자신의 내적 동기에 의해 필요한 아이디어를 산출하려는 성향이나 태도

구분	하위요소	개념
문제 해결 능력	문제 발견	문제가 존재한다는 사실을 발견하고 찾아내는 능력
	문제 명료화	여러 가지의 창출된 문제들로부터 자신이 해결하고 싶은, 해결할 수 있는 문제를 선택하여 명확하게 진술하는 능력
	해결 대안 탐색	문제를 해결하기 위한 다양한 아이디어를 산출해 내고, 적합한 기준을 세워 아이디어를 평가함으로써 최적의 해결안을 선택하는 능력
	대안 실행 및 효과 검증	선택한 해결 대안을 실제로 현실에 적용해 보고 그 효과를 검증하는 능력
의사 소통 능력	경청 및 공감	타인의 생각과 감정, 정서에 대한 정확한 이해를 위해 경청하고 공감하는 능력
	이해 및 반응	타인과의 상호작용 내용에 대한 명확한 이해와 이에 기초한 적절하고 정확한 반응적 표현 능력
	다양한 상호작용 기술	다양한 맥락에서 이루어지는 언어, 상징, 텍스트를 해석하고 활용할 수 있는 능력
정보 처리 능력	정보수집 · 분석 · 평가	• 정보수집: 정보를 이용하고 활용하기 위해 기록, 저장하는 행위 능력 • 정보 분석 및 평가: 정보 가치를 평가하고 이를 사용하는 행위 능력
	정보전달 및 공유	정보 송수신을 비롯하여 불특정 다수와의 공유 행위 능력
	정보활용	다양한 유형의 정보를 효율적으로 처리하여 활용하는 모든 방법적인 능력
	정보윤리	정보에 대한 접근 및 활용에 있어 사회적 책무성으로서의 윤리적 행위 능력
대인 관계 능력	인내력(타인 이해 및 존중 태도)	집단 내 또는 개인 간 관계에서 자신의 이익과 요구에 반하거나 자신이 원하지 않는 방향으로 일들이 진행될 때 참아내는 능력
	정서적 표현능력	자신의 정서에 대해 분명하게 파악하고 그 정서를 건강하게 외부로 표출하는 능력
	타인과의 협동 및 정적 관계 유지	개인이 타인과의 협동을 통해 소기의 목적을 달성하게 되는 다양한 경험을 하며 상호 간에 긍정적인 관계를 유지하는 능력
	갈등 조정 및 해결	대인관계에서 직면하게 되는 집단 간 또는 집단 내 개인 간의 갈등을 의미있고 건설적으로 해결하는 능력

구분	하위요소	개념
자기 관리 능력	자아정체성	자신의 흥미, 적성, 장점을 발견하고 이를 가치롭게 발전시키는 능력
	긍정적 사고	모든 현상을 긍정적으로 이해하고 수용하려는 마음가짐
	실행력	수행해야 할 업무를 열정적으로 추진하는 능력
	기본생활태도	일상생활에서 요구되는 기본적인 생활습관 및 태도를 형성하기
	기초학습능력	읽기, 쓰기, 셈하기 등과 같은 모든 학습의 기본이 되는 능력
	자기주도적학습능력	변화하는 상황에 대처하기 위해 학습자 스스로의 학습 역량을 지속적으로 계발하는 자세
	여가 선용	주어진 시간을 잘 활용하여 유익하게 놀 줄 아는 능력
	건강 관리	생활에 필요한 체력을 보존하고 건강한 신체를 유지하는 능력
시민 의식	공동체 의식	자신이 속한 공동체 또는 그 구성원에 대해 귀속의식이나 유대감을 갖고 공동체의 유지 및 발전을 위해 공동체의 이익을 중시하는 태도와 가치관
	신뢰감 및 책무성	개인 및 기관, 사회에 대한 신뢰감을 형성하고 사회적 역할과 의무를 수행하는 능력
	민주적 생활방식	상대방의 존재를 인정하는 토대 위에서 타협과 협상을 통해 민주적 절차를 거쳐 합리적으로 문제를 해결하려는 태도
	준법정신	공공 질서와 정의를 유지하기 위해 만들어진 법이나 사회 규범을 준수하려는 의식
	환경의식	환경의 지속가능한 보존을 위해 자신의 가치관, 소비습관, 생활방식을 변화시킬 수 있는 능력
국제 감각	문화 계승 발전	우리나라 문화를 깊이있게 이해하고 계승 발전하는 창조적 태도
	다문화 이해	다원화 사회에 존재하는 다양한 문화의 차이를 이해, 관용, 존중하는 능력
	외국어 소양	국제화 사회의 상호 소통에 요구되는 외국어 문해 능력
	문화 감수성	예술 및 문화에 대한 감각을 넓히고 그 자체를 향유할 수 있는 능력
진로 개발 능력	진로인식	진로 선택에 필요한 다양한 직업세계를 이해하는 능력
	진로탐색	자신의 적성과 소질에 적합한 진로를 탐색하는 능력
	진로개척	자신의 적성과 소질에 적합한 진로를 설계하고 이에 필요한 능력을 준비하는 능력

특히, 핵심역량의 하위 요소에는 기본 역량과 실천 역량이 있다. 우선, 기본 역량은 청소년의 성장과 발달에 반드시 필요한 역량으로 모든 역량 요소의 토대가 되는 역량으로 신체적 역량과 지적 역량 등을 말한다.

신체적 역량은 건강 유지와 신체의 균형성을 갖도록 하는 능력을 말하며 이것에는 체력관리, 공동체 의식 등의 핵심 가치가 있다.

정서적 역량은 어떤 일을 하게 하는 원동력으로 '좋아하는 또는 하고 싶어 하는 마음'으로, 자기인식, 자기관리능력이며, 그 가치는 긍정, 도전의식, 탐구, 지적호기심, 자신감, 감사, 애국심 등이 있다.

사회적 역량은 이질집단에서 소통하며 더불어 사는 능력으로, 사회적 인식능력, 대인 관계 능력이며 그 가치로는 공감, 소통, 협동, 신뢰, 약속, 연민, 배려, 봉사, 나눔, 시민의식 등이 있다.

도덕적 역량은 올바른 삶의 영위를 위한 인간됨과 가치 판단의 기초가 되는 능력이며, 핵심 가치 인식 및 책임 있는 의사결정능력으로 정직, 책임, 자율, 성실, 근면, 절약, 청렴, 의무감 등의 가치가 있다.

지적 역량은 지식 및 정보를 이해하고 기술을 습득하는 능력으로 자기주도적 문제해결 및 종합적 사고능력을 갖추고 있어 몰입, 통합, 창조, 호기심, 집단사고 등의 핵심 가치를 지니고 있다.

그리고 실천 역량은 기본 역량을 토대로 청소년이 자신의 의도적인 사고와 인지적 태도로서 구체적 행동을 하거나, 행위 과정에서 자신과 타인에게 영향력을 발휘하게 하는 사회적, 정서적, 도덕적 역량 등을 말한다.

한편, 대구광역시교육청은 5대 핵심역량과 10대 핵심 가치[1]를 <표 1-20>과 같이 학교급별로 설정한다.

---

1) 학교 급별 핵심역량 교육과정에 관한 여러 나라의 주요 자료를 참고하여, 그 자료를 분석하고 이론적 배경을 토대로 대구행복교육과정의 5대 핵심역량과 10대 핵심 가치를 학교급별로 설정함

표 1-20 5대 핵심역량과 10대 핵심 가치에 따른 학교급별 목표

역량군	가치	유치원	초등학교	중학교	고등학교
신체적 역 량	건강	건강하고 안전한 생활을 한다.	안전하고 규칙적인 생활습관을 실천한다.	생명의 소중함을 깨닫고 몸과 마음을 관리한다.	건강의 제문제를 해결할 수 있는 신체관리 능력을 기른다.
	체력	신체활동에 즐겁게 참여한다.	신체활동의 즐거움을 알고 운동하는 습관을 기른다.	단체 스포츠를 통해 협동과 경쟁을 경험하고 경기규칙을 준수한다.	운동하는 습관과 단체 스포츠를 통해 지속적으로 도전할 수 있는 체력을 기른다.
정서적 역 량	긍정	자신에 대해 긍정적 관심을 가진다.	자신을 가치있게 생각하고 감정을 긍정적으로 표현한다.	주변 사람과 자신이 하는 일을 소중하게 여기고 감사할 줄 안다.	나에서 우리로 시야를 확장하여 폭넓게 수용하고 신뢰하는 개방성을 기른다.
	도전	주변 일을 호기심을 가지고 해 본다.	흥미있는 일에 자신있는 태도로 끈기를 가지고 노력한다.	자신감을 가지고 자기 한계를 이겨내기 위해 노력한다.	어려운 상황에 굴하지 않고 목표를 이루기 위해 끊임없이 도전한다.
사회적 역 량	소통	자신의 생각이나 감정을 즐겁게 표현한다.	다른 사람의 말을 경청하고, 자신의 경험과 생각을 다양하게 표현한다.	다양한 견해를 존중하고 다른 사람의 생각에 공감하고 협동할 줄 안다.	대립상황을 이해하고 다른 사람과의 갈등을 합리적으로 해결한다.
	배려	가족, 친구의 소중함을 알고 관심을 가진다.	나와 함께 살아가는 사람에게 관심을 가지고 도와준다.	이웃과 지역사회를 사랑하고 가진 것을 나누려고 노력한다.	국가 공동체의 발전을 위해 노력하며 더불어 살아가는 글로벌 시민의식을 기른다.

역량군	가치	유치원	초등학교	중학교	고등학교
도덕적 역 량	정직	솔직하게 말하고 바르게 행동한다.	자신과 남을 속이지 않는 말과 행동을 일상생활에서 실천한다.	정직한 삶의 태도를 습관화하고 친구도 동참하도록 유도한다.	정직한 삶의 가치를 알고 신뢰로운 사회를 만들기 위해 노력한다.
	자율	혼자서 할 수 있는 일은 스스로 해 본다.	자신의 일을 스스로 하는 바른 생활습관을 기른다.	가정과 사회규범에 맞게 스스로 판단하고 성실하게 행동한다.	자신의 삶을 설계하고 다양한 문제를 주도적으로 해결한다.
지 적 역 량	통합	주변 사물을 연결하여 생각한다.	학습 및 일상 생활에서 일어나는 여러 문제를 서로 관련지어 생각한다.	자신의 지식과 경험을 활용하여 종합적으로 사고하고 탐색한다.	다양한 현상과 복잡한 문제들을 통합적으로 이해하고 접근하여 해결한다.
	창조	자신의 생각을 자유롭게 표현한다.	자신의 느낌과 생각을 자유롭게 표현하고 이를 즐긴다.	기존의 지식을 활용하여 새로운 방법으로 문제를 해결한다.	사회의 다양한 문제에 대한 원인을 탐구하고 해결하는 창조적 능력을 기른다.

SECTION

04 직업세계에서 요구되는 핵심역량

직업세계에서 요구되는 핵심역량은 의사소통능력, 정보·기술 및 자원활용, 문제해결력, 맥락과 환경에 대한 이해능력, 대인관계능력, 자기관리 등 <표 1-21>과 같다(임언, 2008).

표 1-21 직업세계에서 요구되는 핵심역량

구분	하위 요소	개념
의사소통 능력	말하기	다른 사람과 효과적으로 이야기하는 능력
	적극적 청취	언어적 정보에 집중하고 적절하게 이해하는 능력
	독해력	문서화된 자료로부터 도출된 정보의 이해 능력
	쓰기	문서를 통해 다른 사람과 효과적으로 의사소통하는 능력
	영어 읽기	영어로 작성된 기초적 수준의 문서 이해
	수계산능력	수리를 통한 문제해결 능력
	도표 이해능력	숫자 및 도표로 제시된 정보이해 능력
정보 · 기술 및 자원 활용	정보활용	적절한 방법을 사용하여 필요한 핵심정보 찾기
	자원활용	업무에 필요한 자원을 적절하게 배분하고 활용하는 능력
	기술활용	업무에 필요한 적절한 기술을 선택하고 활용하는 능력

구분	하위 요소	개념
문제 해결력	창의력	문제를 발견하고 새롭고 독창적인 해결 방안을 착상하는 능력
	분석적 사고력	수렴적 사고 과정을 통해 제시된 아이디어의 질을 평가하는 능력
	문제해결실행력	제시된 문제해결 방법을 활용하여 실제로 시도하는 능력
맥락과 환경에 대한 이해능력	조직이해능력	시스템 내에서 개인의 행동과 역할의 관련성을 이해하고 시스템을 모니터링하고 변화를 예측하고 대비하는 능력
	사회문화이해능력	법, 규칙, 사회적 규범에 대한 이해 능력
대인관계 능력	리더십	업무 수행 과정에서 다른 사람을 이끄는 능력
	협력	다양한 배경을 가진 사람들과 함께 일할 수 있는 능력
	고객서비스	고객의 요구를 파악하고 충족시킬 수 있는 능력
자기관리	자기주도적학습능력	자기주도적으로 새로운 것을 배울 수 있는 능력
	신체적 · 정서적 건강유지	신체의 지구력과 민첩성을 유지하며 정서적 조절을 통한 자존감, 행복감을 유지하는 능력
	진로계획 수립 및 실천	삶의 계획을 적극적으로 수립하고 실천하고자 애쓰는 능력
	직업윤리	책임감 있고 성실하게 직업에 임할 수 있는 태도

제 2 부

진로교육의 이해

CHAPTER

01

2015 개정 교육과정과 진로교육

SECTION

01 2015 개정 교육과정의 도입과 개정 방향

우리나라의 교육은 홍익인간의 이념 아래 모든 국민으로 하여금 인격을 도야하고, 자주적 생활 능력과 민주 시민으로서 필요한 자질을 갖추게 함으로써 인간다운 삶을 영위하게 하고, 민주 국가의 발전과 인류 공영의 이상을 실현하는 데에 이바지하게 함을 목적으로 하고 있다. 이러한 교육 이념과 교육 목적을 바탕으로, 이 교육과정이 추구하는 인간상은 다음과 같다.

가. 전인적 성장을 바탕으로 자아정체성을 확립하고 자신의 진로와 삶을 개척하는 자주적인 사람

나. 기초 능력의 바탕 위에 다양한 발상과 도전으로 새로운 것을 창출하는 창의적인 사람

다. 문화적 소양과 다원적 가치에 대한 이해를 바탕으로 인류 문화를 향유하고 발전시키는 교양 있는 사람

라. 공동체 의식을 가지고 세계와 소통하는 민주 시민으로서 배려와 나눔을 실천하는 더불어 사는 사람

이 교육과정이 추구하는 인간상을 구현하기 위해 교과 교육을 포함한 학교 교육 전 과정을 통해 중점적으로 기르고자 하는 핵심역량은 다음과 같다.

가. 자아정체성과 자신감을 가지고 자신의 삶과 진로에 필요한 기초 능력과 자질을 갖추어 자기주도적으로 살아갈 수 있는 자기관리 역량

나. 문제를 합리적으로 해결하기 위하여 다양한 영역의 지식과 정보를 처리하고 활용할 수 있는 지식정보처리 역량

다. 폭넓은 기초 지식을 바탕으로 다양한 전문 분야의 지식, 기술, 경험을 융

합적으로 활용하여 새로운 것을 창출하는 창의적 사고 역량

라. 인간에 대한 공감적 이해와 문화적 감수성을 바탕으로 삶의 의미와 가치를 발견하고 향유하는 심미적 감성 역량

마. 다양한 상황에서 자신의 생각과 감정을 효과적으로 표현하고 다른 사람의 의견을 경청하며 존중하는 의사소통 역량

바. 지역·국가·세계 공동체의 구성원에게 요구되는 가치와 태도를 가지고 공동체 발전에 적극적으로 참여하는 공동체 역량

SECTION

02 학교급별 교육과정

가. 초등학교

초등학교 교육은 학생의 일상생활과 학습에 필요한 기본 습관 및 기초 능력을 기르고 바른 인성을 함양하는 데에 중점을 둔다.

첫째, 자신의 소중함을 알고 건강한 생활 습관을 기르며, 풍부한 학습 경험을 통해 자신의 꿈을 키운다.

둘째, 학습과 생활에서 문제를 발견하고 해결하는 기초 능력을 기르고, 이를 새롭게 경험할 수 있는 상상력을 키운다.

셋째, 다양한 문화 활동을 즐기고 자연과 생활 속에서 아름다움과 행복을 느낄 수 있는 심성을 기른다.

넷째, 규칙과 질서를 지키고 협동정신을 바탕으로 서로 돕고 배려하는 태도를 기른다.

1) 편제

가) 초등학교 교육과정은 교과(군)와 창의적 체험활동으로 편성한다.

나) 교과(군)는 국어, 사회/도덕, 수학, 과학/실과, 체육, 예술(음악/미술), 영어로 한다. 다만, 1, 2학년의 교과는 국어, 수학, 바른 생활, 슬기로운 생활, 즐거운 생활로 한다.

다) 창의적 체험활동은 자율 활동, 동아리 활동, 봉사 활동, 진로 활동으로 한다. 다만, 1, 2학년은 체험 활동 중심의 '안전한 생활'을 포함하여 편성·운영한다.

2) 시간 배당 기준

<table>
<tr><th colspan="2">구 분</th><th>1~2학년</th><th>3~4학년</th><th>5~6학년</th></tr>
<tr><td rowspan="8">교과(군)</td><td>국어</td><td rowspan="7">국어 448
수학 256
바른 생활 128
슬기로운 생활 192
즐거운 생활 384</td><td>408</td><td>408</td></tr>
<tr><td>사회/도덕</td><td>272</td><td>272</td></tr>
<tr><td>수학</td><td>272</td><td>272</td></tr>
<tr><td>과학/실과</td><td>204</td><td>340</td></tr>
<tr><td>체육</td><td>204</td><td>204</td></tr>
<tr><td>예술(음악/미술)</td><td>272</td><td>272</td></tr>
<tr><td>영어</td><td>136</td><td>204</td></tr>
<tr><td>소계</td><td>1,408</td><td>1,768</td><td>1,972</td></tr>
<tr><td colspan="2">창의적 체험활동</td><td>336
안전한 생활 (64)</td><td>204</td><td>204</td></tr>
<tr><td colspan="2">학년군별 총
수업 시간 수</td><td>1,744</td><td>1,972</td><td>2,176</td></tr>
</table>

① 이 표에서 1시간 수업은 40분을 원칙으로 하되, 기후 및 계절, 학생의 발달 정도, 학습 내용의 성격, 학교 실정 등을 고려하여 탄력적으로 편성 · 운영할 수 있다.
② 학년군 및 교과(군)별 시간 배당은 연간 34주를 기준으로 한 2년간의 기준 수업 시수를 나타낸 것이다.
③ 학년군별 총 수업 시간 수는 최소 수업 시수를 나타낸 것이다.
④ 실과의 수업 시간은 5~6학년 과학/실과의 수업 시수에만 포함된 것이다.

나. 중학교

중학교 교육은 초등학교 교육의 성과를 바탕으로, 학생의 일상생활과 학습에 필요한 기본 능력을 기르고 바른 인성 및 민주 시민의 자질을 함양하는 데에 중점을 둔다.

첫째, 심신의 조화로운 발달을 바탕으로 자아존중감을 기르고, 다양한 지식과 경험을 통해 적극적으로 삶의 방향과 진로를 탐색한다.

둘째, 학습과 생활에 필요한 기본 능력 및 문제 해결력을 바탕으로, 도전정신과 창의적 사고력을 기른다.

셋째, 자신을 둘러싼 세계에서 경험한 내용을 토대로 우리나라와 세계의 다양한 문화를 이해하고 공감하는 태도를 기른다.

넷째, 공동체 의식을 바탕으로 타인을 존중하고 서로 소통하는 민주 시민의 자질과 태도를 기른다.

1) 편제

가) 중학교 교육과정은 교과(군)와 창의적 체험활동으로 편성한다.

나) 교과(군)는 국어, 사회(역사 포함)/도덕, 수학, 과학/기술·가정/정보, 체육, 예술(음악/미술), 영어, 선택으로 한다.

다) 선택 교과는 한문, 환경, 생활 외국어(독일어, 프랑스어, 스페인어, 중국어, 일본어, 러시아어, 아랍어, 베트남어), 보건, 진로와 직업 등의 과목으로 한다.

라) 창의적 체험활동은 자율 활동, 동아리 활동, 봉사 활동, 진로 활동으로 한다.

2) 시간 배당 기준

구 분		1~3학년
교과(군)	국어	442
	사회(역사 포함)/도덕	510
	수학	374
	과학/기술 · 가정/정보	680
	체육	272
	예술(음악/미술)	272
	영어	340
	선택	170

구 분		1~3학년
	소계	3,060
창의적 체험활동		306
총 수업 시간 수		3,366

① 이 표에서 1시간 수업은 45분을 원칙으로 하되, 기후 및 계절, 학생의 발달 정도, 학습 내용의 성격, 학교 실정 등을 고려하여 탄력적으로 편성 · 운영할 수 있다.
② 학년군 및 교과(군)별 시간 배당은 연간 34주를 기준으로 한 3년간의 기준 수업 시수를 나타낸 것이다.
③ 총 수업 시간 수는 3년간의 최소 수업 시수를 나타낸 것이다.
④ 정보 과목은 34시간을 기준으로 편성 · 운영한다.

3) 자유학기제

가) 중학교 과정 중 한 학기는 자유학기로 운영한다.

나) 자유학기에는 해당 학기의 교과 및 창의적 체험활동을 자유학기의 취지에 부합하도록 편성·운영한다.

다) 자유학기에는 지역사회와 연계하여 진로 탐색 활동, 주제 선택 활동, 동아리 활동, 예술·체육 활동 등 다양한 체험 중심의 자유학기 활동을 운영한다.

라) 자유학기에는 협동 학습, 토의·토론 학습, 프로젝트 학습 등 학생 참여형 수업을 강화한다.

마) 자유학기에는 중간·기말고사 등 일제식 지필평가는 실시하지 않으며, 학생의 학습과 성장을 지원하는 과정 중심의 평가를 실시한다.

바) 자유학기에는 학교 내외의 다양한 자원을 활용하여 진로 탐색 및 설계를 지원한다.

사) 학교는 자유학기의 운영 취지가 타 학기·학년에도 연계될 수 있도록 노력한다.

다. 고등학교

고등학교 교육은 중학교 교육의 성과를 바탕으로, 학생의 적성과 소질에 맞게 진로를 개척하며 세계와 소통하는 민주 시민으로서의 자질을 함양하는 데에 중점을 둔다.

1) 성숙한 자아의식과 바른 품성을 갖추고, 자신의 진로에 맞는 지식과 기능을 익히며 평생학습의 기본 능력을 기른다.
2) 다양한 분야의 지식과 경험을 융합하여 창의적으로 문제를 해결하고, 새로운 상황에 능동적으로 대처하는 능력을 기른다.
3) 인문·사회·과학기술 소양과 다양한 문화에 대한 이해를 바탕으로 새로운 문화 창출에 기여할 수 있는 자질과 태도를 기른다.
4) 국가 공동체에 대한 책임감을 바탕으로 배려와 나눔을 실천하며 세계와 소통하는 민주 시민으로서의 자질과 태도를 기른다.

1) 편제

가) 고등학교 교육과정은 교과(군)와 창의적 체험활동으로 편성한다.
나) 교과는 보통 교과와 전문 교과로 한다.

(1) 보통 교과

㉮ 보통 교과의 영역은 기초, 탐구, 체육·예술, 생활·교양으로 구성하며, 교과(군)는 국어, 수학, 영어, 한국사, 사회(역사/도덕 포함), 과학, 체육, 예술, 기술·가정/제2외국어/한문/교양으로 한다.
㉯ 보통 교과는 공통 과목과 선택 과목으로 구분한다. 공통 과목은 국어, 수학, 영어, 한국사, 통합사회, 통합과학(과학탐구실험 포함)으로 하며, 선택 과목은 일반 선택 과목과 진로 선택 과목으로 구분한다.

(2) 전문 교과

㉮ 전문 교과는 전문 교과 Ⅰ과 전문 교과 Ⅱ로 구분한다.

㉯ 전문 교과Ⅰ은 과학, 체육, 예술, 외국어, 국제 계열에 관한 과목으로 한다.

㉰ 전문 교과Ⅱ는 국가직무능력표준에 따라 경영 · 금융, 보건 · 복지, 디자인 · 문화콘텐츠, 미용 · 관광 · 레저, 음식 조리, 건설, 기계, 재료, 화학 공업, 섬유 · 의류, 전기 · 전자, 정보 · 통신, 식품 가공, 인쇄 · 출판 · 공예, 환경 · 안전, 농림 · 수산해양, 선박 운항 등에 관한 과목으로 한다. 전문 교과Ⅱ의 과목은 전문 공통 과목, 기초 과목, 실무 과목으로 구분한다.

다) 창의적 체험활동은 자율 활동, 동아리 활동, 봉사 활동, 진로 활동으로 한다.

2) 단위 배당 기준

가) 일반 고등학교(자율 고등학교 포함)와 특수 목적 고등학교(산업수요 맞춤형 고등학교 제외)

	교과 영역	교과(군)	공통 과목(단위)	필수 이수 단위	자율 편성 단위
교과(군)	기초	국어	국어(8)	10	학생의 적성과 진로를 고려하여 편성
		수학	수학(8)	10	
		영어	영어(8)	10	
		한국사	한국사(6)	6	
	탐구	사회(역사 / 도덕 포함)	통합사회(8)	10	
		과학	통합과학(8) 과학탐구실험(2)	12	
	체육 · 예술	체육		10	
		예술		10	
	생활 · 교양	기술 · 가정/ 제2외국어/		16	

	교과 영역	교과(군)	공통 과목(단위)	필수 이수 단위	자율 편성 단위
		한문/교양			
	소계			94	86
창의적 체험활동				24(408시간)	
총 이수 단위				204	

① 1단위는 50분을 기준으로 하여 17회를 이수하는 수업량이다.
② 1시간의 수업은 50분을 원칙으로 하되, 기후 및 계절, 학생의 발달 정도, 학습 내용의 성격, 학교 실정 등을 고려하여 탄력적으로 편성 · 운영할 수 있다.
③ 공통 과목은 2단위 범위 내에서 감하여 편성 · 운영할 수 있다. 단, 한국사는 6단위 이상 이수하되 2개 학기 이상 편성하도록 한다.
④ 과학탐구실험은 이수 단위 증감 없이 편성 · 운영하는 것을 원칙으로 하되, 과학 계열, 체육 계열, 예술 계열 고등학교의 경우 학교 실정에 따라 탄력적으로 운영할 수 있다.
⑤ 필수 이수 단위의 단위 수는 해당 교과(군)의 '최소 이수 단위'로 공통 과목 단위 수를 포함한다. 특수 목적 고등학교와 자율형 사립 고등학교의 경우 예술 교과(군)는 5단위 이상, 생활 · 교양 영역은 12단위 이상 이수할 것을 권장한다.
⑥ 기초 교과 영역 이수 단위 총합은 교과 총 이수 단위의 50%를 초과하지 않도록 한다.
⑦ 창의적 체험활동의 단위는 최소 이수 단위이며 ( )안의 숫자는 이수 단위를 이수 시간 수로 환산한 것이다.
⑧ 총 이수 단위 수는 고등학교 3년간 이수해야 할 '최소 이수 단위'를 의미한다.

나) 특성화 고등학교와 산업수요 맞춤형 고등학교

		교과 영역	교과(군)	공통 과목(단위)	필수 이수 단위	자율 편성 단위
교과(군)	보통 교과	기초	국어	국어(8)	24	학생의 적성 · 진로와 산업계 수요를 고려하여 편성
			수학	수학(8)		
			영어	영어(8)		
			한국사	한국사(6)	6	
		탐구	사회(역사 / 도덕 포함)	통합사회(8)	12	
			과학	통합과학(8)		

		교과 영역	교과(군)	공통 과목(단위)	필수 이수 단위	자율 편성 단위
		체육·예술	체육		8	
			예술		6	
		생활·교양	기술·가정/ 제2외국어/ 한문/교양		10	
		소계			66	28
	전문 교과 II	17개 교과(군) 등			86	
창의적 체험활동					24(408시간)	
총 이수 단위					204	

① 1단위는 50분을 기준으로 하여 17회를 이수하는 수업량이다.
② 1시간의 수업은 50분을 원칙으로 하되, 기후 및 계절, 학생의 발달 정도, 학습 내용의 성격 등과 학교 실정 등을 고려하여 탄력적으로 편성·운영할 수 있다.
③ 공통 과목은 2단위 범위 내에서 감하여 편성·운영할 수 있다. 단, 한국사는 6단위 이상 이수하되 2개 학기 이상 편성하도록 한다.
④ 필수 이수 단위의 단위 수는 해당 교과(군)의 '최소 이수 단위'를 의미한다.
⑤ 창의적 체험활동의 단위는 최소 이수 단위이며 ( )안의 숫자는 이수 단위를 이수 시간 수로 환산한 것이다.
⑥ 총 이수 단위 수는 고등학교 3년간 이수해야 할 '최소 이수 단위'를 의미한다.

3) 보통 교과

교과 영역	교과 (군)	공통 과목	선택 과목	
			일반 선택	진로 선택
기초	국어	국어	화법과 작문, 독서, 언어와 매체, 문학	실용 국어, 심화 국어, 고전 읽기
	수학	수학	수학 I, 수학 II, 미적분, 확률과 통계	실용 수학, 기하, 경제 수학, 수학 과제 탐구
	영어	영어	영어 회화, 영어 I, 영어 독해와 작문, 영어 II	실용 영어, 영어권 문화, 진로 영어, 영미 문학 읽기

교과 영역	교과 (군)	공통 과목	선택 과목	
			일반 선택	진로 선택
	한국사	한국사		
탐구	사회 (역사/ 도덕 포함)	통합 사회	한국지리, 세계지리, 세계사, 동아시아사, 경제, 정치와 법, 사회·문화, 생활과 윤리, 윤리와 사상	여행지리, 사회문제 탐구, 고전과 윤리
	과학	통합과학 과학탐구 실험	물리학 I, 화학 I, 생명과학 I, 지구과학 I	물리학 II, 화학 II, 생명과학 II, 지구과학 II, 과학사, 생활과 과학, 융합과학
체육·예술	체육		체육, 운동과 건강	스포츠 생활, 체육 탐구
	예술		음악, 미술, 연극	음악 연주, 음악 감상과 비평 미술 창작, 미술 감상과 비평
생활·교양	기술·가정		기술·가정, 정보	농업 생명 과학, 공학 일반, 창의 경영, 해양 문화와 기술, 가정과학, 지식 재산 일반
	제2외국어		독일어 I 일본어 I 프랑스어 I 러시아어 I 스페인어 I 아랍어 I 중국어 I 베트남어 I	독일어 II 일본어 II 프랑스어 II 러시아어 II 스페인어 II 아랍어 II 중국어 II 베트남어 II
	한문		한문 I	한문 II
	교양		철학, 논리학, 심리학, 교육학, 종교학, 진로와 직업, 보건, 환경, 실용 경제, 논술	

① 선택 과목의 기본 단위 수는 5단위이다.
② 교양 교과목을 제외한 일반 선택 과목은 2단위 범위 내에서 증감하여 편성·운영할 수 있다.
③ 교양 교과목과 진로 선택 과목은 3단위 범위 내에서 증감하여 편성·운영할 수 있다.
④ 체육 교과는 매 학기 편성하도록 한다. 단, 특성화 고등학교와 산업수요 맞춤형 고등학교의 경우, 현장 실습이 있는 학년에는 탄력적으로 운영할 수 있다.

SECTION

03 진로교육의 이해

가. 진로교육의 개념

과거에는 개인의 생애직업발달과 그 과정 내용을 가리키는 포괄적 용어로써 '진로'를 직업과 동일어로 취급하는 경향이 강했다. 하나의 직업을 천직이라 여기며 평생 동안 종사하는 예가 많았기 때문이다. 그러나 현대에 와서는 과학기술의 발전과 더불어 급변하는 산업 사회로 변화됨에 따라 직업의 종류가 다양해지고 그 기능도 많이 변화되어 직업과 진로의 구별이 필요해졌다. 이제 '진로'란 일의 총체가 아닌 개인이 종사하는 직업의 계열이라고 봐야 하는 것이다. '교육'이란 인간 행동의 계획적인 변화이다. 또한 잠재능력의 개발, 문화 유산의 전달·전수의 기능으로서, 교과 학습을 통한 다양한 형태의 총체적 활동이다. 이 두 가지 개념에 기초하여 본다면 '진로교육'이란 자신의 생활 방식 전체로서, 일에 대한 학습, 일에 대한 현명한 선택, 그리고 준비를 통한 다양한 경험의 총체인 것이다(김충기, 1986).

따라서 진로교육이란 학교 체제 내에서 일과 직업 세계가 중심이 되는 의도적, 계획적, 체계적인 교육을 통해 학생들이 장차 직업 세계에 종사할 진로를 인식, 탐색하여 이를 합리적으로 선택, 준비, 결정할 수 있는 적합한 능력을 길러주는 종합적인 교육활동이라고 말할 수 있다. 즉 진로교육은 청소년들이 자신의 흥미, 적성, 능력에 따라 적합한 지식과 기술을 배우고 평생 동안 생존할 수 있는 개인적 가치를 발전시키는 데 필요하며, 급격하게 변화하는 산업 사회에 생산적인 일의 세계에 현명하게 효율적으로 고용될 수 있도록 저마다의 발달 수준에 알맞게 지도되는 포괄적이고 조직적인 교수프로그램이다(Hoyt, 1974).

결국 진로교육은 넓은 의미의 직업교육이며 직업적성교육이라고 종합적으로

정의된다(김충기, 1998). 교육이라는 것이 의도적이고 계획적인 인간 활동의 변화라면 진로교육은 자신의 진로를 인식하는 인간을 양성하는 것이 궁극적인 목적이라고 할 수 있다. 진로교육은 학생이 자신이 잘 할 수 있는 것, 자신이 하고 싶은 것 등을 알아가는 자아이해를 바탕으로 주위 여건을 고려하여 자신에게 알맞은 진로를 선택하고 적응해 나감으로써 자아실현과 더불어 사회 구성원으로서 사회 발전에도 공헌할 수 있도록 하는 것이다.

진로교육은 초·중·고·대학교에 이르는 과정에 지속적으로 서로 연관성을 가지고 이루어지고 있으며, 진로에 관한 지도, 학습, 상담 활동을 통하여 다양한 진로에 대한 지식, 기능, 태도 등을 습득하는 것이다. 성인이 된 이후 또는 취업 후에도 성공적인 직업인으로서 선택한 직업에 잘 적응하고 발전하여 자아를 실현할 때까지 진로교육은 계속되어야 하는 것이다. 따라서 진로교육은 직업을 갖기 위한 직업 준비 교육과 더불어 취업 후 직업 세계에서의 효과적인 적응 및 발전까지를 포함하는 일생 동안의 교육인 것이다(김충기, 2000).

나. 진로교육의 이론

한국직업능력개발원(2001)의 진로교육 목표 및 내용 체계화 연구에 제시된 주요 진로교육이론들을 살펴보면 다음과 같다.

1) Eli Ginzberg의 직업발달이론

인간의 신체와 정신이 발달하는 것과 같이 직업에 대한 지식, 태도, 기능도 어린 시기부터 지속적으로 발달하며 일련의 단계를 거친다고 보는 것이 Ginzberg의 직업발달이론이다. 그는 개인의 욕구, 능력, 가치관, 흥미 등의 내적 요인과 가정환경, 부모의 영향, 직업 조건 등의 외적 요인 간의 타협을 통해 직업을 선택하게 되며, 이런 직업 선택은 한 순간에 이루어지는 것이 아니라 장기간에 걸쳐 발달하는 의사 결정 과정으로 보았다.

Ginzberg는 진로발달 단계를 '환상기 → 잠정기 → 현실기'의 3단계로 나누고 특징을 제시하였는데 다음 <표 2-1>과 같다.

표 2-1 Ginzberg의 직업발달이론의 단계

발달	환상기	잠정기	현실기
시기	6세~11세	11세~17세	17세 이후~성인기
특징	자신이 하고 싶고, 하면 된다는 식의 환상 속에서 비현실적 선택을 하려는 경향	자신의 흥미나 취미에 따라 직업선택을 하려는 경향	직업에서 요구하는 조건과 자신의 개인적 욕구와 능력을 고려하여 선택하려는 경향

자료: 한국직업능력개발원(2001). 진로교육 목표 및 내용 체계화 연구. p.39.

2) Donald E. Super의 직업발달이론

Ginzberg의 직업발달이론에 대한 비판에서 시작된 Super의 이론은 진로발달이론 중 대단히 포괄적인 이론이다. 그는 Ginzberg의 직업발달이론보다 발달 단계를 더 세분화하여 '성장기 → 탐색기 → 확립기 → 유지기 → 쇠퇴기'로 구분하고 있다.

표 2-2 Super의 진로발달이론의 단계

발달 단계	하위 단계	시 기	특 징
성장기 (출생~14세)	환상기	4~10세	아동의 욕구가 지배적이며 역할 수행이 중시됨
	흥미기	11~12세	진로의 목표와 내용을 결정할 때 아동의 흥미가 중시됨
	능력기	13~14세	진로선택에서 능력과 직업에서 훈련 조건이 중시됨
탐색기 (15세~24세)	잠정기	15~17세	자신의 욕구, 흥미, 능력, 가치와 취업 기회 등을 고려하기 시작
	전환기	18~21세	장래 직업 세계에 들어갈 때 필요한 교육이나 훈련을 받는 등 현실적 요인을 중시
	시행기	22~24세	자신에게 적합하다고 판단되는 직업을 선택해서 종사하기 시작

발달 단계	하위 단계	시 기	특 징
확립기 (25세~44세)	시행기	25~30세	자신이 선택한 일의 세계가 적합하지 않을 경우 한두 차례 변화 시도
	안정기	31~44세	개인의 진로 유형이 안정되는 시기로서 개인의 직업 세계에서 안정, 만족감, 소속감, 지위 등을 갖게 됨
유지기 (45세~64세)	없음	발달 단계와 동일	개인은 안정된 직업 세계 속에서 비교적 만족스러운 삶을 살아감
쇠퇴기 (65세 이후)	없음	발달 단계와 동일	개인은 육체적 정신적으로 기능이 쇠퇴해짐에 따라 직업전선에서 은퇴, 다른 새로운 역할과 활동을 찾음

자료: 한국직업능력개발원(2001). 진로교육 목표 및 내용 체계화 연구. p.42.

<표 2-2>에서 살펴본 바와 같이 Super는 직업 선택 과정은 인간의 발달 과정 및 발달 단계에 부합되는 과정으로 전체 발달 과정의 일부이며, 누구든지 이 단계를 거치며 발전해 간다고 설명한다. 또한 Super는 직업 발달에 본질적인 역할을 하는 자아개념은 유아기에서부터 형성되어 그 후로 전환, 실천의 과정을 거치면서 죽을 때까지 발달되지만 청년후기 이후에는 큰 변화를 보이지 않는다고 하여 위에서 언급한 5단계 가운데 탐색기와 확립기의 진로발달을 중시했다.

3) David V. Tiedman과 O'Hara, R. P.의 진로발달이론

Tiedman과 O'Hara는 진로발달을 직업 정체감을 형성해가는 과정으로 보았다. 다른 이론과 달리 Tiedman과 O'Hara는 개인이 자신의 특성과 자아를 이해하고 자아실현을 위해 할 수 있는 일이 무엇인가를 인식해가는 과정을 중시한다. Tiedman과 O'Hara는 의사 결정의 단계 즉, 개인이 어떤 문제에 직면하거나 어떤 결정을 내려야 할 때를 예상기와 적응기로 구분하고 있다.

Tiedman과 O'Hara는 <표 2-3>에서 기술한 '탐색-구체화-선택-명료화-순응-개혁-통합'의 연속과정이 진로 선택 시에 거치게 되는 과정으로서 직업적 자아개념은 연령이 증가하고 경험이 쌓일수록 발달하게 된다고 주장하였다.

위에서 살펴본 바와 같이 진로교육 발달 이론가들의 관점과 특징은 진로교육의 목표와 내용 설정에 있어서, 개인의 진로 선택 및 의사 결정은 특정 시기에 이루어지는 것이 아니라 단계를 거치며 발달하고 있으며, 각 단계는 각기 다른 발달 과제와 진로 행동을 가지고 있다는 것에 유의해야함을 알 수 있다.

표 2-3 Tiedman과 O'Hara의 진로발달이론의 단계

발달단계	하위단계	특 징
예상기	탐색기	자신의 진로 목표를 설정하고 대안 탐색
	구체화기	가치관과 목표, 보수를 고려하면서 자신의 진로 준비
	선택기	자신이 하고 싶어 하는 일과 그렇지 않은 일을 확실히 알게 되어 의사 결정을 시도
	명료화기	이미 내린 의사 결정을 분석 검토 및 결론을 내리는 과정
적응기	순응기	개인이 새로운 상황에 들어가서 인정과 승인을 받고자 함
	개혁기	자신의 의견이나 주장을 강력하게 드러냄
	통합기	개인이 집단이나 조직의 요구와 자신의 욕구사이를 균형있게 조절

자료: 한국직업능력개발원(2001). 진로교육 목표 및 내용 체계화 연구. p.44.

나. 진로교육의 필요성과 영역별 내용

학교 교육의 전체 프로그램 속에서 진로교육은 학생들의 진로발달적 필요에 맞게 재구조화되고, 재편성되어야 한다. 초등학교 교육을 직업의 인식기, 중학교를 직업의 탐색기, 고등학교를 직업의 준비기, 대학을 직업의 전문적 훈련기로 본다면 그 발달 시기에 맞는 진로교육 프로그램이 구조화되고, 교과 내용 또한 그에 알맞게 재구조화 되어야 한다. 급변하는 현대 사회에서 요구하는 직업인의 능력과 소질, 기술 등은 지속적으로 다양하게 변화하고 있으며 그 변화의 주기 또한 점점 짧아지고 있다. 이러한 시대적 변화에 따라 진로교육은 유년기에서 성인기에 이르기까지 일생을 통해 계속적으로 이루어져야 하며, 모든 수준의 학교에서 모든 학생들을 대상으로 이루어져야 한다. 과거에는 대학 진학을 포기하는 학생들만이 직업 교육을 필요로 하는 것으로 인식되었으나, 오늘날과 같이

일과 직업의 세계가 복잡하고 누구나 직업을 가져야 하는 사회에서는 직업 선택의 문제는 모든 학생들에게 적용된다. 오늘날 진로교육은 직업 선택의 일반적 문제뿐만 아니라 인생 진로 전반의 문제를 포괄한다는 점에서 오늘날 모든 수준의 학교 교육에서 모든 학생들에게 필요한 것으로 인식되고 있다(김혜진, 2011).

진로교육은 직업적 요구에 관한 요소만을 중요시하는 좁은 의미의 직업 교육이 되어서는 안되며, 인생과 진로의 문제를 폭넓게 포괄하고 행복한 직업인으로서의 사회 구성원을 육성하는 것에 더욱 초점을 맞추어야 한다. 진로교육은 학생들에게 일의 세계에 대한 중요성을 폭넓게 인식시키는 의미 있는 경험을 제공하여야 한다. 오늘날 일은 모든 사람들에게 있어서 생계의 수단이기도 하지만, 자아실현의 수단이며, 사회봉사의 수단이 되기도 한다. 이처럼 진로교육은 개인이 전 생애를 통하여 행복과 만족을 갖기 위하여 현명한 선택과 적응을 하기 위한 교육으로 전 교과, 전 교육활동과 연결되어 전 생애에 실시되어야 한다.

한국직업능력개발원(2001)에서는 국가 수준에서 합의된 우리나라 진로교육 목표 및 내용 체계를 정립하고자 '진로교육 목표 및 내용 체계화 연구'를 발표하였는데, 이에 따르면 진로교육의 영역을 소질과 적성을 포함한 자아 특성, 일과 직업 세계, 일과 직업에 대한 태도와 습관 형성, 일과 학습, 진로 계획 등 5가지로 나누고 있다. 각 영역은 학생들의 진로에 관한 제반 사실을 바르게 이해할 수 있도록 성장기에 있는 초·고등학교 학생들의 진로발달적 필요성과 요구에 근거한 진로교육의 목표 및 내용을 아래 표와 같이 제시하고 있다.

<표 2-4>에서 보듯이 자아이해란 학생이 자신의 능력, 적성, 흥미, 태도 등 진로교육과 관련하여 자아에 대한 이해와 더불어 긍정적인 자아 개념을 형성하고 자신에게 알맞은 직업 적성을 인식하는 것이다. 또 타인과 적극적인 상호작용이 이루어질 수 있도록 다양한 기능을 발달 단계에 맞게 익히도록 한다.

일과 직업 세계란 다양한 직업 세계를 일상생활과 동떨어진 것으로 보지 않고, 일상 속에서 자연스럽게 접하고 경험하면서 이해하게 된다. 또 사회 변화 속에서 일과 직업의 세계를 이해하고 미래의 직업을 예측하는 등 보다 확장된 개념을 가지게 된다. 또한, 일의 경제적 측면을 통해 직업 세계의 특징, 구조 등을 사회 전반에 걸쳐 총체론적 관점에서 이해한다.

표 2-4 진로교육의 영역별 및 학교급별 목표 체계

학교 영역	초등학교	중학교	고등학교
자아 이해	• 자신의 신체적, 성격적, 환경적 특성을 인식 • 타인과의 상호작용을 기능 • 자신의 직업적성과 흥미, 가치관을 인식	• 자신의 신체적, 성격적, 환경적 특성 인식 • 타인과의 상호작용 기능 • 자신의 직업적성과 흥미 인식	• 자신의 신체적, 성격적, 환경적 특성 인식 • 타인과 적극적으로 상호작용할 수 있는 기능 • 자신의 직업적성과 흥미, 가치관 인식
일과 직업 세계	• 다양한 종류의 직업들에 대한 이해 • 일과 직업세계가 사회의 요구 및 기능과 맺고 있는 관련성 이해 • 진로정보 탐색과 활용기능	• 직업의 종류와 특성 이해 • 사회의 변화와 직업 세계의 변화 이해 • 진로정보의 탐색과 활용 기능	• 직업의 종류와 분류체계 이해 • 미래 사회 변화에 따른 직업 세계의 변화 이해 • 진로정보의 탐색, 평가, 해석 능력
일과 직업에 대한 태도와 습관 형성	• 모든 일의 존엄, 가치 인식 • 삶과 일의 관계에 대한 이해 • 개인의 책임감과 동료와의 인간관계의 중요성 인식	• 일과 직업의 존엄과 가치 인식 • 삶과 직업과의 관련성 인식 • 개인의 책임감과 타인과의 협력의 중요성 인식	• 직업에 대한 긍정적 태도 • 삶에서 직업이 가지는 의미와 중요성 인식 • 개인의 책임감과 동료와의 인간관계의 중요성 인식
일과 학습	• 모든 일의 존엄, 가치 인식 • 일과 학습 사이의 관계 인식 • 자격증 세계에 대한 인식	• 진로 기회에 있어서 교육적 성취의 이점에 대한 인식 • 일과 학습 사이의 관계 이해 • 자격증 세계에 대한 탐색	• 교육성취와 진로계획 사이의 관계 이해 • 일과 학습에 적극적 태도가 필요함을 이해 • 자격증 취득 준비
진로 계획	• 의사 결정 방법 이해 • 삶의 역할들의 상호 관계에 대한 인식 • 서로 다른 직업과 변화하는 성역할 인식, 진로 계획 과정 인식	• 의사 결정 기능 이해 • 삶의 역할들의 상호 관계에 대한 지식 • 서로 다른 직업과 변화하는 성역할에 대한 지식 • 진로계획 과정 이해	• 의사 결정 기능 이해 • 삶의 역할들의 상호관계 이해 • 성 역할에서의 계속적인 변화 이해 • 진로를 계획하는 기능

자료: 한국직업능력개발원(2001). 진로교육 목표 및 내용 체계화 연구. p.56.

일과 직업에 대한 태도와 습관 형성이란 학생들이 일에 대한 긍정적 태도를 형성할 수 있도록 가치관과 태도를 탐색하고 일에 대한 습관 형성과 직업 세계의 변화하는 성 역할에 대한 가치를 단계별로 학습하게 된다.

일과 학습은 일의 교육적 측면으로 학문과 일의 세계가 밀접히 관련된다는 것을 알게 한다. 또 학교가 진로에 필요한 지식, 기술, 태도를 형성하는 곳이라는 점을 인식시켜 학교 급별로 그에 따른 준비를 하도록 한다.

마지막으로 진로 계획이란 과학적·합리적 자료에 근거하여 학생들이 진로를 결정할 수 있는 능력을 기르고, 발달 단계에 따라 자신의 진로에 대해 장·단기 계획을 수립하고 그 대안을 마련해 보는 기회를 제공하도록 한다(한국직업능력개발원, 2001).

CHAPTER

02

학교급별 진로교육의 목표

SECTION

01 진로교육의 의미와 필요성

진로교육은 1970년대 이후 새롭게 등장한 이론으로 그 이전에는 직업교육이란 말이 일반적으로 쓰였다. 그러나 오늘날 직업은 생계의 수단으로보다는 사회봉사, 나아가서 자아실현을 위한 수단으로 더 중요한 의미가 있게 되었다(변인옥, 2002). 이러한 자아실현은 인간의 욕구로부터 발생한다.

Maslow는 인간의 잠재력을 최대한 활용할 수 있는 개인의 강한 추진력을 인간 발달의 핵심으로 보았다. 그는 인간은 각자 자신의 잠재력을 발달, 성장시키고 완성할 수 있는 본능적 욕구를 갖고 태어난다고 보고 인간의 성장에 많은 관심을 두었다. Maslow는 인간욕구의 위계 단위는 심리학, 상담학, 교육학, 인간관계에서 광범위하게 인용된다(김춘경, 2004, 재인용). Maslow는 인간의 행동을 활성화하는 다섯 가지 타고난 욕구를 제안하였는데 그 욕구는 선천적이지만 충족시키기 위한 행동은 학습에 의한 것이라고 하였다. 이러한 욕구는 생리적 욕구와 안전의 욕구, 사회적 욕구, 자기존중(존경)의 욕구, 자아실현의 욕구로서 강도와 중요성에 따라 하위욕구부터 상위욕구로 분류되어 차례대로 발생한다.

Maslow의 욕구단계 모형은 자아실현의 욕구가 인간의 선천적인 욕구임을 쉽게 보여줌과 동시에 아동들에게 있어서 처음 네 가지 수준이 충분히 만족하여야만 정보 습득과 이해의 발달 등과 같은 인지발달을 준비하게 된다는 것을 설명한다. 이처럼 자아실현의 욕구는 아동기부터 자연스럽게 형성될 수 있는 기본적 욕구이다.

따라서 직업 행동에 영향을 미치게 될 올바른 가치관을 위한 교육은 초등학교에서부터 이루어져야 한다. 아동기에 형성되기 시작하는 가치관은 이후 직업 행동에 영향을 미치므로 일의 존엄성과 직업에 대한 태도를 형성시켜야 한다. 그리고 장래의 성공적인 학교생활, 진로결정, 생의 일반적 지각에 영향을 미치게 되는 자아 개념에 대한 정립이 필요하다(정동준, 2012).

그림 2-1 Maslow의 욕구단계 모형

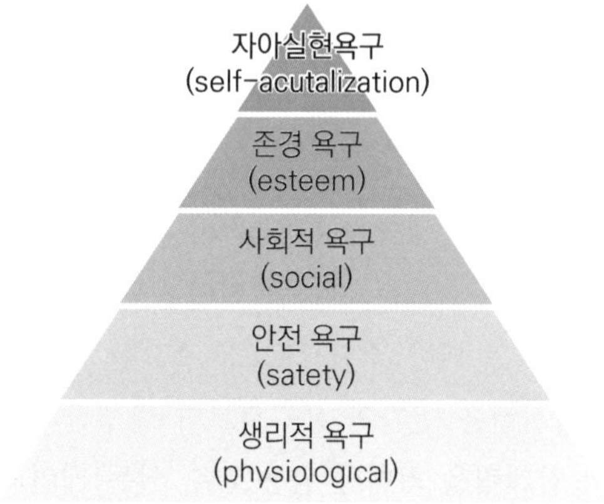
자아실현욕구
(self-acutalization)
존경 욕구
(esteem)
사회적 욕구
(social)
안전 욕구
(satety)
생리적 욕구
(physiological)

교육부는 학교 진로교육 운영 매뉴얼에서 진로교육을 학생 자신의 진로를 창의적으로 개발하고 지속적으로 발전시켜 성숙한 민주시민으로서 행복한 삶을 살아갈 수 있는 역량을 기르는 것으로 정의하고 있다(교육부, 2012). 그리고 진로교육의 필요성을 사회구조의 변화, 진로인식의 변화, 노동시장의 변화로 설명하고 있다. 자세히 살펴보면 다음과 같다.

첫째, 사회구조의 변화는 사회경제적 패러다임이 산업사회 → 지식기반경제사회 → 창조기반경제사회 등으로 변화함에 따라 창의 인재 육성에 대한 요구는 비켜갈 수 없는 현실이다. 이러한 환경변화에 부합하는 창의 인재를 육성하기 위해 진로지도의 체계 정비가 필요하다고 하였다.

둘째, 진로인식의 변화는 탈산업화로의 이행이 가속화됨에 따라 이 시대를 살고 있는 사람들의 진로경로에 대한 인식과 실천에도 변화가 불가피하다는 것이다. 산업사회의 전통적인 진로경로는 안정적인 환경에서 청소년기에 대체로 부모의 영향을 받아 진로를 선택하는 것이었고, 진로설계가 장기적이며 이에 따라 개인의 진로 내용은 점진적·부분적 수정을 가하는 방식이었지만, 탈산업사회의 진로경로는 때로 혼란스러운 환경에 놓일 정도로 역동적이며, 진로선택은 반복적이거나 일생에 걸쳐서 순환적으로 이루어진다. 또한 여러 회사, 여러 업종과 직업, 심지어 여러 나라에 걸쳐서 고용되게 되어 장기적 진로설계는 용이하지 않으며, 더 성장하려는 개인 욕구에 따라서 급격한 변화가 개인의 진로경로에 나타나게 됨으로써 진로인식의 변화가 불가피해졌다.

셋째, 노동시장의 변화는 사회경제적 환경의 변화, 직업세계의 변화로 인해 과거 진로지도의 내용과 방법이 혁신적으로 변화될 필요성이 있다는 것이다. '명문대학 졸업, 좋은 직장'이라는 성공신화를 모든 학생들에게 일괄적으로 적용하고 있지만 직업세계는 고용 없는 성장으로 인한 신규 채용인원의 감소, 비정규직의 양산, 새로운 직업의 탄생 등의 특성을 띠면서 변화하고 있다. 그러나 학생, 학부모, 교사는 이러한 변화된 추세를 인지하는 데 미흡한 실정이며, 우리 사회와 학교의 진로지도는 인생의 진로가 다양하며 능동적 진로개척 능력이 갈수록 중요해진다는 사실을 제대로 인식시키지 못한 채 일부 직종에 대한 '진로쏠림' 현상을 보이고 있다.

따라서, 변화된 진로지도의 내용을 새로운 진로지도 방식으로 전달해 줄 진로교육 체계가 재정비되어야 한다는 취지 아래 전통적인 진로개발모형은 일자리가 충분하고 직업세계의 변화가 심대하지 않은 경우에는 비교적 설명력이 높다고 할 수 있다. 하지만 21세기와 같은 변화의 시기, 고용 없는 성장의 시대에서는 설명력이 매우 제한되어 있으므로 고용 없는 성장에 적극적으로 대응한다는 의미에서, 곧 새로운 것을 만들어내는 것이 핵심이 될 수 있음을 감안할 때, 학생들에게 이러한 창의적 진로개발에 대한 역량과 안목을 길러주는 진로지도가 필요하다(교육부, 2012).

그림 2-2 진로교육의 필요성

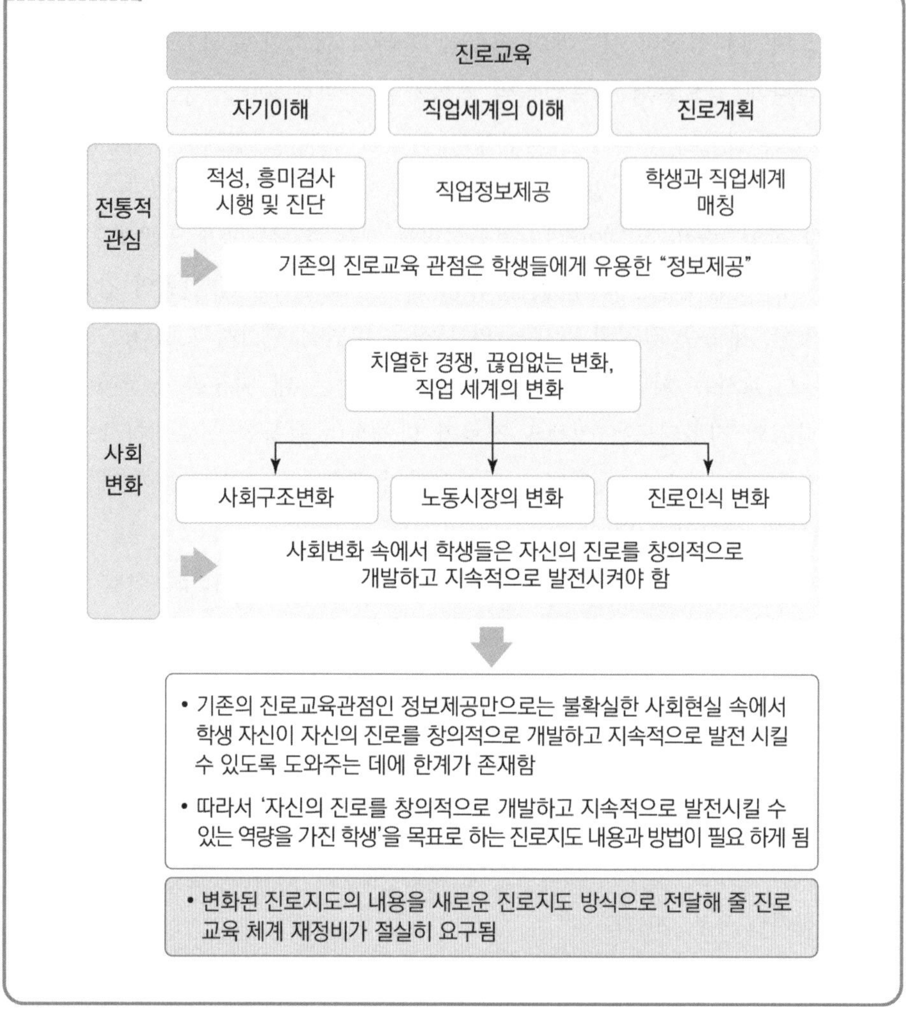
진로교육
자기이해
직업세계의 이해
진로계획
전통적 관심
적성, 흥미검사 시행 및 진단
직업정보제공
학생과 직업세계 매칭
기존의 진로교육 관점은 학생들에게 유용한 “정보제공”
사회 변화
치열한 경쟁, 끊임없는 변화, 직업 세계의 변화
사회구조변화
노동시장의 변화
진로인식 변화
사회변화 속에서 학생들은 자신의 진로를 창의적으로 개발하고 지속적으로 발전시켜야 함
• 기존의 진로교육관점인 정보제공만으로는 불확실한 사회현실 속에서 학생 자신이 자신의 진로를 창의적으로 개발하고 지속적으로 발전 시킬 수 있도록 도와주는 데에 한계가 존재함
• 따라서 ‘자신의 진로를 창의적으로 개발하고 지속적으로 발전시킬 수 있는 역량을 가진 학생’을 목표로 하는 진로지도 내용과 방법이 필요 하게 됨
• 변화된 진로지도의 내용을 새로운 진로지도 방식으로 전달해 줄 진로교육 체계 재정비가 절실히 요구됨

자료: 교육부(2012), 학교장을 위한 길라잡이(학교 진로교육 운영)

SECTION

02 진로교육의 특성

가. 통합적 교육과정

진로교육은 여타 교육과정과 달리 직업과 진로 교과목, 그리고 타교과목과의 연계, 창의적 체험활동 등과 같은 비교과 활동을 통하여 이루어지는 복합적이고 융합적인 교육과정이다. 그러므로 진로교육은 학교차원에서 조직적이고 통합적으로 이루어져야 하며, 교과 활동과 비교과 활동 간의 연계가 원활하게 이루어져야 하며, 타교과목에서도 이루어지는 진로개발역량 함양의 가능성에 대하여 주목하고 이를 중요하게 다루어야 한다.

진로교육은 본질적으로 생애에 걸쳐 이루어지는 생애성을 가지고 있음을 이해하여야 한다. 진로개발이 초중등 시기에 국한되는 것이 아니라 학령기 이후, 중장년기, 노년기에 이르기 까지 일과 직업과 관련된 선택과 준비활동을 전개해야 하기 때문이다. 특히, 21세기와 같이 빠르게 변화하는 사회에서의 진로개발에 있어 생애성은 더욱 강조되어야 한다. 이와 아울러, 비교적 정형화된 몇 가지 진로를 갖고 동질적인 진로발달단계를 거쳤던 종전과는 달리, 앞으로의 진로개발은 개인이 감당해야 할 것으로 개인의 특성, 의지에 따라 매우 다양하게 전개될 수 있다. 이런 측면에서 진로개발에서의 개인의 자발성, 자기주도성의 철학은 매우 중요하게 다루어져야 한다.

그림 2-3 진로교육의 통합성[2)]

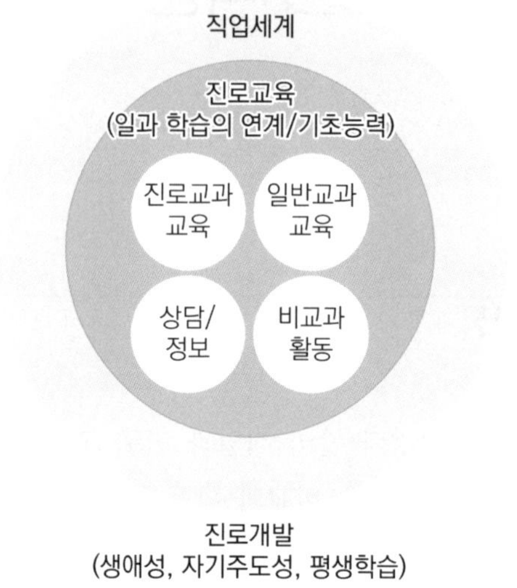
직업세계
진로교육
(일과 학습의 연계/기초능력)
진로교과
교육
일반교과
교육
상담/
정보
비교과
활동
진로개발
(생애성, 자기주도성, 평생학습)

나. 참여적 · 체험 중심적 교육과정

또한 진로교육은 직업세계나 교육기회에 대한 기본적인 지식을 습득하는 데 그치는 것이 아니라 실제로 자신의 진로를 설계하고 발전시켜가는 역량 개발이 목표인 만큼, 진로교육은 객관화된 지식을 수동적으로 흡수하여 이루어지는 것이 아니고, 학생들의 자발적인 참여와 활동을 통하여, 자신의 문제로 인식하고 실제로 자신의 역량을 개발할 수 있어야 한다. 이에 따라 진로교육은 교과서 중심으로 교실 내에서만 이루어지는 것이 아니라 실제로 학생들의 역량을 개발할 수 있도록 활동중심으로 학생들의 적극적인 참여가 중심이 되어야 한다. 또한 진로개발역량 함양에는 직업세계에 대한 탐색이 매우 중요한 요소이며, 직업세계에 대한 탐색은 다양한 방법으로 이루어져야 한다. 그중 특히 직업현장을 탐색하고 체험하는 활동은 필수적이다. 이에 따라 학교 밖의 현장은 진로교육에

2) 진미석(2009).생애진로개발론.

있어서 매우 중요한 교육의 장이 된다. 직업현장에서의 진로교육이 내실 있게 진행되기 위해서는 체계적인 현장체험교육과정 개발을 바탕으로 학교 안의 진로교육과 밀접하게 연계되고 통합적으로 이루어져야 한다. 현장체험학습방법이 학생들의 진로개발을 위해 탁월한 교육 방법임에는 분명하나 시간과 자원, 그리고 치밀한 사전계획이 성공적인 현장체험교육을 위해 요구된다. 이와 아울러, 현장체험학습의 또 하나의 전제는 교육적인 현장을 확보하는 일이며, 직업현장을 확보하기 위하여 제도적인 노력과 아울러 교육청 및 학교차원에서의 적극적인 노력이 필요하다.

다. 창의적 진로개발

빠르게 변화하는 직업세계와 '고용 없는 성장' 이라는 노동시장의 추세에 따라, 진로교육에서 새로운 진로나 직업을 창출하고 디자인해 보는 창의적 진로개발이 매우 중요한 주제로 떠오르게 된다. 기존의 직업세계에 대한 충실한 이해가 중요하지만, 직업세계가 끊임없이 변화하는 역동성을 갖고 있으며, 기존직업들의 분화와 통합을 통하여 새로운 직업들이 창출되는 것을 이해하면서, 새로운 직업을 디자인하거나 새로운 일자리를 만들어가는 앙터프레너십에 대한 이해와 연습이 진로교육에서 강화되어야 한다. 사회적 기업이나 1인 기업 등과 같은 새로운 형태의 직업과 하나의 직업으로 일생을 마치게 되는 단선적인 진로유형뿐만 아니라 다양한 형태의 진로경로에 대한 이해를 할 수 있고 이것을 자신들의 진로설계에도 적용할 수 있도록 해야 한다. 그러므로 창의적 진로개발을 위해서는 새로운 해결책을 강구하거나 새로운 시각으로 문제를 바라보는 창의성 증진이 무엇보다 필요하며, 진로교육에 있어서도 창의성을 강조하는 내용과 방법이 강조되어야 한다.

SECTION

03 진로교육 목표 및 영역별 구성

생애에 걸쳐 지속적인 진로개발이 필요한 시대적 상황에서, 학생들은 학교에서 진로교육을 통하여 진로개발역량의 튼튼한 기초를 마련하여야 한다. 학교 진로교육의 목적은 학생들의 진로개발역량을 함양하는 것이며, 충실한 진로개발역량을 바탕으로 학교로부터 직업세계로의 이행, 진로변경이나 직업이동과 같은 진로개발 과제를 효과적으로 수행할 수 있도록 하는 것이다. 평생학습사회에 필요한 진로교육은 직업에 대한 정보탐색기술, 직업명칭 등과 같은 구체적인 지식과 기술의 습득에 집중되는 것이 아니라 평생학습자로서 삶의 여러 단계에서 만나게 되는 진로개발의 과제를 긍정적으로 효과적으로 수행할 수 있도록 하는 기본적이고 기초적인 역량을 길러주는 것이라고 할 수 있다. 진로개발역량은 지식과 기술뿐만 아니라 품성과 태도를 아우르는 기초적이고 포괄적인 능력이며, 기존의 직업이나 일자리를 찾아 준비하는 것뿐만 아니라 스스로 새로운 일자리와 직업을 디자인할 수 있는 창의적인 생각과 준비를 할 수 있는 능력이라고 할 수 있다.

> **진로개발역량**이란 변화하는 직업세계에서 능동적이고 창의적으로 자신의 진로를 개척해 갈 수 있는 역량으로, ① **자아 이해와 사회적 기초역량** ② **일과 직업세계의 종합적 · 객관적 이해** ③ 자신의 향후 진로와 관련된 교육기회 및 직업정보에 대한 적극적이고 체계적인 **진로탐색역량** ④ 자신의 진로를 창의적으로 설계하고 준비하는 **진로디자인과 준비역량**으로 구성되며, **태도 · 지식 · 기술**을 포괄하는 개념이다.

이처럼, 초 · 중등학교에서의 진로교육의 목표는 학생 자신의 진로를 창의적으로 개발하고 지속적으로 발전시켜 성숙한 민주시민으로서 행복한 삶을 살아갈 수 있는 역량을 기르도록 조력하는 것이라고 기술할 수 있다. 진로교육을 통하여 학생들은 평생에 걸쳐 자신의 진로를 적극적이고 긍정적으로 개척하고 발전시켜 나갈 수 있는 역량을 기르고, 이를 통하여 의미 있고 행복한 삶을 추구하는 토대를 가질 수 있을 것이다.

학생들의 발달단계와 발달과업을 중심으로 한 학교 급별 진로교육의 특성을 살펴보면, 초등학교는 진로개발역량 함양의 기초적인 단계로서 학생들이 자신에 대한 긍정적인 자아개념을 형성하고 일의 중요성을 이해하며 직업세계에 대한 기초적인 탐색의 역량을 기르는 단계이다. 중학교는 초등학교에서 개발된 기초역량을 지속적으로 발전시켜가면서 일과 직업세계에 대하여 체계적으로 탐색하고 이해하며 중학교 이후의 진로에 대하여 모색하고 준비해 가는 단계이다. 고등학교는 초·중학교에서 개발된 기초역량을 지속·발전시키면서 자신의 향후 진로와 관련한 직업이나 교육기회에 대하여 보다 구체적으로 탐색하고, 고등학교 이후의 진로를 합리적으로 디자인하고 준비하는 단계이다. 진로개발역량을 함양하는 진로교육은 크게 네 가지 영역으로 구성된다. 곧, 자아 이해와 사회적 역량 개발, 일과 직업세계의 이해, 진로탐색, 진로디자인과 준비의 영역에서 역량을 함양하여야 한다.

가. 자아 이해와 사회적 역량 개발

이 영역에서는 자신에 대한 긍정적인 개념을 형성하고 자신의 장단점, 특성에 대하여 비교적 정확하고 객관적인 이해를 하도록 노력하고, 다양한 상황과 맥락 속에서의 자신의 존재를 이해하고 타인과 적절하게 관계 맺고 소통할 수 있는 역량을 길러야 한다. 자아에 대한 이해와 개발은 진로개발역량의 가장 기초적인 요소라고 할 수 있다. 긍정적인 자아개념은 빠르게 변화하는 사회에서 중심을 잃지 않고 자기를 돌볼 수 있도록 하고, 삶의 여정에서 흔히 만날 수 있는 어려움과 역경을 이겨내는 원천이 될 수 있기 때문이다. 그리고 자신에 대한 다양한 측면에 대한 정확한 이해는 자신의 가능성을 지속적으로 계발하도록 하며, 합리적인 선택의 기반이 된다.

한편, 자아는 사람들과의 공존의 관계와 상황 속에서 발전하고 성장해 가는 개념이므로 타인과의 적절한 공유와 교류는 자기를 성장시키는 중요한 활동이 된다. 또한 앞으로의 직업세계에서 타인과 함께 하는 작업은 더욱 필수적이기 때문에 사회적 기초역량인 적절한 대인관계 및 의사소통역량이 진로개발을 위한 핵심적인 역량이다.

이 영역에서 학교 급별 차이를 보면, 초등교육 단계에서는 긍정적인 자아개념의 형성이 중핵적인 과제가 되며, 대인관계나 의사소통역량의 기초를 마련하며, 중학교에서는 초등학교에서 함양된 기초역량을 발전시키면서 보다 구체적으로 자신의 특징과 장단점을 이해하는 역량을 개발해 가고, 고등학교 단계에서는 자신의 향후 진로와 관련하여 자신을 이해하고 대인관계를 확장하고 의사소통 역량을 강화하여 중학교 단계에서 개발된 역량을 지속적으로 발전시키도록 한다.

그림 2-4 학교 급별 자아 이해와 사회적 역량 개발 영역의 진로교육 목표

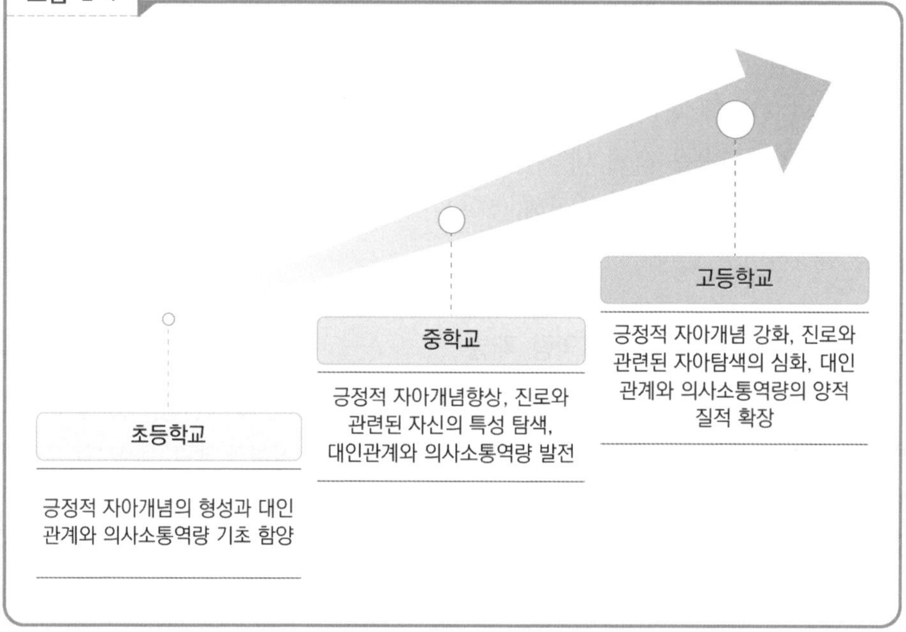

초등학교
긍정적 자아개념의 형성과 대인관계와 의사소통역량 기초 함양
중학교
긍정적 자아개념향상, 진로와 관련된 자신의 특성 탐색, 대인관계와 의사소통역량 발전
고등학교
긍정적 자아개념 강화, 진로와 관련된 자아탐색의 심화, 대인관계와 의사소통역량의 양적 질적 확장

나. 일과 직업세계의 이해

일과 직업세계의 이해 영역에서는 학생들이 일과 직업의 중요성과 가치, 직업세계의 구성이나 체계를 이해하고, 건강한 직업의식을 배양해야 한다. 이 영역에서는 변화하는 사회의 흐름에 대응하기 위해서 직업세계의 변화와 역동성에 주목해야 하며, 전

통적이고 정태적인 직업세계를 넘어서서 미래의 직업세계의 변화를 이해하고 대안적이고 창의적인 진로경로 및 직업에 대한 탐색 활동이 요구된다. 직업에 대한 고정관념과 편견을 비판적으로 살펴보고, 다양한 일과 직업세계에 대한 균형 잡힌 시각과 직업과 관련한 책무성과 권리를 아울러 이해할 수 있어야 한다.

이 영역에서 학교 급별 차이는, 초등학교에서는 자신의 역할에 따른 책무감을 이해하고 수용함으로써 직업세계를 이해하고 직업의식의 기초를 마련하고, 중학교에서는 다양한 직업유형과 경로에 대하여 이해함으로써 직업세계에 대한 이해의 폭을 넓히고, 직업인이 갖추어야 할 태도와 의식을 형성하며 직업에 대하여 개방적인 태도를 함양하여야 한다. 고등학교 단계에서는 중학교에서 함양된 직업세계에 대한 이해와 직업의식의 기초 위에서 직업세계의 변화와 자신의 진로와의 관계에 대하여 구체적으로 이해하고, 자신의 희망직업에 필요한 직업윤리를 이해하고 그에 필요한 태도를 함양한다.

그림 2-5 학교 급별 일과 직업세계의 이해 영역의 진로교육 목표

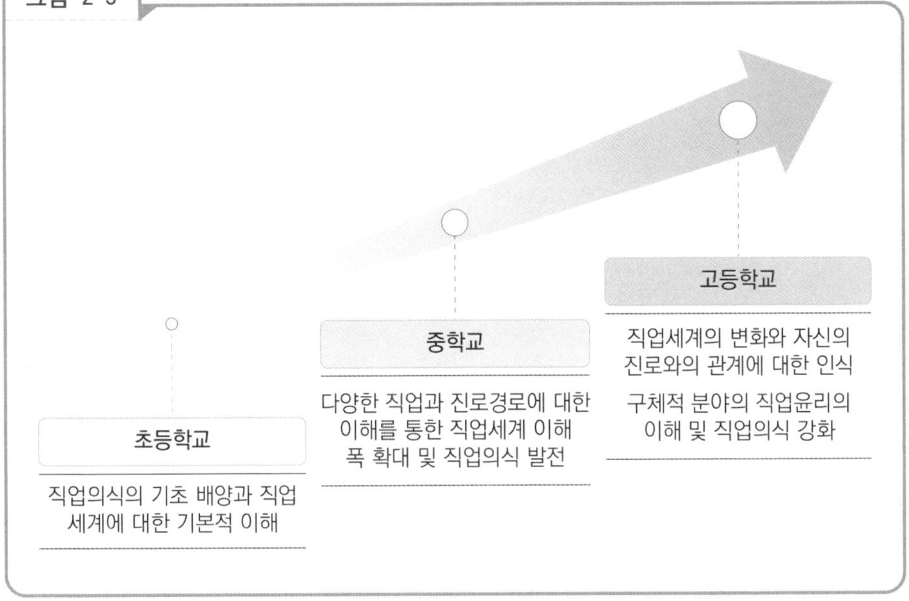
초등학교
직업의식의 기초 배양과 직업 세계에 대한 기본적 이해
중학교
다양한 직업과 진로경로에 대한 이해를 통한 직업세계 이해 폭 확대 및 직업의식 발전
고등학교
직업세계의 변화와 자신의 진로와의 관계에 대한 인식
구체적 분야의 직업윤리의 이해 및 직업의식 강화

다. 진로탐색

진로탐색 영역에서는 앞으로 자신의 진로를 구성하게 되는 직업과 교육기회에 대하여 이해하고 체계적으로 탐색하는 역량을 기르는 데 중점을 둔다. 자신의 진로라는 관점에서 학습과 학업성취의 의미에 대하여 충실히 이해하고, 자신의 진로개발에 필요한 교육 및 직업에 대하여 다양한 정보를 수집하여 이를 활용할 수 있는 역량을 길러야 한다. 학교 급별 발달과업에 따른 진로탐색의 내용을 보면, 초등학교에서는 자신의 삶과 진로에서 학습의 의미를 이해하고 올바른 학습태도를 기르며, 주변의 직업에 대하여 정보를 탐색하고 수집하는 기초적인 역량을 함양하여야 한다. 중학교에서는 고등학교에 대한 다양한 정보를 탐색하며, 직업에 대하여 다양한 방법을 통하여 탐색하고 수집된 정보를 분석하여 직업에 대한 이해를 높이게 된다. 고등학교에서는 고등학교 이후의 고등교육기회에 대하여 탐색하고 평생학습의 중요성을 이해하며 자신이 희망하는 구체적인 직업에 대하여 특성을 파악하고 그에 요구되는 교육이나 자격요건을 구체적으로 파악하여야 한다.

그림 2-6 학교 급별 진로탐색 영역의 진로교육 목표

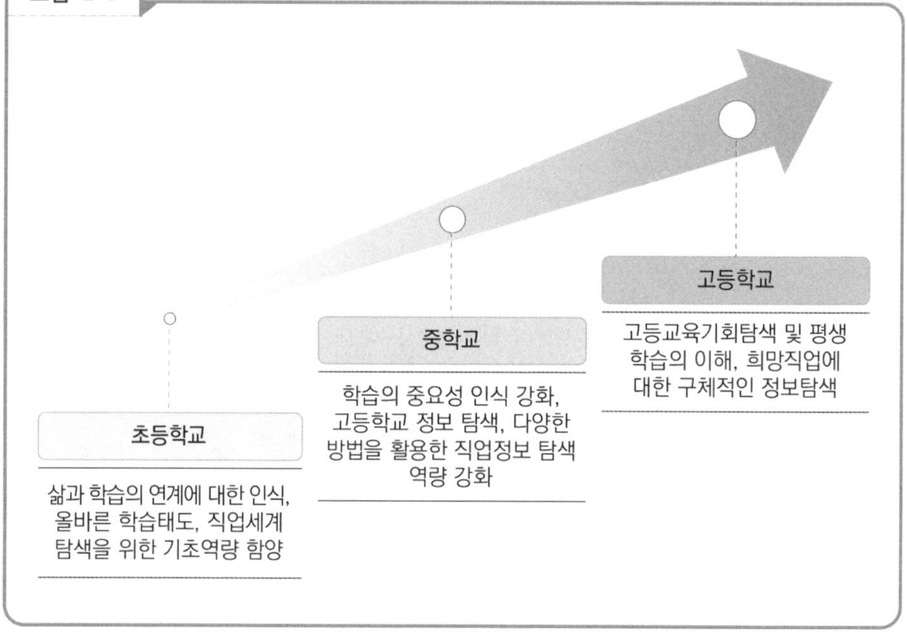
고등학교
고등교육기회탐색 및 평생 학습의 이해, 희망직업에 대한 구체적인 정보탐색
중학교
학습의 중요성 인식 강화, 고등학교 정보 탐색, 다양한 방법을 활용한 직업정보 탐색 역량 강화
초등학교
삶과 학습의 연계에 대한 인식, 올바른 학습태도, 직업세계 탐색을 위한 기초역량 함양

라. 진로디자인과 준비

이 영역에서는 자기이해와 다양한 진로탐색을 바탕으로 **자신의 진로를 적극적이고 창의적으로 설계하고 적절한 계획을 수립하고 준비하는 역량을 기른다.** 이를 위해서는 합리적으로 의사결정을 할 수 있는 역량을 기르고, 선택한 진로경로를 이행하기 위해서 적절하게 진로계획을 수립하고 지속적으로 진로계획을 수정·보완하여 충실한 진로준비를 수행하는 역량을 함양해야 한다.

합리적으로 선택하고 준비하기 위한 계획과 아울러 준비를 실천하는 과정 속에서 만나게 되는 장애요인, 즉 진로장벽을 인식하고 적절하게 대처할 수 있는 역량 개발도 매우 중요하다. 현장의 진로교육이 현실성을 갖고 진행되기 위해서는 진로장벽의 문제를 중요한 과제로 부각하고 이를 적절하게 다루는 노력을 하도록 하는 활동이 필수적이다. 진로교육에서 진로장벽을 없는 것으로 간주하거나 개인의 열정과 노력으로 극복될 수 있는 것으로 다루어질 경우, 진로교육은 비현실적인 낙관주의에 흐르고 진로개발역량을 효과적으로 함양하는 데 제약을 주게 된다.

이와 아울러 이 영역에서 특히 강조되어야 할 것은, 다양하고 창의적인 진로디자인을 할 수 있도록 기회를 제공하고 역량을 키워나가는 것이다. 앞서 지적한 대로, 변화하는 직업세계에서는 대안적이고 새로운 진로나 직업을 창조해내는 능력이 더욱 중요해지기 때문이다.

이 영역에서는 학생들의 발달과업에 따라 학교 급별로 진로개발역량 목표가 상이하게 설정된다. 초등학교에서는 의사결정을 위한 기초적인 역량을 개발하고 자신의 미래의 꿈과 비전을 개략적으로 설계해 보는 데 중점을 두며, 중학교 단계에서는 중학교 이후의 진로, 즉 고등학교 유형을 선택하고 선택한 고등학교 진학을 위해 실천계획을 수립하고 시행하도록 한다. 고등학교에서는 고등학교 졸업 이후의 진로, 즉 대학진학이나 취업에 대하여 여러 가지 정보를 바탕으로 진로경로를 선택하고 선택한 진로경로를 실현하기 위해서 실천계획을 구체적으로 수립하고 시행한다.

그림 2-7 학교 급별 진로디자인과 준비 영역의 진로교육 목표

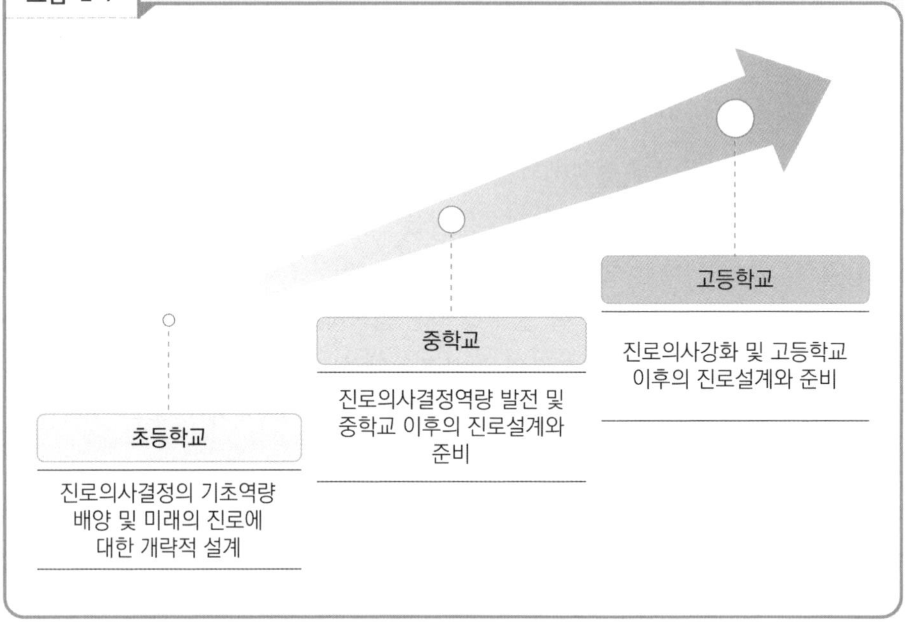
초등학교
진로의사결정의 기초역량
배양 및 미래의 진로에
대한 개략적 설계
중학교
진로의사결정역량 발전 및
중학교 이후의 진로설계와
준비
고등학교
진로의사강화 및 고등학교
이후의 진로설계와 준비

SECTION

04 학교급별 진로교육의 목표

가. 초등학교 진로교육의 목표

초·중·고등학교 진로교육 목표는 국가 수준의 진로교육 목표를 명확히 하여 진로교육에 대한 책무성을 제고하는 동시에 진로교육의 기본 틀과 방향을 제시하고 있다. 이는 정보나 시·도 교육청의 진로교육 정책 수립과 평가의 지침 및 준거가 되며 학교 진로교육의 방향으로 활용된다.

초등학교는 학생이 가정을 떠나 새로운 환경 속에서 사회생활을 시작하는 단계로 일상생활에 필요한 기초 능력 배양과 기본 생활 습관을 형성하기 시작한다. 진로교육에서도 초등학교 단계에서는 진로개발역량의 기초를 함양하게 되며, 그 목표는 긍정적인 자아개념을 형성하고 일의 중요성을 이해하며 진로개발역량의 기초 소양을 배양하는 것으로 규정할 수 있다.

진로개발역량의 가장 기초적인 토대인 긍정적인 자아개념의 형성은 기초를 다지는 초등 진로교육에서 가장 강조가 되어야 하는 것으로 가정과 다른 학교사회 구성원과의 적극적이고 활발한 상호작용을 통하여 긍정적 자아개념을 형성하고 기본적인 사회 기술 및 타인과 공감하며 협동하는 태도를 기른다. 자아개념의 기초를 형성하는 동시에 직업에 대하여 건강한 의식을 갖기 위해 풍부한 학습 경험을 통해 다양한 일의 세계에 대한 기초적인 개념과 중요성을 이해하도록 한다. 초등학교 단계는 구체적인 진로 선택이나 진로 준비를 하는 단계가 아니므로 진로를 탐색하고 진로계획을 수립할 수 있는 기초적인 능력과 태도를 갖추도록 한다(한국직업능력개발원, 2012)

그림 2-8 초등학교 진로교육 목표와 성취기준

자아이해와 사회적 역량 개발

자아 이해 및 긍정적 자아개념 형성

- 자신이 소중한 존재임을 안다.
- 자신의 장점 및 특성을 존중한다.
- 자신의 꿈과 비전을 갖는다.

대인관계 및 의사소통역량 개발

- 다른 사람과의 관계에서 친밀감과 배려심을 갖는다.
- 상대방에 맞게 의사소통 할 줄 안다.

↓

일과 직업세계의 이해

일과 직업의 이해

- 일과 직업의 기능과 중요성을 안다.
- 일과 직업의 다양성을 안다

건강한 직업의식 형성

- 맡은 일에 책임이 다름을 안다.
- 맡은 일에 대해 최선을 다하는 태도를 기른다.
- 일과 직업에 대해 어떤 고정관념이 있는지 안다.

↓

진로탐색

교육 기회의 탐색

- 자신의 진로에서 학습이 갖는 의미를 안다.
- 바른 학습방법 및 태도를 기른다.

직업 정보의 탐색

- 주변에서 여러 가지 직업을 알아본다.
- 여러 가지 방법으로 직업 정보를 탐색하고 수집한다.

↓

진로 디자인과 준비

진로의사 결정능력 개발

- 다양한 의사결정 방법을 안다.
- 기초적인 의사결정능력을 기른다.

진로계획과 준비

- 자신의 미래에 대한 계획 수립의 중요성을 안다.
- 자신의 꿈과 비전에 맞는 간단한 진로를 디자인한다.

자료: 교육부(2012), 초등학교장을 위한 길라잡이(학교 진로교육 운영)

진로발달 이론에 입각하여 진로인식기 – 진로탐색기 – 진로선택 및 준비기를 초·중·고등으로 대칭하여 살펴보면, 초등학교 단계는 진로인식기로 정의할 수 있다. 초등학교 단계는 긍정적으로 자신을 이해하고, 사회적 역량을 개발하며, 일과 직업 세계에 대해 기초적으로 이해하고 자신의 꿈과 비전을 키워나가며 간단하게 진로를 디자인하는 시기라고 볼 수 있다.

그림 2-9 진로발달 이론에 입각한 초등학교 진로교육

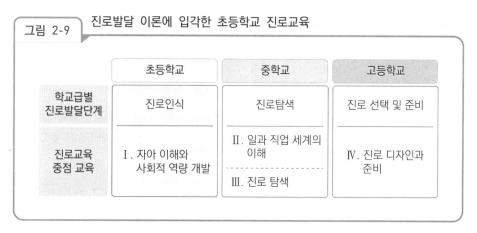

	초등학교	중학교	고등학교
학교급별 진로발달단계	진로인식	진로탐색	진로 선택 및 준비
진로교육 중점 교육	Ⅰ. 자아 이해와 사회적 역량 개발	Ⅱ. 일과 직업 세계의 이해 Ⅲ. 진로 탐색	Ⅳ. 진로 디자인과 준비

자료: 교육부(2012), 초등학교장을 위한 길라잡이(학교 진로교육 운영

그림 2-10 초등학교 진로교육의 중점 영역

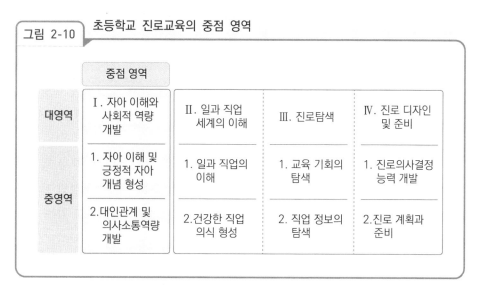

	중점 영역			
대영역	Ⅰ. 자아 이해와 사회적 역량 개발	Ⅱ. 일과 직업 세계의 이해	Ⅲ. 진로탐색	Ⅳ. 진로 디자인 및 준비
중영역	1. 자아 이해 및 긍정적 자아 개념 형성	1. 일과 직업의 이해	1. 교육 기회의 탐색	1. 진로의사결정 능력 개발
	2.대인관계 및 의사소통역량 개발	2.건강한 직업 의식 형성	2. 직업 정보의 탐색	2.진로 계획과 준비

자료: 교육부(2012), 초등학교장을 위한 길라잡이(학교 진로교육 운영

이런 초등학생의 진로발달 단계를 고려하여 초등학교에서는 자아 이해와 사회적 역량개발 영역을 중점으로 한 진로교육을 권장하되, 학교의 여건에 따라 수업의 비중은 달리할 수 있다.

나. 중학교 진로교육 목표

중학교 교육은 초등학교 교육의 성과를 바탕으로 학생의 학습과 일상생활에 필요한 기본 능력을 배양하며, 다원적인 가치를 수용하고 존중하는 민주시민의 자질 함양에 중점을 둔다. 이를 위해 건강하고 조화로운 심신의 발달을 추구하며, 다양한 분야의 경험과 지식을 익혀 적극적으로 진로를 탐색하도록 한다. 중학교 진로교육은 초등학교에서의 진로개발역량의 기초 토대를 바탕으로 다양한 직업세계를 탐색하며, 중학교 이후의 진로디자인과 준비를 하도록 진로개발역량을 배양한다.

중학교 진로교육의 중심은 자신과 직업 세계에 대한 폭넓은 탐색과 체험 활동에 있다. 삶에서 진로와 직업의 의미를 이해하고 진로와 관련된 자신의 다각적인 특성을 폭넓게 탐색하며, 능동적이며 자율적인 자기 이해를 위한 태도를 형성하도록 한다. 또한, 중학교 이후의 교육 경로, 역할 모델을 비롯한 관심 분야에 대한 다양한 탐색과 분석을 바탕으로 자신에게 적합한 진로·직업을 탐색하는 능력을 기르며, 자신과 진로·직업 및 교육 세계에 대한 탐색을 바탕으로 중학교 졸업 이후의 진로를 합리적으로 설계하고 이를 실천하기 위한 역량을 기른다.

이처럼, 중학교 단계의 진로교육은 자신과 직업 및 교육 세계에 대한 폭넓은 탐색과 체험을 통하여 긍정적인 자아개념과 진로·직업에 대한 적극적인 태도를 형성하고, 자신의 진로를 합리적으로 설계하고 주도적으로 개척할 수 있는 역량을 발전시키도록 한다(한국직업능력개발원, 2012).

그림 2-11 중학교 진로교육 목표와 성취기준

자아이해와 사회적 역량 개발

자아 이해 및 긍정적 자아개념 형성

- 자아존중감을 갖고 스스로를 돌보는 능력 함양한다.
- 자신의 적성 및 흥미를 다양하게 탐색한다.
- 자신의 꿈과 비전을 구체화시킨다.

대인관계 및 의사소통역량 개발

- 대상과 상황에 맞는 대인관계 능력을 함양한다.
- 효과적인 의사소통의 방법을 이해하고 함양한다.

↓

일과 직업세계의 이해

일과 직업의 이해

- 다양한 직업 유형과 진로 경로를 이해한다.
- 사회 변도에 따른 직업세계의 변화를 이해한다.

건강한 직업의식 형성

- 직업 생활에서 윤리의식과 책임감의 필요성을 인식한다.
- 직업 생활에 대해 긍정적이며 적극적인 태도를 형성한다.
- 직업에 대한 고정관념을 극복하고 개방적인 인식을 발전시킨다.

↓

진로탐색

교육 기회의 탐색

- 자신의 진로에서 학습의 중요성을 알고 노력한다.
- 고등학교의 유형과 특성에 대한 다양한 정보를 탐색한다.

직업 정보의 탐색

- 구체적인 직업정보를 다양한 방법으로 탐색한다.
- 여러 직업에 대해 정보를 수집, 분석하여 직업 이해에 활용한다.

↓

진로 디자인과 준비

진로의사 결정능력 개발

- 합리적인 진로의사결정 능력을 함양한다.
- 진로의사결정에서 진로장벽 요인을 파악하고, 이를 해결하고자 노력한다.

진로계획과 준비

- 미래지향적이고 창의적인 자신의 진로를 설계한다.
- 고등학교 진학계획을 수립하고 준비한다.

자료: 교육부(2012), 중학교장을 위한 길라잡이(학교 진로교육 운영)

진로발달 이론에 입각하여 진로인식기 → 진로탐색기 → 진로 선택 및 준비기를 초·중·고등으로 대칭하여 살펴보면, 중학교 단계는 진로탐색기로 정의할 수 있다. 중학교 단계는 ① 초등학교에서부터 시작된 긍정적인 자아이해와 사회적 역량을 증진하고, ② 본격적으로 일과 직업세계를 이해하고 진로를 탐색하며, ③ 중학교 이후의 진로를 설계하는 시기라고 볼 수 있다.

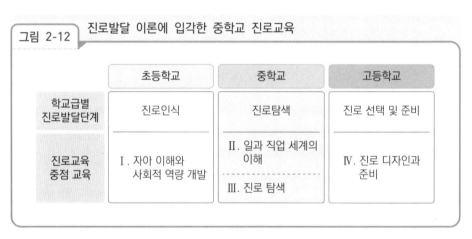

그림 2-12 진로발달 이론에 입각한 중학교 진로교육

	초등학교	중학교	고등학교
학교급별 진로발달단계	진로인식	진로탐색	진로 선택 및 준비
진로교육 중점 교육	Ⅰ. 자아 이해와 사회적 역량 개발	Ⅱ. 일과 직업 세계의 이해 Ⅲ. 진로 탐색	Ⅳ. 진로 디자인과 준비

자료: 교육부(2012), 중학교장을 위한 길라잡이(학교 진로교육 운영)

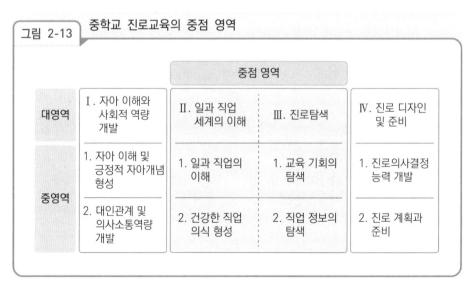

그림 2-13 중학교 진로교육의 중점 영역

		중점 영역		
대영역	Ⅰ. 자아 이해와 사회적 역량 개발	Ⅱ. 일과 직업 세계의 이해	Ⅲ. 진로탐색	Ⅳ. 진로 디자인 및 준비
중영역	1. 자아 이해 및 긍정적 자아개념 형성	1. 일과 직업의 이해	1. 교육 기회의 탐색	1. 진로의사결정 능력 개발
	2. 대인관계 및 의사소통역량 개발	2. 건강한 직업 의식 형성	2. 직업 정보의 탐색	2. 진로 계획과 준비

자료: 교육부(2012), 중학교장을 위한 길라잡이(학교 진로교육 운영)

중학생의 진로발달단계를 고려하여 중학교에서는 일과 직업세계의 이해, 진로 탐색 영역을 중점으로 한 진로교육을 권장하되, 학교의 여건에 따라 수업의 비중은 달리할 수 있다.

또한, 고등학교의 유형이 다양해지고 직업세계가 끊임없이 변화하고 있음을 감안할 때, 중학교 단계에서 다양한 직업세계를 탐색하고 일과 직업에 대한 이해와 현실적인 자기 이해를 바탕으로 자신의 적성과 진로에 맞는 고등학교에 진학하는 것은 매우 중요하다(교육부, 2012).

다. 고등학교 진로교육 목표

2009 개정 교육과정의 고등학교 교육의 목표는 '학생의 적성과 소질에 맞는 진로 개척 능력과 세계 시민으로서의 자질을 함양'하는 데 중점을 두고 있다. 이를 위한 인간상으로 '성숙한 자아의식을 토대로 다양한 분야의 지식과 기능을 익혀 진로를 개척하며 평생 학습의 기본 역량과 태도를 갖추'는 것을 우선적으로 제시하고 있다.

전 생애적 관점에서 볼 때 고등학교 진로교육의 단계는 이전 단계에서 함양된 기초적인 진로개발역량을 바탕으로, 진로를 선택하고 이를 구체적으로 계획하고 준비하는 시기이므로 고등학교 진로교육은 자신의 특성에 부합하는 진로를 선택하고, 이를 보다 구체화된 진로목표와 계획으로 발전시켜 실천해 나갈 수 있도록 해야 한다. 일반 고등학교는 잠정적으로 선택한 직업군을 통하여 대학과 전공학과 선택에 효과적인 방법을 모색하는 데 일차적 목표가 있다. 그러므로 일반 고등학교의 진로교육은 직업이나 직업과 연관된 대학이나 학과에 대한 충분한 정보를 수집, 분석하고, 이를 바탕으로 자신이 희망하는 대학과 전공학과나 계열을 선택하고 이를 성취할 수 있도록 준비하고 계획을 추진할 수 있는 자기관리 능력을 갖추도록 지도해야 한다(한국직업능력개발원, 2012).

그림 2-14 일반계 고등학교 진로교육 목표와 성취기준

자아이해와 사회적 역량 개발

자아 이해 및 긍정적 자아개념 형성

- 자아존중감을 갖고 스스로를 돌보는 능력을 함양한다.
- 자신의 장단점과 능력을 평가하고 향상시키려고 노력한다.
- 자신의 꿈과 비전을 진로와 연결시킨다.

대인관계 및 의사소통역량 개발

- 자신의 대인관계 능력을 평가하고 발전시킨다.
- 상황에 따라 효과적인 의사소통 능력을 향상시키니다.

↓

일과 직업세계의 이해

일과 직업의 이해

- 직업세계의 변화와 자신의 진로와의 연계성을 파악한다.

건강한 직업의식 형성

- 희망 직업에 필요한 직업윤리를 파악한다.
- 희망 직업에 필요한 태도를 함양한다.
- 직업에 대한 고정관념을 성찰하고 개선하기 위해 노력한다.

↓

진로탐색

교육 기회의 탐색

- 자신의 진로에서 학습의 중요성을 알고 노력한다.
- 고등교육기관의 다양한 유형과 특성을 탐색한다.
- 지속적인 진로개발을 위한 평생학습의 중요성을 이해하고 여러 기회를 탐색한다.

직업 정보의 탐색

- 희망 직업의 구체적인 특성을 파악한다.
- 희망 직업의 직업경로, 학업 및 자격을 구체적으로 파악한다.

↓

진로 디자인과 준비

진로의사 결정능력 개발

- 자신의 진로의사결정방식을 분석, 평가한다.
- 진로장벽 요인을 포함하여 합리적인 의사결정을 내린다.

진로계획과 준비

- 자신의 진로목표에 따라 구체화된 진로계획을 수립한다.
- 상황변화에 따라 진로계획을 재평가하고 보완한다.
- 고등학교 이후 진로계획을 수립하고 실천한다.

자료: 교육부(2012), 고등학교장을 위한 길라잡이(학교 진로교육 운영)

진로발달 이론에 입각하여 진로인식기 – 진로탐색기 – 진로 선택 및 준비기를 초·중·고등으로 대칭하여 살펴보면, 고등학교 단계는 진로 선택 및 준비기로 정의할 수 있다. 고등학교 단계는 직업세계에 본격적으로 가까워져 있는 상황이므로 ① 구체적으로 직업세계를 살펴보고, ② 그것에 관련되는 진로를 선택하고 준비하는 역량을 길러가야 하는 시기라고 볼 수 있다.

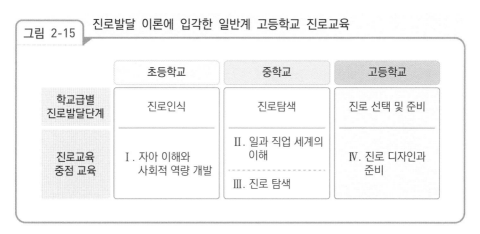

그림 2-15 진로발달 이론에 입각한 일반계 고등학교 진로교육

	초등학교	중학교	고등학교
학교급별 진로발달단계	진로인식	진로탐색	진로 선택 및 준비
진로교육 중점 교육	Ⅰ. 자아 이해와 사회적 역량 개발	Ⅱ. 일과 직업 세계의 이해 Ⅲ. 진로 탐색	Ⅳ. 진로 디자인과 준비

자료: 교육부(2012), 고등학교장을 위한 길라잡이(학교 진로교육 운영)

그림 2-16 고등학교 진로교육의 중점 영역

				중점 영역
대영역	Ⅰ. 자아 이해와 사회적 역량 개발	Ⅱ. 일과 직업 세계의 이해	Ⅲ. 진로탐색	Ⅳ. 진로 디자인 및 준비
중영역	1. 자아 이해 및 긍정적 자아개념 형성	1. 일과 직업의 이해	1. 교육 기회의 탐색	1. 진로의사결정 능력 개발
	2. 대인관계 및 의사소통역량 개발	2. 건강한 직업 의식 형성	2. 직업 정보의 탐색	2. 진로 계획과 준비

자료: 교육부(2012), 고등학교장을 위한 길라잡이(학교 진로교육 운영)

고등학생의 진로발달단계를 고려하여 고등학교에서는 진로 디자인과 준비 영역을 중점으로 한 진로교육을 권장하되, 학교의 여건에 따라 수업의 비중은 달리할 수 있다.

대부분의 일반계 고등학교 현실을 비추어 볼 때 진학을 위한 진로교육이 이루어지고 있는 것이 현실이다. 이러한 현실을 무시할 수는 없으나 고등학교 1학년 수준에서는 진로의사결정의 가능성을 열어두고, 졸업 후 진학·취업·창업 등의 다양한 진로 설계가 가능하도록 교육하여야 한다(교육부, 2012).

CHAPTER

03

학교급별 진로교육의 내용

SECTION

01 창의적 체험활동의 진로교육

2009 개정 교육과정에서의 창의적 체험활동은 자율활동, 동아리활동, 봉사활동, 진로활동 등의 네 가지로 구분되어 있다. 또한 그 내용체계도 학교급에 따른 구분 없이 하나로 제시되어 있어 단위 학교에서는 해당 학교급의 특성이나 발달단계, 학교의 실정 등을 고려하여 융통성 있게 내용을 선정하여 운영하도록 하고 있다. 게다가 창의적 체험활동 교육과정에서는 이러한 창의적 체험활동의 영역별 내용이 예시라는 점을 강조하면서, 단위 학교에서는 국가 수준 교육과정에 제시되어 있지 않은 내용도 단위 학교에서 편성·운영할 수 있다고 강조하고 있다. 창의적 체험활동의 영역별 성격 및 활동은 <표 2-5>와 같다.

표 2-5 2009 개정 교육과정 창의적 체험활동의 영역별 성격 및 활동

영 역	성 격	활 동
자율 활동	학교는 학생 중심의 자율적 활동을 추진하고, 학생은 다양한 교육 활동에 능동적으로 참여한다.	• 적응 활동 • 자치 활동 • 행사 활동 • 창의적 특색 활동 등
동아리 활동	학생은 자발적으로 집단활동에 참여하여 협동하는 태도를 기르고 각자의 취미와 특기를 신장한다	• 학술 활동 • 문화 예술 활동 • 스포츠 활동 • 실습 노작 활동 • 청소년 단체 활동 등
봉사 활동	학생은 이웃과 지역사회를 위한 나눔과 배려의 활동을 실천하고, 자연환경을 보존한다.	• 교내 봉사활동 • 지역사회 보호 활동 • 자연환경 보호 활동 • 캠페인 활동 등

영 역	성 격	활 동
진로 활동	학생은 자신의 흥미, 특기, 적성에 적합한 자기 계발 활동을 통하여 진로를 탐색하고 설계한다.	• 자기 이해 활동 - 자기 이해 및 심성 계발, 자기 정체성 탐구, 가치관 확립 활동, 각종 진로 검사 등 • 진로 정보 탐색 활동 - 학업 정보 탐색, 입시정보 탐색, 학교 정보 탐색, 학교 방문 등 - 직업 정보 탐색, 자격 및 면허 제도 탐색, 직장 방문, 직업 훈련, 취업 등 • 진로 계획 활동 - 학업 및 직업에 대한 진로 설계, 진로 지도 및 상담 활동 등 • 진로 체험 활동 등 - 학업 및 직업 세계의 이해, 직업체험활동 등

자료: 교육부(2009b). 초 · 중등학교 교육과정: 창의적 체험활동(교육부 고시 제2009-41호).

이러한 창의적 체험활동의 특성을 살펴보면 다음과 같이 정리할 수 있다.

기존의 특별활동과 창의적 재량활동을 통합하여 '창의적 체험활동'을 신설하였는데, 내용체계의 하나로 '진로활동'이 명시됨으로 인해 향후 창의적 체험활동을 통한 진로활동에 대한 요구나 필요성이 증가할 것으로 기대되고 있다. 창의적 체험활동은 기존의 재량활동과 특별활동 교육과정 편성·운영의 문제를 개선하기 위해 도입되었다. 기존의 재량활동은 2개 영역, 특별활동은 5개 영역으로 세분화되어 있으나, 두 활동의 영역 및 내용 구분이 모호하여 중복 운영된다는 문제 등이 제기되었다. 즉, 재량활동과 특별활동이 단순히 형식적으로 운영되거나 교원 수업시수 조정용으로 운영됨으로써 교과외 활동을 통한 전인교육의 취지를 살리지 못하는 문제가 발생한다는 것이다(이광우 외, 2010).

이에 따라 종래의 재량활동과 특별활동을 통합한 교육과정 활동 영역으로서 궁극적으로는 배려와 나눔을 실천하는 창의 인재를 양성하기 위해 신설된 창의적 체험활동의 성격은 다음과 같이 도식화할 수 있다

그림 2-17 창의적 체험활동의 성격(이광우 외, 2010. 재정리)

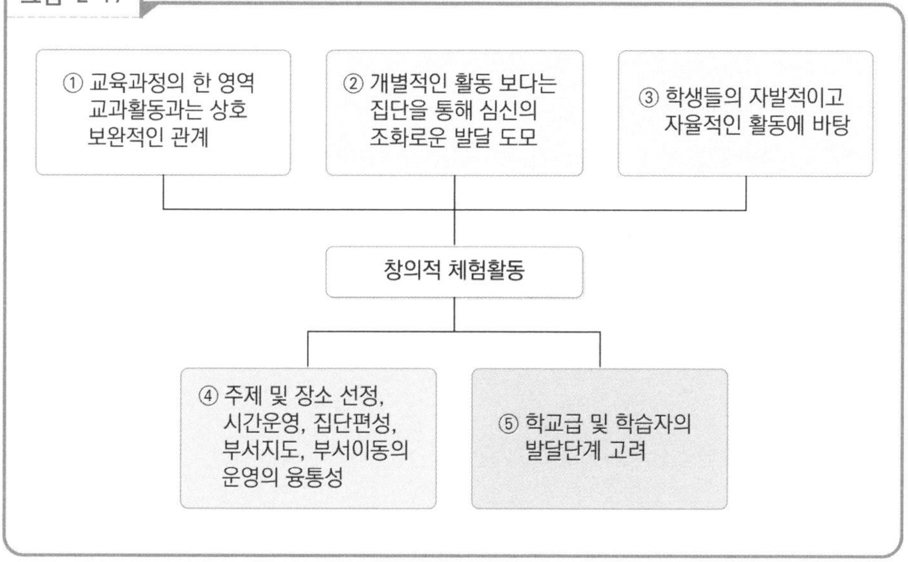
① 교육과정의 한 영역
교과활동과는 상호
보완적인 관계
② 개별적인 활동 보다는
집단을 통해 심신의
조화로운 발달 도모
③ 학생들의 자발적이고
자율적인 활동에 바탕
창의적 체험활동
④ 주제 및 장소 선정,
시간운영, 집단편성,
부서지도, 부서이동의
운영의 융통성
⑤ 학교급 및 학습자의
발달단계 고려

그리고 2009 개정 교육과정에서는 창의적 체험활동의 학년별 시간배당 기준을 <표 2-6>과 같이 밝히고 있다.

표 2-6 창의적 체험활동의 학년별 시간배당 기준

구분	초1	초2	초3	초4	초5	초6	중1	중2	중3	고1	고2	고3
창의적 체험활동	272 (4H/주)		204 (3H/주)		204 (3H/주)		306 (3H/주)			24단위 (4H/주)		

창의적 체험활동의 진로활동은 독립적으로 다양한 진로교육 활동을 전개할 수 있도록 구성되어 있을 뿐만 아니라 중·고교 '진로와 직업'을 비롯한 교과활동, 그리고 창의적 체험활동의 다른 영역과의 통합·연계, 진로계획서의 작성 및 지속적인 수정·보완 등의 단위 학교에서의 진로교육 운영과 관련한 다양한 기회가 포함되어 있다.

또한 평균 주당 3~4시간에 달하는 상당한 시간이 진로교육 활동에 활용될 수 있으며, 정일제, 격주제, 전일제, 집중제, 그리고 방학기간을 활용한 집중과정도 가능하기 때문에 지역사회 자원을 활용한 다양한 체험활동도 전개할 수 있게 되었다. 특히 지역사회에서의 다양한 체험활동이 가능하도록 단위 학교 및 교육청에서 활용 가능한 인사, 시설, 기관, 자료 등의 자원 실태를 파악하고 지원하도록 하고 있다(교육부, 2009b).

창의적 체험활동이 단위 학교별로 학교의 여건 및 특성이나 학생들의 요구에 부응하는 다양한 프로그램을 개발·운영하느냐에 성패가 좌우된다고 할 수 있다. 그렇지 않으면 기존의 특별활동을 벗어나지 못하는 융통성 없는 진로활동이 될 가능성이 상존한다(장명희 외, 2010).

SECTION

02 교과 통합 진로교육

초등학교에서의 진로교육은 앞서 밝힌 바대로 창의적 체험활동과 교과 통합 진로교육으로 나뉘어진다. 한국직업능력개발원은 2011년 교과통합 진로교육 교수·학습자료 개발 매뉴얼을 발간하여 교과 통합 진로교육의 개념과 유형, 교과 통합 진로교육 사례를 소개하고 있는데 각급 학교별로 교과 교육과 비교하여 살펴볼 필요가 있다.

교과 통합 진로교육은 학교 교육과정상에서 독립적으로 운영되고 있는 교과(국어, 수학, 사회, 기술·가정, 과학, 미술 등)와 진로교육을 통합하여 운영하는 것을 의미한다. 이때 주된 통합의 방식은 보통 교과의 내용 속에 포함되어 있는 진로교육적 요소를 보다 선명하게 부각하여 교과의 목표와 진로교육의 목표가 함께 달성될 수 있도록 하는 것이다. 여기서 말하는 진로교육의 목표는 학생들이 진로개발역량을 기를 수 있도록 하는 것이다. 진로개발역량이란 개인이 진로를 개척할 수 있는 역량으로서 개인이 일생동안 수행하는 다양한 역할과 경험을 자기주도적이며 합리적으로 선택, 준비, 비교 및 평가하며 관리할 수 있는 지식, 기술(skill) 및 태도를 의미한다(한국직업능력개발원, 2011).

진로개발역량은 크게 5가지로 구분되는데 ① 자기이해 및 긍정적 자아개념과 태도 형성, ② 직업세계의 이해 및 긍정적 가치·태도 형성, ③정확하고 신뢰성 있는 진로정보 탐색·해석·활용, ④ 진로계획의 수립·관리·실천, ⑤ 진로 및 개인 삶의 목표 달성을 위한 평생학습 참여가 그것이다.

그림 2-18 진로개발역량(한국직업능력개발원, 2011, 재정리)

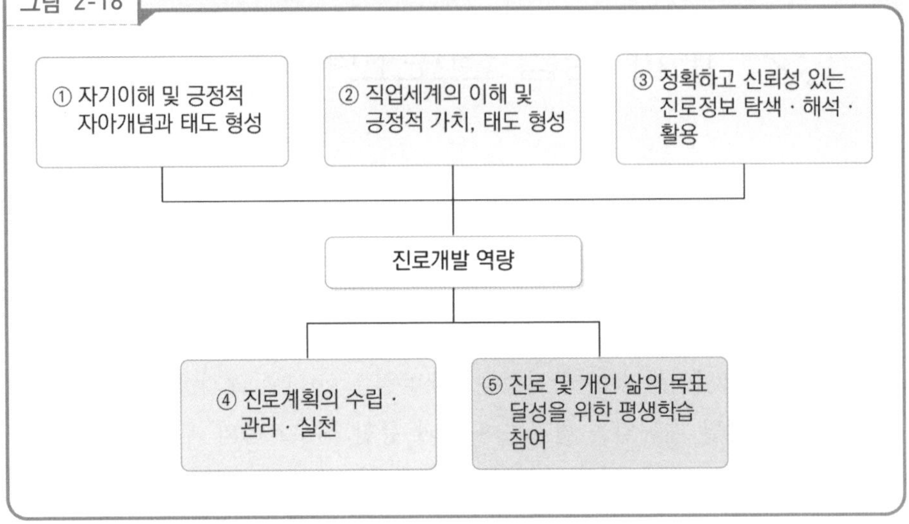
① 자기이해 및 긍정적 자아개념과 태도 형성
② 직업세계의 이해 및 긍정적 가치, 태도 형성
③ 정확하고 신뢰성 있는 진로정보 탐색 · 해석 · 활용
진로개발 역량
④ 진로계획의 수립 · 관리 · 실천
⑤ 진로 및 개인 삶의 목표 달성을 위한 평생학습 참여

그리고 진로개발역량은 다시 세부적으로 나뉘는데 이는 다음 표와 같다.

표 2-7 초등학교 단계의 진로교육 역량

역량	내용
1. 자기 이해 및 긍정적 자아개념과 태도 형성	• 자기이해 및 긍정적 자아 개념 • 자율적이며 능동적 태도 • 타인과의 긍정적인 상호 작용
2. 직업세계의 이해 및 긍정적 가치 · 태도 형성	• 다양한 직업세계의 이해 • 일에 대한 긍정적 가치와 태도/ 성 역할 및 직업에 대한 고정된 생각 타파
3. 정확하고 신뢰성 있는 진로정보 탐색 · 해석 · 활용	• 정확하고 신뢰성 있는 진로 정보 탐색 · 해석 · 활용
4. 진로계획의 수립 · 관리 · 실천	• 다양한 생활에서의 역할(여가, 지역 사회 참여, 학습, 가정, 직장 등) 균형 필요성 인식 • 합리적 의사 결정에 기초한 진로 계획 수립 및 관리 • 경제, 사회의 변화를 진로계획에 반영

역량	내용
5. 진로 및 개인 삶의 목표 달성을 위한 평생학습 참여	• 진로 및 개인적인 삶의 목표를 달성하는 데 요구되는 학력 및 자격증 등 획득 • 평생학습의 중요성 인식 및 참여

자료: 교과통합 진로교육 교수 학습자료 개발 매뉴얼. 2011. 한국직업능력개발원.

교과 통합 진로교육은 학생의 학습 동기를 촉진하여 보다 능동적으로 학습과정에 참여하고 실생활에서 활용할 수 있는 학습내용에 우선적인 가치를 둔다. 그러므로 지식 습득 등 학업적 성과를 학습 목표로 하기보다는, 실생활 맥락에서 유용한 역량 및 기술을 습득하고, 개인의 삶에 있어 자기-주도성을 기르는 것을 목적으로 두는 실용주의적이고 경험주의적이며, 구성주의적 철학을 근간으로 한다(이지연 외, 2009).

Jacob(1989)은 지식의 폭발, 수많은 교육 이슈에 대응하는 정부의 법안, 의미 없이 분리되어 있는 학교 일정, 교육과정의 적절성에 대한 의문과 교과목 간 연계의 부족함에 대한 인식 등 최근 교육계에서 대두되고 있는 이슈들이 교과 통합으로의 움직임에 대한 타당한 근거가 될 것이라 하면서 교과 통합 진로교육의 유용성을 설명하고 있다.

다음은 교과 통합 진로교육의 영역을 제시한 것으로 각 영역별로 제시된 내용 예시는 학생들이 자신의 삶에 중요한 영향을 미칠 수 있는 진로탐색 및 선택과제와 밀접한 관련이 있다. 이러한 영역들을 교과와 통합하여 가르칠 때 학생들은 교과 학습의 의미를 자신의 진로와 연관지어 생각할 수 있는 기회를 얻게 된다.

교과 통합 진로교육은 교과와 진로교육의 요소 간의 통합의 정도와 방식, 그리고 학습 목표 등에 따라 그 유형이 다양하게 구분될 수 있다. 교과 통합 진로교육에 적용할 수 있는 통합의 형태는 교과목 간 네트워크를 통한 통합 모형(분리형, 연계형, 동지형)과 교사 중심 통합 모형(연속형, 공유형, 거미집형, 바느질형), 학습자 중심 통합 모형(흡수형, 네트워크형), 분리와 통합 정도에 따른 모형(분리된 교과, 교과 중심 통합, 교과 간 통합, 완전한 통합) 등이 있다(한국직업능력개발원, 2011).

표 2-8 교과 통합 진로교육 영역 및 내용 예시

영 역	내용 요소
자기이해 활동	• 자기이해 및 심성계발 • 자기 정체성 탐구 • 가치관 확립 활동 • 각종 진로 검사
진로정보 탐색 활동	• 진로 정보 탐색 • 직업 정보 탐색 • 입시정보 탐색 • 직장 방문 • 직업체험 활동
진로계획 활동	• 학업 및 직업에 대한 진로 설계 • 진로교육 및 상담활동
진로체험 활동	• 직업 세계의 이해 • 직업 체험활동

자료: 교과통합 진로교육 교수 학습자료 개발 매뉴얼. 2011. 한국직업능력개발원.

SECTION

03 초등학교의 진로교육 내용

'진로와 직업' 교과가 운영되고 있는 중·고등학교와는 달리 초등학교는 창의적 체험활동의 진로활동을 제외하고는 진로교육 관련 교과가 존재하지 않는다. 따라서 초등학교에서 진로교육을 실시할 수 있는 방법은 창의적 체험활동 중 진로활동시간과 교과 통합형 진로교육의 두 가지로 나누어 진행될 수 있다. 교육부에서 2012년 발간한 '학교 진로교육 목표와 성취기준'에 나타난 초등학교 진로교육의 내용 체계를 살펴보면 <표 2-9>와 같다.

표 2-9 초등학교 진로교육 내용 체계

영 역	내용 요소
자아 이해와 사회적 역량 개발	• 자신이 소중한 존재임을 알기 • 자신의 장점 및 특성을 존중하기 • 자신의 꿈과 비전 갖기 • 다른 사람과의 관계에서 친밀감과 배려심 갖기
일과 직업세계의 이해	• 직업 세계의 다양성과 미래의 직업 세계 • 직업 세계 탐색의 방법 • 직업과 관련한 편견 및 고정관념의 극복
진로 탐색	• 중학교 이후의 교육 경로 탐색 • 잠정적인 진로에 관한 정보의 탐색·분석 • 다양한 직업인의 역할 모델 탐색 • 성공적인 직업 생활을 위한 조건과 직업 윤리
진로 디자인과 준비	• 진로 의사 결정의 방법 및 자기 책임감 • 나의 희망 진로·직업 선택 및 탐색 • 중학교 이후의 구체적인 진로 계획의 수립 • 진로 계획 실천과 평생 학습의 의미

자료: 교육부(2012). 학교 진로교육 목표와 성취기준

초등학교에서의 자기 이해와 사회적 역량 개발 영역에서는 자아이해 및 긍정적 자아개념 형성과 대인관계 및 의사소통역량 개발의 내용요소를 갖는다. 초등학교 시기는 가족 이외 타인과의 상호작용을 통하여 자아개념을 형성하기 시작하는 단계이다. 초등학교 시기의 자아가 그 후 완성되는 자아개념의 기초가 된다고 볼 때, 자신에 대해서 성장 가능한 방향으로 규정짓는 긍정적인 자아개념이 무엇보다도 중요하다고 할 수 있다. 긍정적인 자아개념 형성을 위해서는 자신이 소중한 존재임을 알고, 자신의 장점 및 특성을 존중하며 이를 바탕으로 꿈과 비전을 갖도록 한다.

일과 직업의 세계 이해 영역은 직업에 대한 정확한 지식보다는 일에 대한 책임감, 직업의 다양성과 직업에 대한 편견 없는 태도와 건전한 직업윤리 등 일과 직업 세계에 대한 기초 인식 단계로서, 모든 직업과 일은 사회의 기능을 위해서 그리고 사람들의 삶의 질을 위해서 필요함을 인식하여 특정 직업에 대한 사회적 편견이나 귀천의식을 갖지 않도록 한다.

진로탐색 영역은 초등학교가 진로인식 단계라는 한계에서 벗어나 학생들이 자신의 진로에 대해서 적극적으로 탐색할 수 있는 기초 능력을 기르도록 한다. 그런 의미에서 진로 탐색 영역은 교육기회의 탐색, 직업 정보의 탐색 능력을 기르는 내용으로 구성한다

진로디자인과 준비 영역은 자아이해, 직업에 대한 지식, 진로탐색 등에 관한 정보를 바탕으로 진로계획을 수립하고 준비하는 영역이다. 진로계획 수립을 위해서 스스로 합리적인 진로의사 결정능력 개발이 전제되어야 하며, 결정된 계획을 실천하기 위한 체계적이고 실천 가능한 계획을 수립할 수 있는 내용으로 구성하도록 한다(교육부, 2012).

SECTION

04 중학교의 진로교육 내용

2009 개정 교육과정에서 중학교 선택과목은 '진로와 직업'을 비롯하여 '한문', '정보', '환경', '생활외국어', '보건' 등으로 구성된다. 이중 '진로와 직업' 교과의 신설은 중학교 단계의 진로교육을 교육과정에서 강조한다는 의미로 받아들일 수 있는데 이는 중학교 교육과정 편성·운영의 중점 사항의 하나인 '학교는 학생의 직업 및 진로에 대한 탐색과 선택을 돕기 위해 진로교육을 강화한 교육과정을 편성·운영한다'에서 드러난다.

2009 개정 교육과정에서 제시한 '진로와 직업' 교과의 내용 체계는 다음 표와 같다.

표 2-10 중학교 진로와 직업 교과 내용 체계

영 역	내용 요소
나의 발견	• 삶, 진로, 직업의 의미 • 나의 특성 탐색 • 나에게 적합한 장 · 단기 진로의 탐색
직업 세계의 이해	• 직업 세계의 다양성과 미래의 직업 세계 • 직업 세계 탐색의 방법 • 직업과 관련한 편견 및 고정관념의 극복
진로의 탐색	• 중학교 이후의 교육 경로 탐색 • 잠정적인 진로에 관한 정보의 탐색 · 분석 • 다양한 직업인의 역할 모델 탐색 • 성공적인 직업 생활을 위한 조건과 직업 윤리

영 역	내용 요소
진로 의사 결정 및 계획	• 진로 의사 결정의 방법 및 자기 책임감 • 나의 희망 진로 · 직업 선택 및 탐색 • 중학교 이후의 구체적인 진로 계획의 수립 • 진로 계획 실천과 평생 학습의 의미

자료: 교육부(2009b). 초 · 중등학교 교육과정. 교육부 고시 제2009-41호.

중학교 '진로와 직업' 교과는 나의 발견, 직업 세계의 이해, 진로의 탐색, 진로 의사 결정 및 계획의 네 가지 영역으로 구성된다.

먼저 나의 발견 영역은 인간의 삶에서 진로 및 직업이 갖는 개인적·사회적인 의미와 역할을 이해하고 흥미, 적성, 가치관, 성격 등 자신의 특성을 다양한 측면에서 탐색하여, 가정이나 학교생활, 교우 관계 등 자신이 속한 다양한 환경에서 개인적 특성이 어떻게 나타나는지 이해하며 자신에 대한 다각적인 이해를 토대로 자신에게 적합한 장·단기 진로를 탐색하는 내용으로 구성된다.

직업세계의 이해 영역은 직업세계의 다양성을 이해하고 미래의 직업세계가 변화하는 과정 및 방향을 탐색하고, 우리 주위에 직업 세계의 특성과 요구사항을 파악하는 다양한 방법이 있음을 알고 이를 진로 탐색에 활용하며 자신 또는 우리 사회의 직업과 관련한 편견, 고정관념, 비합리적인 사고 등을 찾아보고 이를 극복하는 방법을 이해하는 내용으로 구성되었다.

진로의 탐색 영역의 내용 구성은 중학교 졸업 이후에 선택할 수 있는 다양한 교육적인 경로를 탐색하고, 자신에게 적합한 진로를 몇 가지 선정하고, 다양한 진로 탐색 방법을 활용하여 심층적으로 정보를 수집·분석하며 관심 있는 직업에 종사하는 직업인의 모델을 찾아보고, 그들의 진로 선택 과정과 직업 생활 등을 탐색하고, 성공적인 직업 생활을 위한 조건과 긍정적이며 적극적인 직업 윤리를 이해하도록 한다.

진로의사결정 및 계획 영역의 내용은 다양한 진로 의사 결정 방법을 이해하고, 의사 결정에 대한 자기 책임감을 중요하게 인식하고, 합리적인 진로 의사 결정 방법을 활용하여 희망 진로·직업을 선택하며 직업 체험, 자원봉사 활동, 직업인 인터뷰 등을 통해 자신의 진로 목표와 관련한 구체적인 정보를 수집하도록 하고, 주변의 다양한 사람들의 의견을 수렴하여 진로 목표와 관련한 중학교 졸업 이후의 구체적인 진로 계획을 수립한다. 그리고 생애에 걸친 진로 계획 실천과 평생 학습의 관계 및 의미를 이해하는 내용으로 구성되었다.

SECTION

05 고등학교의 진로교육 내용

고등학교 교육과정에서는 학생의 요구 및 흥미, 적성 등을 고려하여 진로를 적절히 안내할 수 있는 '진로 집중 과정'을 편성·운영하도록 하고 있다. 그리고 이러한 진로 집중 과정은 고교 교육과 대학 진학 사이의 연결고리를 강화함으로써 학생들의 학업적 진로개발의 전개에 기여할 것으로 기대되고 있다. 고등학교 교육과정 중 교양 교과 중 선택과목 '진로와 직업'의 내용 체계를 살펴보면 다음 표와 같다.

표 2-11 고등학교 '진로와 직업' 내용 체계

영 역	내용 요소
나의 이해와 진로	• 삶, 진로, 직업 • 자아 정체감 및 존중감의 의의 및 확립 • 나의 특성 및 제반 여건의 이해 • 종합적인 나의 이해와 진로
진로의 탐색	• 다양한 직업 세계의 이해 • 미래 사회와 직업 세계의 변화 • 계속 교육을 위한 이해와 탐색 • 다양한 직업인 탐색 • 나에게 적합한 진로 탐색
진로 의사 결정	• 나의 진로 장벽 및 갈등의 진단과 해결 • 합리적인 진로 의사 결정 과정 및 방법의 이해 • 나의 희망 직업 선택 • 나의 희망 전공 계열과 과정 선택

영 역	내용 요소
진로 계획 및 준비	• 진로 계획의 의의 및 수립 • 역할 모델의 의의 및 설정 • 진학 및 취업 준비 • 행복한 직업 생활을 위한 준비

자료: 교육부(2009b). 초 · 중등학교 교육과정. 교육부 고시 제2009-41호.

고등학교 '진로와 직업' 교과의 영역은 나의 이해와 진로, 진로의 탐색, 진로 의사 결정, 진로 계획 및 준비의 네 영역으로 구성된다.

먼저 나의 이해와 진로 영역의 내용은 삶의 의의 및 목적, 그리고 삶에서 진로와 직업이 지니는 의미를 이해하고, 자아 정체감 및 존중감의 의의를 이해하고 확립하며, 자신의 특성 및 제반 여건을 이해하고 변화 가능성을 검토하여 그에 따른 대응 방안을 탐색하며 자신에 대한 종합적인 이해를 토대로 적합한 진로를 탐색하는 내용으로 구성된다.

진로의 탐색 영역은 직업의 종류와 특성을 이해하고 직업 세계를 탐색하는 방법을 습득하고, 미래 사회 변화와 그에 따른 직업 세계의 변화를 이해하며, 계속 교육 기관의 유형과 특성을 파악하여 자신의 진로와의 관계를 탐색하고, 사회적으로 성공한 또는 존경받는 다양한 직업인을 찾아보고 그들의 진로 선택 과정과 직업 생활, 직업 능력 등을 탐색한다. 그리고 자신에게 적합한 진로를 몇 가지 선정하고 심층적으로 탐색하는 내용으로 구성하도록 되어 있다.

진로의사결정 영역은 자신의 진로 장벽 및 갈등 요소를 종합적으로 진단하고 해결 방안을 탐색하고, 합리적인 진로 의사 결정 과정 및 방법을 이해하며 자신의 희망 직업을 선택하고, 자신의 희망 전공 계열과 과정을 선택하는 내용으로 구성된다.

진로 계획 및 준비 영역은 진로 계획의 의의를 이해하고 진로 계획을 수립하고 자신의 진로 의사 결정과 진로 계획을 토대로 역할 모델을 찾아서 설정한다. 그리고 진학 및 취업 준비를 어떻게 할 것인가 결정하고 행복한 직업 생활을 위해서는 어떠한 사항을 고려해야 하는지 이해하고, 필요한 가치관을 형성하고 능력을 기르는 내용으로 구성된다.

제3부

진로교육과정 적용의 실제

CHAPTER

01

진로교육과정 편성 및 운영

SECTION 01 진로교육의 최근 동향

SECTION 02 초등학교의 진로교육과정 편성 · 운영

SECTION 03 중학교의 진로교육과정 편성 · 운영

SECTION 04 고등학교의 진로교육과정 편성 · 운영

SECTION

01 진로교육의 최근 동향

경제환경의 변화와 노동시장 구조의 변화, 그리고 특히 최근의 청년실업의 증가는 학교 진로교육을 강조하는 주된 외적 환경으로 작용하였다. 그리하여 1999년에 진로지도에 관한 업무를 시·도교육청에 이양함에 따른 비체계성 및 비효율성을 개선하기 위하여 2003년부터 중앙 정부 주도의 진로교육 정책을 강화하기 시작했다. 그리고 2006년까지 중앙 단위에서의 진로교육 정책은 사교육비 경감 대책, 국가인적자원개발 관련 계획, 직업교육 관련 정책 등의 일환으로 다양한 정부 문서를 통해 제시되었다. 이러한 진로교육 정책들은 ① 단위 학교에서의 진로교육 운영 강화, ② 교사의 진로교육 역량 강화, ③ 국가적 수준의 진로교육 기준 설정, ④ 연계 및 조직체제의 구축 등의 내용들로 구성되었다(장명희 외, 2010)

그래서 교육인적자원부와 여러 기관이 협력하여 평생진로개발 활성화 5개년 계획(2006)을 내어 놓는 등 다양한 정책들이 시행되었으나 고교다양화 및 입학사정관제의 활성화에 따라 진로교육의 중요성이 학부모, 학생, 학교에 현안문제로 제기될 뿐만 아니라, 단위 학교에서의 적극적인 진로교육 활동의 미비, 그리고 민간을 중심으로 전문화된 서비스를 바탕으로 진로교육 서비스를 차별화하면서 진로교육 관련 사교육시장이 활성화될 조짐까지 지적되면서 2009년에 교육부와 노동부, 보건복지가족부에서는 공동으로 '진로교육 종합계획'을 마련하여 발표하였다(교육부, 2009).

기존의 '평생진로개발 활성화 5개년 계획(안)'이 전 생애에 걸친 모든 국민을 정책대상으로 설정한 반면, '진로교육 종합계획'은 청소년을 핵심 정책대상으로 설정하고 있다. 그리고 청소년 진로교육의 주요 부서인 교육부－노동부－보건복지가족부의 3각 협력체계를 공고화하여 효율적인 전달체계를 구축·운영하고,

'진학'에서 '진로' 중심으로 사회적·교육적 패러다임을 전환하여 무분별한 대학 진학에 따른 사회적 비용을 최소화하며, 청소년 대상별 진로교육 서비스를 제공할 수 있는 지원 인프라를 강화함으로써 궁극적으로 청소년 개인의 소질과 적성 중심의 진로 선택을 할 수 있도록 체험 위주의 진로교육을 체계적으로 지원하는 데 목표를 두고 있다(장명희 외, 2010).

그림 3-1 '진로교육 종합계획'의 비전, 목표, 추진전략 및 과제

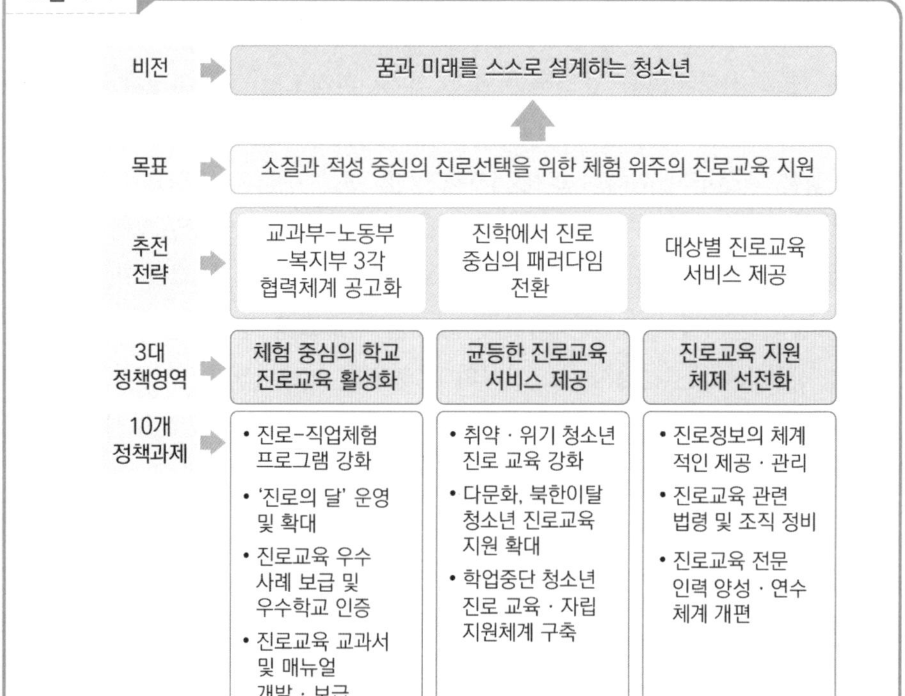

비전
꿈과 미래를 스스로 설계하는 청소년
목표
소질과 적성 중심의 진로선택을 위한 체험 위주의 진로교육 지원
추진 전략
교과부-노동부 -복지부 3각 협력체계 공고화
진학에서 진로 중심의 패러다임 전환
대상별 진로교육 서비스 제공
3대 정책영역
체험 중심의 학교 진로교육 활성화
균등한 진로교육 서비스 제공
진로교육 지원 체제 선전화
10개 정책과제
• 진로-직업체험 프로그램 강화
• '진로의 달' 운영 및 확대
• 진로교육 우수 사례 보급 및 우수학교 인증
• 진로교육 교과서 및 매뉴얼 개발·보급
• 취약·위기 청소년 진로 교육 강화
• 다문화, 북한이탈 청소년 진로교육 지원 확대
• 학업중단 청소년 진로 교육·자립 지원체계 구축
• 진로정보의 체계적인 제공·관리
• 진로교육 관련 법령 및 조직 정비
• 진로교육 전문 인력 양성·연수 체계 개편

자료: 교육부 외, 2010, 진로교육 종합계획

또한, 교육부는 2011년 2월 학교교육에서 진로교육을 촉진하고 확대할 수 있도록 '진로교육과'를 설치하고 2012년 '진로교육인재정책과'로 명칭을 변경하여 진로교육을 담당하게 하고 있다. 진로교육인재정책과는 학교진로교육을 활성화하고 촉진하기 위해서 다양한 사업을 주도적으로 시행하는 데 중심축으로서 그

역할을 수행하고 있으며 그 중심 업무는 다음과 같다.

- 진로교육 정책에 관한 기본계획 수립 · 조정 및 관련 법령 · 제도 개선
- 초 · 중등학생 진로교육 촉진 및 지원
- 대상별 · 학교단계별 진로교육 매뉴얼 및 프로그램 개발지원
- 창의적 체험활동 활성화 및 진로체험프로그램 확대 운영지원
- 교원에 대한 진로교육 강화 및 진로지도 관련 인력 활용지원
- 진로정보센터 및 진로상담 사이트 운영지원 등의 학교진로교육 전 분야의 업무를 담당

교육부는 2011년에 중 · 고등학교 정교사 자격에 '진로진학상담'을 신설하고 진로진학상담교사를 일선학교에 배치하여 『진로와 직업』 교과 수업, 창의적 체험활동 중 진로활동 관리, 진로진학 상담, 입학사정관제 전형 지원(고등학교), 자기주도학습 전형 지원(중학교) 등의 역할을 수행하며 특히, 진로진학부장으로서 진로진학부 소속 교사 및 담임 교사 등과의 유기적 연계 속에서 학교의 진로진학상담 활동을 총체적으로 조정하는 역할을 수행하도록 하고 있다. 현재 진로교육정책은 학생들에게 단순한 정보제공을 넘어서 학생들이 주체적이고 능동적으로 자신의 진로를 창의적으로 개척할 수 있도록 도모하는 프로그램을 개발 · 실행하려고 하고 있으며, 학생의 발달 단계별 '학교 진로교육 목표와 성취기준' 설정, 진로교육 콘텐츠 제공 · 활용, 진로탐색 · 진로설계를 바탕으로 하는 진학지도 등의 정책이 나타나고 있다. 학생 발달 단계에 따른 '학교 진로교육 목표와 성취기준'설정은 국가 수준에서 진로교육을 통하여 도달하고자 하는 지향점을 제시한 것으로 볼 수 있으며 모든 진로교육과 관련한 교육과정 구성 · 운영, 교과서 개발 및 각종 진로 콘텐츠 개발에 중요한 지침이 되고 있다.

이와 같은 학교 진로교육과 관련한 최근의 동향에서 발견되는 주된 흐름은 단위 학교에서의 진로교육 실천력을 높이기 위한 다양한 정책적 기제가 검토되고 있다는 것이다. 무엇보다 단위 학교에서의 진로교육 실천을 위한 다양한 프로그램이나 자료를 개발 · 보급할 뿐만 아니라, 현직 교사 대상 연수를 비롯하여 진로교육 도우미(진로코디네이터)의 선발 · 배치, 예비교사의 진로교육 마인드 제고를 위한 교과 개설 지원 등은 진로교육 실천력 제고의 핵심적인 정책기제로

작용할 것으로 기대된다. 여기에 2009 개정 교육과정의 시행에 따른 창의적 체험활동을 통한 진로활동 시수의 확보와, 지역사회에서 직업세계를 체험할 수 있는 기회 확대 방안 등은 '진로교육 종합계획'에서 제안된 체험 중심의 진로교육 실천과 관련하여 상호 긍정적인 영향을 미칠 수 있다는 해석도 가능하다. 따라서 최근의 진로교육 정책 동향이 단위 학교를 중심으로 적극적으로 실천되기 위해서는 모든 학교급에 적용되는 국가 교육과정에서 이에 관한 기본적인 사항이 연계되어야 한다(장명희 외, 2010).

위의 필요성에 의해 2013년 한국직업능력개발원에서는 각급 학교 진로교육 운영과 관련하여 학교 현장에서 사용할 수 있는 매뉴얼을 개발하여 학교장 연수 등에 사용하는 등 보급에 힘쓰고 있다. 본 장에서는 교육부에서 기획하고 한국직업능력개발원에서 개발한 각급 학교별 진로교육 운영 매뉴얼(2012)을 중심으로 진로교육과정 편성·운영에 관해 살펴보고자 한다.

SECTION

02 초등학교의 진로교육과정 편성 · 운영

초등학교 진로교육의 특징은 ① 진로진학상담교사라는 진로교육 전담 인력이 배치되어 있는 중·고등학교와는 달리 진로교육 전담 인력이 없고, ② 5, 6학년 실과에서 진로교육 관련 내용이 일부 포함되어 있기는 하지만 진로와 직업을 직접 다루는 교과가 없으며, ③ 담임제로 수업이 이루어지기 때문에 일반교과와 연계하여 진로교육을 시행하는 것이 다른 학교급에 비해 용이하다. 이에 따라 초등학교에서 진로교육을 실시할 수 있는 방법은 창의적 체험활동 중 진로활동 시간 활용하거나 교과 통합형 진로교육의 두 가지로 크게 나누어 질 수 있다.

표 3-1 초등학교 교육과정 편제 및 시간 배당 기준

<table>
<tr><th colspan="2">구분</th><th>1~2학년</th><th>3~4학년</th><th>5~6학년</th></tr>
<tr><td rowspan="7">교과(군)</td><td>국어</td><td rowspan="7">국 어 448
수 학 256
바른 생활 128
슬기로운 생활 192
즐거운 생활 384</td><td>408</td><td>408</td></tr>
<tr><td>사회/도덕</td><td>272</td><td>272</td></tr>
<tr><td>수학</td><td>272</td><td>272</td></tr>
<tr><td>과학/실과</td><td>204</td><td>340</td></tr>
<tr><td>체육</td><td>204</td><td>204</td></tr>
<tr><td>예술
(음악/미술)</td><td>272</td><td>272</td></tr>
<tr><td>영어</td><td>136</td><td>204</td></tr>
<tr><td colspan="2">창의적 체험활동</td><td>272</td><td>204</td><td>204</td></tr>
</table>

구분	1~2학년	3~4학년	5~6학년
학년군별 총 수업시간 수	1,680	1,972	2,176

자료: 교육부(2009a). 초·중등학교 교육과정 총론: 교육부 고시 제2009-41호.

초등학교의 경우 진로진학상담교사와 『진로와 직업』 교과가 없고, 진로활동실(커리어 존 등)이 구축되어 있지 않은 학교가 대다수이므로 인적 물적 자원은 다른 학교급에 비해 부족하나 담임제 수업이 진행되기 때문에 일반 교과에서 진로교육 관련 요소를 추출하고 일관성 있는 진로교육을 실행하기에는 오히려 이상적이라고 할 수 있다. 교육부는 초등학교의 이런 특성에 따라 학교 진로교육의 목표와 성취기준의 강조점을 바탕으로 ＜대영역Ⅰ. 자아이해와 사회적 역량개발＞에 중점을 둔 진로교육 방안을 제시하고 다음과 같이 진로교육 연간계획 수립 절차를 안내하고 있다.

표 3-2 초등학교 진로교육 연간계획 수립 절차

단계		학교교육과정 편성	진로교육과정 편성
교육과정편성준비단계	위원회 조직	• 학교교육과정위원회 조직(조직, 임무, 역할의 구체화)	• 진로관련 담당교사 참여
	상위 지침 분석	• 상위 교육과정과 편성·운영 지침 분석 - 교육부 고시 교육과정 - 시·도 교육청 교육과정 편성·운영 지침 - 학교교육의 목표와 노력 중점 분석	• 창의적 체험활동 분석 기초조사서 작성 - 창의적 체험활동 영역별 배당 등
	학교 기초 조사	• 계획수립을 위한 기초조사 - 학생 실태분석, 학교의 여건, 교원 현황 - 지역의 특수성 - 교원, 학생, 학부모의 요구조사 및 분석 - 전년도 교육활동의 결과 분석 - 이용 가능한 지역사회의 인적·물적 자원 조사	• 진로관련 학교 여건 및 요구 분석 - 전년도 진로관련 교육활동의 결과 분석 - 진로관련 학부모·지역사회의 인적·물적 자원 조사 - 학교 여건 및 지원 가능 시설 조사

단계		학교교육과정 편성	진로교육과정 편성
교육과정 편성단계	편성계획	• 학교교육과정 구성 체제 결정	
	기본 방향 설정	• 학교 교육과정 기본 방향 설정 - 학교장 경영 의지 - 학교 교육 목표 - 교육 중점 과제 - 노력 중점 - 중장기 발전 계획	• 진로교육관련 학교 특색 사업
	시안 작성	• 편제와 시간배당 - 학교 특색을 살리는 창의적인 교육 계획 수립 - 편제와 시간 배당, 수업일수, 수업시수(교과교육과정 20% 증감) 결정 • 교과(군), 창의적 체험활동 편성 계획 - 목표, 학년군 목표, 지도 중점, 지역화 내용, 교수 · 학습 방법, 평가 방법 • 창의적 체험활동 편성 - 창의적 체험활동 목표 및 학년별 목표 - 창의적 체험활동 내용 및 체계표 - 창의적 체험활동의 편제와 시간 배당 - 창의적 체험활동 시간 확보 계획 - 창의적 체험활동 운영 방침 - 창의적 체험활동의 평가 • 교육과정 지원 계획 - 인성교육, 생활지도, 교내 자율장학, 방과후학교, 외국어교육, 독서교육, 창의성교육, 기초학습 부진학생 지도, 주5일 수업제, 특수학급, 다문화가정 지도 등 - 교육 자료 활용 계획의 수립 - 교과 전담 운영, 특별 교실, 운동장 활용 계획 - 기타 학교 운영 전반에 필요한 계획 수립	• 진로교육과정 시안 작성 - 학교의 특색을 살린 진로교육 계획수립 - 진로활동 연간 프로그램 작성(지도 영역, 내용, 방법, 시수) - 활용할 수 있는 지역사회, 학부모 자원 활용 계획 - 운영상의 유의점과 평가 계획

<table>
<tr><th colspan="2">단계</th><th>학교교육과정 편성</th><th>진로교육과정 편성</th></tr>
<tr><td rowspan="2">교육
과정
심의
·
확정
단계</td><td>시안
검토</td><td>• 학교교육과정 시안 검토
- 교과(군), 창의적 체험활동에서 추가 보완 해야 할 사항
- 재구성, 조정, 통합해야 할 내용
- 지도 순서, 시간 조정 및 계절 행사와의 연계
- 지도 방법이나 평가 방법
- 예산, 시설, 인력 등과 관련된 실현 가능성 등</td><td>• 진로교육과정 시안 검토
- 교과(군), 창의적 체험활동의 다른 영역, 범교과, 자기주도적 학습과의 연계 운영 방안 및 타당성
- 지도 순서, 방법, 평가
- 지원 시설 활용 및 실현 가능성</td></tr>
<tr><td>심의</td><td>
학교교육과정 위원회
시안 작성
학교운영 위원회
시안 심의
검토 및 분석
문제점 추출
수정 보완
학교장
시안 확정</td><td>• 진로교육과정 시안의 심의 및 확정
- 진로교육과정 시안의 수정
- 학교장의 진로교육과정 확정</td></tr>
</table>

자료: 서울시교육청, 2009 초등학교 진로교육 매뉴얼, 2010.

2009개정교육과정에서 다양한 창의적 재량활동이 자율·동아리·봉사·진로활동이라는 4개 영역으로 재편되었다. 2009개정교육과정에 대한 이해 부족 또는 관성적인 교육으로 인해 기존 재량활동을 창의적 체험활동의 범주 내에 끼워 맞추는 형태의 교육이 이루어지고 있다. 예를 들면 창의적 재량활동 중 자율활동의 한 영역으로 간주해 시수를 배정하여 진로활동 시수가 부족해지는 경우가 그러하다. 진로교육을 강화하는 정책적 요구와 확대되는 진로교육 수요를 감안하여 창의적 체험활동의 네 가지 활동을 균등하게 배분하거나 진로활동에 중점을 두어 실시할 것을 교육부는 권장하고 있다.

표 3-3 창의적 체험활동 영역 구성의 방법

영역 \ 학년	1~6학년 동일 편성	학년군별 편성	학년별 편성
영역 균등 편성		(예시1)	
중점 영역 편성	(예시2)		(예시3)
자유로운 영역 편성			(예시4)

자료: 학교 진로교육 운영(초등학교), 2012, 교육부.

표 3-4 〈표 4〉 학년군별 영역 균등 편성(예시)

학년군별로 창의적 체험활동의 모든 영역을 고루 편성한 것.

영역	활동	학년군		
		1~2학년	3~4학년	5~6학년
자율활동	적응	88	17	17
	자치	34	17	17
	행사	34	17	17
	창의적 특색	65	68	51
동아리활동		17	51	68
봉사활동		17	17	17
진로활동		17	17	17
시간 누계		272	204	204

자료: 학교 진로교육 운영(초등학교), 2012, 교육부.

표 3-5 학교 중점 영역 선정 편성(예시)

1~6학년이 동일하게 특정 영역을 특히 집중적으로 편성하고 그 외의 영역에는 수업 시수를 적게 배당.

영역	활동	학년군		
		1~2학년	3~4학년	5~6학년
자율활동	적응	88	17	17
	자치	17	17	17
	행사	17	17	10
	창의적 특색	109	87	85
동아리활동		-	24	34
봉사활동		17	8	7
진로활동		24	34	34
시간 누계		272	204	204

자료: 학교 진로교육 운영(초등학교), 2012, 교육부.

표 3-6 학년별 중점 영역 선정 편성(예시)

학년별로 중점이 되는 영역을 하나씩 선정하여 집중적으로 운영하고 그 외의 영역에는 수업 시수를 적게 배당.

영역	활동	학년					
		1학년	2학년	3학년	4학년	5학년	6학년
자율활동	적응	68	19	14	7	6	17
	자치	17	15	20	7	8	14
	행사	10	13	12	10	10	10
	창의적 특색	34	68	17	17	17	10
동아리활동		-	-	17	17	20	10
봉사활동		7	7	12	34	12	12
진로활동		7	7	10	10	34	34
시간 누계		143	129	102	102	107	107
		272		204		204	

자료: 학교 진로교육 운영(초등학교), 2012, 교육부.

표 3-7 학년별 자유로운 영역 편성(예시)

각 학년별로 자유롭게 편성. 학년군별로 유사하게 편성한 경우와 1~6학년에서 동일하게 편성한 경우도 포함.

영역	활동	학년					
		1학년	2학년	3학년	4학년	5학년	6학년
자율활동	적응	34	24	5	5	5	17
	자치	5	10	17	15	17	7
	행사	12	10	7	17	7	7
	창의적 특색	68	68	29	17	17	17
동아리활동		-	-	17	34	17	17
봉사활동		-	-	5	10	5	10
진로활동		17	24	12	14	17	34
시간 누계		136	136	92	112	85	109
		272		204		204	

자료: 학교 진로교육 운영(초등학교), 2012, 교육부.

SECTION

03 중학교의 진로교육과정 편성 · 운영

중학교의 진로교육은 학교진단을 통해 진로교육의 비전과 목표를 설정하고 가용한 인적, 물적 자원을 활용하여 진로교육 연간 운영 계획을 수립하고 지금까지 연간 운영 계획이 개별적인 차원에서 이루어졌다면, 앞으로는 '진로교육 목표 체계도'를 활용하여 보다 체계적인 계획 수립이 가능하다. 진로교육 연간 운영 계획은 진로교육의 비전, 목표, 세부 실천과제 등을 제시하는 연간 계획을 말하는 것으로 추진 절차와 방법은 다음 그림과 같다.

학교교육계획은 2월~3월에 결정되는데, 진로진학상담교사는 학교 내외의 가용 자원 및 전년도 진로교육 성과 분석을 토대로 실현 가능한 단위학교 진로교육 연간 운영 계획을 수립하여야 한다. 진로교육 연간 운영 계획을 수립한 후에는 학교교육공동체에 가정통신문 발송, 학교홈페이지 안내 등 다양한 방법으로 홍보하고 참여를 유도하고, 선택교과 『진로와 직업』, 창의적 체험활동의 진로활동, 진로교육관련 학교 행사 등을 연간 운영 계획 수립 시 균형 있게 반영하도록 한다.

단위학교에서 진로교육 연간 운영 계획을 수립할 때 고려사항은 다음과 같다.

- 진로교육 연간 운영 계획 작성의 과정에서 전 교직원이 진로교육에 대한 협력 체제를 강화할 수 있도록 함.
- 진로진학상담교사가 중심이 되어 각 부서 협조 아래 진로 담당 교사들이 과년도 각종 자료를 참고로 하여 계획안을 작성함.
- 계획안은 진로교육의 원활한 추진을 도모하기 위해 학년회, 직원회, 교육과정위원회 등에서 충분히 검토함.

그림 3-2 중학교 진로교육 연간 운영 계획 수립 절차

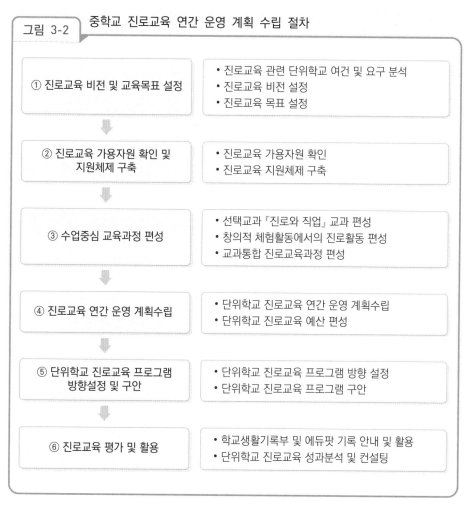

단계	내용
① 진로교육 비전 및 교육목표 설정	• 진로교육 관련 단위학교 여건 및 요구 분석 • 진로교육 비전 설정 • 진로교육 목표 설정
② 진로교육 가용자원 확인 및 지원체제 구축	• 진로교육 가용자원 확인 • 진로교육 지원체제 구축
③ 수업중심 교육과정 편성	• 선택교과 『진로와 직업』 교과 편성 • 창의적 체험활동에서의 진로활동 편성 • 교과통합 진로교육과정 편성
④ 진로교육 연간 운영 계획수립	• 단위학교 진로교육 연간 운영 계획수립 • 단위학교 진로교육 예산 편성
⑤ 단위학교 진로교육 프로그램 방향설정 및 구안	• 단위학교 진로교육 프로그램 방향 설정 • 단위학교 진로교육 프로그램 구안
⑥ 진로교육 평가 및 활용	• 학교생활기록부 및 에듀팟 기록 안내 및 활용 • 단위학교 진로교육 성과분석 및 컨설팅

자료: 학교 진로교육 운영(중학교), 2012, 교육부.

- 연간 운영 계획에는 시도 방침이나 지역, 학교, 학생의 실정을 기초로 각 학년의 진로지도가 계획적으로 잘 시행될 수 있도록 운영 목표, 배당 시간, 지도 내용, 지도 방법이나 자료 등을 제시함.
- 연간 운영 계획의 내용에는 진로 지도와 교과 학습, 교과 이외의 교육활동 그리고 집단지도와 개별지도와의 관련이 고려되어야 함.
- 연간 운영 계획에서 목표, 주제, 내용, 방법, 자료 등의 필요 항목이 실정에 맞게 구체적으로 설정되어야 함.

• 학생, 학부모, 동료교사 등의 수요를 우선적으로 고려하여 연간 계획을 수립하여야 함.

연간 교육과정 계획 시 진로진학상담교사가 참여하는 진로교육 위원회를 구성할 것을 권장하며 학교 전 구성원(교장, 교감, 진로진학상담교사, 학년부장, 일반교사, 학생 및 학부모 등)이 참여하는 진로교육과정 협의회를 구성하는 것도 가능하다.

그림 3-3 진로교육 위원회 구성(예시)

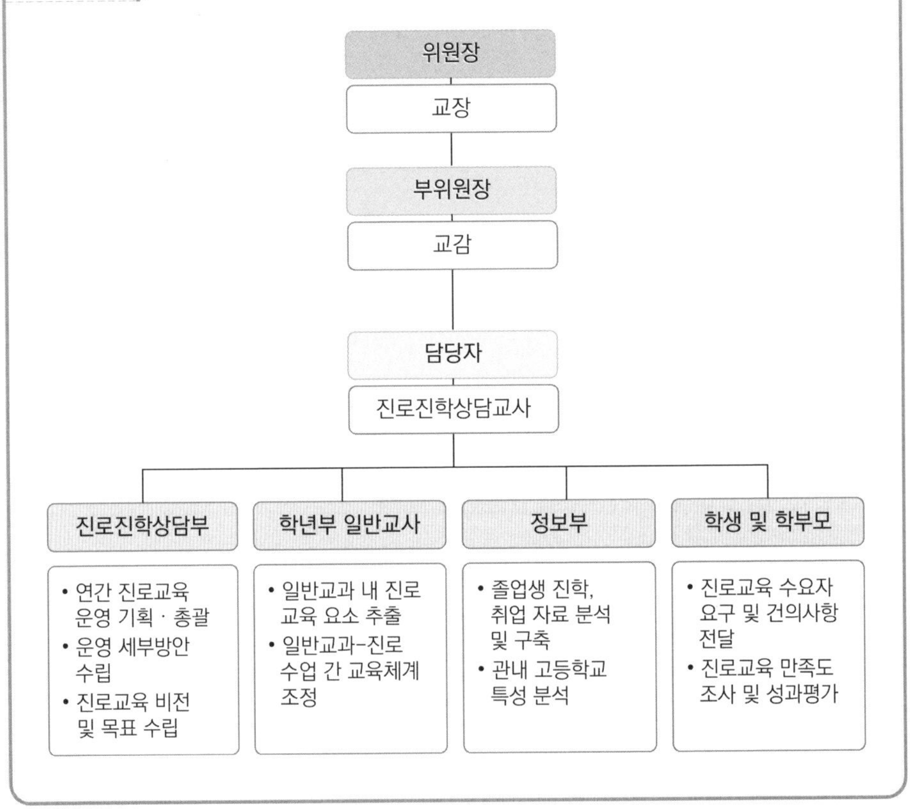

위원장
교장
부위원장
교감
담당자
진로진학상담교사
진로진학상담부
• 연간 진로교육 운영 기획 · 총괄
• 운영 세부방안 수립
• 진로교육 비전 및 목표 수립
학년부 일반교사
• 일반교과 내 진로교육 요소 추출
• 일반교과-진로 수업 간 교육체계 조정
정보부
• 졸업생 진학, 취업 자료 분석 및 구축
• 관내 고등학교 특성 분석
학생 및 학부모
• 진로교육 수요자 요구 및 건의사항 전달
• 진로교육 만족도 조사 및 성과평가

자료: 학교 진로교육 운영(중학교), 2012, 교육부.

『진로와 직업』 교과를 선택교과로 채택하여 수업시간에 진로교육을 실시하는 것을 수업중심 진로교육이라고 하는데, 이는 창의적 체험활동 중 진로활동을 통한 진로교육 시 고정된 진로교육 시수가 확보되지 않아, 체계적이고 연속적인 진로교육이 실시되기 어려운 반면 수업중심 진로교육은 진로교육효과를 배가시킬 수 있는 장점이 있다.

2009 개정 교육과정의 도입과 진로교육 강화 정책 속에서 각 학교는 『진로와 직업』 교과를 선택교과로서 선택할 수 있다. 교양교과는 과목 수에 포함시키지 않고 개설할 수 있으며 예외가 인정되므로 기존 8과목이 편성되어 있더라도 선택교과로 개설이 가능하다. 교육부 진로교육 기본계획에서 중학교 2학년을 진로교육 중점 학년으로 지정하였으므로 단위학교의 교육과정과 학년별 이수 단위를 파악하여 연간계획을 세우는 것이 효과적임.

표 3-8 중학교 교육과정 편제 및 시간 배당 기준(3년간 총 수업시간)

구 분		1~3학년
교과(군)	국어	442
	사회(역사 포함)/도덕	510
	수학	374
	과학/기술 · 가정	646
	체육	272
	예술(음악/미술)	272
	영어	340
	선택(한문, 정보, 환경, 생활외국어, 보건, 『진로와 직업』)	204
창의적 체험활동		306
총 수업시간 수		3,366

주: 2012년 4월 기준 전국 중학교 『진로와 직업』 교과 채택율은 46%

자료: 교육부(2009a). 초 · 중등학교 교육과정 총론: 교육부 고시 제2009-41호.

SECTION

04 고등학교의 진로교육과정 편성 · 운영

고등학교의 진로교육 연간 운영 계획 수립 절차는 중학교와 동일하므로 생략하기로 한다. 다만, 고등학교의 경우 학년별로 진로교육 운영 계획이 다를 수 있으므로 예시를 통해 살펴보기로 한다.

표 3-9 고등학교 진로교육 연간 운영 계획(공통진로활동 예시)

시 기	주 제	내 용
개학일	진로상담	진로탐색과정 안내 및 점검
매주 1회	커리어 포트폴리오 제작	다양한 표현 방법(쓰기, 그리기, 영상, PPT 등)을 활용한 커리어 포트폴리오 제작
연중	직업인 특강*	전문 직업인, 지역 내 직업인, 학부모 직업인 등을 섭외하여 학교 사정에 따라 수회 진행 가능
5월	진로 설명회	학년별 진로설명회 동시 개최 공통: 중간고사 결과 분석을 통한 진학가능 대학 유형 • 1학년: 계열(문 · 이과) 안내, 입학사정관제의 이해 • 2학년: 계열별 진학가능 고등교육기관 특징 및 입시요강, 주요 학교별 수시 전형 • 3학년: 계열별 주요 전공, 해당년도 대입전형
	모의 창업 경진대회	사업계획서를 바탕으로 창업 아이디어 발표 및 시상
10월	진로 주간*	직업탐색 결과 발표, 미래 직업 예측, 직업 관련 게임 등

시 기	주 제	내 용
연말	커리어 포트폴리오 발표 대회	연중 제작한 커리어 포트폴리오 발표 및 우수 포트폴리오 시상

* 3학년은 제외함.
자료: 학교 진로교육 운영(고등학교), 2012, 교육부.

표 3-10 고등학교 진로교육 연간 운영 계획(1학년)

시기	일시	주제/진로목표	수업	활동
입학식 전	예비 소집일	진로교육 오리엔테이션	–	• 진로교육에 대한 이해 • 커리어 포트폴리오 작성법 • 성공한 졸업인 인터뷰 영상
1학기	개학일	진로 상담	–	–
	3월	자아이해와 사회적 역량개발	• 진로 검사 및 결과 해석	• 검사 결과에 따른 모둠별 직업탐색
	4월		• 대인관계• 의사소통 능력 향상	• 탐색결과 발표 및 공유
	5월 (공통)	일과 직업 세계의 이해	• 변화하는 직업세계	• 진로 설명회 • 모의 창업 경진대회
	6월		• 직업 윤리 • 직업인의 태도	• 노동인권 특강 • 직업윤리 게임
	7월	진로 탐색	• 학습 습관 점검 • 학습 전략 수립	• 방학 계획 수립 • 대학 탐방 계획 수립
방학		자기주도적 학습		대학 탐방
2학기	8월 ~ 9월	진로 탐색	• 고등 교육기관 탐색 • 평생학습의 개념과 실제 • 희망 직업 정보 수집 • 직업인터뷰 사전교육	• 대학 탐방 내용 발표 및 공유 • 직업인 특강(공통) • 직업인 인터뷰

시기	일시	주제/진로목표	수업	활동
	10월 (공통)	진로 디자인과 준비	• 진로의사결정 방식 분석 • 합리적인 진로 의사결정의 방법과 실제	• 진로 주간 준비 • 진로 주간
	11월		• 진학과 취업의 장단점 • 단기계획 수립	• 희망 대학 및 학과 진학 계획 수립 • 커리어 포트폴리오 발표 준비
	12월 (공통)		• 장기계획 수립	• 커리어 포트폴리오 발표 준비 • 커리어 포트폴리오 발표 대회
방학		자기주도적 학습		학과 탐색

자료: 학교 진로교육 운영(고등학교), 2012, 교육부.

표 3-11 고등학교 진로교육 연간 운영 계획(2학년)

시 기	일 시	주제/진로목표	활 동
1학기	개학일	진로 상담	-
	3월	교육 기회의 탐색	• 다양한 고등교육기관 탐색 및 탐방
	4월		• 탐색 · 탐방 결과 발표 및 공유
	5월 (공통)		• 진로 설명회 • 모의 창업 경진대회
	6월		• 대학생 멘토링 사전교육 및 준비 • 대학생 멘토링
	7월		• 멘토링 결과 발표 및 공유 • 학과 탐방 계획 수립
방학		자기주도적 학습	학과 탐방
2학기	8월 ~ 9월	직업 정보의 탐색	• 탐방 내용 발표 및 공유 • 직업체험 사전교육 • 직업인 특강(공통) • 직업체험
	10월 (공통)		• 진로 주간 준비 • 진로 주간

시 기	일 시	주제/진로목표	활 동
	11월		• 희망 직업을 갖기 위한 자격사항 탐색 • 커리어 포트폴리오 발표 준비
	12월 (공통)		• 커리어 포트폴리오 발표 준비 • 커리어 포트폴리오 발표 대회
방학	자기주도적 학습		전공 선택 및 진학 준비

자료: 학교 진로교육 운영(고등학교), 2012, 교육부.

표 3-12 고등학교 진로교육 연간 운영 계획(3학년)

시 기	일 시	주제/진로목표	활 동
1학기	개학일	진로 상담	-
	3월	진로 디자인과 준비	• 진로장벽 및 갈등 요인 파악 • 진로장벽 해결 사례 및 역할극
	4월		• 진로계획 수립 및 점검 • 진로계획 상호평가
	5월 (공통)		• 진로 설명회 • 모의 창업 경진대회
	6월		• 실패 대처 및 슬럼프 극복
	7월		• 방학 학습 계획 수립
2학기	8월~9월		• 전공 선택 및 진학 준비
	10월(공통)		• 전공 선택 및 진학 준비
	11월		• 커리어 포트폴리오 발표 준비
	12월 (공통)		• 커리어 포트폴리오 발표 대회
졸업식			• 커리어 포트폴리오 책자 배포
졸업 후		Home Coming Day	• 대학생 멘토링, 졸업생 특강, 직업체험 참여

자료: 학교 진로교육 운영(고등학교), 2012, 교육부.

표 3-13 고등학교 교육과정 편제와 단위 배당 기준

	교과 영역	교과(군)	필수 이수 단위		학교자율 과정
			교과(군)	교과 영역	
교과(군)	기초	국어	15(10)	45(30)	학생의 적성과 진로를 고려하여 편성
		수학	15(10)		
		영어	15(10)		
	탐구	사회(역사/도덕 포함)	15(10)	35(20)	
		과학	15(10)		
	체육 · 예술	체육	10(5)	20(10)	
		예술(음악/미술)	10(5)		
	생활 · 교양	기술 · 가정/제2외국어/한문/교양 (철학, 논리학, 심리학, 교육학, 종교학, 보건, 『진로와 직업』, 환경과 녹색성장)	16(12)	16(12)	
	소계		116(72)		64
창의적 체험활동			24(408시간)		
총 이수 단위			204		

주: 2012년 4월 기준 전국 일반계 고등학교 『진로와 직업』 교과 채택율은 37%
자료: 학교 진로교육 운영(고등학교), 2012, 교육부.

CHAPTER 02

교과교육을 통한 진로교육

SECTION 01 교과통합 진로교육

SECTION 02 범교과, 자기주도적 학습과 진로교육 연계 운영

SECTION

01 교과통합 진로교육

가. 교과통합 진로교육의 개념

- 교과통합 진로교육(curriculum integration career education)이란 현재 학교 교육과정 상에서 독립적으로 운영되고 있는 교과(국어, 영어, 수학, 사회, 과학 등)와 진로교육을 통합하여 운영하는 것을 뜻함
- 교과 내용 속에 포함되어 있는 진로교육적 요소를 보다 선명하게 부각하여 교과의 목표와 진로교육의 목표가 함께 달성될 수 있도록 함

나. 교과통합 진로교육의 근거

- 창의적 체험활동 운영의 효율성을 높이기 위해 관련 교과 및 창의적 체험활동의 하위 영역간에 통합하여 편성·운영할 수 있음
- 교과와 창의적 체험활동의 내용 배열은 반드시 학습의 순서를 의미하는 것이 아닌 예시적인 성격을 지니고 있으므로, 필요한 경우 지역의 특수성, 계절 및 학교의 실정과 학생의 요구, 교사의 필요에 따라 각 교과목의 학년별 목표에 대한 지도 내용의 순서와 비중, 방법 등을 조정하여 운영할 수 있음

다. 교과통합 진로교육의 방법

- 교과 교육과정을 분석하여 진로교육 요소 추출

- 교과에서 추구하는 교과교육목표와 진로교육의 목표를 통합하여 통합된 학습목표 추출
- 통합된 학습목표에 도달하기 위하여 교과 내용과 진로 요소를 적절히 배치하여 교수·학습 과정안 작성
- 수업을 실시한 후 교과 목표와 진로교육 목표 도달도를 평가하고 차시 학습 계획에 반영

1) 교과통합진로교육의 예(6학년 수학)

교과	교과별 영역 및 내용 요소	활동 영역	통합된 교육 목표	지도 내용	교수 · 학습 방법
수학	4. 확률과 통계 (1) 자료의 표현과 해석	자기 이해	자기 이해와 강점 찾기 활동을 통해 자료의 표현과 해석 활동을 배울 수 있다.	• 자신의 흥미있는 교과의 점수에 대해 학급 전체를 조사하여 평균을 구한다. • 학급 평균과 내 점수를 비교하여 부족한 점을 노력한다. • 학급 친구 4명을 정하고 한 달 동안 읽을 책의 평균 권수를 구한다. • 내가 읽은 책의 권수와 평균을 비교하고 부족한 점을 노력한다. • 일주일간 줄넘기 운동을 하고 개수를 기록하고 평균을 구한다.	사례조사법
	5. 규칙성과 문제해결 (1) 비와 비율	자기 이해	비와 비율을 통해 성역할에 대한 고정관념 타파를 인식하고 개선 방법을 찾을 수 있다.	• 우리나라 국회의원 남자와 여자 비를 ':'를 사용하여 표현해보고 직업 선택에서 성역할의 고정관념을 개선할 수 있는 방법을 생각한다. • 학교에서 자원봉사활동을 간 사진을 보고 여자의 수는 전체 자원봉사자 수의 얼마인지 알아본다. • 자신이 본 시험결과를 백분율을 이용해서 점수로 나타낸다.	사례조사법

교과	교과별 영역 및 내용 요소	활동 영역	통합된 교육 목표	지도 내용	교수 · 학습 방법
	(2) 문제 해결 방법	진로 체험	직업세계 탐색을 통해 나뭇가지 그림으로 문제를 해결할 수 있다.	• 코디네이터라는 직업에 대해 조사해 보고 옷 입히기 게임을 통해 나뭇가지 그림으로 다양한 옷 입는 방법을 알아본다.	조사학습법

◇ 1학년부터 6학년까지 진로교육과정 분석 및 교과통합 진로교육 교수 · 학습 과정안을 탑재하였음. 클릭하면 다운 받을 수 있음

※ 자료 출처: 한국직업능력개발원(http://www.krivet.re.kr/)〉연구발간물〉연구자료〉276의 '공부가 참 재미있는 초등 교과통합 진로교육'의 내용을 재구성

2) 교과통합진로교육의 예(중학교 1학년)

가) 국어과 통합 진로교육 목표, 성취기준 및 학습방법

학년	교과별 영역 및 내용 요소	활동 영역	통합된 교육 목표	성취기준	교수 학습 방법
1 학년	Ⅰ. 듣기 2. 대중에 대한 호소력이 높은 광고	진로 정보 검색	광고의 특성을 이해하고 광고와 관련된 직업세계를 탐색할 수 있다.	• 광고를 보거나 듣고 광고에 나타난 전략을 파악할 수 있다. • 광고를 통하여 직업을 가지고 유지하기 위해 요구되는 아이디어, 도전, 목적의식을 가질 수 있다.	ICT 활용 학습법
	Ⅱ. 말하기 1. 주변인물이나 관심사를 소개하는 말	자기 이해	주변 인물이나 관심사를 인상 깊게 소개함으로써 이웃과 조화롭게 살아가는 태도를 기른다.	• 일상생활에서 긍정적인 대인관계가 중요함을 인식할 수 있다. • 대인관계 능력을 기르기 위하여 다른 사람과 효과적인 의사소통을 할 수 있다.	토의 · 토론식 학습법
	Ⅵ. 문학 3. 인물의 삶과 현실이 잘 드러나는 작품	진로 정보 검색	역사적 상황이 문학 작품에 어떻게 나타나는지를 이해하고, 사회 · 경제적인 환경 변화가 일과 직업에 끼치는 영향을 이해한다.	• 사회 · 경제적인 변화가 일과 개인에게 끼치는 영향을 이해할 수 있다. • 작품 속에 드러난 시대 상황과 오늘날의 현실 상황이 개인, 지역사회, 국가에 어떤 영향을 미치고 있는지 말할 수 있다.	• 창의성 계발 학습법 • 탐구 학습법

나) 도덕과 통합 진로교육 목표, 성취기준 및 학습방법

학년	교과별 영역 및 내용 요소	활동 영역	통합된 교육 목표	성취기준	교수학습 방법
1 학년	1. 인간과 도덕 2. 도덕적 탐구	진로 계획	합리적 의사결정의 중요성과 절차를 이해하고 이를 바탕으로 자신의 진로를 계획할 수 있도록 한다.	• 자신의 진로를 선택하여 합리적인 의사결정의 과정에 따라 진로를 설계하고 이를 검토해 볼 수 있다.	각자 자신의 진로를 설계한 뒤 모둠원끼리 서로 진로계획을 검토해 본다.
	Ⅱ. 예절과 도덕 3. 이웃에 대한 관심과 배려	자기 이해	타인에 대한 배려와 사회 참여가 직업세계에서 중요함을 이해하고 이를 실천하기 위한 방법을 모색해 본다.	• 다른 사람을 배려하는 사회 참여가 직업세계에서 중요함을 이해하고 이를 실천하기 위한 방법을 찾아 본다. • 봉사활동이 직업생활과 관련하여 어떤 의미를 갖는지 조사해 보고 실제 봉사활동을 계획하여 실행 할 수 있다.	모둠별로 봉사활동 계획을 세우고 실행 한 뒤 보고서를 제출하도록 한다.
	Ⅲ. 나의 삶과 국가 1. 바람직한 국가의 모습	진로 정보 탐색	공직과 관련된 직업을 알아보고 이를 자신의 진로계획과 관련지어 검토해 본다.	• 공직과 관련된 직업의 특성과 요구되는 능력을 살펴 본 후에 이를 자신의 진로계획에 반영할 수 있다.	공직과 관련된 직업과 능력 등을 인터넷을 통해 조사하고 모둠별로 파워포인트로 정리하여 발표한다.

다) 사회과 통합 진로교육 목표, 성취기준 및 학습방법

학년	교과별 영역 및 내용 요소	활동 영역	통합된 교육 목표	성취기준	교수학습 방법
1 학년	중1. 지리 Ⅱ. 다양한 기후 지역과 주민생활	진로 정보 탐색	세계 지역의 기후 환경이 직업 세계에 미치는 영향을 이해할 수 있다.	• 세계에 대비되는 기후환경에 따라 나타나는 독특한 직업세계를 탐색할 수 있다.	소집단 협동학습
	중1. 지리 Ⅳ. 지역마다 다른 문화	자기 이해	동아시아의 문화적 공통점과 차이점을 비교할 수 있고, 상호관련성을 파악하여 긍정적 상호 작용을 모색할 수 있다.	• 동아시아의 공통정과 차이점을 말 할 수 있다.	역할 놀이 학습

학년	교과별 영역 및 내용 요소	활동 영역	통합된 교육 목표	성취기준	교수학습 방법
	중1. 일반사회 Ⅱ. 문화의 이해와 강조	진로 정보 탐색	대중문화의 의미와 특징을 알고 대중매체 및 대중문화와 관련된 다양한 직업세계를 탐색할 수 있다.	• TV, 영화, 인터넷, 핸드폰 등 대중문화와 관련된 다양한 직업을 탐색할 수 있다. • 각 직업들이 요구하는 능력과 기술을 살펴 자신의 진로 방향을 찾아볼 수 있다.	토의 학습, 대중문화의 '허와 실'

라) 수학과 통합 진로교육 목표, 성취기준 및 학습방법

학년	교과별 영역 및 내용 요소	활동 영역	통합된 교육 목표	성취기준	교수학습 방법
1 학년	Ⅰ. 수와 연산 3. 정수	자기 이해	정수의 사칙연산을 익히고, 자신의 가치관을 명료화 할 수 있다.	• 정수의 계산을 할 수 있다. • 나눗셈을 통하여 나눔의 가치를 느끼게 한다.	진로프로그램 활용 (가치관 경매)
	Ⅱ. 문자와 식 2. 일차방정식	진로 정보 탐색	방정식을 세우고, 해를 구함으로써 진로계획의 중요성을 깨달을 수 있으며, 미래를 준비하는 진로의식을 신장시킬 수 있다.	• 자신의 생애의 띠를 완성하여 방정식을 세워 해를 구하고 이를 바탕으로 자신의 진로에 알맞은 계획을 수립하여 실천할 수 있다. • 자신의 진로를 위해 무엇을 준비해야 하는지 알 수 있다.	활동지 활용 협동학습
	Ⅳ. 확률과 통계 1. 도수분포와 그래프	진로 정보 탐색	경제지표를 분석하고, 그래프로 나타내는 활동을 통해 경제사회의 변화를 체험할 수 있으며, 아울러 자신의 진로계획에 반영하는 태도를 기른다.	• 경제지표를 분석하여 도수분포표로 나타낼 수 있다. • 경제사회를 분석해 봄으로써 자신의 진로계획에 대한 이해도를 높인다.	시청각 매체 활용법 협동학습

마) 기술 · 가정과 통합 진로교육 목표, 성취기준 및 학습방법

학년	교과별 영역 및 내용 요소	활동 영역	통합된 교육 목표	성취기준	교수학습 방법
1학년	Ⅰ. 청소년의 이해 3. 청소년의 자기 관리	자기 이해	시간과 여가, 스트레스 관리를 통해 직업세계에서의 적응력을 높일 수 있다.	• 자신에게 주어진 시간과 여가 등을 잘 관리하면서, 자신이 좋아하는 일을 직업으로 삼는 예를 들어 보고, 자신의 꿈을 소개해 본다. • 직업과 스트레스와의 관련에 대해서 설명할 수 있다.	비디오, 마인드맵, 모의 인터뷰, 진로상담, 발표학습
	Ⅱ. 청소년의 생활	진로 정보 탐색	의 · 식 · 주, 소비생활과 관련된 다양한 직업의 세계를 탐색할 수 있다.	• 현대 사회에서 식생활의 사회화에 따라 늘어나는 직종에 대한 연결고리를 설명할 수 있다. • 의복이 만들어지는 과정에 들어있는 직업의 종류를 설명할 수 있다. • 소비 생활이 사회경제적으로 중요하게 여겨지는 상황에서 등장한 직업과 그 이유에 대해 설명할 수 있다.	조사, 마인드맵, 역할극, 노동시장조사, 마케팅 발표
	기술의 세계영역 Ⅳ. 기술과 발명	진로 정보 탐색	창의적인 아이디어를 내는 방법을 알고 발명과 관련된 일과 직업의 세계를 이해한다.	• 발명에 대한 아이디어를 구체화하는 과정과 제품의 제작활동에 긍정적이고 적극적인 자세로 참여하고 발명이 사회 경제적으로 미치는 영향을 설명할 수 있다.	실습, 모둠학습, 브레인스토밍, 인터넷 검색, 그룹토의

※ 자료 출처: 한국직업능력개발원(☞http://www.krivet.re.kr/)〉연구발간물〉연구자료〉

라. 교과통합 진로교육 수업지도 개요

연번	학년	교과	제목 (또는 단원)	진로활동영역
1	초등 1학년	국어	5. 더 알고 싶어요(배우고 노력하는 사람을 다른 사람에게 소개하기)	진로계획활동
2		바생	7. 겨울 방학을 알차게(방학 동안 스스로 할 일 계획 세우기)	진로계획활동
3		슬생	6. 와! 여름이다(여름철 건강과 안전)	진로정보탐색

연번	학년	교과	제목 (또는 단원)	진로활동영역
				활동
4		즐생	4. 누구를 만날까요(동물과 식물의 탈 만들기)	자기이해활동
5	초등 2학년	국어	1. 느낌을 나누어요(내용이 잘 드러나게 일기쓰기)	자기이해활동
6		바생	4. 사이좋은 이웃(이웃과 다정하게 지내기)	진로체험활동
7		슬생	4. 사이좋은 이웃(이웃놀이 하기)	진로정보탐색 활동
8		즐생	2. 만화 영화 속의 친구들(만화 영화를 감상하고 느낀 점 이야기하기)	진로계획활동
9	초등 3학년	국어	알맞은 말(알맞은 말을 넣어 감사하는 마음을 전하는 글 쓰기)	자기이해활동
10		도덕	가족 사랑과 예절(화목한 가정을 이루기 위해 할 일)	진로체험활동
11		사회	고장 사람들이 하는 일(고장 사람들의 여러 가지 직업 알아보기)	진로정보탐색 활동
12		수학	자료 정리하기(장래희망을 막대 그래표로 나타내기)	진로정보탐색 활동
13	초등 4학년	국어	삶의 모습 이해하기(작품에 나타난 인물의 삶을 나와 비교하여 이해하기)	자기이해활동
14		도덕	자신의 일을 스스로 하기(자신의 장래에 대한 계획 세우기)	진로계획활동
15		사회	경제생활과 바람직한 선택(생산 활동 분류하고 직업 알아보기)	진로정보탐색 활동
16		수학	확률과 통계 · 꺾은선 그래프(꺾은선 그래프 용도 알고 자료 해석하기)	진로정보탐색 활동
17	초등 5학년	국어	전기문 읽기(위인들의 이야기)	진로계획활동
18		도덕	최선을 다하는 생활(구족화 체험하기)	진로체험활동
19		사회	하나가 된 겨레(삼국 시대의 생활 모습)	진로계획활동
20		수학	규칙성과 문제해결 (1)비와 비율(백분율과 할푼리)	진로정보탐색 활동

연번	학년	교과	제목 (또는 단원)	진로활동영역
21		실과	나의 성장과 가족(나와 가족 이해하기)	자기이해활동
22	초등 6학년	국어	면담하기(알고 싶은 내용 정하여 면담 준비하기)	진로정보탐색 활동
23		도덕	자긍심과 자기 계발(소중한 나)	자기이해활동
24		사회	우리나라의 민주 정치(국회, 행정부, 법원으로 랄랄랄 소풍가요)	진로체험활동
25		수학	비율그래프(띠그래프 그리기)	진로정보탐색 활동
26		실과	일과 진로(나의 진로 계획)	진로계획활동

마. 교과통합 진로교육을 위한 교육과정 분석

□ 5학년 교육과정 분석 (예시)

	교과별 영역 및 내용 요소	진로 활동 영역	통합된 교육 목표	성취기준	교수 학습 방법
국어	발표를 듣고 매체 활용의 효과 판단하기	진로 계획 활동	자신의 꿈에 대한 발표를 듣고 매체 활용의 효과 판단할 수 있다.	• 자신의 꿈에 대한 발표의 목적과 내용 파악할 수 있다. • 매체의 특성과 기능 이해할 수 있다. • 매체 활용의 효율성 판단할 수 있다.	ICT 활용 학습법
	토론에서 상대의 주장과 근거가 적절한지 판단하기	진로 계획 활동	진로결정 주체에 대한 토론에서 상대의 주장과 근거가 적절한지 판단할 수 있다.	• 토론의 특성 이해할 수 있다. • 토론의 논제와 토론자의 역할 이해할 수 있다. • 진로 결정 주체에 대한 찬반 양론의 주장과 근거 파악할 수 있다. • 진로 결정 주체에 대한 주장과 근거의 적절성 평가할 수 있다.	토론 학습
	온라인 대	진로	진로 사이버 상	• 진로 사이버 상담과 관련된 온라인	ICT

화를 일상 대화와 비교하여 이해하기	정보 탐색 활동	담과 관련된 온라인 대화의 특징과 태도를 이해할 수 있다.	대화의 특성을 이해할 수 있다. • 온라인 대화와 일상 대화의 공통점과 차이점을 파악할 수 있다. • 바람직한 온라인 대화 태도를 형성할 수 있다.	활용 학습법
경험담을 듣고 비언어적 표현의 전달효과 파악하기	자기 이해 활동	상대방의 성공 경험담을 듣고 비언어적 표현의 전달효과를 파악할 수 있다.	• 상대방의 성공 경험담의 내용을 파악할 수 있다. • 비언어적 표현 방법의 기능, 전달 효과를 평가할 수 있다.	반응 중심 학습법
대상의 특성에 맞는 표현을 사용하여 발표하기	진로 계획 활동	자신의 진로와 관련된 인물이나 사물을 알맞은 표현을 사용하여 발표할 수 있다.	• 진로와 관련된 인물이나 사물을 관찰하고 분석하여 내용을 선정할 수 있다. • 진로와 관련된 인물이나 사물의 특성을 드러내는 적절한 표현을 선정할 수 있다. • 시청각 보조 자료를 효과적으로 활용할 수 있다.	사례 조사법
의견이 대립하는 논제를 정하여 규칙을 지키면서 토론하기	진로 계획 활동	진로와 관련되어 의견이 대립하는 논제를 정하여 규칙을 지키면서 토론을 할 수 있다.	• 토론의 일반적인 절차를 알 수 있다. • '진로 선택을 할때 성역할의 차이가 영향을 주는가?'에 대해 주장을 펼칠 수 있다. • 다른 사람의 의견을 존중하면서 토론할 수 있다.	토론 학습법
공식적·비공식적 상황에서 적절한 칭찬이나 사과의 말하기	자기 이해 활동	공식적·비공식적 상황에서 상대방의 적성과 소질, 능력에 대한 칭찬의 말을 할 수 있다.	• 칭찬이나 사과의 말에 사용되는 표현을 알 수 있다. • 칭찬이나 사과의 말이 필요한 상황을 이해할 수 있다. • 상대방의 적성, 소질, 능력에 대한 칭찬을 적절한 어조로 말할 수 있다. • 상대를 배려하는 대화 태도를 기를 수 있다.	반응 중심 학습법
학교 안팎에서 일어나는 일을	진로 체험 활동	진로와 관련하여 '수정구슬 동창회'라는 소재	• '수정구슬 동창회'라는 소재로 촌극의 내용을 정하고 대본을 작성할 수 있다.	역할극

소재로 하여 존극하기		를 존극으로 표현할 수 있다.	• 미래의 자신의 모습을 생각하고 명료하고 실감나게 표현할 수 있다. • 비언어적 표현을 효과적으로 활용하여 의미를 전달할 수 있다.	
사건을 기록한 글을 읽고 인과 관계에 유의하면서 사건의 흐름 파악하기	진로 정보 탐색 활동	자신의 진로와 관련된 흥미있는 기록을 읽고 인과관계에 유의하면서 흐름을 파악할 수 있다.	• 자신의 진로와 관련된 흥미있는 기사문의 내용을 정리할 수 있다. • 각 부분의 인과관계를 파악할 수 있다.	ICT 활용 학습법
광고에 나타난 정보의 신뢰성 평가하기	진로 정보 탐색 활동	자신의 진로와 관련된 광고를 찾아 진로와 관련된 정보를 수집하고 정보 신뢰성을 평가할 수 있다.	• 자신의 진로와 관련된 광고를 찾아보고 내용과 의도를 파악할 수 있다. • 광고를 통해 수집된 진로정보의 신뢰성을 평가할 수 있다. • 자신의 미래의 진로와 관련된 광고를 다양한 매체를 활용하여 제작 표현할 수 있다.	ICT 활용 학습법
다양한 서평을 읽고 서평의 특성과 기능 이해하기	진로 정보 탐색 활동	진로 탐색과 관련된 책들의 서평을 읽고 서평의 특성과 기능을 이해할 수 있다.	• 진로와 관련된 책들을 읽고 서평의 기능과 효과를 이해할 수 있다. • 자신의 진로와 관련하여 '미래의 자서전'이라는 제목으로 서평을 작성할 수 있다. • 진로와 관련된 책들의 서평을 활용하여 자신의 꿈과 관련된 책을 소개하고 읽을 수 있다.	개별화 학습법
전기문을 읽고 인물의 가치관, 신념, 삶의 모습 평가하기	진로 정보 탐색 활동	자신의 진로와 관련된 인물의 전기문을 읽고 인물의 가치관, 신념, 삶의 모습 평가할 수 있다.	• 자신의 진로와 관련된 인물의 생애와 가치관, 신념을 파악하고 이를 평가할 수 있다. • 전기문의 인물과 비교하여 자신의 삶을 성찰할 수 있다.	탐구 학습법
학교나 지역사회에서 일어난 중	진로 정보 탐색	자신의 꿈을 키워 학교나 지역 사회를 빛낸 주	• 자신의 꿈을 키워나가면서 학교나 지역사회를 빛낸 주인공들을 조사하여 육하원칙에 따라 기사문을 쓸 수 있다,	ICT 활용 학습법

요한 사건에 대해 보도하는 기사문 쓰기	활동	인공을 찾아 이에 대해 보도하는 기사문을 쓸 수 있다.	• 읽는 이를 고려하여 그림, 도표, 사진등을 활용할 수 있다.	
다른 사람의 입장과 관점에 대하여 찬성하거나 반대하는 글 쓰기	진로 계획 활동	진로 선택과 관련하여 자신의 입장과 부모님의 입장에 대하여 찬성하거나 반대하는 글을 쓸 수 있다.	• 진로 선택과 관련하여 부모님과 자신의 입장과 관점을 파악할 수 있다. • 진로 선택과 관련하여 부모님과 자신의 입장과 관점에 대하여 의견을 제시할 수 있다. • 진로 선택과 관련하여 다른 입장에서 찬성, 반대를 하는 이유나 근거를 정리하여 쓸 수 있다. • 문제 상황에 대한 인식과 해결 방안이 다를 수 있음을 이해할 수 있다.	토론 학습법
상대의 마음을 헤아리며 사과하는 글 쓰기	자기 이해 활동	상대의 마음을 헤아리며 사과하는 글을 쓸 수 있다.	• 사과하는 글의 특성을 이해할 수 있다. • 가까운 사람에게 미안했던 일을 떠올릴 수 있다. • 있었던 일과 그 일에 대한 자신의 생각을 중심으로 내용을 정리할 수 있다. • 내용과 표현의 진실성을 유지하면서 사과하는 글을 쓸 수 있다.	반응 중심 학습법
상상한 것을 바탕으로 사건 사이의 관계가 잘 드러나도록 이야기 쓰기	자기 이해 활동	자신의 미래 직업생활에서 일어날 일을 상상하여 바탕으로 사건 사이의 관계가 잘 드러나도록 이야기를 쓸 수 있다.	• 자신의 미래 직업 생활에서 일어날 일을 재미있게 상상할 수 있다. • 사건 사이의 관계가 잘 드러나게 줄글, 대화글, 그림 등으로 다양하게 이야기 구성할 수 있다.	창의성 계발 학습법
반언어적 표현의 특성을 알고 의사소통에서의 역할 이해하기	진로 계획 활동	자신의 진로탐색과정에서 성공과 실패 경험을 예측하고 반언어적 표현을 효과적으로 사용할 수 있다.	• 자신의 진로탐색 과정에서 일어날 수 있는 성공경험, 실패경험을 예측할 수 있다. • 경험 사례들에 어울리는 반언어적 표현을 의사소통에서 효과적으로 사용할 수 있다.	반응 중심 학습법

단어의 사전적 의미와 문맥적 의미를 구별하고 효과적으로 사용하기	진로 정보 탐색 활동	자신의 진로와 관련된 용어의 사전적 의미를 알고 효과적으로 사용할 수 있다.	• 자신의 진로와 관련된 용어의 사전적 의미를 알고 효과적으로 의사소통할 수 있다.	개별화 학습법
말하는 이, 듣는 이, 상황, 매체 등에 따라 언어 사용 방식이 달라짐 알기	직업 체험 활동	미래 자신의 직업생활 상황에서 말하는이, 듣는이, 상황, 매체 등에 따라 언어 사용 방식이 달라짐 알 수 있다.	• 미래 자신의 직업생활 상황에서 말하는이, 듣는이, 상황, 매체 등을 고려하려 적절하게 의사소통하는 방법을 역할극을 통해 이해할 수 있다.	역할극
문학작품에서 인상적인 부분을 찾고 그 까닭 이해하기	진로 정보 탐색 활동	자신의 진로와 관련된 문학작품을 선정하여 인상적인 부분을 찾고 그 까닭 이해할 수 있다.	• 자신의 진로와 관련된 문학작품에서 인상적이거나 재미있게 표현한 부분을 찾을 수 있다.	탐구 학습법
사건 전개와 인물의 관계 이해하기	진로 정보 탐색 활동	자신의 진로와 관련된 문학작품선정하고 사건 전개와 인물의 관계를 이해할 수 있다.	• 자신의 진로와 관련된 문학작품에서 사건 전개와 인물이 연관이 있음을 이해할 수 있다. • 진로탐색의 관점에서 인물의 특성을 파악할 수 있다.	탐구 학습법
문학 작품은 읽는 이에 따라 다르게 수용될 수 있음을 이해하기	진로 정보 탐색 활동	자신의 진로와 관련된 문학작품을 선정하고 읽는 이에 따라 다르게 수용될 수 있음을 이해할 수 있다.	• 진로와 관련된 문학작품을 읽고 생각이나 느낌을 표현할 수 있다.	창의성 계발 학습법

	문학작품에서 중요한 부분을 바꾸어 쓰고, 그 의도와 효과 설명하기	진로 정보 탐색 활동	자신의 진로와 관련된 문학작품을 선정하고 중요한 부분을 바꾸어 쓰고, 그 의도와 효과 설명할 수 있다.	• 진로와 관련된 문학작품을 읽고 작품의 주제를 파악할 수 있다. • 작품의 의미상 진로탐색과 관련된 중요한 부분을 찾을 수 있다. • 원작의 일부를 바꾸어 쓰고 바꾸어 쓸 수 있다.	탐구 학습법
도덕	최선을 다하는 생활	진로 체험 활동	자신의 일에 최선을 다하는 생활의 중요성을 알고 생활 속에서 실천하려는 태도와 의지를 지닌다.	• 성실하게 자신의 꿈을 이룬 사람들의 특징과 본받을 점을 안다. • 구족화 체험을 통해 성실히 일하는 삶을 구체적으로 자각하고 내적 힘을 기른다. • 성실하게 꿈을 이루기 위해 노력할 일을 계획을 세워 꾸준히 실천한다.	실천 체험 학습법
	감정의 올바른 관리	자기 이해 활동	다양한 감정이 발생하는 원인을 알고 바람직한 감정표현 방식을 배운다,	• 다양한 감정이 발생하는 원인을 안다. • 감정을 표현하는 다양한 방식과 그것이 미치는 결과를 알아본다. • 상황과 상대를 고려해서 자신의 감정을 잘 다스려 표현하는 방법을 한다.	역할 놀이 학습법
	반성하는 삶	자기 이해 활동	자신의 삶을 반성하고 반성하는 삶을 실천한 사례를 통해 하루를 평가하고 반성한다.	• 부끄럽거나 정의롭지 못한 경험을 찾아 반성한다. • 반성하는 삶을 통해 자신의 꿈을 이뤄 이웃과 사회에 큰 공헌을 한 직업인 사례를 본받는다. • 감사의 마음을 표현함으로써 다른 사람과 긍정적인 상호작용을 하기 위해 노력할 수 있다.	시청각 매체 활용법
	이웃간의 도리와 예절	자기 이해 활동	이웃 간에 지켜야 할 예절을 알고 이웃들과 다정하고 화목하게 지내기 위해 할 일들을 실천할 수 있다.	• 이웃간에 예절생활에서 유쾌하거나 불쾌했던 사례를 발표한다. • 미래 직업인으로서 자신이 지켜야 할 생활예절을 역할극으로 표현할 수 있다. • 자신의 진로에 필요한 동양예절과 서양 예절, 전통예절과 현대 예절을 찾아 실천하는 연습을 한다.	역할 놀이 학습법

서로 돕는 생활	자기 이해 활동	협동의 의미와 중요성을 알고 일상생활 속에서 협동하려는 자세를 기른다.	• 모둠별로 협동 프로젝트 게임을 실시하여 협동의 의미와 중요성을 안다. • 협동하는 경우와 그렇지 못한 결과를 발표하고 효과적인 협동방법을 발표한다.	체험 학습법
대화와 갈등해결	자기 이해 활동	일상생활에서 갈등의 원인을 알고 대화를 통해 평화적으로 해결하려는 태도를 지닌다.	• 갈등해결 방법을 집단프로그램을 통해 경험하여 익힌다. • 희망하는 직업생활에서 예상되는 갈등상황을 역할극을 통해 합리적으로 해결하는 태도를 기른다.	역할 놀이 학습법
게임 중독의 예방	자기 이해 활동	인터넷 게임 중독의 위험성을 정확히 인식하고, 인터넷 게임을 바르게 이용하는 태도를 지닌다.	• 인터넷 게임 중독의 실태와 위험성을 시사자료를 통해 자신의 꿈을 이루는데 방해하는 요소를 이해한다. • 인터넷 게임중독에 대한 진단을 통해 이용에 대한 반성을 한다. • 인터넷 게임에 관련된 직업들을 조사하고 되는 길을 알아본다. • 바람직한 인터넷 게임 이용을 위해 규칙을 만들어 건전한 여가생활 태도를 기른다.	소집단 학습법
북한 동포와 새터민의 삶 이해	자기 이해 활동	북한 동포에 대한 올바른 이해를 바탕으로 북한 동포와 교류, 협력하려는 태도를 기른다.	• 북한 동포의 생활상 및 문화의 차이에 대한 편견 등을 확인하고 시사자료를 통해 객관적으로 파악한다. • 현재 북한과 사회적, 심리적, 경제적으로교류하는 단체와 일하는 사람들의 사례를 찾아본다. • 새터민 들 중에서 남한에 사회, 경제적으로 정착한 여러 직업인 사례를 찾아본다. • 통일이 되어 남북한 화합과 발전을 위해 내 미래의 직업으로 무엇을 도울 수 있을지 여러 방법으로 표현해 본다.	조사 학습법
재외 동포	자기	재외동포와 우	• 세계 각지에 살고 있는 해외 동포들	역할

	에 대한 관심	이해 활동	리가 하나의 민족공동체임을 느끼며, 관심과 배려, 교류와 협력 방법을 알아본다.	의 주요 직업 생활을 살펴본다. • 재외 동포의 관심과 배려에 노력하는 단체의 하는 일들을 살펴본다. • 재외동포와 도움을 주고 받은 사례들을 조사하여 발표한다. • 재외동포와의 교류와 협력방법을 역할놀이를 통해 표현한다.	놀이 학습법
	참된 아름다움	자기 이해 활동	아름다운 마음씨의 의미를 바르게 인식하고 기르는 태도를 갖는다.	• 직업생활을 통해 아름다운 마음씨를 보여준 사례를 조사하여 발표한다. • 나의 꿈을 통해 다른사람을 따뜻하게 배려하고 사회를 훈훈하게 하는 방법을 미래의 신문기사 주인공이 되어 표현해본다.	조사 학습법
사회	(1) 하나 된 겨레 선사 시대 유물과 유적을 통해 당시 사람들의 생활모습 파악하기	진로 정보 탐색 활동	선사시대의 유물과 유적을 통해 그 시대의 생활모습과 고대 직업의 바탕을 파악할 수 있다.	• 유물과 유적을 통해 선사시대의 생활모습을 이해한다. • 조상들이 했던 일들 중에서 현대의 직업으로 발전된 것을 생각하여 발표할 수 있다.	문헌 조사 학습
	고조선이 우리 겨레가 세운 첫 국가임을 알고 생활모습 이해하기	진로 정보 탐색 활동	단군신화를 통해 고조선의 건국 과정을 이해하고 고조선인의 생활모습을 통해 고대 직업세계를 파악할 수 있다.	• 단군 신화 속에 등장하는 인물의 하는 일들을 살펴보고 현대에도 직업으로 인정되는 것을 생각하여 말할 수 있다. • 8조법등의 기록을 통해 고조선의 생활모습을 알아보고 고대 직업세계를 탐색할 수 있다.	문헌 조사 학습
	삼국의 발전 과정 및 상호 경쟁을 그림, 지	진로 정보 탐색 활동	삼국의 발전과 상호경쟁을 그림, 지도 연표로 표현하고 주요	• 삼국의 발전과 상호 경쟁을 그림, 지도, 연표로 표현할 수 있다. • 삼국의 발전과 상호 경쟁을 주도했던 인물들의 임무를 현대의 직업세계와	문헌 조사 학습 지도

도, 연표로 표현하기		인물들의 맡은 일들을 직업들로 다양하게 설명할 수 있다.	비추어 설명할 수 있다.	이용 학습
유물과 유적, 역사 인물 이야기를 통하여 삼국의 생활 모습을 이해하기	진로 정보 탐색 활동	유물과 유적, 역사 인물 이야기를 통하여 삼국의 생활 모습을 이해하고 직업세계를 탐색할 수 있다.	• 삼국의 신분제도를 통해 하는 일이 어떻게 구분되었는지 살펴볼 수 있다. • 중국, 일본과의 교류를 위해 활동했던 주요 인물들의 직업을 살펴본다. • 고분 벽화와 출토 유물 등을 통해 문화와 관련된 직업세계를 유추할 수 있다.	문헌 조사법
인물의 활동을 중심으로 삼국 통일과 발해의 건국 과정 파악하기	자기 이해 활동	삼국통일과 발해의 건국 과정을 통해 자율적이고 능동적인 태도를 본받을 수 있다.	• 삼국 통일과 발해 건국에 힘쓴 인물들의 업적을 통해 자율적이고 능동적인 태도를 기를 수 있다.	사례 조사법
통일 신라와 발해의 인물, 유물과 유적을 통해 여러 신분의 생활 모습 이해하기	진로 정보 탐색 활동	통일 신라와 발해의 인물, 유물과 유적, 여러 신분의 생활 모습을 통해 다양한 직업세계를 탐색할 수 있다.	• 골품제에 따른 사람들의 하는 일의 영역과 차이를 조사하고 문제점을 인식할 수 있다. • 발해와 통일 신라의 문화재와 관련된 인물들의 직업세계를 탐색할 수 있다. • 해상왕 장보고의 업적을 살피고 현대의 직업과 비교하여 설명할 수 있다. • 만일 신분제약을 받은 최치원이 현대에 와서 생활한다면 어떤 직업을 가질지 다양한 방법으로 표현할 수 있다. • 각종 설화 속에 나오는 평민들의 삶 속에 나타나는 직업세계를 탐색할 수 있다. • 통일신라 경주인의 삶을 복원하여 생활수준을 살피고 이를 통해 알 수 있는 직업세계를 탐색할 수 있다.	미래 예측법 문헌 조사법
(2) 다양한 문화가 발	진로 정보	고려의 후삼국 통일 과정의 주	• 견훤, 궁예, 왕건 이야기를 중심으로 성공한 지도자로서의 균형있는 삶을	문헌 조사법

전한 고려 고려의 후삼국 통일 과정을 인물을 통해 파악하기	탐색 활동	요 인물들의 성품과 행동을 통해 성공한 지도자의 균형있는 삶을 살펴볼 수 있다.	살펴볼 수 있다.	
고려 시기 왕과 귀족, 백성들의 생활모습을 탐구하고 비교하기	자기 이해 활동	신분별로 생활 모습과 하는 일의 차이를 파악하고 문제점을 인식할 수 있다.	• 신분별로 생활 모습의 차이를 살피고 하는 일들을 통해 조사하고 이에 따른 문제점을 인식할 수 있다.	문헌 조사 학습
고려 시기 거란, 몽골의 침략과 이를 극복하기 위한 조상의 노력 조사하기	진로 정보 탐색 활동	고려시대에 일어난 침략을 막아낸 조상들의 활동을 현대의 직업세계의 관점에서 파악한다.	• 서희, 강감찬, 삼별초, 윤관 등의 업적을 본받고 현대의 직업세계의 관점에서 탐색할 수 있다.	인물 및 사료학습
금속활자, 청자, 팔만대장경 등 고려 시기 대표적인 문화재를 통해 고려 시기 과학과 문화 탐구하기	진로 정보 탐색 활동	고려의 다양한 문화재를 알고 체험학습 또는 문헌 조사를 통해 이와 관련된 직업세계와 직업인을 파악 할 수 있다.	• 금속활자의 우수성을 알고 이와 관련된 인물이나 인쇄업에 대해 조사할 수 있다. • 청자의 우수성을 알고 체험학습을 통해 관련된 직업인과 직업의 종류를 조사할 수 있다. • 부석사 무량수전의 소중한 가치를 이해하고 건축 미학과 관련된 직업인과 직업의 종류를 조사할 수 있다.	야외 학습 인물 및 사료 학습
생활을 개선하고 문화를 발전시키려 노력했던 고려 시기 인	진로 정보 탐색 활동	생활을 개선하고 문화를 발전시키려 노력했던 고려의 인물을 조사하고 이후의 같은 분야	• 유교 문화와 불교 문화, 발전, 교육 인재 양성, 역사 편찬 인물, 과학 기술 발전에 공헌한 인물, 문인과 예술가 등을 '역사속의 라이벌'이라는 주제로 이후 같은 분야의 업적을 이룬 사람들과 비교하여 정리할 수 있다.	야외 학습 인물 및 사료 학습

물 조사하기		에서 업적을 이룬 다른 인물들과 비교하여 이해할 수 있다.	• 고려의 생활 문화를 발전시킨 분들과 관련된 유적지를 탐방하여 본받는 마음을 가질 수 있다. • 고려의 위인들의 한 일들과 비견될 현대 우리가 알고 있는 직업인들을 조사하여 발표할 수 있다.	
(3)유교 전통이 자리잡은 조선 도성과 궁궐 건축을 통해 조선이 유교 국가를 지향하였음을 파악하기	진로 정보 탐색 활동	도성인 한양과 궁궐 건축을 통해 조선의 유교 국가적인 측면을 이해하고 건축 및 도시 설계 등과 관련된 직업세계를 탐색한다.	• 삽화와 사진 복원도를 통해 한양, 궁궐, 종묘의 특징을 이해하고 유교 국가의 면모를 알아본다. • 여러 궁궐의 모습과 특징을 조사하고 그 속에 담긴 사상과 정신을 조선의 궁궐 건축가의 입장에서 설명할 수 있다. • 한양에 도읍을 설치하게 된 배경 등을 조사하고 현대 도시공학 및 도시 설계 관련된 직업세계를 탐색할 수 있다.	인터넷 학습
세종대에 이룩한 문화, 과학 분야의 성과 탐구하기	진로 정보 탐색 활동	세종대에 이룩한 문화, 과학 분야의 성과를 탐구하고 이에 이바지한 집현전 학자와 과학자로서의 장영실의 삶을 탐구한다.	• 훈민정음, 해시계, 물시계, 측우기, 간의, 혼천의, 달력, 농사직설 등의 특징을 조사하고 발명하게 된 배경들을 살펴볼 수 있다. • 장영실의 삶을 알아보고 신분을 넘어서서 과학자로서의 꿈을 이룬 힘이 무엇인지 설명할 수 있다. • 현대에 과학자가 되기 위한 적성과 되는 방법에 대해 어떤 노력을 해야 하는지 구체적인 정보를 조사할 수 있다.	인물 및 사료 학습
여러 신분의 생활 모습을 통해 유교적 전통이 어떻게 자리잡아 나가게 되었는지	진로 정보 탐색 활동	양반, 상민의 생활모습 비교를 통해 조선의 유교 전통 배경을 탐구하고 이를 통해 진로 선택의 관점에서 비교 탐구할 수 있다.	• 유교의 전통 안에서 교육에 힘썼던 지식 관료층인 양반과 생산활동에 힘썼던 상민의 일생을 의 · 식 · 주의 차이를 중심으로 설명할 수 있다. • 조선시대와 오늘날의 진로선택 방법을 조사해보고 차이점과 문제점 등을 판단하여 알 수 있다.	토의 학습

탐구하기				
조선시기 사람들의 생활과 놀이 중에서 현재 남아 있는 사례 조사하기	진로 정보 탐색 활동	조선시기 사람들의 생활과 놀이 중 현재까지 전승되는 사례를 조사하고 일과 여가의 균형 영역을 탐구할 수 있다.	• 음식과 민간 신앙, 세시 풍속, 전래 놀이 등을 중심으로 오늘날까지 전승되는 사례를 조사할 수 있다. • 전통음식과 관련된 실습활동과 조리고등학교 정보 조사 등을 통해 조리사에 대해 탐색할 수 있다. • 자신의 미래의 꿈이 여가시간을 확보할 수 있는지 알아보고 어떤 여가 생활을 즐길 수 있는지 알아볼 수 있다. • 여가 생활이 직업이 된 사례를 조사하여 발표할 수 있다.	조사 보고 학습
인물이나 유적을 통해 임진왜란과 병자호란의 극복 과정 파악하기	진로 정보 탐색 활동	임진왜란과 병자호란의 극복 과정을 인물이나 유적을 통해 파악하고 자신의 직업에 가져야 할 덕목을 탐색할 수 있다.	• 군인의 직업과 관련된 직업 적성과 되는 길에 대한 정보를 구체적으로 탐색할 수 있다, • 전쟁에 대해 입장을 달리했던 인물들의 주장과 그에 따른 역사적 사실을 통해 정치가와 행정가에게 필요한 덕목을 탐색할 수 있다. • 이순신 장군의 삶을 통해 역경을 이겨내고 자신의 책임을 다하는 모습을 본받을 수 있다.	ICT 활용 학습
생활을 개선하고 문화를 발전시키려 했던 조선 전기의 인물 조사하기	진로 정보 탐색 활동	조선 전기에 생활의 개선과 문화의 발전에 이바지한 인물들을 통해 직업세계를 탐색할 수 있다.	• 역사서, 지리서, 의례서, 법전 등의 편찬에 이바지한 인물을 통해 그와 관련된 직업세계를 탐색할 수 있다. • 여성으로서 문학과 예술 발전에 이바지한 인물을 살펴보고 오늘날 관련 분야에서 알려진 여성 직업인들을 탐색할 수 있다.	인물 및 사료 학습
(4)조선사회의 새로운 움직임 영조, 정조 시기에 문화가 크게	진로 정보 탐색 활동	영조 정조 시기의 문화 발달에 대해 사례를 들어 설명하고 정약용에 대한 인물을 진로탐색을	• 영조와 정조 시기의 문물정비와 문예부흥을 설명할 수 있다. • 수원 화성 건설을 비롯한 정약용의 여러 업적을 살펴보고 자신의 맡은 일을 능동적이고 창의적으로 성취하는 과정을 본받을 수 있다.	야외 학습 인물 및 사료 학습

발달하였음을 사례를 들어 설명하기		할 수 있다.		
풍속화, 민화, 서민 문학을 통해 조선 전기와 달라진 새로운 생활 모습 탐구하기	진로 정보 탐색 활동	풍속화, 민화, 서민문학 등에 나타난 조선 후기 사람들의 달라진 생활 모습을 탐구하고 예술 활동과 관계 있는 직업 세계를 탐구할 수 있다.	• 김홍도, 신윤복 등이 그린 그림들을 살펴보고 조선후기 직업세계를 예측할 수 있다. • 김홍도, 신윤복의 인물 탐구를 통해 화가라는 직업의 적성과 노력, 미술과 관련된 현대의 다양한 직업을 탐색할 수 있다. • 풍속화, 민화 등의 참고 작품을 보고 직접 그리기나 꼴라쥬 체험활동을 할 수 있다. • 판소리, 탈놀이, 서민문학을 살펴보고 지금까지 전통문화예술을 잇고 있는 직업인을 조사하여 발표할 수 있다. • 전통문화와 계승을 위해 파생되는 직업세계를 탐색할 수 있다. • 문학, 음악, 무용과 같은 직업에 필요한 적성과 되는 길, 직업역할 모델 등을 조사하여 발표할 수 있다.	인물 및 사료 학습
도자기와 칠기 등 조선 후기에 사용된 생활용품을 조사하여 그 속에 담겨진 조상의 지혜 확인하기	진로 체험 활동	조선 후기에 사용된 생활용품을 조사하여 그 속에 담긴 조상의 지혜를 확인하고 도예및 공예와 관련된 직업세계를 탐색할 수 있다.	• 청자-분청사기-백자로 이어지는 도자기 변천사와 생활 옹기의 제작방법 및 용도를 이해하고 도예와 관련된 직업세계를 탐색할 수 있다. • 전통 도자기를 계승하는 직업인과 현대 도자기를 새롭게 창작하는 직업인에 대한 인물탐구를 할 수 있다. • 도자기 체험학습을 통해 도예가의 삶을 탐색할 수 있다.	야외 체험 학습
서양에서 전래된 문물을 조사하고, 서양	진로 정보 탐색 활동	조선 후기의 서양 문물을 조사하고, 서양 학문과 천주교가 조	• 중국에서 들여온 서양 문물의 종류와 쓰임새를 알아보고 당시 우리나라와 서양의 산업 및 직업의 차이를 예측할 수 있다.	문헌 조사 학습

학문과 천주교가 조선 사회에 미친 영향 이해하기		선 사회에 미친 영향을 성역할 및 직업 평등의 관점에서 이해할 수 있다.	• 대표 인물을 통해 천주교의 전파를 이해하고, '성직'으로서의 직업세계를 탐색할 수 있다. • 서양문물과 천주교가 성역할 및 직업 평등의 관점에서 어떤 영향을 주었는지 탐구할 수 있다.	
실학자와 농민 봉기 지도자를 사례로 사회 변화를 위한 조상의 노력 알아보기	진로 정보 탐색 활동	실학의 등장을 인물탐구를 통해 알아보고 일에 대한 긍정적인 가치와 태도를 확인할 수 있다.	• 사회와 경제에 관한 실학자들의 개혁 방안을 조사하고, 자신의 분야에서 목표를 세우고 긍정적으로 일하는 가치의 중요성을 인식할 수 있다. • 내가 오늘날 실학자가 되어 변화하고 연구하고픈 분야를 생각하여 다양한 방법으로 표현할 수 있다.	인물 및 사료 학습
조선 시기 여성의 생활과 사회적 지위 변화를 파악하고 생활을 개선시키고자 했던 여성의 노력 이해하기	진로 정보 탐색 활동	조선 시기 여성의 생활과 지위를 파악하고 생활을 개선하려했던 노력을 성역할 변화관점에서 탐색할 수 있다.	• 유교 문화의 영향을 받은 여성 역할의 여러 고정관념들을 조사해보고 올바른 성역할에 인식할 수 있다. • 풍속화, 민화, 문학 작품을 통해 조선시대 여성의 위상의 변화를 파악할 수 있다.	문헌 조사 학습
(5)새로운 문물의 수용과 민족 운동 근대 우리나라의 역사적인 사건 속에서 근대화와 자주화를	진로 정보 탐색 활동	우리나라 근대사에 주요 인물들의 역할과 업적을 살펴보고 직업생활 안에서 공의를 위해 능동적으로 활동한 모습을 본받을 수 있다.	• 개항 전후 일제 강점기까지 외세의 침략에 저항했던 인물들이 직업인의 관점에서 탐구하고 본받을 수 있다. • 갑신정변, 갑오개혁, 대한 제국의 수립과 독립협회 운동 등 근대국가를 세우고자 노력했던 인물들을 직업인의 관점에서 탐구하고 본받을 수 있다.	인물 및 사료 학습

위해 힘쓴 인물들을 직업인의 관점에서 탐구하고 본받기				
근대 문명의 수용이 가져온 일상생활의 변화 모습 조사하기	진로 정보 탐색 활동	서양 근대 문명의 수용이 사람들의 일상생활에 가져온 변화를 조사하고 그로 인해 새롭게 생겨난 직업세계를 탐색할 수 있다.	• 전기와 철도가 일으킨 교통통신 수단의 변화, 단발과 양복으로 대표되는 복식의 변화 등을 조사하여 새롭게 나타나게 된 직업세계를 예상하여 발표할 수 있다.	인물 및 사료 학습
일제 강점기 역사, 문학, 예술 등의 분야에서 활동한 인물 활동 조사하기	진로 정보 탐색 활동	일제 강점기 역사, 문학, 예술 등의 분야에서 활동한 인물들의 활동을 조사할 수 있다.	• 학습자 스스로 관심있는 분야를 정하고 역사, 문학, 예술 등에서 활동한 대표적인 인물과 그들의 활동을 조사하여 해당 분야에 이바지한 점을 다양한 형태로 발표할 수 있다.	인물 및 사료 학습
(6) 대한민국의 발전과 오늘의 우리 광복이후 대한민국의 민주화, 경제발전, 문화성장을 동시에 이룬 사건과 인물을 통해 살펴보기.	진로 계획 활동	광복이후 정치 경제 사회 문화의 발전에 중요한 역할을 한 인물의 삶과 업적을 본받을 수 있다.	• 현대사에서 정치가, 경제인, 사회 운동가, 과학 기술자, 문화 예술가, 체육인 등 나라 발전에 이바지한 인물들의 삶과 업적을 조사하고 본받을 수 있다. • 나의 꿈이 나라 발전과 평화, 통일, 세계화, 정보화 시대에 어떤 역할을 할 수 있을지 생각하고 다양한 방법으로 탐색할 수 있다.	야외 학습 인물 및 사료 학습

수학	1. 수와 연산 (1)약수와 배수	자기 이해 활동	진로 개발을 위한 활동을 약수와 배수의 관계를 이해하여 적용할 수 있다.	• 진로개발을 위해 방과후에 하는 활동의 종류와 가는 횟수를 조사한다. • 친구와 공통으로 하는 활동과 활동간격을 알아보고 최소공배수를 통해 함께 만날 수 있는 날을 안다. • 자신이 좋아하는 과목의 수를 알아보고 이 수의 배수와 약수를 구한다.	사례 조사 학습
	(2)약분과 통분	진로 정보 탐색 활동	진로통계자료 및 실습활동을 통해 분수의 약분과 통분을 할 수 있다.	• 요리사와 관련된 직업세계를 탐색한다. • 모둠별로 레모네이드를 만들어 먹고 남은 양을 같은 크기에 그릇에 담고 나타낸 분수를 통분하여 크기 비교를 한다. • 우리 학교 전체 학생 중 방과후 학교에 참가하는 학생수를 약분하여 간단한 분수로 나타낸다.	실습법
	(4)분모가 다른 분수의 덧셈과 뺄셈	진로 정보 탐색 활동	실습활동을 통해 분수의 덧셈과 뺄셈을 할 수 있다.	• 원예가와 관련된 직업을 탐색한다. • 꽃밭에 각각 1/2과 2/5부분에 식물을 심을 때 심은 부분이 전체의 얼마인지 분수의 덧셈으로 계산한다. • 같은 봉지의 배양토을 두사람에게 양을 다르게 하여 나누어 준다. • 각각에게는 2/3, 1/4를 나누어 줄 때 어느 쪽이 더 많이 받았는지 분수의 뺄셈으로 계산한다.	실습법
	(5)분수의 곱셈과 나눗셈	진로 정보 탐색 활동	개인의 진로 관련 정보 자료를 바탕으로 분수의 곱셈, 나눗셈을 계산할 수 있다.	• 우리반에서 체육을 좋아하는 학생 수를 분수로 나타낸다. • 체육을 좋아하는 학생 중에서 수학을 좋아하는 학생 수를 분수로 나타낸다. • 체육을 좋아하면서 수학을 좋아하는 학생 수는 전체의 얼마인지 분수의 곱셈으로 계산하여 안다. • 간식의 3/4이 남아서 모둠친구 5명과 똑같이 나누어 먹으려고 할 때 한 사람이 먹을 수 있는 양을 분수의 나눗셈으로 계산하여 안다.	사례 조사법

(6)소수의 곱셈과 나눗셈	진로 정보 탐색 활동	다른 사람과의 긍정적인 상호 작용을 경험하는 활동을 통해 소수의 곱셈 나눗셈을 계산할 수 있다.	• 모둠별 삼겹살 파티를 하기 위해 삼겹살 반근씩을 준비한후 그 양을 kg 단위로 바꾸어 소수의 곱셈으로 알아본다. • 마니또 선물 포장을 하려고 모둠별로 리본을 12.48m 씩 나누어 준다. • 이 리본을 8개로 나누어 자른다면 몇 m씩 나눌 수 있는지 소수의 나눗셈으로 계산한다.	실습법
2. 도형 (1)직육면체와 정육면체의 성질	진로 정보 탐색 활동	환경을 생각하여 자율적이고 능동적으로 일하는 태도를 통해 직육면체와 정육면체의 성질을 알 수 있다.	• 미래에 발달할 환경과 관련된 직업을 조사한다. • 일상생활에서 직육면체와 정육면체로 이루어진 선물 포장 상자를 수집하고 부피를 줄여 분리 수거하기 위해 펼쳐 놓는다. • 이를 통해 직육면체와 정육면체의 성질을 알아본다,	실습법
(2) 합동	진로 정보 탐색 활동	직업세계를 탐색하고 합동의 의미와 성질을 파악할 수 있다.	• 산업 디자이너라는 직업을 조사해보고 색종이로 흥미있는 물건의 모양을 만들고 그와 합동인 모양을 만들어 본다. • 합동의 뜻과 성질을 이해한다.	조사 학습법
(3)대칭	진로 정보 탐색 활동	직업세계를 탐색하고 선대칭 도형의 특징을 이해할 수 있다.	• 여행가라는 직업을 조사해보고 이를 위한 활동으로 세계의 건축물 사진을 수집하여 이를 통해 선대칭 도형의 성질을 이해한다.	사례 조사법
3. 측정 (1)평면도형의 넓이	자기 이해 활동	평면도형의 넓이의 이해를 통해 자율적이고 능동적인 태도를 기를 수 있다.	• 사각형 모양의 칭찬 스티커판에서 자신이 칭찬 스티커 받은 면을 평면도형의 넓이 공식을 활용하여 계산한다.	실습법
4. 확률과 통계 (1)자료의 표현과 해석	자기 이해 활동	자기 이해와 강점 찾기 활동을 통해 자료의 표현과 해석 활동	• 자신의 흥미있는 과목의 점수에 대해 학급 전체를 조사하여 평균을 구한다. • 학급 평균과 내 점수를 비교하여 부족한 점을 노력한다.	사례 조사법

			을 배울 수 있다.	• 학급 친구 네 명을 정하고 한달동안 읽을 책의 평균 권수를 구한다. • 내가 읽은 책의 권수와 평균을 비교하고 부족한 점을 노력한다. • 일주일간 줄넘기 운동을 하고 개수를 기록하고 평균을 구한다.	
	5.규칙성과 문제 해결 (1)비와 비율	진로 정보 탐색 활동	비와 비율을 통해 성역할에 대한 고정관념 타파를 인식하고 개선 방법을 찾을 수 있다.	• 우리나라 국회의원 남자와 여자 비를 ':'를 사용하여 표현해보고 직업 선택의의 성역할의 고정관념을 개선 할 수 있는 방법을 생각한다. • 자원 봉사활동을 간 학교 행사 사진을 보고 여자의 수는 전체 자원봉사자 수의 얼마인지 알아본다. • 자신이 본 시험결과를 백분율을 이용해서 점수로 나타낸다.	사례 조사법
	(2)문제 해결 방법	진로 체험 활동	직업세계 탐색을 통해 나뭇가지 그림으로 문제를 해결할 수 있다.	• 코디네이터라는 직업에 대해 조사해보고 옷입히기 게임을 통해 나뭇가지 그림으로 다양한 옷입는 방법을 알아본다.	조사 학습법
과학	(1)지구와 달 지구와 달의 모양과 표면의 특징을 비교하고, 지구에만 생명이 존재하는 이유 알기	진로 정보 탐색 활동	지구와 달에 대해 이해하고 관련된 직업세계를 탐색할 수 있다.	• 천체 망원경이나 비디오 자료 등을 이용하여 지구와 달의 모양과 특징을 비교할 수 있다. • 달의 연구와 관련된 과학자를 조사할 수 있다. • 지구에만 생명이 존재하는 이유를 탐색하고 지구 환경을 지키기 위해 노력하는 기관과 하는 일들을 조사할 수 있다.	실험 실습법
	지구상에 낮과 밤이 생기는 이유를 지구	진로 정보 탐색 활동	지구의 자전을 이해하고 이와 관련된 과학자를 조사할 수	• 지구에 낮과 밤이 생기는 이유를 탐색할 수 있다. • 지구의 자전을 증명하고 주장한 과학자들에 대해 조사할 수 있다.	실험 실습법

의 자전과 관련지어 설명하기		있다.		
(2)용해와 용액 혼합물을 대상으로 용해과정과 용해과정에 영향을 주는 여러 요인 이해하기	진로 정보 탐색 활동	용해 과정을 이해하고 이와 관련된 일하는 태도 및 직업세계를 이해할 수 있다.	• 용질의 녹는 양이 용매의 종류와 양, 온도와 관계가 있음을 알 수 있다. • 용해 전과 후의 무게가 변하지 않는 성질을 진실하고 정직하게 일하는 태도에 관련지어 설명할 수 있다. • 용해현상을 이용하는 직업들, 발명품, 일상생활의 예들을 조사할 수 있다.	실험 실습법
(3)식물의 구조와 기능 식물의 구조와 기능을 알고 이들 기관의 관계를 설명하기	진로 정보 탐색 활동	식물의 구조와 기능을 이해하고 일하는 태도 및 직업세계를 탐색할 수 있다.	• 식물의 뿌리, 줄기, 잎, 꽃, 열매의 구조와 기능과 각 기관의 관계를 이해하고 직업사회안에서도 유기적으로 관련직업이 협력해야 함을 이해할 수 있다. • 광합성의 산물을 알아보는 실험을 할 수 있다. • 현미경으로 식물을 관찰할 수 있다. • 식물을 연구하고 이용하는 직업의 세계를 탐색할 수 있다. • 현미경을 발명한 과학자와 현재 현미경을 개발하고 제조하는 기관들에 대해 조사할 수 있다.	실험 실습법
(4)물체의 속력 속력의 의미를 알고 운동하는 물체의 속력 비교하기	진로 정보 탐색 활동	물체의 속력을 이해하고 이와 관련된 직업세계를 탐색할 수 있다.	• 일정 거리를 가는 데 걸리는 시간으로 빠르기를 비교할 수 있다. • 일정 시간에 간 거리로 빠르기를 비교할 수 있다. • 속력의 의미를 알고, 단위를 사용하여 나타낼 수 있다. • 속도가 가장 크게 영향을 미치는 직업들에 대해 조사할 수 있다.	실험 실습법

(5)작은 생물의 세계 작은 생물의 특징과 살아가는 환경, 우리 생활과의 관계 이해하기	진로 정보 탐색 활동	작은 생물의 세계를 이해하고 이와 관련된 일하는 태도 및 직업세계를 탐색할 수 있다.	• 우리 주변에 사는 곰팡이, 해캄, 장구벌레 등 여러 가지 작은 생물의 특징을 알 수 있다. • 작은 생물이 살아가는 환경을 이해할 수 있다. • 작은 생물들에 관해 연구한 과학자들과 이들이 주는 이로움과 해로움과 관련되어 생겨난 직업과 발명품들을 조사할 수 있다. • 일상생활에서 작은 생물들의 영향력을 이해하고 보이지 않는 곳에서 맡은 일을 해내는 태도의 중요성을 인식할 수 있다.	실험 실습법
(6) 우리의 몸 근육과 뼈의 구조와 기능 이해하기	진로 정보 탐색 활동	근육과 뼈의 구조와 기능을 이해하고 이와 관련된 진로 정보를 조사할 수 있다.	• 뼈와 근육의 모형을 만들면서 구조와 기능을 이해할 수 있다. • 뼈와 근육과 관련된 의학 및 의공학 분야의 진로정보를 탐색할 수 있다. • 뼈와 근육의 구조와 기능을 활용한 로봇공학의 발달과 직업세계를 탐색할 수 있다.	실험 실습법
소화, 순환, 호흡, 배설, 감각기관의 구조와 기능 이해하기	진로 정보 탐색 활동	우리몸의 기관의 구조와 기능을 이해하고 관련된 진로 정보와 올바른 직업관에 대해 이해할 수 있다.	• 우리 몸의 내부의 구조를 그림과 모형 등의 시청각 자료로 관찰할 수 있다. • 소화, 순환, 호흡, 배설, 감각기관의 구조와 기능을 이해하고 관련 의학 및 의공학 분야의 진로 정보를 탐색할 수 있다. • 각 기관과 기능의 유기적인 관계를 사회적으로 직업에 대한 편견을 갖는 태도를 교정하는 데 활용할 수 있다.	실험 실습법
건강을 각 기관의 기능과 관련지어 설명하기	진로 정보 탐색 활동	건강과 각 기관의 기능을 이해하고 신생직업, 건강과 관련된 의학 연구자와 직업인을 조사할 수 있다.	• 건강과 관련된 신생 직업들을 조사할 수 있다. • 신체적 건강을 잃고도 자신의 미래의 꿈을 위해 노력하고 이룬 사람들을 조사할 수 있다. • 신체기관과 관련된 질병을 조사하고 건강을 유지하기 위해서는 각 기관의	실험 실습법

			기능이 제대로 이루어져야 함을 알 수 있다. • 인류의 건강에 큰 업적이 있는 노벨 의학상 수상자들을 조사할 수 있다.	
(7)전기회로 전기회로를 보고 전기회로도로 나타내고 전기회로로 꾸미기	진로 정보 탐색 활동	전기회로를 이해하고 이와 관련된 직업세계를 탐색할 수 있다.	• 전기회로를 꾸미는 방법을 설명할 수 있다. • 건전지, 전구, 전선, 스위치 등과 관련된 직업세계를 탐색할 수 있다. • 전기 안전, 전기제품, 전기 생산과 관련된 직업세계를 탐색할 수 있다. • 환경 친화적인 에너지와 관련된 직업세계를 탐색할 수 있다.	실험 실습법
전구의 연결 방법과 밝기와의 관계 설명하기	진로 정보 탐색 활동	전구의 연결을 이해하고 에디슨의 업적을 관련지어 본받을 수 있다.	• 전구 여러 개를 직렬과 병렬로 연결하여 불을 켜보는 활동을 할 수 있다. • 전구를 발견한 에디슨의 업적을 조사할 수 있다.	실험 실습법
(8) 태양계와 별 지구의 공전 개념을 바탕으로 계절별 별자리의 변화와 태양계를 이해하기	진로 정보 탐색 활동	태양계와 별을 이해하고 천문학과 관련된 진로 정보를 탐색할 수 있다.	• 태양은 지구의 에너지원임을 알 수 있다. • 태양과 행성들의 상대적 크기와 거리를 비교하고 공전의 개념을 이해할 수 있다. • 하루동안 별자리가 움직이는 방향을 알 수 있다. • 계절별로 별자리가 달라짐을 알고 계절별로 나타나는 대표적인 별자리를 찾을 수 있다. • 천문학과 관련된 기관들과 하는 일들에 대해 조사할 수 있다. • 태양계의 질서있는 운동을 직업세계에 적용하여 설명할 수 있다.	실험 실습법
인류가 우주를 탐사하는 이유를 생각해	진로 정보 탐색 활동	우주와 관련된 연구와 직업세계를 탐색할 수 있다.	• 우주에 대한 호기심을 키우고 우주 탐사에 대한 관심있는 태도를 기를 수 있다. • 우주와 관련된 산업 및 연구 발달과	실험 실습법

	보고 우주 탐사의 꿈을 키우기			그와 직업세계를 국내와 세계 주변국을 비교하여 설명할 수 있다.	
실과	(1)나의 성장과 가족 나와 가족	자기 이해 활동	나의 발달 특성을 이해하고, 나의 성장에 기여하는 가정의 중요성을 인식할 수 있다.	• 화목한 가족 속에서의 자신의 모습을 가족신문으로 표현하여 발표할 수 있다.	사례 조사 학습
	가정의 일과 가족원의 역할	진로 정보 탐색 활동	가정 생활을 유지하는 데 필요한 여러 가지 일의 의미를 알고, 가족원으로서 내가 할 수 있는 일을 찾아 실천할 수 있다.	• 일상생활에서 필요한 가정 일의 종류를 알아보고 의미와 가치를 이해할 수 있다. • 가정 일을 담당하는 가족원의 역할을 알 수 있다. • 가족으로서 자신이 할 수 있는 일을 찾아 실천하여 서로 협력하고 배려하는 태도를 기를 수 있다.	토의 학습
	(2) 나의 영양과 식사 간단한 조리	진로 정보 탐색 활동	간단한 조리 방법을 이용하여 음식을 만들고 식생활과 관련된 직업세계를 탐색할 수 있다.	• 조리 기구의 종류 및 쓰임새를 알아 용도에 맞게 사용할 수 있다. • 조리과정의 절차를 익혀 안전하고 위생적이며 합리적으로 조리할 수 있다. • 식생활과 관련된 직업의 종류와 하는 일을 조사할 수 있다. • 식생활과 관련된 직업인이 되기 위한 방법을 탐색할 수 있다. • 식생활과 관련된 영화나 드라마를 감상하고 새롭게 알게 된 점과 느낀점을 발표할 수 있다.	실습법
	(3)옷입기와 관리하기 나의 생활과 옷차림	진로 정보 탐색 활동	옷의 기능과 자신과 어울리는 옷차림을 대해 도움을 주는 직업세계를 탐색할 수 있다.	• 자신의 신체 성장과 상황, 개성, 때와 장소, 목적에 맞추어 적절한 옷차림을 알 수 있다. • 어울리는 옷차림을 도와주는 직업들의 종류와 하는 일, 되는 길을 조사하여 발표할 수 있다. • 잡지 화보 등을 통해 개성에 맞는 어울리는 옷차림을 스크랩할 수 있다.	조사 학습법

나의 옷 관리	진로 정보 탐색 활동	옷을 용도에 맞게 정리, 보관, 수선을 할 수 있고, 자원과 환경을 고려하여 옷을 관리하는 태도를 가질 수 있다.	• 의복 정리와 보관의 필요성, 의의, 그리고 방법을 알아 실천할 수 있다. • 바느질의 기초를 익혀 필요할 때 간단한 수선을 할 수 있다. • 의복을 만드는 일과 관련된 직업의 종류와 하는 일 , 되는 길 등을 조사하여 발표할 수 있다. • 자수 박물관, 패션쇼, 퀼트 박물관 등을 견학하고 보고서를 발표할 수 있다.	실습법
(4)쾌적한 주거 환경 정리정돈과 청소	진로 정보 탐색 활동	청소의 필요성을 이해하고, 청소를 함으로써 자신의 주변을 쾌적하게 유지할 수 있다.	• 정리 정돈과 청소의 필요성을 알아 자신이 주로 사용하는 곳을 스스로 정리하고 청소하는 습관을 기를 수 있다.	실습법
쓰레기 처리와 재활용	진로 정보 탐색 활동	생활 속에서 재활용의 가치를 이해하고 환경과 관련된 산업 및 직업세계를 탐색할 수 있다.	• 생활속에서 분리 수거를 통한 재활용으로 쓰레기의 양을 줄일 수 있다. • 버려지는 물건의 재사용, 재활용을 통해 물자의 효용성을 높이고 주위의 재활용품을 적극적으로 이용할 수 있다. • 환경과 관련된 산업 및 직업세계의 미래 전망을 탐색할 수 있다. • 환경산업과 관련하여 개발된 상품정보를 수집하고 나도 발명가가 되어 상품을 개발하는 활동을 경험할 수 있다.	조사 학습법
(5)생활속의 목제품 생활 속의 목재 이용	진로 정보 탐색 활동	일상생활에서 활용되는 목재와 목제품의 종류 및 특성을 이해하고 그와 관련된 직업세계를 탐색할 수 있다.	• 목재의 종류와 성질, 다양한 사용 분야 조사, 생활 목공예품, 목재와 관련된 문화재, 목재와 관련된 발명품을 조사할 수 있다. • 목재와 관련된 직업의 종류와 하는 일 등을 조사할 수 있다. • 목재와 관련된 전시회 및 상품전을 견학하고 보고서를 작성할 수 있다.	조사 학습법
목제품 구상과 만들기	진로 정보	간단한 목제품을 창의적으로	• 창의적 구상, 마름질, 조립 등의 순서를 알고 목공구의 종류와 사용방법을 알아	실습법

	탐색 활동	구상하여 만들어 봄으로써 다양한 목제품의 제작 과정을 이해할 수 있다.	간단한 목제품을 만들 수 있다. • 목제품을 스스로 만들어 보는 공방이나 블로그를 탐방하여 보고서를 쓸 수 있다.	
(6)식물과 함께 하는 생활 생활 속의 식물	진로 정보 탐색 활동	꽃과 채소의 종류와 특성을 파악하여 생활속에서 이용방법과 쓰임새를 이해하고 실내환경을 꾸밀 수 있다.	• 작물, 생활 원예, 환경, 생명 기술 등과 관련지어 식물과 관련된 다양한 직업세계를 탐색할 수 있다. • 실내 식물과 소품 등을 활용하여 창의적으로 실내 환경을 꾸며 볼 수 있다.	실습법
꽃이나 채소 가꾸기	진로 체험 활동	꽃 또는 채소를 선택하여 가꾸어 봄으로써 재배의 의의를 알고 생명을 소중히 여기는 태도를 가질 수 있다.	• 꽃 또는 채소 가꾸기를 위해 재배 방법을 지도하여 직접 가꾸어 보고 생활에 활용할 수 있다. • 농원이나 수목원을 견학하고 관찰보고서를 작성할 수 있다.	실습법
(7)정보 기기와 사이버 공간 정보 기기의 종류와 특성과 활용	진로 정보 탐색 활동	정보 기기의 종류, 특성, 기능을 이해하여, 생활속에서 다양한 방법으로 활용할 수 있다.	• 생활 속에서 이용되는 여러 정보기기의 종류, 특성, 사용시 유의 사항을 이해할 수 있다. • 디지털 카메라의 기초 지식 및 기능을 익혀 학습 및 여가, 취미활동에 활용할 수 있다.	실습법
사이버 공간의 특성과 윤리	진로 정보 탐색 활동	사이버 공간의 특성을 이해하고, 사이버 공간에서의 올바른 윤리의식을 실천할 수 있다.	• 사이버 공간의 특성과 긍정적, 부정적 영향을 이해할 수 있다. • 사이버 공간에서의 예절과 윤리의식을 익혀 올바른 참여 태도를 기를 수 있다. • 온라인 게임에 대한 몰입 정도를 진단해보고 적절한 대처 방안을 알고 실천할 수 있다. • 사이버 세상과 관련된 직업세계를 탐색할 수 있다.	조사 학습법

SECTION

02 범교과, 자기주도적 학습과 진로교육 연계 운영

가. 범교과 학습 주제와 진로교육 연계 운영

• 창의적 체험활동의 활동 영역 및 교육내용의 편성을 위하여 2009 개정 교육과정 총론에서 제시하고 있는 범교과 학습 주제를 활용할 수 있음

1) 창의적 체험활동(진로활동)과 범교과 학습과의 연계 운영(예시)

대 상		연 계 내 용
진로활동 영역	범 교 과 학습 주제	
진로 정보 탐색 활동	국제 이해 교육	진로활동의 '진로 정보 탐색 활동'을 범교과의 '국제 이해 교육'과 통합하여 세계 여러 나라의 국제적 환경과 직업에 대하여 조사함
진로 계획 활동	저출산 고령사회 대비교육	진로활동의 '진로 계획 활동'을 범교과의 '저출산 고령사회 대비교육'과 통합하여 저출산 고령화 사회가 가져오는 부정적인 측면에 대비하여 진로 계획을 수립함
자기 이해 활동	성교육	진로활동의 '자기 이해 활동'을 범교과의 '성교육'과 통합하여 직업에 대한 성편견을 검토해 보고 건전한 직업 의식을 갖도록 함

나. 자기주도적 학습과 진로교육 연계 운영

- 초등학교에서 자기주도적 학습은 특히 학년군과 밀접하게 관련되어 다양한 방식으로 적용될 수 있음

학 년 군	내 용
1~2학년군	학교나 교사가 제시한 과제를 스스로 계획을 세워 실천하는 활동 수행
3~4학년군	만들기나 독서 등 자신이 하고 싶은 과제를 찾아보고 그것을 실천하기 위한 활동 수행
5~6학년군	자신과 같은 흥미와 관심을 가진 친구들과 더불어 과제의 주제를 결정하고 실천하는 과정 수행

- 학생들의 수준이나 과제의 종류는 학생들의 교육적 요구와 학교의 실태 등을 반영하여 융통성 있게 적용

1) 창의적 체험활동과 자기주도적 학습과의 연계 운영(예시)

영 역	자기주도적 학습과의 연계 운영
진로활동	진로활동의 '진로 정보 탐색 활동'과 관련하여 학생 개개인이 찾아보고 싶은 직업을 선정하여 관련 도서와 인터넷 등을 중심으로 탐색하는 활동 전개

다. 창의적 체험활동 하위 영역간 통합 진로교육 편성

1) 창의적 체험활동 하위 영역 간 통합 편성 · 운영(예시)

통합영역	통합 편성 · 운영
자율활동과 진로활동	진로교육에 대한 학생 및 학부모의 관심을 높이기 위하여 진로활동을 자율활동의 하위 활동인 행사활동이나 창의적 특색 활동으로 운영하는 경우
동아리활동과 진로활동	진로 관련 동아리를 운영하는 경우 동아리별로 관련된 진로활동을 계획하여 운영하는 경우

통합영역	통합 편성 · 운영
봉사활동과 진로활동	다양한 봉사활동을 수행하며 직업의 세계를 이해하고 자신의 진로를 탐색하는 기회를 제공하는 경우

- 자율활동의 창의적 특색 활동으로 진로교육을 편성하고자 하는 경우, 자율활동은 창의적 체험활동의 또 다른 활동 영역인 진로활동과 중복됨. 이 경우, 창의적 체험활동의 하위 영역을 하나로 통합하여 편성·운영할 수 있음

[자기이해활동]

창의적 체험활동 시간 활용
진학진로 정보센터, 커리어넷 적성검사 실시
결과표 해석 및 질의응답
진로 다이어리 활동지 작성
자신의 적성에 맞는 직업 탐색

‘나를 찾는 여행’ 소감

- 나는 내가 좋아요(1학년).
- 나는 잘하는 게 없다고 생각했는데 나도 그림을 잘 그린다는 것을 앞으로는 친구들에게 자랑할 수 있어 기쁘다(5학년).
- 나는 꿈이 없었는데 만화가가 되고 싶다(4학년).

CHAPTER

03

교과별 진로교육 적용 사례

SECTION 01 국어교과 진로교육 적용 사례

SECTION 02 도덕교과 진로교육 적용 사례

SECTION 03 사회교과 진로교육 적용 사례

SECTION 04 수학교과 진로교육 적용 사례

SECTION

01 국어교과 진로교육 적용 사례

1. 교과: 국어과 읽기(5학년 2학기)

2. 단원명: 4.전기문 읽기

3. 본시 학습 주제: 위인들의 이야기

4. 진로역량과의 관계

진로 계획의 수립·관리·실천 영역은 다양한 생활(여가, 지역사회 참여, 학습자, 가족생활, 직장 생활)의 균형 필요성을 인식, 합리적 의사결정에 기초한 진로개발 계획 수립 및 관리, 경제·사회의 변화를 진로 계획에 반영하는 세 개의 하위요소로 구분할 수 있다.

이 단원에서는 전기문의 특성을 바르게 이해하고, 글을 읽고 인물의 생애와 역사적 현실을 파악하는 활동을 한다. 인물의 가치관이나 신념에 대해 평가하며 위인의 삶과 비교하여 자신의 삶을 되돌아보고 문제 행동에 대한 합리적 의사결정을 하도록 한다. 문제 행동에 대한 합리적 의사 결정 과정을 통하여 자신의 학업 및 진로 계획을 세우고 구체적인 실행 절차를 수립하여 실천하고, 주기적으로 모니터링하며, 그 결과에 따라 계획을 수정할 수 있도록 한다.

위인들이 어려움을 이겨내고 성공한 이야기를 통하여 합리적 의사 결정에 기초한 진로를 계획하고 수립하는 진로 영역과 통합하여 지도하기에 적합한 단원이다.

5. 지도상의 유의점 및 활용 방법

- 가정에서 위인전 읽기를 통하여 다양한 위인들의 이야기를 접하고 그들의 삶을 통하여 자신의 삶을 되돌아보고 진로 목표를 설정할 수 있도록 한다.
- 위인들의 성공에 초점을 맞추기보다는 위인들의 어린 시절 생활습관에서 감명을 받고 자신의 삶을 되돌아보는 기회가 되도록 한다.
- 생활 속에서 합리적 의사 결정을 선택하도록 한다.

6. 평가 계획

구분	방 법	평가 내용	목표 관련성	시행단계
교사 평가	관찰하기 (체크 리스트)	• 위인의 이야기를 읽고 내용을 바르게 이해하는가?	교과	학습활동 중
		• 위인의 삶과 나의 삶을 비교하고 성찰하는가?	교과	
		• 위인의 삶과 비교하여 자신의 문제에 대한 합리적 의사 결정 및 실천 계획을 세우는가?	진로	
		• 시간 관리 계획을 세울 수 있는가?	진로	

7. 교수 · 학습 과정안

교 과	국어과	진로개발역량	진로 계획 활동
단 원	전기문 읽기		
주 제	위인들의 이야기	시 간	40분
통합 교육목표	위인들의 삶을 통하여 자신의 진로 계획을 수립하고 실천할 수 있다.		
학습자료	위인전 자료, 학생 활동지	수업 형태	

단 계	학습의 흐름도	교수-학습 활동안		시간	자료(▶) 및 유의점(▷)
		교사	학생		
문제 확인하기	동기 유발	◉ '허준'이야기 • 허준 이야기 간단하게 들려주기 - 허준은 어떤 사람인가?	• 허준은 조선시대 의학자로 선조와 광해군의 어의를 지냈습니다. • 우리나라 한방의학 발전에 공헌한 총25권의 동의보감책을 집필하였습니다.	3′	
	학습 목표 제시	◉ 학습목표 제시 **학습문제** 위인들의 삶을 통하여 자신의 진로 계획을 세워보고, 실천하려는 태도를 기른다.		2′	
	학습 활동 안내	◉ 학습활동 안내 ■ 〈활동1〉 글 읽고 내용 이해하기 ■ 〈활동2〉 위인과 나의 삶 ■ 〈활동3〉 나의 진로계획			
자료 탐색하기	전체 학습	◉ 〈학습 활동1〉 • 내용 이해하기 - 전기문이란? - 내가 읽은 전기문에는 어떤 것들이 있는	• 특정한 인물의 남다른 경험이나 업적에 대하여 그 인물이 겪은 실제 사실을 바탕으로 기록한 글입니다. • 이순신, 퀴리부인, 세종대왕, 장영실, 허준, 신	5′	

전개		가?	사임당, 안창호, 에디슨 등이 있습니다.		
		- 인물은 어린 시절을 어떻게 지냈는가?	• 오가는데 3시간이 걸리는 서당까지 걸어가서 글공부를 열심히 했습니다. • 병사들과 함께 무술과 승마를 익혔습니다.		
		- 인물은 어떤 일을 하였는가?	• 동의보감을 비롯한 많은 의학서적을 저술하였습니다. • 어려운 사람들의 치료하였다. • 조선시대 어의를 지냈습니다.		
	개인 학습	◉ 〈학습 활동2〉 • 위인과 나의 삶 - 위인들의 삶과 나의 삶을 비교하여 보고 나의 문제점 파악하고 합리적 의사결정에 따른 실천 계획을 세워보자.	• 문제점: 늦잠 자는 것, 숙제 미루는 것, 약속을 어기는 것, 친구들과 자주 다투는 것입니다. • 여러 가지 해결 방법을 생각해봅니다. • 해결방법을 평가하고 합리적인 방법을 선택합니다. • 구체적인 실천계획을 세웁니다.	12′	▸ 활동지
	개인 학습	◉ 〈학습 활동3〉 • 나의 진로계획 - 위인이 어떻게 공부하였는지 생각하며 내가 진학할 학교를 알아 보자.	• 내가 진학할 학교는 ( )중학교, ( )고등학교, ( )대학입니다.	13′	▸ 시간 관리 활동지
		- 성공을 위한 위인들	• 일의 우선 순위를 정해		

정리하기	전체 학습	의 시간 관리법은? - 나의 시간 관리에 대하여 알아보고 진로 계획을 세워보자. ◉ 정리 학습 - 의사 결정 단계를 말해 보자. - 인물의 업적을 생각하여 보고 내가 커서 꼭 이루고 싶은 일을 말하여 보자. ◉ 차시예고 - 내가 존경하는 인물의 전기문 을 읽고 나의 삶과 비교하여 보자.	서 중요한 일을 먼저 했습니다. • 목표를 세우고 가능한 실천계획을 세웠습니다. • 나의 기상 시간과 취침 시간 • 내가 잘하는 과목 • 내가 흥미 있어 하는 일 • 올해의 나의 목표 • 내가 목표로 하는 직업 • 내가 목표로 하는 직업을 얻기까지의 과정 • 문제와 목표 확인 → 해결방법 알아보기 → 평가기준 만들기 → 해결방법들을 평가하고 합리적인 방법 결정하기 → 구체적인 실천계획 세우기 • 나는 신약을 개발하여 불치병을 치료하는 의사가 되고 싶습니다. • 나는 영어 공부를 열심히 하여 훌륭한 외교관이 되고 싶습니다.	5′	▸ 활동지

5학년 　반 　번

이름 :

위인 이야기(성공 프로젝트)

위인들은 목표를 정하고 계획한 대로 꾸준히 실천한 사람들입니다.

★ 나의 일주일 생활을 살펴보고 일주일 동안 내가 무엇을 하였는지 시간별로 기록하여 보세요.

시간	월	화	수	목	금	토	일
오전12-1							
1-2							
2-3							
3-4							
4-5							
5-6							
6-7							
7-8							
8-9							
9-10							
10-11							
11-12							
오후12-1							
1-2							
2-3							
3-4							
4-5							
5-6							
6-7							
7-8							
8-9							
9-10							
10-11							
11-12							

★ 일주일 동안의 생활을 보고 주요 시간을 써 보세요.

수면시간 -	**식사시간 -**	**학교생활 -**
운동시간 -	학원시간 -	놀이시간 -

출처:남미숙 외, 진로와 직업, 한국교과서(주), 2006.

SECTION

02 도덕교과 진로교육 적용 사례

1. 교과: 도덕과(5학년 1학기)

2. 단원명: 1. 최선을 다하는 생활

3. 본시 학습 주제: 자신의 꿈을 이룬 사람들

4. 진로역량과의 관계

초등학생 시기에는 가정과 학교에서 주요인물과 동일시함으로써 자아개념을 발달시킨다. 가정의 어른이나 학교의 어른, 더 나아가 사회의 어른들 중에서 성공한 사람들을 알아보고 그들의 성공 비결을 찾아보는 과정을 통해 직업세계를 이해하고 일에 대한 긍정적 가치와 태도를 형성하는 데 적합하다고 생각하여 이 단원을 선정하게 되었다.

이 단원의 통합된 교육목표는 자신의 일에 최선을 다하는 생활의 중요성을 알고 생활 속에서 실천하려는 태도의 의지를 지니는 것이다. 성실하게 꿈을 이룬 사람들의 특징과 본받을 점을 알고, 구족화 체험을 통하여 성실히 일하는 삶을 구체적으로 자각하고 내적인 힘을 기르게 된다. 또한 성실하게 꿈을 이루기 위해 노력할 계획을 세워 꾸준히 실천하는 태도를 기르는 데 주안점을 두게 된다.

5. 지도상의 유의점 및 활용 방법

- 성공한 사람들의 업적이나 결과보다는 어린 시절부터 자신의 강점을 찾아서 성실하게 노력한 점에 중점을 둔다.
- 돌아가신 위인보다는 현존하는 인물을 중심으로 다양한 분야의 성공 사례들을 접할 수 있도록 한다.
- 실존 인물들의 자서전, TV 희망특강 파랑새 다시보기, 인터넷 사이트 등 다양한 매체들을 안내하고 가정에서도 탐색이 이루어지도록 한다.

6. 평가 계획

구분	방 법	평가 내용	목표 관련성	시행단계
교사 평가	관찰하기 (체크 리스트)	• 자신의 일에 최선을 다하는 생활의 중요성을 알고 있는가?	교과	학습활동 중
		• 성실하게 자신의 꿈을 이룬 사람들의 예를 말할 수 있는가?	교과	
		• 성공한 사람들의 직업과 성공 비결을 말할 수 있는가?	진로	
		• 성공한 사람들의 태도를 통하여 일에 대한 긍정적 태도를 가지는가?	진로	

7. 교수 · 학습 과정안

교 과	도 덕	진로개발역량	진로 체험 활동
단 원	1. 최선을 다하는 생활		
주 제	구족화 체험하기	시 간	40분
통합 교육목표	자신의 일에 최선을 다하는 생활의 중요성을 알고, 일에 대한 긍정적 가치 및 태도를 형성한다.		
학습자료		수업 형태	

단 계	학습의 흐름도	교수-학습 활동안 교사	교수-학습 활동안 학생	시간	자료(▶) 및 유의점(▷)
문제 확인하기	동기 유발	◉ '구족화가 이야기' 동영상 시청하기 • 동영상을 보고 느낀 점은?	• 어려운 처지를 비관하지 않고 열심히 사는 모습이 감동적입니다. • 어떤 환경에 처하더라도 희망을 잃지 않고 꾸준하게 노력하는 자세가 필요합니다.	3′	▶동영상 자료:구족화가 김성애님의 활동모습 http://www.mfpa.co.kr/ (혹은 네이버뉴스 동영상: 대학교수 된 구족화가)
	학습 목표 제시	◉ 학습문제 제시 **학습문제** 자신의 일에 최선을 다하는 생활의 중요성을 알고 일에 대한 긍정적 가치 및 태도를 기른다.		2′	
	학습 활동 안내	◉ 학습활동 안내 ■〈활동1〉 성실하게 자신의 꿈을 이룬 사람들 ■〈활동2〉 나의 성공 모델은? ■〈활동3〉 구족화 체험하고 느낌 발표하기			
자료 탐색하기	전체 학습	◉ 〈학습 활동1〉 • 성실하게 꿈을 이룬 사람들 - 꾸준히 노력하여 자신의 꿈을 이룬 사람	• 발레리나 강수진, 피겨의 여왕 김연아, 축구	5′	• 강수진, 박지성 선수의 발사진

		들의 예를 들어보자. - 부모님이나 친척들 중에서도 찾아서 발표하여 보자.	선수 박지성, 구족화가 오순이 교수 등이 있습니다.		이나 구족화가 등 성공한 사람들의 사진자료
		- 성공한 사람들에 대하여 본받을 점을 이야기해 보자.	• 자신의 약점을 강점으로 승화시켰습니다. • 박지성은 체격도 다른 선수보다 작고 가정 형편도 어려웠지만 연습벌레라는 소리를 들으며 꾸준히 노력하였습니다. • 오순이 구족화가는 두 팔이 없었지만 굴하지 않고 발로 그림을 그려서 대학 교수가 되었습니다.		
전개	개인 학습	◉ 〈학습 활동2〉 • 나의 성공 모델은? - 내가 존경하는 성공한 사람은 누구인가? - 내가 선택한 사람에 대하여 자세히 알아보자.	• 키도 작고 체격도 작지만 강인한 정신력으로 세계적인 축구선수가 된 박지성 선수를 본받고 싶습니다. • 초·중·등 시절 학교 축구대표선수-명지대 축구선수-2002년 월드컵 출전-유럽으로 진출하여 좋은 성적을 올리고 있습니다.	10′	▸ 활동지
	개인 학습	◉ 〈학습 활동3〉 • 구족화가 체험하기 - 구족화가가 되었다고 생각하고 입이나 발가락을 이용하여 그림을 그려	• 물감붓이나 서예붓, 붓펜, 연필, 싸인펜 등 다양한 도구 중 하나를 준비한다. • 활동지의 그림을 입이나 발가락을 이용하여	12′	▸ 활동지, 그림물감, 붓, 파레트 (싸인펜이나 붓펜, 미술연필도

		보자.	따라 그린다. • 다 그린 후에는 자신만의 낙관도 만들어 그린다.		가능)
	모둠 학습	- 체험 후의 느낌이나 생각을 서로 이야기 하여 보자. - 어려웠던 점은 무엇인가? - 작품을 완성 했을 때의 느낌은 어떤가? - 구족화가가 되기 위하여 얼마나 노력을 하였을까?	• 신체적인 어려움을 딛고 입이나 발을 사용하여 그림을 그리는 사람들이 존경스럽습니다. • 내 의도대로 선이 그어지지 않았습니다. • 입이 많이 아팠습니다. • 마음대로 되지 않아 답답하였습니다. • 선이 비뚤비뚤하지만 뿌듯합니다. • 힘들었지만 완성하고 나니 대견합니다. • 매일 연습을 하였을 것입니다. • 중간에 포기하고 싶을 때가 많았지만 참았을 것입니다.	6′	▷ 자유롭게 그리도록 하면 대충 그려서 어려움을 모르는 경우가 많으므로 밑그림을 제공하는 것이 좋다.
정리하기	전체 학습	◉ 정리 학습 • 자신의 일에 최선을 다하면 어떤 점이 좋을까? ◉ 차시예고 • 성실하게 자신의 꿈을 이루기 위해서 노력할 점을 일기로 써 보자.	• 자신의 일에 최선을 다하면 기분이 좋습니다. • 자신도 기분 좋고 주변 사람들이 보기에도 좋습니다. • 자신의 꿈을 이룰 수 있습니다. • 보다 나은 삶을 살 수 있습니다.	3′	

8. 참고자료

읽기 자료

세살 때 열차 사고로 두 팔을 잃은 후 35년간 발로 그림을 그린 사람이 대학 교수가 되었다. 그는 정식 임용되기 전부터 학생들에게 미술 실기 지도를 해왔는데 첫 강의를 앞두고 며칠 동안은 쿵쿵 뛰는 가슴을 진정시키기 어려웠다고 한다.

경남 마산에서 태어난 그는 세 살 때 철길에서 놀다가 열차에 치이는 대형사고를 당했다. 이때 두 팔이 잘렸는데 병원에서는 희망이 없다는 판정을 내렸다.

"피를 많이 흘려 살 가망이 전혀 없어서 그랬는지 담당 의사가 저를 병실 한구석에 밀쳐놓고 그냥 집에 데리고 가라고 하더래요."

그의 부모는 하는 수 없이 어린 아이를 품에 안고 집으로 돌아왔다. 그로부터 오씨는 2년 남짓 병원과 집을 오가며 치료를 받았고 손 대신 발을 쓰는 훈련을 했다.

"손에 대한 기억이 전혀 없으니까 오히려 발로 뭘 익히는 게 쉬웠어요. 발로 세수하고 밥 먹고 글씨도 쓰고 그림도 그렸죠."

그는 자신이 두 팔이 없는 장애인이란 사실을 전혀 의식하지 않았다. 하지만 초등학교에 들어갈 무렵 자신이 남들과 다르다는 것을 뼈저리게 느끼게 하는 사건이 발생했다.

"동갑내기 친구들에겐 입학통지서가 오는데 저에게는 안 오는 거예요. 부모님이 동사무소에 가서 이유를 물었더니 '장애인이니 특수학교에 가라'고 하더래요. 그때 전 '난 발로 뭐든지 할 수 있는데 왜 장애인학교에 가야 하지?' 하고 의아해했죠."

결국 초등학교 입학 시기를 놓친 그는 아홉 살 되던 해에 마산 중앙초등학교의 입학을 허가받았다.

"학교에서는 제가 장애인이라 수업 중에 불편한 일이 많을 것이라고 입학을 반대했지만 전 학교 생활을 잘했어요. 워낙 활달하고 사교적이어서 친구들도 많았고요. 친구들도 제가 두 팔이 없다는 사실을 잊고 살았어요. 그래서 갑자기 '순이야, 이것 받아라' 하면서 물건을 던지기도 하고, 횡단보도 건너면서 손을 잡으려다 덜렁 소매만 붙잡기도 했어요. 물론 짓궂은 친구들은 '이건 손으로만 할 수 있는 건데 너 발로 할 수 있어?' 하며 절 시험에 빠뜨리기도 했죠."

그가 초등학교 시절 두각을 나타낸 분야는 미술이었다. 방과 후 특별활동으로 미술반에 들어간 그는 열심히 재능을 키워나갔다.

"제가 미술을 하겠다고 했을 때 처음에는 선생님께서 '과연 네가 할 수 있겠니?'하면서 걱정하셨어요. 그러다 제가 열심히 하는 모습을 지켜보시더니 많이 도와주셨죠."

그는 93년, 수묵화의 본고장에서 승부를 내겠다는 생각에 중국으로 유학을 떠났다. 미술을 공부하는 한국 국적의 유학생은 그가 처음이었는데 중국 학생들은 교정에서 그를 만나면 '남조선 학생 지나간다'면서 신기한 듯 쳐다보곤 했다고 한다.

〈출처: 여성동아 491호〉

SECTION

03 사회교과 진로교육 적용 사례

1. 교과: 사회과(5학년 2학기)

2. 단원명: 1. 하나가 된 겨레

3. 본시 학습 주제: 삼국의 생활 모습

4. 진로역량과의 관계

진로 및 개인 삶의 목표 달성을 위한 평생학습 참여 진로 역량은 진로와 개인적인 삶의 목표를 달성하기 위해서 요구되는 학력 및 관련 자격증을 이해하고 획득하기 위해 학습에 적극적으로 참여하는 태도를 함양하는 데 그 목표가 있다. 초등학교에서는 열심히 공부해야 하는 이유를 알고 열심히 하려는 태도와 계속적인 배움의 중요성을 인식하는 것이 중요하다.

이 단원에서는 삼국 시대의 여러 유물과 유적, 역사 인물 이야기를 통해 삼국의 생활 모습을 이해하고 여러 신분의 생활 모습을 공부하게 된다. 삼국 시대에는 엄격한 신분 제도로 인하여 한 개인이 아무리 열심히 노력해도 타고난 신분에서 다른 신분으로 직업을 바꿀 수 없었다. 삼국 시대의 신분 제도와 오늘날의 학력 제도나 자격증 제도와 비교하는 과정을 통해 본인이 꾸준하게 노력하고 공부를 계속한다면 얼마든지 원하는 직업을 가질 수 있음을 깨닫게 된다. 아울러 평생 학습의 중요성을 일깨우는 데 적합한 단원이라고 생각하여 선정하게 되었다.

5. 지도상의 유의점 및 활용 방법

- 삼국시대에는 타고난 신분에 따라 하는 일이나 사회적 생활 모습이 달랐지만 오늘날은 본인의 노력 여하에 따라 다양한 직업을 선택할 수 있음을 인식하도록 한다.
- 어떤 특정한 직업이 다른 직업에 비하여 좋거나 나쁘다는 생각을 하지 않도록 유의하며 모든 직업은 다 중요하고 귀하다는 생각을 갖도록 한다.
- 오늘날은 직업 선택의 폭이 넓고 한 번 선택한 직업으로 평생을 사는 것이 아니라 능동적으로 직업을 바꾸는 사람들이 늘고 있음을 알도록 한다.

6. 평가 계획

구분	방 법	평가 내용	목표 관련성	시행단계
교사 평가	관찰하기 (체크 리스트)	• 삼국의 신분제도를 이해하는가?	교과	학습활동 중
		• 삼국시대와 오늘날 직업의 세계를 비교할 수 있는가?	교과, 진로	
		• 삼국시대 인물이 되어 역할놀이를 잘 하는가?	교과, 진로	
		• 자신의 커리어 플랜을 자세하게 세울 수 있는가?	진로	

7. 교수 · 학습 과정안

교 과	사회과		진로 개발 역량	진로 계획 활동	
단 원	1. 하나가 된 겨레				
주 제	삼국 시대의 생활 모습		시 간	40분	
통합 교육 목표	삼국 시대의 신분 제도를 이해하고, 오늘날은 개인의 노력 정도에 따라 직업을 선택할 수 있음을 인식하고 평생학습의 중요성을 알 수 있다.				
학습 자료	삼국시대 고분벽화 사진 자료, 직업 카드			수업 형태	

단 계	학습의 흐름도	교수 · 학습 활동 교사	 학생	시간	자료(▶) 및 유의점(▷)
문제 확인 하기	동기 유발	◉ 삼국시대 고분벽화 - 벽화 사진에 나타난 사람들의 생활 모습은?	- 왕과 관리들은 좋은 옷을 입었습니다. - 사냥을 하거나 농사를 지으며 살았습니다.	3′	▸ 삼국시대고분벽화 사진자료
	학습 목표 제시	◉ 학습문제 안내 **학습문제** 삼국 시대 신분 제도를 이해하고, 오늘날은 개인의 노력 정도에 따라 직업을 선택할 수 있음을 인식하고 평생학습의 중요성을 안다,		2′	
자료 탐색 하기	학습 활동 안내	◉ 학습활동 안내 ■ 〈활동1〉 삼국시대 신분제도와 생활 모습 ■ 〈활동2〉 삼국시대 직업선택의 모습 ■ 〈활동3〉 나의 진로 계획			
		◉ 〈학습 활동1〉	- 신분에 따라 집의		

	전체 학습	• 삼국시대 신분제도와 생활모습 - 삼국시대의 생활 모습은? - 옛날과 오늘날의 직업 선택의 차이점을 알아보자.	크기, 옷의 색깔이 달랐습니다. - 백제 : 1관등은 자색, 2관등은 비색, 3관등은 청색 옷을 입었습니다. - 신라 : 왕은 진골과 성골만 할 수 있고, 그 아래 신분계급을 6두품으로 벼슬 등을 제한하였습니다. - 삼국시대에는 본인이 아무리 노력해도 마음대로 직업을 선택할 수 없었습니다. - 삼국시대에는 부모의 직업이 자식에게 이어졌습니다. - 오늘날은 본인이 노력하면 다양한 직업을 선택할 수 있습니다.	7′
전개	모둠 학습	◉ 〈학습 활동2〉 • 삼국시대 직업 선택의 모습 - 모둠별로 삼국시대의 계급 중 하나를 선택하여 역할놀이를 하여 보자.	 - 왕족계급, 귀족계급, 평민계급, 노비계급 중 한 집안을 선택한다. - 삼국시대 자기 나이 또래의 아이들이 장래 직업에 대한 생각을 표현하여 본다.	10′

		- 신분에 따라서 아이들이 공부하거나 일하는 모습을 표현하여 본다.		
전체 학습	- 옛날과 오늘날의 직업 선택의 차이점은 무엇일까?	- 옛날에는 부모님의 신분에 따라 자녀의 직업이 정해졌습니다. - 옛날에는 개인이 아무리 똑똑해도 마음대로 벼슬을 할 수 없었습니다.	3′	
	- 어려운 환경 속에서도 노력하여 자신의 꿈을 이룬 사람들의 예를 발표하여 보자.	- 오늘날은 개인이 꾸준하게 노력하면 원하는 직업을 얻을 수 있습니다.		
전체 학습	◉ 〈학습 활동3〉 • 나의 진로 계획 - 진로를 바꿔서 성공한 사람들의 예를 들어 보자.	- 반기문 유엔사무총장, 김대중,노무현, 이명박 대통령, 축구선수 박지성 등이 있습니다. - 안철수 : 의사 → 컴퓨터프로그래머 → 사업가 → 교수 - 회사원 → 교사나 공무원 - 사업가 → 농부	12′	▶ 활동지
	- 미래에는 어떤 직업들이 생겨날까?	- 로봇 엔지니어, 우주여행 관계자, 인공위성 연구원, 노인복지 전문가, 환경에너지 전문가, 컴퓨터 네트워크 전문가		

	개인 학습	- 나의 진로계획을 세워 보자.	- 자신의 흥미, 적성, 학업 성취, 가족관계 등의 환경을 바탕으로 상급학급 진학, 자격증 취득, 봉사활동, 노력할 점 등 실천 과정에 따라 구체적으로 설계한다.		
정리 하기	전체 학습	◉ 정리 학습 - 옛날과 오늘날의 직업에 대한 생각을 발표하여 보자. ◉ 차시예고 - 다음 시간에는 삼국통일을 위해 힘쓴 인물들의 업적을 알아보도록 하겠습니다.	- 옛날에는 부모님의 직업을 이어 받았지만 오늘날은 본인 희망에 따라 선택합니다. - 옛날에는 한 번 선택한 직업을 거의 바꾸지 않았지만 오늘날은 능력에 따라 몇 번씩 직업을 바꾸는 사람이 늘어나고 있습니다. - 오늘날은 평생 동안 배우는 자세가 필요하며 직업을 바꾸기 위해서는 많은 노력이 필요합니다.	3′	

SECTION

04 수학교과 진로교육 적용 사례

1. 교과: 수학과(5학년 1학기)

2. 단원명: 5. 규칙성과 문제해결 (1) 비와 비율

3. 본시 학습 주제: 백분율과 할푼리

4. 진로역량과의 관계

이 단원은 백분율과 할푼리의 개념을 바르게 이해하고 비율을 할푼리와 백분율로 나타내는 활동을 통하여 여러 가지 정보를 비교할 수 있도록 하는데 그 목적이 있다. 이에 교과 통합 진로교육의 목표를 '신문을 활용하여 여러 직업의 종류를 찾아 인지도를 비교하고 인기 있는 직업을 백분율로 계산하여 비교할 수 있다.'로 설정하였다.

초등학교에서 정확하고 신뢰성 있는 진로정보를 탐색·해석·활용한다는 것은 다양한 직업세계를 탐색하는 데 많은 정보가 필요함을 인식하고 자신이 좋아하는 것들과 관련된 직업에는 어떤 것들이 있는지 알아보고, 자신의 주위 사람들은 어떠한 직업을 가지고 있고 그 직업에서 어떠한 일을 하고 있는지 알아보고 설명하는 데 있다. 또한 학교 졸업 이후의 교육정보를 탐색하는 과정이다.

신문이나 잡지, 혹은 인터넷 등의 다양한 경로를 통하여 여러 가지 직업명을 찾고, 학급 친구들이 그 직업에 대하여 얼마나 알고 있는가를 조사하여 백분율

과 할푼리로 직업인지도를 계산하는 활동을 하게 된다. 이 활동을 통하여 주변 사람들이 어떤 일을 하는지 알게 될 것이다. 또한 백화점 판매원, 온라인 쇼핑몰 운영자, 문방구 주인이 되어서 할인행사를 하여 물건을 사고파는 과정을 통해 백분율을 계산을 능숙하게 하면서 아울러 자신의 진로에 대해 생각해 볼 수 있는 기회가 될 수 있을 것이다.

5. 지도상의 유의점 및 활용 방법

- 신문이나 잡지를 활용할 때는 여러 종류의 다양한 신문이나 자료를 미리 수집하였다가 사용하는 것이 좋다. 여건이 허락된다면 컴퓨터실에서 인터넷을 이용하여 자료를 검색하는 것도 좋다.
- 직업명을 고를 때 자신이 아는 것만 고르지 않고 처음 접하는 직업도 선택하도록 한다.

6. 평가 계획

구분	방 법	평가 내용	목표 관련성	시행단계
교사 평가	지필평가	• 백분율 개념을 바르게 이해하고 있는가?	교과	학습활동 중
	지필평가	• 할푼리의 개념을 바르게 이해하고 있는가?	교과	
	관찰	• 신문이나 잡지 혹은 인터넷에서 기사와 관련되는 직업이나 직업명을 10개 이상 찾는가?	진로	
	활동지 평가	• 여러 직업이 하는 일고 직업인지도를 백분율과 할푼리로 계산하여 비교할 수 있는가?	교과, 진로	

7. 교수 · 학습 과정안

교 과	수 학	진로개발역량	진로 정보 탐색 활동
단 원	5. 규칙성과 문제해결 (1) 비와 비율		
주 제	백분율과 할푼리	시 간	40분
통합 교육목표	신문을 활용하여 여러 직업의 종류를 찾아 인지도를 비교하고 인기 있는 직업을 백분율로 계산하여 비교할 수 있다.		
학습자료	신문이나 잡지, 인터넷 기사 출력물 .	수업형태	

단 계	학습의 흐름도	교수·학습 활동		시간	자료(▶) 및 유의점(▷)
		교사	학생		
문제 확인하기	동기 유발	◉ 야구중계 동영상 감상 - 2008년 기준 타격왕은 두산 베어스의 김현수로서 타율이 3할 5푼 이라고 한다. - 타율이란? - 김현수 선수의 안타 성공률은 얼마일까? 이것이 의미하는 것은 무엇일까?	- 타율이란 안타수를 타수로 나눈 값이다. - 2008년도 김현수 선수 타율이 3할 5푼이라는 것은 100번 쳤을 때 35번 안타를 쳤다는 뜻이다.	3′	▶ 야구경기 및 중계일정 http://www.koreabaseball.com/schedule/schedule.asp
	학습 목표 제시	**학습문제** 신문을 활용하여 여러 직업의 종류를 찾아 인지도를 비교하고 인기 있는 직업을 백분율로 비교할 수 있다.		2′	
	학습 활동 안내	◉ 학습활동 안내 ■ 〈활동1〉 백분율과 할푼리 알아보기 ■ 〈활동2〉 직업 인지도 비교하기 ■ 〈활동3〉 직업 인기도 순위			

자료 탐색하기	전체 학습	◉ 〈학습 활동1〉 • 백분율과 할푼리 알아보기 - 백분율이란?	= 100을 기준량으로 했을 때의 비율을 백분율이라고 하며 %로 표시한다. = 70%는 70퍼센트로 읽는다.	7′	
		- 초중고생 15,000명을 대상으로 설문 조사를 한 결과 교사가 전체 응답자의 2,250명이 교사를 희망하여 1위를 차지하였다고 한다. 교사를 희망한 학생은 전체의 몇 %인가?	- 2,250/15,000×100 =15% = 전체의 15%가 교사 직업을 원한다.		▸ 참고자료 활용
		- 또한 응답자의 1,050명이 의사를 희망하여 2위를 차지하였다고 한다. 의사를 희망한 학생은 전체의 몇 %인가?	- 1,050/15,000×100 =7% = 전체 15,000명의 응답자 중 7%의 학생이 의사 직업을 원한다.		
전개	전체 학습	- 할푼리란?	= 비율을 소수로 나타낼 때, 소수 첫째 자리를 할, 둘째 자리를 푼, 셋째 자리를 리라고 한다.	3′	
		- 경민이가 야구선수가 되어 한국시리즈에 출전하였습니다. 2차전까지 8타수 5안타를 쳤습니다. 경민이의 타율은 얼마일까요?	- 2차전 까지 타율 : 5/8=0.625 = 타율 0.625는 6할 2푼 5리라고 읽는다.		
		- 백분율을 소수로 나타내는 방법은?	- % 기호를 빼고 100으로 나눈다. = 소수점 자리를 왼쪽으로 두 자리 옮긴다.		

	전체 학습	◉ 〈학습 활동2〉 • 직업 인지도 비교 하기 - 신문에 나오는 직업명을 10가지 골라서 발표하고 인지 정도를 백분율로 비교한다.	- 신문이나 잡지 또는 인터넷 기사에서 관련된 직업을 10가지 고른다. - 먼저 고른 사람이 발표를 한다. - 칠판에 순서대로 적는다. - 고른 직업이 어떤 일을 하는지 설명할 수 있는 사람은 손을 들도록 하여 직업에 대한 인지도를 알아본다. - 직업별로 인지도를 백분율로 계산하여 비교한다.	10′	▸ 학습지 ▷ 모르는 직업은 집에서 인터넷을 통하여 알아보도록 한다.
	전체 학습	◉ 〈학습 활동3〉 • 직업 인기도 비교 하기 - 친구들이 고른 직업 중에서 자신이 갖고 싶은 직업을 발표하고 백분율로 순위를 비교한다.	- 자신의 능력에 상관없이 나중에 그 분야하고 일하고 직업은 무엇인지 발표한다. - 우리 반 학생들에게 인기 있는 직업은 무엇인지 표로 만들고 백분율을 구하여 인기 있는 직업 순위를 비교한다.	3′	
정리하기	모둠 학습	◉ 적용 및 발전 • 나는 판매왕! - 가게를 만들어 세일 행사를 하면서 물건을 사고 팔아보자.	- 모둠별로 온라인 쇼핑몰이나 백화점, 가전제품 매장, 문방구, 서점 등의 가게를 만든다. - 제품 마다 할인율과 가격을 써 붙인다. - 할인율에 따른 판매 가격을	10′	

			써서 맞힌 사람에게만 물건을 판매한다.		
	전체 학습	- 우리 생활에서 비율을 백분율로 많이 나타내는 까닭은? ◉ 차시예고 - 다음 시간에는 하나의 문제를 여러 가지 방법으로 해결하는 방법에 대하여 공부하도록 하겠습니다.	- 분수나 소수보다 백분율이 크기를 비교하기 쉽기 때문이다.	2′	

8. 참고자료

* 초중고생 희망직업

초중고교별 장래 희망직업

	초등학생	중학생	고교생
1위	교사	교사	교사
2위	의사	의사	회사원
3위	연예인	연예인	공무원
4위	운동선수	법률가(법조인)	자영업/개인사업
5위	교수	공무원	간호사
6위	법률가(법조인)	교수	의사
7위	경찰	경찰	연예인
8위	음식 관련 분야	음식 관련 분야	경찰
9위	패션 디자이너	패션 디자이너	공학 관련 엔지니어
10위	프로 게이머	운동선수	패션 디자이너

자료: 한국직업능력개발원

한국직업능력개발원에 따르면 전국 593개 초중고교 재학생 1만5978명을 대상으로 희망 직업을 설문조사한 결과 교사가 전체 응답자의 15.8%로 1위를 차지했다.
의사(6.9%)가 2위, 연예인(5.8%)이 3위를 차지한 데 이어 공무원 회사원 운동선수 경찰 교수의 순이었다.

초등생은 교사에 이어 의사(10.5%), 연예인(9.9%), 운동선수(9.4%), 교수(6.5%), 법률가(5.4%), 경찰(5.2%), 요리사(4.2%), 패션디자이너(2.8%), 프로게이머(2.2%) 등을 꼽았다.

중학생은 교사 다음으로 의사(9.4%), 연예인(6.2%), 법률가(4.4%), 공무원(3.8%), 교수(3.6%), 경찰(3.6%), 요리사(3.2%), 패션디자이너(2.8%), 운동선수(2.6%) 등을 꼽았다.

고교생도 교사에 이어 회사원(7.0%), 공무원(6.2%), 자영업(3.7%), 간호사(3.3%), 의사(3.0%), 연예인(2.7%), 경찰(2.5%), 엔지니어(2.3%), 패션디자이너(2.2%) 등의 직업을 선호했다.

2005년 한국사회조사연구소가 발표한 '청소년 종합실태조사 결과'에서도 교사가 13.1%로 1위였다. 연예인, 의사, 운동선수, 공무원, 과학자, 디자이너, 법조인, 예술인, 회사원이 상위 10위권에 포함됐다.

〈출처: 동아일보 사회면 2007.11.06 (화)〉

5학년　　반　　번

이름 :

비와 비율
(다양한 직업 찾기)

★ 신문이나 잡지의 기사나 사진 자료에서 직업명이나 관계되는 직업명 10가지를 고른 후에 그 직업에서 어떤 일을 하는지 간단하게 써 보세요. 어떤 일을 하는지 잘 모르겠으면 빈 칸으로 두세요.

내가 찾은 직업의 종류와 하는 일

직업명	하는 일

5학년 반 번

이름 :

비와 비율
(직업인지도 구하기)

★ 친구들이 신문이나 잡지에서 찾은 직업들을 다음 빈 칸에 써 넣은 후, 그 직업에서 하는 일을 알고 있는 학생 수를 조사하여 우리 반 친구들이 여러 가지 직업에 대하여 얼마나 알고 있는지 비교하여 보세요.

여러 직업의 인지도

직업명				
알고 있는 학생 수(명)				
비율(할푼리)				
비율(백분율)				
직업명				
알고 있는 학생 수(명)				
비율(할푼리)				
비율(백분율)				
직업명				
알고 있는 학생 수(명)				
비율(할푼리)				
비율(백분율)				

★ 우리 반 친구들에게 직업인지도가 높은 것 10개를 순서대로 써 보세요.

CHAPTER 04

창의적체험활동을 통한 진로교육

SECTION

01 진로교육과 창의적체험활동의 관계

창의적 체험활동은 자아정체성의 확립과 진로에 대한 설계를 바탕으로 자기 삶의 주인으로 성장하는 자기관리 역량, 문제를 합리적으로 해결하기 위해 필요한 지식과 정보를 선택·활용하는 지식정보처리 역량, 폭넓은 기초 지식과 기능을 활용하여 융합적으로 주제를 탐구하고 독창적으로 표현하는 창의적 사고 역량, 다양한 예술·체육·문화 활동의 경험을 바탕으로 심신을 조화롭게 발달시켜 공감적으로 이해하는 심미적 감성 역량, 민주적인 의사 결정 과정에 주체적으로 참여하고 자신의 생각과 감정을 효과적으로 표현하여 다른 사람과 원만한 관계를 형성할 수 있는 의사소통 역량, 다양한 단체 활동에 자발적으로 참여하여 공동의 문제를 합리적으로 해결하고 나눔과 배려를 실천하며 다른 사람과 더불어 조화롭게 살아가는 공동체 역량의 함양을 통해 바른 인성을 갖춘 창의융합형 인재를 양성하는 데 기여한다.

창의적 체험활동은 자율활동, 동아리활동, 봉사활동, 진로활동의 4개 영역으로 구성하되, 학생의 발달 단계와 교육적 요구 등을 고려하여 학교 급별, 학년(군)별, 학기별로 영역 및 활동을 선택하여 집중적으로 운영할 수 있다. 초등학교의 창의적 체험활동은 공동체 생활에 필요한 기본 생활 습관을 형성하고 개성과 소질을 탐색하고 발견하는 데 중점을 둔다. 중학교의 창의적 체험활동은 자아 정체성을 확립하고 다른 사람과 더불어 살아가는 태도를 증진하며 자신의 진로를 적극적으로 탐색하는 데 중점을 둔다. 고등학교의 창의적 체험활동은 공동체 의식의 확립을 기반으로 나눔과 배려를 실천하고, 진로를 설계하고 준비하는 데 중점을 둔다. 창의적 체험활동에서는 모든 학교 급에서 학생과 교사가 공동으로 계획을 수립하고 역할을 분담하여 실천한다.

창의적 체험활동 교육과정의 편성·운영의 주체는 학교이다. 국가 및 지역

수준에서는 학교와 지역의 특색을 고려하여 전문성을 갖춘 인적·물적 자원을 충분히 제공할 수 있는 기반을 마련한다.

그림 3-4 창의적 체험활동 교육과정의 기본 방향

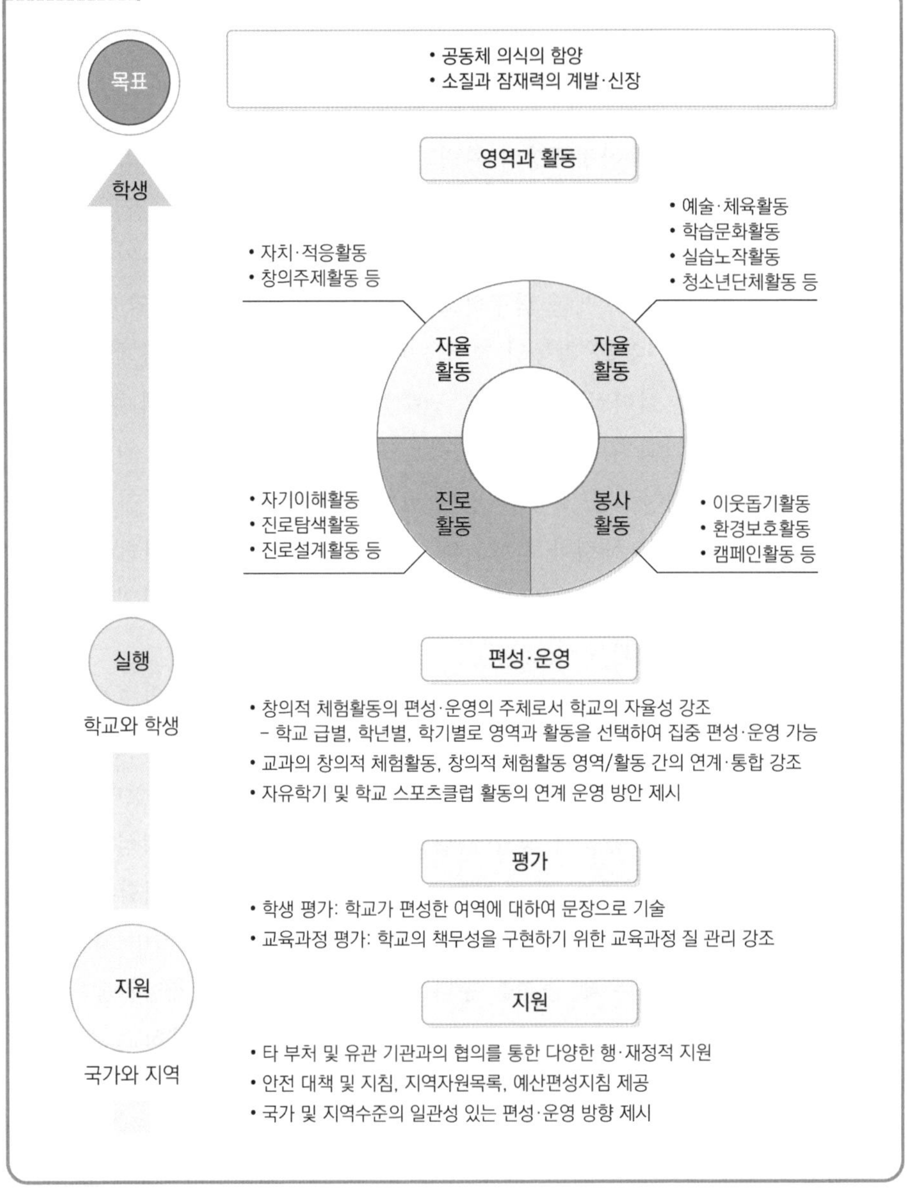

목표
• 공동체 의식의 함양
• 소질과 잠재력의 계발·신장
학생
영역과 활동
• 자치·적응활동
• 창의주제활동 등
• 예술·체육활동
• 학습문화활동
• 실습노작활동
• 청소년단체활동 등
자율 활동
자율 활동
진로 활동
봉사 활동
• 자기이해활동
• 진로탐색활동
• 진로설계활동 등
• 이웃돕기활동
• 환경보호활동
• 캠페인활동 등
실행
학교와 학생
편성·운영
• 창의적 체험활동의 편성·운영의 주체로서 학교의 자율성 강조
– 학교 급별, 학년별, 학기별로 영역과 활동을 선택하여 집중 편성·운영 가능
• 교과의 창의적 체험활동, 창의적 체험활동 영역/활동 간의 연계·통합 강조
• 자유학기 및 학교 스포츠클럽 활동의 연계 운영 방안 제시
평가
• 학생 평가: 학교가 편성한 여역에 대하여 문장으로 기술
• 교육과정 평가: 학교의 책무성을 구현하기 위한 교육과정 질 관리 강조
지원
국가와 지역
지원
• 타 부처 및 유관 기관과의 협의를 통한 다양한 행·재정적 지원
• 안전 대책 및 지침, 지역자원목록, 예산편성지침 제공
• 국가 및 지역수준의 일관성 있는 편성·운영 방향 제시

표 3-14 창의적 체험활동의 시간 운영 방법과 특징(예시)

방식	시간 운영 방법	특징(또는 예시)
정일제	한 학기 또는 한 학년 동안 매주 동일한 요일, 동일한 시간에 운영	매주 고정 시간표를 활용하는 경우에 적합하며, 운영의 안정성을 보장함
격주제	한 학기 또는 한 학년 동안 격주로 운영	동아리 활동 및 실기 실습 관련 교육과 같이 주당 2시간 이상의 활동이 요구되는 경우에 적합하며, 운영의 안정성을 보장함
전일제	하루 동안 교과 활동 없이 창의적 체험활동 시간으로 운영	주제 중심 통합 편성 및 발표회, 체육대회, 일일형 현장체험학습 등에 활용될 수 있음
집중제	전일제의 연장선에서 2일 이상을 교과 활동 없이 창의적 체험활동 시간으로 운영	숙박형 현장체험학습에 해당하며, 등하교 형과 캠프 형 중에서 선택하여 운영할 수 있음
	특정 주, 월, 분기, 기간에 집중적으로 시간을 운영하되, 해당 기간 동안 교과와 창의적 체험활동을 함께 운영	1학년 입학 직후 3－4월의 2개월 간 창의적 체험활동을 자율활동 중 ‘적응활동’ 중심으로 운영하거나 ‘생명 존중 주간’ 등의 집중 프로그램을 운영하는 경우 등에 활용할 수 있음

가. 창의적 체험활동의 독립된 하위 영역으로 진로교육 설정

1) 창의적 체험활동 내용 체계

영역	활동	학교 급별 교육의 중점
자율활동	• 자치 · 적응활동 • 창의주제활동 등	〈초〉 • 입학 초기 적응활동, 사춘기 적응활동 • 민주적 의사 결정의 기본 원리 이해 및 실천 • 즐거운 학교생활 및 다양한 주제 활동 〈중〉 • 원만한 교우 관계 형성 • 자주적이고 합리적인 문제해결능력 함양 • 폭넓은 분야의 주제 탐구 과정 경험 〈고〉 • 공동체 구성원으로서 주체적 역할 수행 • 협력적 사고를 통한 공동의 문제 해결 • 진로 · 진학과 관련된 전문 분야의 주제 탐구 수행

영역	활동	학교 급별 교육의 중점
동아리 활동	• 예술 · 체육활동 • 학술문화활동 • 실습노작활동 • 청소년단체활동 등	〈초〉 다양한 경험과 문화 체험을 통한 재능 발굴, 신체 감각 익히기와 직접 조작의 경험, 소속감과 연대감 배양 〈중 · 고〉 예술적 안목의 형성, 건전한 심신 발달, 탐구력과 문제해결력 신장, 다양한 문화 이해 및 탐구, 사회 지도자로서의 소양 함양
봉사 활동	• 이웃돕기활동 • 환경보호활동 • 캠페인활동 등	〈초〉 봉사활동의 의의와 가치에 대한 이해 및 실천 〈중 · 고〉 학생의 취미, 특기를 활용한 봉사 실천
진로 활동	• 자기이해활동 • 진로탐색활동 • 진로설계활동 등	〈초〉 긍정적 자아 개념 형성, 일의 중요성 이해, 직업 세계의 탐색, 진로 기초 소양 함양 〈중〉 긍정적 자아 개념 강화, 진로 탐색 〈고〉 자신의 꿈과 비전을 진로 · 진학과 연결, 건강한 직업의식 확립, 진로 계획 및 준비

표 3-15 목표와 역량과의 관련성(예시)

영역	목표	관련 역량
자율활동	가. 특색 있는 활동에 자율적으로 참여하여 일상의 문제를 합리적이고 창의적으로 해결할 수 있는 능력을 기른다.	• 자기관리 역량 • 지식정보처리 역량 • 창의적 사고 역량 • 의사소통 역량
동아리활동	나. 동아리에 자발적으로 참여하여 소질과 적성을 계발하고 일상의 삶을 풍요롭게 가꾸어 나갈 수 있는 심미적 감성을 기른다.	• 공동체 역량 • 창의적 사고 역량 • 심미적 감성 역량
봉사활동	다. 나눔과 배려를 실천하고 환경을 보존하는 생활 습관을 형성하여 더불어 사는 삶의 가치를 체득한다.	• 공동체 역량 • 의사소통 역량
진로활동	라. 흥미, 소질, 적성을 파악하여 자아 정체성을 확립하고, 자신의 진로를 개발하여 지속적으로 발전시킨다.	• 자기관리 역량 • 지식정보처리 역량

학교는 학교 급과 학년(군)의 특성에 따른 교육적 요구를 고려하여 이 표에

제시된 활동 내용 이외의 다양한 활동 내용을 편성·운영할 수 있다.

표 3-16 진로활동 영역의 활동별 목표와 내용

활동	활동 목표	활동 내용(예시)
자기이해 활동	긍정적 자아 개념을 형성하고 자신의 소질과 적성에 대하여 이해한다.	• 강점 증진활동: 자아 정체성 탐구, 자아 존중감 증진 등 • 자기특성이해활동: 직업 흥미 탐색, 직업적성탐색 등
진로탐색 활동	일과 직업의 가치, 직업세계의 특성을 이해하여 건강한 직업의식을 함양하고, 자신의 진로와 관련된 교육 및 직업정보를 탐색하고 체험한다.	• 일과 직업이해활동: 일과 직업의 역할과 중요성 및 다양성 이해, 직업 세계의 변화 탐구, 직업 가치관 확립 등 • 진로정보탐색활동: 교육 정보 탐색, 진학 정보 탐색, 학교 정보 탐색, 직업 정보 탐색, 자격 및 면허 제도 탐색 등 • 진로체험활동: 직업인 인터뷰, 직업인 초청 강연, 산업체 방문, 직업 체험관 방문, 인턴, 직업 체험 등
진로설계 활동	자신의 진로를 창의적으로 계획하고 실천한다.	• 계획활동: 진로 상담, 진로 의사 결정, 학업에 대한 진로 설계, 직업에 대한 진로 설계 등 • 준비활동: 일상 생활 관리, 진로 목표 설정, 진로 실천 계획 수립, 학업 관리, 구직 활동 등

나. 창의적체험활동에서의 진로활동 운영 지침

① 학년별 진로활동이 학생들의 발달 단계에 적합하게 이루어질 수 있도록 해당 학교 급의 종합 계획과 이에 근거한 학년별 연간 계획을 수립하여 운영할 것을 권장한다.

② 학교 급과 학생의 발달 정도에 따라 학생이 자신에 대한 이해, 다양한 일과 직업 세계의 이해 및 가치관의 형성, 진로의 정보 탐색과 체험, 자신의 진로에 대한 계획 및 준비 등을 할 수 있도록 지도한다.

③ 진로 관련 상담활동은 담임교사, 교과담당교사, 동아리담당교사, 진로진학상담교사, 상담교사 등 관련 교원이 협업하여 수행하는 것을 원칙으로 하되, 전문적 소양을 갖춘 학부모 또는 지역 사회 인사 등의 협조를 받을 수 있다.

④ 중학교에서는 ‘진로와 직업’ 과목, 자유학기 등과 연계하여 심화된 체험활동을 편성·운영한다. 이 경우, 진로활동을 ‘진로와 직업’ 과목으로 대체하거나 해당 교과서를 활용한 수업으로 운영하지 않도록 유의한다.

⑤ 특성화 고등학교 및 산업 수요 맞춤형 고등학교에서는 학생의 전공에 따른 전문성 신장, 인성 계발, 취업 역량 강화 등을 목적으로 특색 있는 프로그램을 운영할 수 있다.

다. 창의적체험활동에서의 진로활동 교수학습 방법

① 학생들이 자신에 대해 이해할 수 있는 기회와 자신에게 맞는 진로를 찾아가는 과정을 제공하는 데 중점을 두어 지도한다.

② 초등학교에서는 학생들이 개성과 소질을 인식하고, 일과 직업에 대해 편견 없는 마음과 태도를 갖도록 지도한다.

③ 초등학교에서는 학교 및 지역 사회의 시설과 인적 자원 등을 활용하여 직업 세계의 이해와 탐색 및 체험의 기회를 제공한다.

④ 중·고등학교에서는 학생의 진로와 연계된 교과담당교사와 진로진학상담교사 등 관련 교원 간의 협업으로 학생 개인별 혹은 집단별 진로 상담을 수행한다.

⑤ 중·고등학교에서는 학업 및 직업 진로에 대한 활동 계획을 수립하여 학생의 흥미, 소질, 능력 등에 적절한 진로 선택의 기회를 부여한다.

⑥ 중학교에서는 고등학교 진학과 연계하여 학업 및 직업 진로를 탐색할 수 있도록 지도한다.

⑦ 고등학교에서는 상급 학교 진학 및 취업에 따른 학업 진로 또는 직업 진로를 탐색·설계하도록 지도한다.

⑧ 특성화 고등학교 및 산업 수요 맞춤형 고등학교에서는 전공과 관련된 다양한 일과 직업 세계의 체험을 통하여 진로를 결정할 수 있는 안목을 형성하도록 지도한다.

라. 창의적체험활동에서의 진로활동 평가 방법

1) 학생 평가

가) 학생 평가 계획

① 창의적 체험활동의 평가가 창의적 체험활동의 교육 목표에 비추어 적합하게 이루어지도록 평가 계획을 수립한다.

② 창의적 체험활동의 학생 평가 계획을 평가 목표의 설정, 평가 기준의 선정, 평가 방법의 구체화, 평가 실시와 평가 결과의 기록, 평가 결과의 해석 및 활용 등의 절차를 고려하여 수립한다.

그림 3-5 창의적 체험활동의 평가 절차(예시)

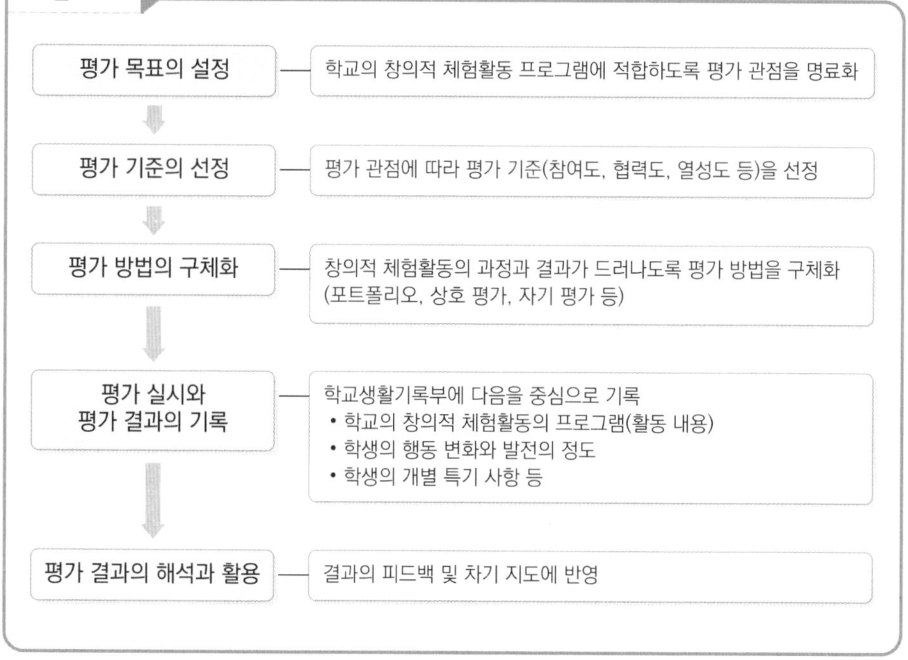
평가 목표의 설정
학교의 창의적 체험활동 프로그램에 적합하도록 평가 관점을 명료화
평가 기준의 선정
평가 관점에 따라 평가 기준(참여도, 협력도, 열성도 등)을 선정
평가 방법의 구체화
창의적 체험활동의 과정과 결과가 드러나도록 평가 방법을 구체화 (포트폴리오, 상호 평가, 자기 평가 등)
평가 실시와 평가 결과의 기록
학교생활기록부에 다음을 중심으로 기록
• 학교의 창의적 체험활동의 프로그램(활동 내용)
• 학생의 행동 변화와 발전의 정도
• 학생의 개별 특기 사항 등
평가 결과의 해석과 활용
결과의 피드백 및 차기 지도에 반영

나) 평가 관점과 평정 척도

① 창의적 체험활동의 영역별 평가의 관점은 <표 3-16>을 기반으로 하되, 학교에서 편성·운영한 활동별 목표와 학교 급별 교육의 중점을 고려

하여 상세화한다.

② 창의적 체험활동의 영역별로 평가 관점을 마련하고 참여도, 협력도, 열성도 등이 골고루 반영되도록 평가 기준을 작성, 활용한다.

표 3-17 창의적 체험활동 영역별 평가의 목표(예시)

영역	평가 관점	평가 관점 작성 시 유의점
자율활동	• 민주적 의사 결정의 원리를 이해하고 실천하여 성숙한 민주시민으로 살아갈 수 있는 역량을 함양하였는가? • 공동체 내에서 자신의 역할을 알고 자신의 역할에 대한 책임을 다하였는가? • 성장 및 환경에 따른 신체적 · 정신적 변화에 대처하는 능력을 갖추었는가? • 학교 · 학년 · 학급특색활동 및 주제선택활동에 참여하였는가?	• 구체적인 평가 관점은 해당 학년에서 편성한 자율활동, 동아리활동, 봉사활동, 진로활동의 활동별 목표와 학교급별 교육의 중점을 고려하여 상세화 한다. • 자율활동, 동아리활동, 봉사활동, 진로활동의 실천과 관련하여 계획, 과정, 결과 등의 전 과정을 평가한다.
동아리활동	• 자신의 소질과 적성에 적합한 동아리를 능동적으로 선택하고 참여하였는가? • 동아리활동을 통하여 지식과 기능을 창의적으로 활용하는 활동에 도전하였는가? • 동아리활동에 기반하여 일상의 삶에서도 건전한 취미 생활을 구현하고 있는가?	
봉사활동	• 이웃과 지역 사회를 위한 나눔과 배려의 봉사활동을 실천하였는가? • 환경을 보존하는 생활습관을 형성하였는가? • 더불어 사는 삶의 가치를 체득하였는가? • 봉사활동의 실천 시 계획, 과정, 결과에 대해 평가를 실시하였는가?	
진로활동	• 흥미와 소질, 적성 등을 포함하여 자아 정체성을 탐색하여 긍정적 자존감을 형성하였는가? • 학업과 직업에 대한 다양한 정보를 탐색하고 직접 체험하는 등 자신의 진로를 설계하고 준비하는 활동에 적극적인가?	

다) 학생 평가 기록

① 학생 평가를 위하여 활동 상황의 관찰(일화 기록법, 체크리스트법, 평정 척도법), 질문지를 이용한 조사(의식·태도 조사, 자기 평가, 상호 평가), 학생의 작품과 기록(작품 평가, 활동의 기록 분석, 작문, 소감문 분석), 교사 간 의견 교환 등의 다양한 평가 방법을 활용할 수 있다.

② 학년별로 편성한 각 영역에 대하여 평가를 수행하고 평가 결과를 문장으로 기술한다.

③ 학생의 활동 실적, 진보의 정도, 행동의 변화, 특기 사항 등의 평가 결과를 학교생활기록부에 기록한다.

라) 학생 평가의 활용

① 학생 개개인의 성장, 발달, 변화를 평가하여 그 결과를 학생의 소질과 잠재력의 계발을 돕는 자료로 활용한다.

② 평가 결과는 학교 급을 고려하여 상급 학교 진학 또는 취업을 위한 자료로 활용할 수 있다.

마. 창의적체험활동 종합지원시스템(www.edupot.go.kr)

'창의적체험활동 종합지원시스템'은 학생이 언제 어디서든지 로그인하여 학교내·외에서 교과 이외의 활동을 스스로 기록 관리하여 의미 있고 소중한 학교생활 포트폴리오를 만들어 나가는 공간이다. 학교생활기록부는 교사가 직접 학생의 교과학습내용 중심의 학교생활 결과를 작성하지만, 창의적체험활동 종합지원시스템은 학생 스스로 작성하고, 선생님이 승인·보완하는 과정으로 이루어진다.

1) 개요

- 학교교육과정 중심의 창의적 체험활동의 누가 기록과 관리
- 창의적체험활동 종합지원시스템은 학생이 언제 어디서든지 로그인하여, 학교 내·외에서의 교과 이외 활동을 스스로 기록·관리하여 의미있고 소중한 학교 생활 포트폴리오를 만들어 가는 공간

• 학교생활기록부는 선생님이 직접 학생의 교과학습 내용 중심의 학교 생활 결과를 작성하지만 창의적 체험활동 종합지원시스템은 학생 스스로 작성하고 선생님이 승인·보완하는 과정으로 이루어짐
• 자신이 작성한 활동 내용들은 나만의 포트폴리오로 편집 관리되어 e-book 형태로 완성됨
• 최종 포트폴리오는 학생들의 잠재력, 소질, 인성 적성 등을 종합적으로 평가할 수 있는 자료로써, 학교생활기록부와 연계하여 대학 진학 시 입학사정관이 학생의 교과 이외의 학교 생활에 대한 과정과 결과를 참고할 수 있는 학생 이해 자료로 활용
• 현재는 중·고등학교에서만 운영하고 있으며 초등학교는 교원, 학생, 학부모의 의견수렴 후 점진적으로 운영 예정

2) 활용방법

• 학생은 자신의 학교 내·외에서 이루어지는 창의적 체험활동의 내용을 기록하되, 과다하게 많은 양을 기록하기보다는 가치있고 의미있는 활동을 소재로 작성한다.
• 자신이 작성한 활동 내용들은 포트폴리오로 편집·관리되어 e-book 형태로 완성된다.
• 최종 포트폴리오는 학생들의 잠재력, 소질, 인성, 적성 등을 종합적으로 평가할 수 있는 자료로서 학교생활기록부와 연계되어, 대학입학시 입학사정관이 학생의 교과 이외의 학교생활의 과정과 결과를 참고할 수 있는 학생 이해자료로 활용된다.

3) 기대 효과

• 학생의 자기주도적인 진로 및 학교생활의 계획·실천 능력이 신장되고, 교과 영역뿐만 아니라 비교과영역에 대한 활동 강화로 인해 학생들의 인성과 창의성도 신장된다.
• 학생들 스스로 창의적 체험활동의 이력을 확인할 수 있으므로, 진로에 대한 설계나 올바른 인성 형성에 기여한다.

• 학생들이 다양한 창의적 체험활동을 경험할 수 있도록 학교 특색에 맞는 창의적인 특색활동을 계획하여 추진 할 수 있다.
• 학교교육과정 중심의 활동과 학교의 특성화된 프로그램 운영으로 공교육 내실화와 교육만족도 향상에 긍정적 영향을 미칠 것이다.

그림 3-6 창의적체험활동 종합지원시스템 운영도

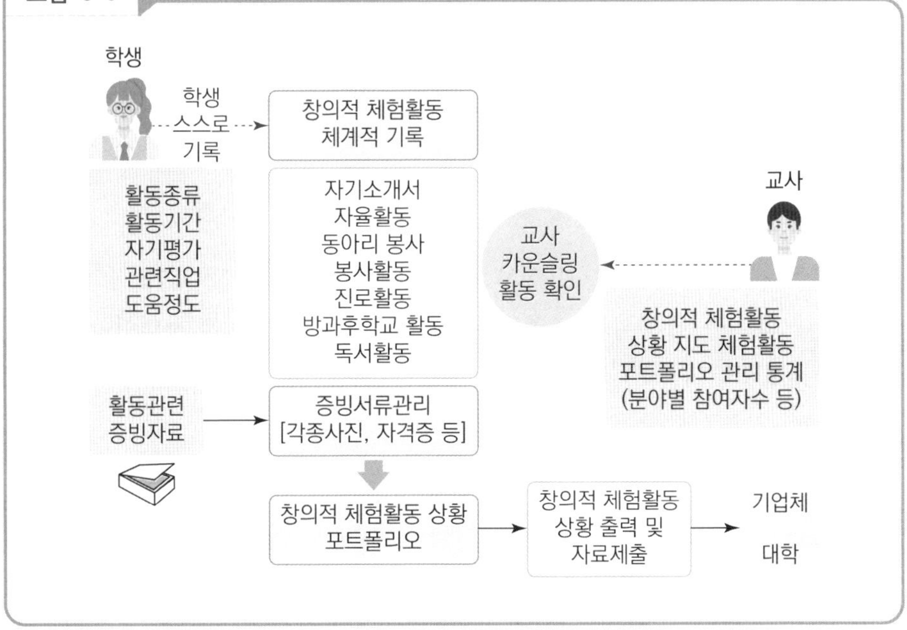
학생
학생 스스로 기록
창의적 체험활동 체계적 기록
활동종류
활동기간
자기평가
관련직업
도움정도
자기소개서
자율활동
동아리 봉사
봉사활동
진로활동
방과후학교 활동
독서활동
교사
교사 카운슬링 활동 확인
창의적 체험활동 상황 지도 체험활동 포트폴리오 관리 통계 (분야별 참여자수 등)
활동관련 증빙자료
증빙서류관리 [각종사진, 자격증 등]
창의적 체험활동 상황 포트폴리오
창의적 체험활동 상황 출력 및 자료제출
기업체
대학

바. CRM(Creative Activity Resource Map, 창의체험자원지도)

'창의적 체험활동'이 다양하고 의미 있는 체험활동이 되기 위해 지역사회의 인적, 물적 자원과 그 자원을 활용한 프로그램에 대한 정보가 요구된다. 이러한 정보를 학생, 학부모, 교사에게 효율적으로 제공하기 위한 CRM(Creative Activity Resource Map, 창의체험자원지도)을 지원한다.

1) 개요

- ‘창의적 체험활동’이 다양하고 의미 있는 체험활동이 되기 위해 지역사회의 인적, 물적 자원과 그 자원을 활용한 프로그램에 대한 정보 필요
- 정보를 학생, 학부모, 교사에게 효율적으로 제공하기 위한 CRM(Creative Activity Resource Map, 창의체험자원지도) 지원
- ‘창의적 체험활동’과 관련된 정보를 학생, 학부모, 교사에게 효율적으로 제공하기 위해 CRM을 웹(창의체험통합정보넷: www.crezone.net)상에 구현
- 다양한 활동자원 제공을 위해 타부처(여성가족부, 문화체육관광부, 환경부 등) 및 청소년 단체 등과 프로그램 공유

2) 활용 방법

‘창의적 체험활동’과 관련된 정보를 학생, 학부모, 교사에게 효율적으로 제공하기 위해 CRM을 웹(창의체험통합정보넷: www.crezone.net)상에 구현한다. 다양한 활동자원 제공을 위해 타부처(여성가족부, 문화체육관광부, 환경부 등) 및 청소년 단체 등과 프로그램 공유 할 수 있다.

사. 자유학기 프로그램과 창의적체험활동 연계

표 3-18 자유학기 활동과 창의적 체험활동의 영역 간의 관련(예시)

자유학기 활동	창의적 체험활동의 영역-활동
진로탐색 활동	진로활동 – 진로탐색활동
주제선택 활동	자율활동 – 창의주제활동 – 주제선택활동
동아리 활동	동아리활동
예술 · 체육 활동	동아리활동 – 예술 · 체육활동

4. 편성 · 운영과 지원 – 가. 편성 · 운영 – (1) 공통 지침
⑯ 중학교의 자유학기에서는 자유학기 프로그램과 연계하여 창의적 체험활동의 다양한 영역과 활동을 선정할 수 있다. 교육적 필요에 따라 창의적 체험활동의 영역 간, 활동 간 그리고 교과와의 연계 및 통합이 원활하게 이루어지도록 편성 · 운영한다.

SECTION

02 창의적체험활동을 통한 진로교육

가. 자율활동 연계 진로교육과정(행사 연계)

1) 행사 연계 진로교육과정 운영 예시안

영역	활동	1~2학년군		3~4학년군		5~6학년군	
		1학년	2학년	3학년	4학년	5학년	6학년
자율	적응	입학 초기 적응활동 (73) 축하 · 상담(7)	기본생활 습관형성 (4) 축하 · 상담(6)	기본생활 습관형성 (4) 축하 · 상담(6)	기본생활 습관형성 (4) 축하 · 상담(6)	기본생활 습관형성 (2) 축하 · 상담(6)	기본생활 습관형성 (2) 축하 · 상담(6)
	자치	1인1역, 협의활동(2)			1인1역, 협의활동(10)		
	행사	시업식(1), 방학식(2), 개학식(1), 종업식(1), 1인1 재주발표회(4), 체격검사(1), 작품전시회(1)					
		입학식(4) 현장체험 (4)	현장체험 (4)	현장체험 (4)	수련활동 (5) 현장체험 (4)	수련활동 (5) 현장체험 (4)	수련활동 (5) 현장체험 (4) 졸업식 (3)
	학교 특색	창의적 독서교육	창의적 독서교육	창의적 독서교육	창의적 독서교육	창의적 독서교육	창의적 독서교육

<table>
<tr><th rowspan="2">영역</th><th rowspan="2">활동</th><th colspan="2">1~2학년군</th><th colspan="2">3~4학년군</th><th colspan="2">5~6학년군</th></tr>
<tr><th>1학년</th><th>2학년</th><th>3학년</th><th>4학년</th><th>5학년</th><th>6학년</th></tr>
<tr><td rowspan="2"></td><td></td><td>(36)</td><td>(38)</td><td>(23)</td><td>(10)</td><td>(13)</td><td>(10)</td></tr>
<tr><td>학년 특색</td><td>인성교육 (7)
안전교육 (10)
녹색환경 (10)</td><td>통일교육 (10)
녹색환경 (10)
한자교육 (10)</td><td>다문화 (10)
한자교육 (10)
정보통신 (10)</td><td>한자교육 (10)
정보통신 (10)</td><td>보건교육 (17)</td><td>보건교육 (17)</td></tr>
<tr><td>동아리</td><td>소질계발 부서활동</td><td colspan="2"></td><td>동아리활동(10)</td><td colspan="3">동아리활동(학술, 문화, 스포츠, 노작, 청소년단체활동)(20)</td></tr>
<tr><td>봉사</td><td>교내, 지역사회 봉사, 자연환경 보호, 캠페인 활동 등</td><td colspan="2">자연환경보호(2)</td><td colspan="4">자연환경보호(2), 교내봉사(2)</td></tr>
<tr><td rowspan="2">진로</td><td rowspan="2">자기 이해, 진로 정보 탐색, 진로 계획 등</td><td colspan="6">자기 이해, 진로 정보 탐색, 진로 계획, 진로 체험 활동</td></tr>
<tr><td>5</td><td>5</td><td>8</td><td>8</td><td>10</td><td>10</td></tr>
</table>

2) 행사 연계 진로교육과정 운영 예시안(1학년)

월	진로관련 행사(13)	진로활동(5)	비고
3	입학식(4) • 꿈단지에 꿈을 적어 넣는 입학식		학년초 적응활동
4		나를 소개하기(1)	
5		우리 가족이 하는 일 알아보기(1)	
6		나의 자랑 알아보기(1)	
7		나의 꿈 말하기(1)	
8			여름방학
9		우리를 위해 애쓰시는 분들과 하시는 일 발표하기(1)	
10	현장체험학습(4) • 부모님 직장 체험학습		
11	1인 1 재주발표회(4) • 1년 동안 갈고닦은 다양한 재능을 보여주는 발표회		
12			
1			겨울방학
2	종업식-나의 일년 돌아보기(1)		

* 행사 18차시 중 13차시를 진로와 연계하여 편성하였음.
* ( )은 배당 차시임

3) 행사 연계 진로교육과정 운영 예시안(3~4학년군)

월	진로관련 행사(9)	진로활동(8)	비고
3		나를 이해하기(1)	
4		나의 성격과 흥미 알아보기(1)	
5		나의 적성 알아보기(1)	
6	현장체험학습(4) • 고장의 직업 현장 체험학습		
7		일과 직업의 소중함 알기(1)	
8			여름방학
9		다양한 직업 알아보기(1)	
10		내가 선택하고 싶은 직업 알아보기(1)	
11	1인1 재주발표회(4) • 1년 동안 갈고닦은 다양한 재능을 보여주는 발표회 작품전시회(1) • 학생들이 스스로 여는 전시회		
12		나의 진로 계획 세우기(1)	
1			겨울방학
2		나의 진로 계획 검토하기(1)	

* 행사활동 3학년(15차시), 4학년(20차시) 중에서 9차시를 진로와 연계하여 편성하였음
* ( )은 배당 차시임

4) 행사 연계 진로교육과정 운영 예시안(6학년)

월	진로관련 행사(12)	진로활동(10)	비고
3		나의 성격과 흥미 알아보기(2)	
4		나의 적성 알아보기(1)	
5		일과 직업의 소중함 알기(1)	
6	현장체험학습(4) • 직업 관련 기관 탐방	다양한 직업 알아보기(1)	
7		직업의 보람과 가치(1)	
8			여름방학
9		내가 선택하고 싶은 직업 알아보기(1)	
10		전문가 면담활동(1)	
11	1인1 재주발표회(4) • 1년 동안 갈고닦은 다양한 재능을 보여주는 발표회 작품전시회(1) • 학생들이 스스로 여는 전시회		
12		나의 진로 계획 세우기(2)	
1			겨울방학
2	졸업식(3) • 졸업생들의 재능발표회 중심의 이색 졸업식		

* 행사 23차시 중에서 12차시를 진로와 연계하여 편성하였음
* ( )은 배당 차시임

[직업세계 탐방]

직업과 관련한 교육과정 분석 → 학년별로 학습지 재구성 → 창체, 교과시간 활용 → 다양한 방법으로 직업 정보 찾아보기 → 나만의 직업 사전 전시하기

직업 세계 여행 소감

- 내가 모르는 직업이 참으로 많구나. 직업 공부를 해봐야겠다(5학년).
- 나는 우리 부모님 직업이 자랑스러워요(2학년).
- 직업 사전 만드니 뿌듯하다(6학년).
- 미래 사회는 너무나 재미있을 것 같다. 나는 꼭 하늘을 나는 자동차 운전수가 되고 싶다(2학년).

나. 자율활동 연계 진로교육과정 (학교특색사업 연계)

1) 학교특색사업 연계 진로교육과정 운영 예시안

영역	세부영역	1~2학년군		3~4학년군		5~6학년군	
		1학년	2학년	3학년	4학년	5학년	6학년
자율	적응	학년초 적응 활동 (80)	학년초 적응 활동 (23)				
	자치	1인1역 (3)	1인1역 (4)	1인1역 (3)	1인1역 (3)	1인1역 (2)	1인1역 (2)
	행사	개학식, 방학식, 종업식, 졸업식, 현장학습, 수련활동 등					
		8	16	14	14	14	18
	학교특색	자기관리 능력 함양					
		8	20	20	20	20	20
	학년특색	독서(4)	독서 (10)	독서 (10)	독서 · 토론 (5)	독서 · 토론 · 논술 (10)	독서 · 토론 · 논술 (10)
		다문화 (3)	한자 (15)	민주시민 (10)	다문화 (5)	다문화 (5)	다문화 (5)
					민주시민 (5)	민주시민 (5)	민주시민 (5)
동아리	소질계발	소질계발, 동아리활동					
		20	25	25	25	19	15
	정보윤리		5	5	5	5	5
봉사	교내, 지역사회봉사, 자연환경보호, 캠페인활동 등	자연환경보호, 캠페인활동, 교내봉사, 지역사회 봉사					
		5	10	10	10	12	10

영역	세부영역	1~2학년군		3~4학년군		5~6학년군	
		1학년	2학년	3학년	4학년	5학년	6학년
진로	자기 이해, 진로 정보 탐색, 진로 계획 등	자기 이해, 진로 정보 탐색, 진로 계획, 진로 체험 활동					
		5	8	10	10	10	12

2) 학교특색사업(자기관리) 연계 진로교육과정 운영 예시안(1학년)

월	진로관련 학교특색사업(8)	진로활동(5)	비고
3			학년초 적응활동
4	자랑스러운 나 발견하기(1)		
5		부모님의 직업이야기 듣기(1)	
6		존경하는 인물 찾기(1)	
7	여름방학 계획 세우기(2)		
8			여름방학
9	여름방학 돌아보기(2)		
10		자랑스러운 친구 찾기(1)	
11		우리 동네의 직업 탐색(2)	
12	겨울방학 계획세우기(2)		
1			겨울방학
2	겨울방학 돌아보기(1)		

* ( )은 배당 차시임

3) 학교특색사업(자기관리) 연계 진로교육과정 운영 예시안(3~4학년군)

월	진로관련 학교특색사업(20)	진로활동(10)	비고
3	새 학년 새 마음으로(1) 자랑스러운 나 발견하기(1)	나의 흥미 알아보기(1) 나의 적성 알아보기(1)	
4	학습을 위한 주변정리(1) 복습을 이렇게(1)		
5	시간을 알차게(1) 오늘 하루의 시간 계획(1) 이번 주 나의 시간 계획(1)	가족과 이웃이 하는 일 알기(1)	
6	자신감이 쑥쑥(1) 내가 하고 싶은 일 정하기(1)	일과 직업의 소중함 알기(1) 다양한 직업 알아보기(1) 내가 선택하고 싶은 직업(1)	
7	여름방학계획 세우기(2)		
8			여름방학
9	여름방학 돌아보기(1)		
10	꿈의 목록 작성하기(1) 나의 미래 모습 그리기(2)	존경하는 인물 찾기(1) 나의 진로 계획 세우기(1)	
11	공부는 왜 할까요(1) 공부가 하고 싶어요(1)	직업현장 체험하기(2)	
12	겨울방학 계획세우기(2)		
1			겨울방학
2	겨울방학 돌아보기(1)		

* ( )은 배당 차시임

다. 동아리활동 연계 진로교육과정

1) 동아리활동 연계 진로교육과정 운영 예시안

<table>
<tr><th rowspan="2">영역</th><th rowspan="2" colspan="2">세부영역</th><th colspan="2">1~2학년군</th><th colspan="2">3~4학년군</th><th colspan="2">5~6학년군</th></tr>
<tr><th>1학년</th><th>2학년</th><th>3학년</th><th>4학년</th><th>5학년</th><th>6학년</th></tr>
<tr><td rowspan="11">자율
활동</td><td rowspan="2" colspan="2">적응</td><td rowspan="2">입학초기적응
(76)
기본생활습관
(4)</td><td colspan="2">학년초 적응활동,
기본생활습관 형성</td><td rowspan="2" colspan="3">·</td></tr>
<tr><td>(8)</td><td>(6)</td></tr>
<tr><td colspan="2">자치</td><td colspan="2">·</td><td>1인1역
(4)</td><td>1인1역,
학급회
및 부서
활동(4)</td><td colspan="2">1인1역, 학급회
및 부서활동(8)</td></tr>
<tr><td rowspan="4" colspan="2">행사</td><td>입학식</td><td colspan="4"></td><td>졸업식</td></tr>
<tr><td colspan="6">시업식, 개학식, 방학식, 종업식, 전시회, 기념식, 학예회, 체육대회
현장체험학습 등</td></tr>
<tr><td colspan="3">·</td><td colspan="3">수련활동,
학생건강체력평가</td></tr>
<tr><td>(10)</td><td>(10)</td><td>(16)</td><td>(16)</td><td>(18)</td><td>(20)</td></tr>
<tr><td rowspan="4">창의적
특색
활동</td><td rowspan="2">학교
특색</td><td colspan="6">독서교육
(좋은 책 읽기, 독서퀴즈대회, 독서 골든벨, 다양한 독후 활동 등)</td></tr>
<tr><td>(10)</td><td>(18)</td><td>(18)</td><td>(20)</td><td>(14)</td><td>(12)</td></tr>
<tr><td rowspan="2">학년
특색</td><td>공동체 놀이
(7)</td><td>녹색환경
/자기
관리
(14)</td><td>정보
통신
활용
(10)</td><td>정보
통신
활용
(14)</td><td>문화/
예술
(10)</td><td>한자
교육
(14)</td></tr>
<tr><td>성(5)/
안전(10)
/식생활 및
소비자(7)</td><td>정보통신
활용
(17)</td><td>한자
교육
(10)</td><td>한자
교육
(14)</td><td>한자
교육
(14)</td><td>문화/
예술
(10)</td></tr>
</table>

영역	세부영역	1~2학년군		3~4학년군		5~6학년군	
		1학년	2학년	3학년	4학년	5학년	6학년
동아리	소질계발	소질계발 (1, 2, 3학년 각 30시간)			동아리활동(학술, 문화, 스포츠, 노작, 청소년단체활동) (4, 5, 6학년 각 30시간)		
봉사	교내, 지역사회봉사, 자연환경보호, 캠페인활동 등	자연환경보호, 캠페인활동, 교내봉사, 지역사회 봉사(학년별 4시간)					
진로	자기이해, 진로 정보 탐색, 진로 계획 등	자기 이해, 진로 정보 탐색, 진로 계획 등 (1~4학년 4시간, 5, 6학년 8시간)					

2) 동아리활동 연계 진로교육과정 운영 예시안(5~6학년군)

월	진로관련 동아리활동(8)	진로활동(8)	비고
3	흥미와 적성에 맞는 동아리활동 선택(1)	자기 적성 알아보기(1) 자기 흥미 알아보기(1)	
4		직업 정보 알아보기(1)	
5		직업인 탐색하기(2)	
6		일과 직업의 소중함 알기(1)	
7			
8			여름방학
9	현장체험학습 • 오카리나 연주회(4)		
10		나의 진로 계획 세우기(1)	
11		직업현장 체험하기(1)	
12			
1			겨울방학
2	학예회 공연(3)		

* 동아리 30차시 중에서 8차시를 진로와 연계하여 편성하였음
* ( )은 배당 차시임

[직업윤리]

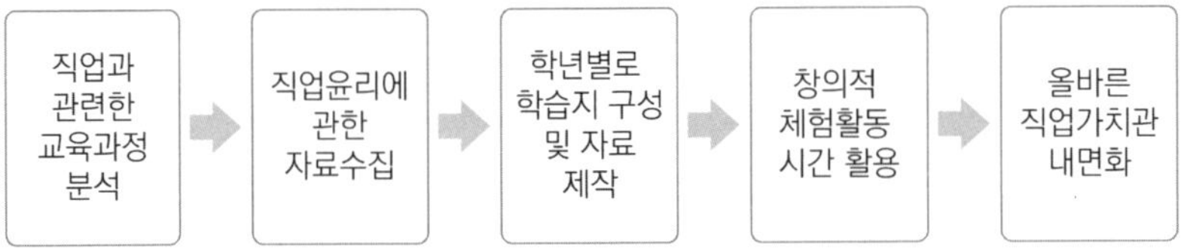
직업과 관련한 교육과정 분석
직업윤리에 관한 자료수집
학년별로 학습지 구성 및 자료 제작
창의적 체험활동 시간 활용
올바른 직업가치관 내면화

직업윤리 활동 소감

- 나는 국산고기만 파는 갈비집 사장이 될 것이다. 남은 반찬도 다시 안 쓰고 항상 맛있는 음식을 연구하는 친절한 사장이 될 것이다(5학년).
- 나는 공부 못하는 아이들한테도 친절한 교사가 되겠다(5학년).
- 나는 가난한 사람들에게 무료로 변호해주는 실력 있는 변호사가 되겠다(6학년).
- 나는 아무리 돈을 많이 번다해도 결코 비리나 나쁜 일을 하지 않는 사장이 되겠다(6학년).

3) 진로활동 연계 동아리활동 운영 계획안(5~6학년군)

부 서	활동 1. 오카리나부						
관련 교과	음악	학년	5, 6학년	창의적 체험활동 영역	□ 자율 □봉사 ■ 동아리 ■ 진로		
활동 규모	■ 개인 ■ 동아리 ■ 학급 □ 학년 □ 학교			시기	1, 2학기	차시	30차시
활동 목표	• 오카리나의 주법을 익히고 악기의 음색을 느끼며 연주할 수 있다.						

단 계	활동 주제	활동 내용	차시	준비물
연간 활동	동아리 구성	• 자아이해를 바탕으로 동아리 선택	1	진로활동 연계(1)
	오카리나 바른 연주 자세	• 부서 소개 및 연간활동안내	2	음악 CD
	복식 호흡과 텅잉법	• 연주자세, 복식 호흡법, 텅잉법 익히기 • 솔, 파, 미, 레, 도 운지법 및 '꿈속의 고향' 연습하기	3~4	〃
	라, 시, 높은 도 운지법 익히기	• 호흡, 텅잉 연습하기 • 라, 시, 높은 도 운지법 및 '캉캉'곡 연습하기	5~6	〃
	높은 레, 높은 미, 높은 파 운지법 연습하기	• 높은 레, 높은 미, 높은 파 운지법 연습하기 • 운지 연습곡 익히기	7~8	〃
	낮은 시, 낮은 라 운지법 익히기	• 낮은 시, 낮은 라 운지법 익히기 • 운지 연습곡 익히기	9~10	〃
	'하늘나라 동화' 곡 연습	• 파# 운지 연습하기(하늘나라 동화)	11~12	〃
	시b 운지법 익히기 '생일 축하' 연습하기	• 시b 운지법 익히기 및 시b 운지 연습곡 익히기	13~14	〃

'언제나 몇 번이라도' 연습하기	• 시b 운지 연습하기	15~16	〃
현장체험학습	• 오카리나 연주회 관람하기	17~20	진로활동 연계(4)
'당신의 소중한 사람' 연습하기	• 텅잉, 아티큘레이션 연습(당신의 소중한 사람)	21~22	오카리나, 음악 CD
'사랑의 콘체르토' 연습하기	• 텅잉, 아티큘레이션 연습(사랑의 콘체르토)	23~24	〃
공연작품 준비하기	• 공연 준비하기	25~26	〃
학예회 공연 행사 참가	• 학예회 공연하기	27~29	진로활동 연계(3)
정리 및 평가	• 정리 및 평가하기	30	
계		30	연계(8)

* 동아리활동 30차시 안에서 진로활동 연계 8차시를 운영함

라. 봉사활동 연계 진로교육과정 예시

1) 봉사활동 연계 진로교육과정 운영 예시안

<table>
<tr><th rowspan="2">영역</th><th rowspan="2">세부영역</th><th colspan="2">1~2학년군</th><th colspan="2">3~4학년군</th><th colspan="2">5~6학년군</th></tr>
<tr><th>1학년</th><th>2학년</th><th>3학년</th><th>4학년</th><th>5학년</th><th>6학년</th></tr>
<tr><td rowspan="6">자율</td><td>적응</td><td>적응활동
(72)
축하,
상담활동
등(8)</td><td>축하,
상담활동
등(4)</td><td>축하,
상담활동
등(3)</td><td>축하,
상담활동
등(3)</td><td>축하,
상담활동
등(2)</td><td>·</td></tr>
<tr><td>자치</td><td>1인1역
등
(2)</td><td>1인1역
등
(2)</td><td>1인1역,
학급회
및
부서활동
(8)</td><td>1인1역,
학급회
및
부서활동
(8)</td><td>1인1역,
학급회
및
부서활동
(8)</td><td>1인1역,
학급회
및
부서활동
(8)</td></tr>
<tr><td>행사</td><td colspan="6">시업식(1) · 입학식(1), 어린이날(1), 스승의날(1)
방학식(2), 개학식(2), 졸업식(1) · 종업식(1)</td></tr>
<tr><td>학교특색</td><td>예절교육
(8)</td><td>예절교육
(8)</td><td>예절교육
(8)
○○교육
(10)</td><td>예절교육
(8)
○○교육
(14)</td><td>예절교육
(8)
○○교육
(14)</td><td>예절교육
(8)
○○교육
(14)</td></tr>
<tr><td rowspan="2">학년특색</td><td>정보통신
(28)</td><td>정보통신
(26)</td><td>정보통신
(23)</td><td>정보통신
(16)</td><td>정보통신
(9)</td><td>정보통신
(11)</td></tr>
<tr><td>독서교육
(17)
안전교육
(15)</td><td>독서교육
(17)
한자교육
(25)</td><td>독서교육
(12)</td><td>한자교육
(13)</td><td>보건(17)</td><td>보건(17)</td></tr>
<tr><td rowspan="2">동아리</td><td rowspan="2">소질계발</td><td rowspan="2">·</td><td rowspan="2">·</td><td rowspan="2">소질계발
(24)</td><td colspan="3">동아리활동
(학술, 문화, 스포츠, 노작,
소년단체활동)</td></tr>
<tr><td>20</td><td>20</td><td>20</td></tr>
</table>

영역	세부영역	1~2학년군		3~4학년군		5~6학년군	
		1학년	2학년	3학년	4학년	5학년	6학년
봉사	교내, 지역사회 봉사, 자연환경 보호, 캠페인활동 등	자연환경보호, 캠페인활동, 교내봉사, 지역사회 봉사					
		8	8	8	8	8	8
진로	자기 이해, 진로 정보 탐색, 진로 계획 등	자기 이해, 진로 정보 탐색, 진로 계획, 진로 체험 활동 등					
		4	4	4	4	8	8

2) 봉사활동 연계 진로교육과정 운영 예시안(5~6학년군)

월	진로관련 봉사활동(4)	진로활동(8)	비고
3		자기 적성 알아보기(1) 자기 흥미 알아보기(1)	
4		직업 정보 알아보기(1)	
5		직업인 탐색하기(2)	
6		일과 직업의 소중함 알기(1)	
7			
8			여름방학
9		나의 진로 계획 세우기(1)	
10		직업현장 체험하기(1)	
11	자신의 특성을 활용한 사회봉사계획 세우기 (2)		
12	자신의 특성을 활용한 사회봉사(2)		
1			겨울방학
2			

* 봉사활동 8차시 중에서 4차시를 진로와 연계하여 편성하였음

* ( )은 배당 차시임

[진로계획]

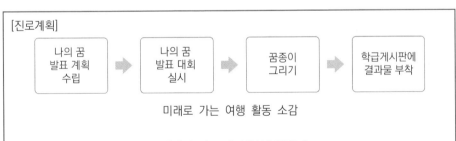

나의 꿈 발표 계획 수립 → 나의 꿈 발표 대회 실시 → 꿈종이 그리기 → 학급게시판에 결과물 부착

미래로 가는 여행 활동 소감

- 도화지에 구멍을 내서 내 꿈 말하기 너무 재미있어요(2학년).
- 나는 열심히 춤을 연습해서 멋진 가수가 될 거예요(3학년).
- 교실에 붙어있는 나의 꿈종이를 볼 때마다 가슴이 콩닥콩닥 뛴다(5학년).
- 커리어플랜….쓸 때는 참 힘들었는데 완성하고 나니 참 뿌듯하다(6학년).

CHAPTER

05

학교급별 진로교육 자료

SECTION

01 개요

진로교육은 학생 자신에 대한 이해와 일과 직업 세계의 이해를 바탕으로 학교와 지역사회의 협력을 통하여 진로를 탐색하고 설계하는 역량을 개발할 수 있도록 하는 진로수업, 진로 심리검사 및 상담, 진로정보 제공, 진로체험 등 학생들의 자기 주도적 진로설계를 돕는 활동을 말한다(교육부, 2012a). 따라서 진로교육은 학생들의 발달 단계에 따라 다양한 교육 자료가 활용되어야 하며 교육부 등은 맞춤형 진로교육을 위한 학교 단계별 진로지도 자료를 개발 보급하고 있으며 학계에서도 각종 연구 논문 등을 통해 진로교육 자료를 개발하고 있다. 진로교육은 교과 통합형 진로교육과 창의적 체험활동의 진로교육, 독립 교과로서의 진로교육으로 나눌 수 있으며 그중 교과 통합형 진로교육 자료를 이 장에서는 중심적으로 다룰 것이다.

교과에 통합된 진로교육이란 현재 학교 교육과정상에서 독립적으로 운영되고 있는 교과(국어, 영어, 수학, 사회, 과학 등)와 진로교육을 통합하여 운영하는 교육과정을 의미한다. 이 때 주된 통합의 방식은 보통 교과의 내용 속에 포함되어 있는 진로교육적 요소를 보다 선명하게 부각하여 교과의 목표와 진로교육의 목표가 함께 달성될 수 있도록 연계하는 것이다. 즉, 교과담당 교사가 수업을 전개할 때, 학생들의 진로개발 역할을 지원할 수 있는 관련 사항들을 교과와 함께 동시에 지도함으로 학교에서 배우는 내용과 삶 전반에서 필요한 역량간의 접촉점을 제공하여 교과의 학습동기와 학습 성취도를 향상시키는 장점을 지닌다.

여기에서 진로개발 역량이란, 개인이 인생 전반에 걸쳐 겪게 되는 일과 관련한 경험을 성공적으로 수행하는데 필요한 개인의 기본적인 특성을 이해하는 것으로 [1] 자기 이해 및 긍정적 자아개념과 태도 형성, [2] 직업세계의 이해 및 긍정적 가치, 태도 형성, [3] 정확하고 신뢰성 있는 진로정보 탐색, 해석, 활용,

[4] 진로계획의 수립, 관리, 실천, [5] 진로 및 개인 삶의 목표 달성을 위한 평생학습 참여 등 5개 영역으로 구성된다.

표 3-19 진로교육 콘텐츠 개발 자료

분류	콘텐츠명	유형
진로수업	진로와 직업 스마트북	웹페이지
진로수업	창의적 진로개발	서책
진로수업	창업과 진로	서책
진로수업	연극을 통한 꿈찾기	서책
진로수업	교과통합 진로교육 교수 · 학습 지도서	서책
진로수업	학교 진로교육 운영	서책
진로수업	진로교사 활동 매뉴얼	서책
진로검사 및 상담	진로심리검사 활용 매뉴얼 5권	서책
진로검사 및 상담	진로상담 운영 매뉴얼 2권	서책
진로체험	진로체험 매뉴얼 4권	서책
진로체험	e-진로채널	서책
진로체험	미래의 직업세계 1권	서책
진로체험	나의 꿈을 찾아서 떠나는 신나는 직업여행 1권	서책
원격연수	진로교사 부전공 원격 연수 3종	동영상
원격연수	일반교사 진로교육 원격 연수 1종	동영상
미디어 콘텐츠	진로교육 우수실천사례집 1권	서책
미디어 콘텐츠	마법천자문 직업원정대	서책
미디어 콘텐츠	학부모 진로교육 동영상	동영상
미디어 콘텐츠	학생 진로교육 동영상	동영상
미디어 콘텐츠	진로교육 동영상	동영상

자료: 교육부(2012a), 진로교육정책설명자료집.

이외에 한국직업능력개발원에서 초등학교를 대상으로 개발한 '공부가 참 재미있는 초등 교과통합 진로교육'자료와, 교육부에서 개발한 초6, 중3, 고3용 전환기 진로지도 프로그램(STP)등이 있다. 다음에서는 각급 학교별 진로교육 자료의 예를 살펴보기로 한다.

SECTION

02 초등학교의 진로교육 자료

우리나라 초·중등학교의 진로교육은 대학입시 중심의 교육정책 현실에 밀려 학교 교과과정에서 부분적 요소의 미흡한 모습으로 존재하고 있다. 이러한 한계점을 극복하기 위하여 교과 교육과 진로교육의 분리 현상을 하나로 연결하는 새로운 접근이 필요하다는 주장이 제기되었고 최근 빠르게 변화하는 해외 선진 국가의 진로교육 이슈와 더불어 학교 진로교육에 대한 새로운 패러다임 전환을 요구하면서 '교과통합 진로교육' 가능성에 대한 논의가 가속화되었다. 이러한 논의 속에서 한국직업능력개발원은 3차년도에 걸친 경제·인문사회연구회 협동연구로 출발하여 교과통합 진로교육의 유용성과 자료를 보급·확산하려는 목적을 갖고 2009년 개발된 자료이다.

본 자료집은 [1] 교과통합 진로교육 이해, [2] 초등교육 교과통합 진로교육, [3] 초등 교과통합 진로교육 실제의 세 개의 장으로 이루어져 있다. 1장에서는 교과통합 진로교육의 유용성과 함께 무엇을, 어떻게 가르치고 운영 방법과 평가, 용어정리를 해 놓았고, 2장에서는 초등교육의 특성과 진로교육 방향, 진로개발 역량과의 관련성, 자료개발 전략을 설명하고 있다. 3장에서는 초등학교 교과통합 진로교육 수업지도 개요, 학년별 교과 및 관련 진로개발 역량에 대해 실제 사례를 통해 소개하고 있다.

그림 3-7 초등학교 교과통합 진로교육 수업지도 개요

연번	학년	교과	제목(또는 단원)	관련 진로개발 역량
1	초등 1학년	국어	5. 더 알고 싶어요.(배우고 노력하는 사람을 다른 사람에게 소개하기)	5. 평생학습
2		바생	7. 겨울 방학을 알차게(방학 동안 스스로 할 일 계획 세우기)	4. 진로 실천
3		슬생	6. 와! 여름이다(여름철 건강과 안전)	3. 정보 검색
4		즐생	4. 누구를 만날까요(동물과 식물의 탈 만들기)	1. 자기 이해
5	초등 2학년	국어	1. 느낌을 나누어요(내용이 잘 드러나게 일기쓰기)	1. 자기 이해
6		바생	4. 사이좋은 이웃(이웃과 다정하게 지내기)	5. 평생학습
7		슬생	4. 사이좋은 이웃(이웃놀이 하기)	2. 직업 이해
8		즐생	2. 만화 영화 속의 친구들(만화 영화를 감상하고 느낀 점 이야기하기)	4. 진로 실천
9	초등 3학년	국어	알맞은 말(알맞은 말을 넣어 감사하는 마음을 전하는 글 쓰기)	1. 자기 이해
10		도덕	가족 사랑과 예절(화목한 가정을 이루기 위해 할 일)	4. 진로 실천
11		사회	고장 사람들이 하는 일(고장 사람들의 여러 가지 직업 알아보기)	3.정보 검색
12		수학	자료 정리하기(장래희망을 막대 그래프로 나타내기)	2. 직업 이해
13	초등 4학년	국어	삶의 모습 이해하기(작품에 나타난 인물의 삶을 나와 비교하여 이해하기)	1. 자기 이해
14		도덕	자신의 일을 스스로 하기(자신의 장래에 대한 계획 세우기)	5. 평생학습
15		사회	경제생활과 바람직한 선택(생산 활동 분류하고 직업 알아보기)	2. 직업 이해
16		수학	확률과 통계- 꺾은선 그래프(꺾은선 그래프 용도 알고 자료 해석하기)	3. 정보 검색
17	초등 5학년	국어	전기문 읽기(위인들의 이야기)	4. 진로 실천
18		도덕	최선을 다하는 생활(구족화 체험하기)	2. 직업 이해
19		사회	하나가 된 겨레(삼국 시대의 생활 모습)	5. 평생학습
20		수학	규칙성과 문제해결 (1) 비와 비율(백분율과 할푼리)	3. 정보 검색
21		실과	나의 성장과 가족(나와 가족 이해하기)	1. 자기 이해
22	초등 6학년	국어	면담하기(알고 싶은 내용 정하여 면담 준비하기)	2. 직업 이해
23		도덕	자긍심과 자기 계발(소중한 나)	1. 자기 이해
24		사회	우리나라의 민주 정치(국회, 행정부, 법원으로 랄랄랄 소풍가요)	5. 평생학습
25		수학	비율그래프(띠그래프 그리기)	3. 정보 검색
26		실과	일과 진로(나의 진로 계획)	4. 진로 실천

자료: 한국직업능력개발원(2009), 공부가 참 재미있는 초등 교과통합 진로교육.

4학년 수학의 '규칙성과 문제해결 (1) 비와 비율(백분율과 할푼리) 단원 지도 자료를 살펴보면 다음과 같은 구성으로 짜여졌다.

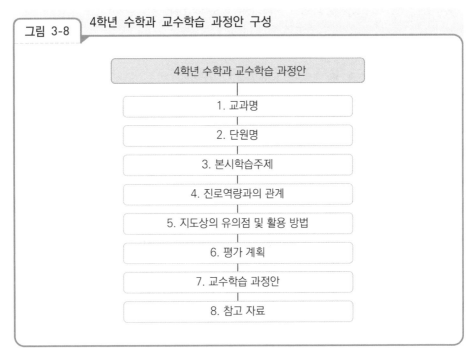

그림 3-8 4학년 수학과 교수학습 과정안 구성

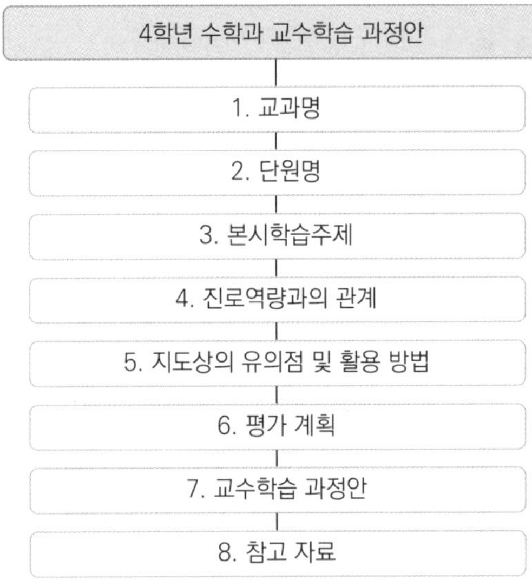
4학년 수학과 교수학습 과정안
1. 교과명
2. 단원명
3. 본시학습주제
4. 진로역량과의 관계
5. 지도상의 유의점 및 활용 방법
6. 평가 계획
7. 교수학습 과정안
8. 참고 자료

자료: 한국직업능력개발원(2009), 공부가 참 재미있는 초등 교과통합 진로교육, 재구성.

교수학습과정안의 형식으로 만들어진 본 자료는 또한 참고자료에서 진로교육 관련 사이트를 기록해 둠으로써 교사가 활용하기 편리하도록 구성하고 있다.

가. 1~2 학년군

활동영역 : ① 자기 이해 ② 진로 정보 탐색 ③ 진로 계획 ④ 진로 체험

자료명 (분량)	활동 영역	특징	주소 (경로)	개발처
나랑 맞는 직업은?	①②	• 평소 스타일, 좋아하는 것과 관련하여 자신과 어울리는 직업을 찾아보고 각각의 직업에 대한 설명, 되는 방법, 앞으로의 전망들을 알아볼 수 있음	유스워크넷>초등학생>흥미로운 직업세계	한국 고용 정보원
알쏭달쏭 직업 이야기	②	• 초등학생들이 진로와 관련하여 궁금해 하는 대표적 질문들에 대해 초등학생의 눈높이에 맞춘 답변 내용들을 살펴봄으로써 진로와 직업에 대해 생각해보게 함	유스워크넷>초등학생>흥미로운 직업세계	한국 고용 정보원
1학년 진로인식 프로그램 (13쪽)	①② ③	• 자기이해, 아버지의 직업 살펴보기 등으로 자기와 주변인들에 대한 탐색활동으로 구성(㉧, ㉤, 6차시)	진학진로정보센터>자료실>진로자료>진로교육>초등학교>40번	서울 특별시 교육연구 정보원
2학년 진로인식 프로그램 (15쪽)	①② ③	• 자기이해, 일의세계, 간단한 의사결정 연습하기 등으로 구성 (㉧, ㉤, 7차시)	진학진로정보센터>자료실>진로자료>진로교육>초등학교>39번	서울 특별시 교육연구 정보원
초등학교 진로적응 교육 프로그램	①② ③	• 친구 사귀기와 학교생활 적응에 관한 프로그램	진학진로정보센터>자료실>진로자료>진로교육>초등학교>24~26번	서울 특별시 교육연구 정보원
초등진로 자료 학습지	①	• 저학년을 대상으로 하여 자기이해를 도울 수 있는 학습지. 로그인해야 활용 가능(㉤ 9쪽)	대전광역시교육포털에듀랑>진로정보>자료실>499-506번	대전 광역시 교육 정보원

자료명 (분량)	활동 영역	특징	주소 (경로)	개발처
"진로교육 이렇게 해봐요!" (111쪽)	①② ③	• 1~6학년을 대상으로 교과별 진로교육과 연계한 학습 가능. 로그인해야 활용 가능(㉨, ㉩, 20차시)	대전광역시교육포털에듀랑>진로정보>자료실>38번	대전 광역시 교육 정보원
나의 꿈 지도안 (4쪽)	①	• 학생들이 하고 싶은 것을 자신 있게 말할 수 있게 하는데 도움이 되는 자료(㉨, ㉩, 1차시)	경기진로정보센터>자료실>상담자료>74번	경기도 교육정보 연구원
진로지도 학습지	①②	• 전 학년의 학생들이 고루 사용할 수 있도록 난이도가 조절되어 있음. 자기이해, 직업세계 이해에 관한 내용으로 출력 가능(㉩ 15쪽)	경기진로정보센터>자료실>상담자료>73번	경기도 교육정보 연구원
초등학교 꿈 키우기 활동양식	①② ③	• 자기 이해 및 자신의 꿈을 찾기 위한 직업 탐색 관련 내용, 꿈을 이루기 위한 1년 동안의 활동 계획을 세워 꿈을 위해 준비하고 실천하는 활동지 (㉩, 5쪽)	경기진로정보센터>자료실>상담자료>176번	경기도 교육정보 연구원
진로상담 지도안 (총34차시) (180쪽)	①② ③	• 학생들의 수준에 맞는 활동을 선택하여 활용 가능. 지도 시 참고할 수 있는 자료를 제시하여 주제 선정 이유, 참고 프로그램의 제시와 활용 방법, 유용한 사이트 등 안내 (㉨, ㉩, 34차시)	경기진로정보센터>자료실>상담자료>68번	경기도 교육정보 연구원
초등 시범운영 보고서 (80쪽 내외)	①② ③	• 진로교육 시범학교에서 사용한 '꿈 기록장' 자료가 압축파일에 학년군으로 구분되어 있어 필요에 맞게 선택하여 출력 활용 가능(㉩ 80쪽)	경기진로정보센터>자료실>연구학교>5번	경남용산 초등학교
초등학교 진로교육 프로그램 (15쪽)	①② ③	• 저학년, 고학년으로 나뉘어 있으며, 창의적 체험활동 시간에 출력 활용. 로그인해야 활용 가능 (㉨, ㉩, 10차시)	강원도교육과학연구원>교육연구>진로상담>진로교육자료실>127번	강원도 교육과학 연구원

자료명 (분량)	활동 영역	특징	주소 (경로)	개발처
초등학교 진로지도 자료 (1,2학년) (267쪽)	①② ③	• 통합교과 진로교육 자료로 차시별 수준에 따라 기본 · 심화 학습지 제공. 인물에 대한 진로지도 자료 수록. 로그인해야 활용 가능 (㉮지, ㉮활, 30차시)	강원도교육과학연구원>교육연구>진로상담>진로교육자료실>75번	강원도 교육과학 연구원
자아 실현을 돕는 진로교육 (67쪽)	①② ③	• 진로교육 프로그램과 교사용 자료가 pdf파일로 제공. 교사용 자료가 수록되어 있어 각 차시마다 교사가 손쉽게 프로그램을 지도할 수 있음 (㉮지, ㉮활, 17차시)	충청북도교육청>교수학습자료실>생활지도자료실>'자료명' 검색	충청북도 교육청
교과 통합형 진로교육 교수 · 학습 지도안 (153쪽)	①② ③	• 교과통합 진로교육 프로그램으로 전 학년 지도안과 학습지 수록. 각 차시별 활동 사진 및 다양한 활동 교육자료가 수록되어 있음 (㉮지, ㉮활, 30차시)	경상남도교육청>부서별 홈페이지>평생직업 교육과>자료실>794번	경상남도 교육청

나. 3~4 학년군

활동영역 : ① 자기 이해 ② 진로 정보 탐색 ③ 진로 계획 ④ 진로 체험

자료명(분량)	활동영역	특징	주소(경로)	개발처
초동이 직업 사전	②	• 초등학생이 선호하는 30가지 직업의 하는 일, 준비 방법 소개 • 바탕화면 좌측 하단의 아로주니어 플러스의 '초동이 직업사전-세상에 어떤 직업들이?' 코너에 84가지의 직업인들의 모습 소개. 각 직업인을 클릭하면 직업에 대한 자세한 설명 제공. 로그인해야 활용 가능	커리어넷>바탕화면 직업탐색 초동이	한국 직업능력 개발원
아로 플러스를 이용한 진로탐색 프로그램: 학생용 활동집 및 교사용 안내서	①② ③	• 플래시 프로그램을 활용하여 초동이 직업사전, 나의 진로 알기, 나의 미래 만들기, 미래 사회의 직업에 대해 알아볼 수 있음. 특히 나의 미래 만들기(미래의 나의 아바타만들기) 활동을 학생들이 매우 좋아함. 활동지 다운로드 가능(활 50쪽)	커리어넷>교사연구자>진로교육 프로그램	한국 직업능력 개발원
양성 평등한 진로지도 프로그램	①② ③	• 양성평등적인 관점에서의 자기이해, 일 · 직업 · 교육의 세계에 대한 이해를 토대로 진로 탐색 활동을 할 수 있음. 차시별 학생용 활동 자료와 교사 지도 자료 함께 제시(지, 활, 27차시)	커리어넷>교사연구자>진로교육 프로그램	교육과학 기술부
나랑 맞는 직업은?	①②	• 자신의 스타일, 좋아하는 일과 어울리는 직업을 찾아보고 각각의 직업에 대한 설명, 되는 방법, 앞으로의 전망 소개	유스워크넷>초등학생>흥미로운 직업세계	한국 고용 정보원
알쏭달쏭 직업 이야기	②	• 진로와 관련된 대표적 질문들과 학생 눈높이에 맞춘 답변으로 구성되어 진로와 직업에 대해 생각해보게 함	유스워크넷>초등학생>흥미로운 직업세계	한국 고용 정보원

자료명 (분량)	활동 영역	특징	주소 (경로)	개발처
세상에 이런 직업도?	②③	• 초등학생들이 관심 있어 하는 직업과 미래에 유망한 직업을 7가지 군으로 분류하여 하는 일, 되는 방법, 이 직업의 현재와 미래 전망에 대한 자료를 제공	유스워크넷>초등학생>흥미로운 직업세계	한국 고용 정보원
신나는 직업여행 - 초등학생을 위한 만화 직업 정보서	②	• e-book 형태의 만화책으로 제작되어 방송, 스포츠, 금융, 건축 등 테마별로 10가지 직업군에 대한 정보 제공	한국직업정보 시스템>직업자료실>직업정보서>'자료명' 검색	한국 고용 정보원
마법의 직업 물감	②③	• 재미있는 캐릭터와 소재로 직업에 관련된 이야기 자료 제공. 여행, 금융 및 보험, 정보통신 등 모두 8개 분야의 64개 직업 수록. 직업 및 진로 관련 퀴즈와 게임도 수록되어 있음	한국직업정보시스템>직업자료실>직업정보서>'자료명' 검색	한국 고용 정보원
세계로 가는 직업여행	②③	• 국내에 잘 알려지지 않은 세계의 직업들을 소개함. 복지, 건강, 환경, 동물과 자연의 4개 분야 총 45개 직업의 탄생배경, 업무내용과 특성, 임금, 향후 전망 등의 정보 제공	한국직업정보시스템>직업자료실>직업정보서>'자료명' 검색	한국 고용 정보원
미국 속 별난 직업	②	• 국내에는 잘 알려지지 않은 미국의 별난 직업들을 중심으로 소개. 다양한 직업을 접하고 일자리에 대한 새로운 아이디어를 제공하는 데에 유용	한국직업정보시스템>직업자료실>직업정보서>'자료명' 검색	한국 고용 정보원
초등진로 교육자료 3~4학년용 알롱달롱 함께 엮어가는 우리의 꿈	①② ③	• 자신에 대한 정보-직업세계의 이해-교육세계의 이해-의사결정-진로계획의 순으로 활동내용 구성. 2개의 파일로 나누어 탑재 (㉨, 활, 46차시)	진학진로정보센터>자료실>진로자료>발간자료>초등학교 검색>6번,7번	서울 특별시 교육연구 정보원

자료명 (분량)	활동 영역	특징	주소 (경로)	개발처
3학년 진로인식 프로그램	①② ③	• 3학년에서 진로교육 자료로 활용할 수 있도록 되어 있으나 일부 지도안이 누락됨(㉨, ㉮, 8차시)	진학진로정보센터>자료실>진로자료>진로교육>초등학교>38번	서울 특별시 교육연구 정보원
4학년 진로인식 프로그램	②	• 일의 직업 세계와 의사결정 부분에 집중되어 프로그램 구성 (㉨, ㉮, 10차시)	진학진로정보센터>자료실>진로자료>진로교육>초등학교>37번	서울 특별시 교육연구 정보원
초등학교 진로적응 교육 프로그램		• 친구 사귀기와 학교생활 적응에 관한 프로그램	진학진로정보센터>자료실>진로자료>진로교육>초등학교>24~26번	서울 특별시 교육연구 정보원
초등학교 진로교육 프로그램 (188쪽)	①② ③	• 2009 개정 교육과정 「창의적 체험활동」을 위한 자료 (㉨, ㉮, 35차시)	대구광역시진학진로정보센터>진로정보>진로자료실>75번	대구 광역시 교육청
2008 진로교육 자료-꿈을 가꾸는 뜰	①② ③	• 활동중심의 '꿈 갖기' 프로그램으로 지도안-생각열기(흥미 유발을 위한 동영상, 읽기자료)-학생활동(읽을거리)의 순서로 구성. 부록에 꿈을 키울 수 있는 동영상 자료 목록과 도움을 주는 사이트 등의 주소가 제시된 pdf자료.(㉨, ㉮, 20차시)	인천진로정보센터>자료실>진로정보자료실>진로,인성교육지도자료>18번	인천 광역시 교육과학 연구원

자료명 (분량)	활동 영역	특징	주소 (경로)	개발처
진로체험 수기	③	• 5학년 학생이 직접 쓴 꿈에 대한 탐구, 꿈을 이루기 위한 실천 방법 및 꿈과 관련된 일기가 담긴 수기. '진로체험수기'작성 활동에서 참고 자료로 활용	인천진로정보센터 > 자료실 > 진로상담자료실 > 초등학교 > 26번	인천 광역시 교육과학 연구원
[초등진로]	①②	• 경제의 기초, 직업, 자기 이해 관련 지도안과 활동지가 함께 제시. 로그인해야 활용가능(㉠지, ㉡활, 10차시)	대전광역시 교육포털 에듀랑>진로정보 > 자료실>864-873번	대전 광역시 교육 정보원
"진로교육 이렇게 해봐요!" 초등진로 교육자료	①② ③	• 1~6학년을 대상으로 교과별 진로교육과 연계한 학습 자료로 활용 가능. 로그인해야 활용가능 (지, 활, 20차시)	대전광역시 교육포털 에듀랑>진로정보>38번	대전 광역시 교육 정보원
초등학교 꿈 키우기 활동양식	①② ③	• 자기 이해 및 자신의 꿈을 찾기 위한 직업 탐색 관련 내용으로 꿈을 이루기 위한 활동 계획을 세워 꿈을 위해 준비하고 실천하는 활동지 (활, 5쪽)	경기진로정보센터 > 자료실 > 상담자료 > 176번	경기도 교육정보 연구원
진로지도 학습지	①②	• 난이도가 구분되어 있으며 자기이해, 직업세계 이해에 관해 학습지로 구성. 출력해서 사용 가능 (활 15쪽)	경기진로정보센터 > 자료실 > 상담자료 > 73번	경기도 교육정보 연구원
진로상담 지도안 (34차시)	①② ③	• 학생 수준에 맞게 선택하여 활용 가능하도록 다양한 자료를 제시. 지도 시 참고할 수 있는 자료를 제시하여 주제 선정이유, 참고 프로그램의 제시와 활용 방법, 유용한 사이트 등을 안내(지, 활, 34차시)	경기진로정보센터 > 자료실 > 상담자료 > 68번	경기도 교육정보 연구원

자료명 (분량)	활동 영역	특징	주소 (경로)	개발처
초등 학생을 위한 진로교육 프로그램 자료집	①② ③	• 자아이해/진로탐색/진로준비/직업 전망/진로결정 등에 대한 읽기자료와 학생 스스로 자신의 진로 적성을 알아보거나 학교 현장에서 실질적으로 활용할 수 있는 학습지 형태의 자료집. 홀랜드의 진로발달 검사지 수록	경기진로정보센터>자료실>상담자료>465번	경기도 교육정보 연구원
진로 지도안 (초등 학교용)	①② ③	• 학습할 수 있는 순서대로 자료가 제시되어 있어 출력하여 사용 가능. 161~165쪽에는 '진로의 날' 운영 시 활용할 수 있는 행사활동들 안내(㉶, 활, 22차시)	경기진로정보센터>자료실>상담자료>342번	경기도 교육정보 연구원
(초등) 시범 운영 보고서 (용산초)	①② ③	• 진로교육 시범학교에서 사용한 '꿈 기록장'자료가 학년 군으로 구분되어 있어 필요에 맞게 선택하여 활용하기 편리. 바로 출력 가능 (활 80쪽)	경기진로정보센터>자료실>연구학교>5번	경남용산 초등학교
초등학교 진로교육 프로그램 (15쪽)	①② ③	• 저학년, 고학년으로 나누어 있으며, 창의적 체험활동 시간에 활용 가능한 자료임. 바로 출력하여 사용 가능. 자료다운로드 시 로그인 필요 (지, 활 10차시)	강원도교육과학연구원>교육연구>진로상담>진로교육자료실>127번	강원도 교육과학 연구원
초등학교 진로지도 자료 3,4학년용	①② ③	• 교과별 진로교육과 연계한 학습이 가능토록 함. 차시별 수준에 따라 기본 · 심화 학습지 제공. 활용도 높은 진로 검사지와 강원도 내 진로 현장체험 학습 안내 자료 및 다양한 직업 정보 수록. 로그인해야 활용가능 (지, 활, 30차시)	강원도교육과학연구원>교육연구>진로상담>진로교육자료실>55번	강원도 교육과학 연구원

자료명 (분량)	활동 영역	특징	주소 (경로)	개발처
진로상담과 대안교육	①② ③	• 진로 집단 프로그램과 관련된 지도안, 활동지, 교사용 자료 구비 (㉨, 활, 10차시)	충청북도교육청>교수학습자료실>생활지도자료실>115번	충청북도 교육청
자아실현을 돕는 진로교육	①② ③	• 진로교육 프로그램과 교사용 자료가 pdf파일로 제공. 교사용 자료가 수록되어 있어 각 차시마다 교사가 손쉽게 프로그램 지도 가능 (지, 활, 17차시)	충청북도교육청>교수학습자료실>생활지도자료실>'자료명' 검색	충청북도 교육청
초등학교 진로교육 프로그램	①② ③	• 영역별로 진로 학습에 필요한 다양한 자료가 구비되어 교사가 학생의 수준에 맞추어 적절히 사용 가능 (지, 활, 20차시)	충청남도과학직업교육원>사이버진로상담센터>직업진로정보실>직업진로교육자료실>초등학교 7번	충청남도 과학직업 교육원
초등학교 진로교육 3.4학년, 5.6학년 웹기반 수업자료	①② ③	• 플래시 형태로 3 · 4학년(7차시)과 5 · 6학년(7차시)으로 구성되어 있으며 학습목표부터 학습정리까지 순서대로 진행되어 교사가 부담 없이 진로교육을 할 수 있음 (지 7차시)	경남교육포털서비스교육넷>사이버상담>진로정보>자료마당>55번	경상북도 교육 연구원

자료명 (분량)	활동 영역	특징	주소 (경로)	개발처
교과 통합형 진로교육 교수 · 학습 지도안	①②③	• 교과통합 진로교육 프로그램으로 전 학년 지도안과 학습지가 수록. 각 차시 마다의 활동 사진 및 다양한 활동 교육자료가 수록되어 있어 교사가 부담 없이 교과와 통합하여 진로교육을 할 수 있음. 경남진학진로정보센터에도 자료 탑재 (㉿, ㉾, 30차시)	경상남도교육청>부서별 홈페이지>평생직업교육과>자료실>794번	경상남도 교육청
퍼즐 게임을 활용한 재미있는 진로교육 (초등)	①②③	• 진로 영역별로 구분하여 지도안 및 게임자료, 활용방법 및 적용 결과를 담아 학생들에게 직업에 대한 흥미를 제공함. 경남진학진로정보센터에도 자료탑재 (㉿, ㉾, 10차시)	경상남도교육청>부서별 홈페이지>평생직업교육과>자료실>725번	경상남도 교육청

다. 5~6 학년군

활동영역 : ① 자기 이해 ② 진로 정보 탐색 ③ 진로 계획 ④ 진로 체험

자료명 (분량)	활동 영역	특징	주소 (경로)	개발처
초동이 직업 사전	②	• 초등학생이 선호하는 30가지 직업의 하는 일, 준비 방법 소개 • 바탕화면 좌측 하단의 아로주니어 플러스의 '초동이 직업사전-세상에 어떤 직업들이?' 코너에 84가지의 직업인들의 모습 소개. 각 직업인을 클릭하면 직업에 대한 자세한 설명 제공. 로그인해야 활용 가능	커리어넷>바탕화면 직업탐색 초동이	한국 직업능력 개발원
아로 플러스를 이용한 진로탐색 프로그램: 학생용 활동집 및 교사용 안내서	①②③	• 플래시 프로그램을 활용하여 초동이 직업사전, 나의 진로 알기, 나의 미래 만들기, 미래 사회의 직업에 대해 알아볼 수 있음. 특히 나의 미래 만들기(미래의 나의 아바타만들기) 활동을 학생들이 매우 좋아함. 활동지 다운로드 가능(활 50쪽)	커리어넷>교사연구자>진로교육 프로그램	한국 직업능력 개발원
양성 평등한 진로지도 프로그램	①②③	• 양성평등적인 관점에서의 자기이해, 일 · 직업 · 교육의 세계에 대한 이해를 토대로 진로 탐색 활동을 할 수 있음. 차시별 학생용 활동 자료와 교사 지도 자료가 함께 제시 (지, 활, 27차시)	커리어넷>교사연구자>진로교육 프로그램	교육과학 기술부
커리어넷을 활용한 진로지도 프로그램 2007(59쪽)	①②③	• 교사들이 수업시간에 진로교육활동을 할 수 있도록 커리어넷에 탑재되어 있는 여러 자료를 바로 활용할 수 있도록 개발. 각 지도안이 1~2차시 분량의 구체적인 활동을 포함하고 있음 (지, 활, 9차시)	커리어넷>교사연구자>진로교육 프로그램	한국 직업능력 개발원

자료명 (분량)	활동 영역	특징	주소 (경로)	개발처
세상에 이런 직업도?	②③	• 초등학생들이 관심 있어 하는 직업과 미래에 유망한 직업을 7가지 군으로 분류하여 하는 일, 되는 방법, 이 직업의 현재와 미래 전망에 대한 자료를 제공	유스워크넷 > 초등학생 > 흥미로운 직업세계	한국 고용 정보원
나랑 맞는 직업은?	①②	• 자신의 스타일, 좋아하는 일과 어울리는 직업을 찾아보고 각각의 직업에 대한 설명, 되는 방법, 앞으로의 전망 소개	유스워크넷 > 초등학생 > 흥미로운 직업세계	한국 고용 정보원
알쏭달쏭 직업 이야기	②	• 진로와 관련된 대표적 질문들과 눈높이에 맞춘 답변으로 구성되어 진로와 직업에 대해 생각해보게 함	유스워크넷 > 초등학생 > 흥미로운 직업세계	한국 고용 정보원
청소년을 위한 한국 직업 전망	②③	• 경영/교육/의료/예술 등, 다양한 분야의 직업들의 전망을 청소년의 눈높이에 맞게 자세히 설명함. 직업을 갖기 위해 필요한 조건이나 자격 안내	유스워크넷 > 초등학생 > 흥미로운 직업세계	한국 고용 정보원
마법의 직업 물감	②③	• 재미있는 캐릭터와 소재로 직업에 관련된 이야기 자료 제공. 여행, 금융 및 보험, 정보통신 등 모두 8개 분야의 64개 직업 수록. 직업 및 진로 관련 퀴즈와 게임도 수록되어 있음	한국직업정보시스템 > 직업자료실 > 직업정보서 > '자료명' 검색	한국 고용 정보원
신나는 직업여행 - 초등학생을 위한 만화 직업 정보서	②	• e-book 형태의 만화책으로 제작되어 방송, 스포츠, 금융, 건축 등 테마별로 10가지 직업군에 대한 정보 제공	한국직업정보시스템 > 직업자료실 > 직업정보서 > '자료명' 검색	한국 고용 정보원
세계로 가는 직업여행	②③	• 국내에 잘 알려지지 않은 세계의 직업들을 소개함. 복지, 건강, 환경, 동물과 자연의 4개 분야 총 45개 직업의 탄생배경, 업무내용과 특성, 임금, 향후 전망 등의 정보 제공	한국직업정보시스템 > 직업자료실 > 직업정보서 > '자료명' 검색	한국 고용 정보원

자료명 (분량)	활동 영역	특징	주소 (경로)	개발처
눈길끄는 이색직업	②③	• 신생 및 이색 직업을 식품/과학/보건의료/문화/방송 등으로 나누어 정리함. 탄생배경, 하는 일, 되는 방법, 직업 전망 등을 알 수 있음	한국직업정보시스템 > 직업탐방>'자료명' 검색	한국 고용 정보원
세월따라 직업따라 (149쪽)	②	• 사라진 직업과 새로 생긴 직업을 알아보며 직업 세계의 끊임없는 변화를 인식하게 함	한국직업정보시스템>직업자료실 > 직업정보서>'자료명' 검색	한국 고용 정보원
미국 속 별난 직업	②	• 국내에는 잘 알려지지 않은 미국의 별난 직업들을 중심으로 소개. 다양한 직업을 접하고 일자리에 대한 새로운 아이디어를 제공하는 데에 유용	한국직업정보시스템>직업자료실 > 직업정보서>'자료명' 검색	한국 고용 정보원
테마별 직업여행	②③	• 여행/ 예술/ 관광/ 영화 등 테마별로 관련 직업들의 하는 일 , 근무환경, 되는 방법, 적성 및 흥미, 종사현황, 수입, 직업전망 등을 알 수 있음. 다양한 직업 탐색에 효과적으로 활용 가능함	한국직업정보시스템 > 직업탐방>테마별직업여행	한국 고용 정보원
미래 꿈꾸기	①	• 진로탐색, 결정에 관한 개관적인 이야기를 다루고 있음. 특히 진로결정 부분에서 학생의 의사결정 유형(합리적, 직관적, 의존적)을 소개하고 있어 진로상담 시 도움이 됨	한국청소년상담원 > 상담자료실>미래꿈꾸기	한국 청소년 상담원
5학년 진로인식 프로그램 (21쪽)	①②③	• 5학년에서 활용 가능한 진로교육 자료임(ⓙ지, ⓗ활, 10차시)	진학진로정보센터>자료실>진로자료>진로교육>초등학교>36번	서울 특별시 교육연구 정보원

자료명 (분량)	활동 영역	특징	주소 (경로)	개발처
6학년 진로인식 프로그램	①② ③	• 6학년 대상의 진로교육 프로그램으로 의사결정과 진로계획에 중점을 둔 활동 자료임(ⓙ, ⓗ, 14차시)	진학진로정보센터 > 자료실 > 진로자료 > 진로교육 > 초등학교 > 35번	서울 특별시 교육연구 정보원
함께 가꾸어 나가는 나의 꿈(2004 이렇게 상담해 볼까요?)	①② ③	• 5회기의 집단 상담 프로그램으로 1회기에 2시간 소요. 총 10시간 분량의 진로에 대한 기본적인 태도를 기르는 데 중점을 둠	서울특별시교육청 〉 정책자료 〉 장학자료 〉 2번	서울 특별시 교육청
초등진로 교육자료 5~6학년용 "알롱달롱 엮어가는 우리의 꿈"	①② ③	• 5 · 6학년 학생을 대상으로 진로교육에 있어 필요한 내용을 크게 다섯 가지 영역으로 나누어 구성. 각 활동마다 '활용 Tip'을 넣어 교과와 연계 또는 교사의 융통성 있는 활용을 돕도록 함 (ⓙ, ⓗ, 31차시)	진학진로정보센터 > 자료실 > 진로자료 > 발간자료 > 초등학교 > 9번	서울 특별시 교육연구 정보원
2005학년도 초등인성 진로교육 자료 함께 가꾸어 가는 우리의 꿈	①② ③	• 서울특별시교육청에서 발간한 「이렇게 상담해 볼까요」를 수정 편집한 자료로 한 회기가 2시간 동안(총 10시간) 진행됨. Ice breaking >활동 → 소감나누기의 순서로 작성되었으며, 각 단계의 활동에는 '이렇게 진행해 보세요' 를 넣어 활동의 전체적인 흐름을 알기 쉽도록 하였음(ⓙ, ⓗ, 25차시)	진학진로정보센터 > 자료실 > 진로자료 > 발간자료 > 초등학교 > 8번	서울 특별시 교육연구 정보원
초등학교 진로적응 교육 프로그램 (29쪽)		• 친구 사귀기와 학교생활 적응에 관한 프로그램임	진학진로정보센터 > 자료실 > 진로자료 > 진로교육 > 초등학교 s〉 24~26번	서울 특별시 교육연구 정보원

자료명 (분량)	활동 영역	특징	주소 (경로)	개발처
초등학교 꿈 키우기 활동양식	①② ③	• 자기 이해 및 자신의 꿈을 찾기 위한 직업 탐색 관련 내용으로 꿈을 이루기 위한 1년 동안의 활동 계획을 세워 꿈을 위해 준비하고 실천하는 활동지 (㉮활, 5쪽)	경기진로정보센터>자료실>상담자료>176번	경기도 교육정보 연구원
진로교육 프로그램 집 (진로교육 다이어리) (229쪽)	①② ③	• 월별 진로 주제에 따라 활동지를 다양한 난이도로 제시. 활동에 대한 팁 함께 제공 (㉮활, 22차시)	경기진로정보센터>자료실>상담자료>522번	경기도 교육정보 연구원
초등 진로교육 프로그램	①② ③	• 자아이해/일과 직업세계의 이해/ 의사결정 등에 관한 활동지 제공 (㉮활 16쪽)	경기진로정보센터>자료실>상담자료>135번	경기도 교육정보 연구원
장래희망 지도자료 (19쪽)	②	• 직업과 그 직업을 갖기 위해 해야 할 일, 필요한 적성과 능력들에 대한 설명이 제시되어 있어 장래희망 지도 교육 시 활용하면 좋음	경기진로정보센터>자료실>상담자료>133번	경기도 교육정보 연구원
5학년 재량활동 지도안 (11쪽)	①②	• 재량활동 시간에 활용할 만한 진로 교육 자료로 5차시(10차시를 2시간씩 블록으로 구성)로 구성 (㉮지, ㉮활, 5차시)	경기진로정보센터>자료실>상담자료>78번	경기도 교육정보 연구원
진로지도 학습지	①②	• 전 학년의 학생들이 고루 사용할 수 있도록 난이도가 조절되어 있는 자기이해, 직업세계 이해에 관해 지도안 없이 학습지로만 구성. 출력 가능 (㉮활 15쪽)	경기진로정보센터>자료실>상담자료>73번	경기도 교육정보 연구원
진로상담 지도안 (180쪽)	①② ③	• 학생들의 수준에 맞게 활동을 선택하여 활용 가능. 지도 시 참고할 수 있는 자료를 제시하여 주제 선정이유, 참고 프로그램의 제시와 활용 방법, 유용한 사이트 등을 안내 (㉮지, ㉮활, 34차시)	경기진로정보센터>자료실>상담자료>68번	경기도 교육정보 연구원

자료명 (분량)	활동 영역	특징	주소 (경로)	개발처
진로교육 훈화자료 (20쪽)	①	• 성공한 사람들의 이야기 19가지가 수록된 훈화자료. 아침 자습시간이나 방송시간에 활용	경기진로정보센터>자료실>상담자료(70번)	경기도 교육정보 연구원
자아존중감 향상 프로그램 (23쪽)	①	• 자아존중감 향상을 위한 10단계의 활동 관련 지도안 수록 (㉆, ㉇, 10차시)	경기진로정보센터>자료실>상담자료>'자료명' 검색	대구비산 초등학교
진로 지도안 (초등 학교용)	①② ③	• 학습할 수 있는 순서대로 자료가 제시되어 있어 출력하여 사용 가능. 161~165쪽에는 '진로의 날' 운영 시 활용할 수 있는 행사활동 안내 (㉆, ㉇, 22차시)	경기진로정보센터>자료실>상담자료>342번	경기도 교육정보 연구원
(초등) 시범 운영 보고서 (용산초)	①② ③	• 진로교육 시범학교에서 사용한 '꿈 기록장' 자료가 학년 군으로 구분되어 있어 필요에 맞게 선택하여 활용하기 편리. 바로 출력 가능 (㉇ 80쪽)	경기진로정보센터>자료실>연구학교>5번	경남용산 초등학교
초등 학생을 위한 진로교육 프로그램 자료집	①② ③	• 자아이해/진로탐색/진로준비/직업전망/진로결정 등에 대한 읽기자료와 학생 스스로 자신의 진로 적성을 알아보거나 학교 현장에서 실질적으로 활용할 수 있는 학습지 형태의 자료집. 홀랜드 진로발달 검사지 수록	경기진로정보센터>자료실>상담자료>465번	경기도 교육정보 연구원
직업 캐릭터 (5쪽)	②	• 직업의 필요성과 중요성 및 다양한 직업세계에 대한 이해를 돕는 지도안과 학습지 (㉆, ㉇, 1차시)	경기진로정보센터>자료실>상담자료>'자료명' 검색	경기도 교육정보 연구원

자료명 (분량)	활동 영역	특징	주소 (경로)	개발처
진로탐색 프로그램 (상담자용 매뉴얼) (80쪽)	①② ③	• 전문가가 제시한 상담프로그램 매뉴얼로 진로탐색에 대한 고학년 학생의 심도 있는 학습을 도움. 자기 탐험/가치관 경매/직업 세계의 이해/직업카드 분류/솔로몬의 선택/나의 꿈에 날개를 달아봐요 등으로 구성되며 활동지 제공 (㉨, ㉩, 6차시)	광주직업교육넷>진로직업정보>진로교육자료>4번	김봉환 (숙명 여자 대학교)
초등학교 진로교육 프로그램 (188쪽)	①② ③	• 2009 개정 교육과정「창의적 체험활동」을 위한 자료임 (㉨, ㉩, 35차시)	대구광역시진학진로정보센터>진로정보>진로자료실>75번	대구 광역시 교육청
간편 직업흥미 검사 및 Holland의 직업 흥미 유형 해석 (3쪽)	①	• 2008 청소년 진로박람회 내용 수정본. 간편 직업 흥미검사로 간편 검사지와 결과 해석에 대한 내용이 수록되어 있음	대구광역시진학진로정보센터>진로정보>진로자료실>17번	대구 광역시 교육청
"진로교육 이렇게 해봐요!" 초등진로 교육자료 (111쪽)	①② ③	• 1~6학년을 대상으로 교과별 진로교육과 연계한 학습이 가능토록 함. 로그인해야 활용 가능 (㉨, ㉩, 20차시)	대전광역시교육포털에듀랑>진로정보>자료실>38번	대전 광역시 교육 정보원
초등 대상 직업 카드 및 직업카드 활용 활동지	②	• 직업 카드와 활동지를 통하여 다양한 직업의 종류와 되는 방법을 알 수 있음. 로그인해야 활용 가능 (㉩ 5쪽)	대전광역시교육포털에듀랑>진로정보>자료실>66-67번	대전 광역시 교육 정보원

자료명 (분량)	활동 영역	특징	주소 (경로)	개발처
2008 진로 교육자료-꿈을 가꾸는 뜰	①③	• 활동중심의 '꿈 갖기' 프로그램으로 초등학교의 경우 총 4단계, 20차시로 구성되어 자신의 꿈을 구체화할 수 있도록 함. 지도안-생각열기(흥미 유발을 위한 동영상, 읽기자료)-학생활동(읽을거리)의 순서로 매 차시가 구성. 부록에 꿈을 키울 수 있는 동영상 자료 목록과 도움을 주는 사이트 등의 주소가 제시됨. pdf자료 (㉿, ⓗ, 20차시)	인천진로정보센터>자료실>진로정보자료실>진로,인성교육지도자료>게시물번호 '18'	인천 광역시 교육과학 연구원
진로 체험수기	③	• 5학년 학생이 직접 쓴 꿈에 대한 탐구, 꿈을 이루기 위한 실천 방법 및 꿈과 관련된 일기가 담긴 수기. 참고자료로 제시하고 학생들에게 진로의 달 행사로 '진로체험수기'를 작성해 보게 할 수 있음	인천진로정보센터>자료실>진로상담자료실>초등학교>게시물번호 '26'	인천 광역시 교육과학 연구원
초등학교 진로교육 프로그램 (15쪽)	①②③	• 저학년, 고학년으로 나누어 있으며, 창의적 체험활동 시간에 활용 가능한 자료임. 바로 출력하여 사용 가능. 자료다운로드 시 로그인이 필요함 (㉿, ⓗ, 10차시)	강원도교육과학연구원>교육연구>진로상담>진로교육자료실>127번	강원도 교육과학 연구원
초등학교 진로지도 자료 5,6학년용 (245쪽)	①②③	• 교과와 연계 학습이 가능. 기본 · 심화 학습지 제공. 진로교육 관련 이론, 논문과 참고 사이트 수록. 로그인해야 활용 가능 (㉿, ⓗ, 학년별 30차시)	강원도교육과학연구원>교육연구>진로상담>진로교육자료실>46번	강원도 교육과학 연구원

자료명 (분량)	활동 영역	특징	주소 (경로)	개발처
교과 통합형 진로교육 교수-학습 지도안(3쪽)	①② ③	• 진로교육과 교과교육 통합 관련 내용이 전 학년에 걸쳐 제공되어 있으며, 편집상태가 좋아 바로 출력해서 사용 가능함. 경남진학진로정보센터에도 자료 탑재 (㉨, ㉬, 30차시)	경상남도교육청>부서별 홈페이지>평생직업교육과>자료실>794번	경상남도 교육청
퍼즐 게임을 활용한 재미있는 진로교육 (153쪽)	①②	• 진로 영역별로 구분하여 지도안 및 게임자료, 활용방법 및 적용 결과를 담아 학생들의 직업에 대한 흥미를 높임. 플래시자료(737번)와 같이 활용 가능함. 경남진학진로정보센터에도 자료탑재 (㉨, ㉬, 10차시)	경상남도교육청>부서별 홈페이지>평생직업교육과>자료실>725번	경상남도 교육청
초등학교 5-6학년 재량 활동용 진로교육 지도안(34쪽)	①② ③	• 5, 6학년 학생들을 대상으로 진로교육 관련 재량활동 지도안과 편집이 잘된 학습지가 탑재. 로그인 해야만 이용 가능 (㉨, ㉬, 10차시)	경북교육포털서비스교육넷>사이버상담>진로정보>자료마당>100번	경상북도 교육 연구원
초등학교 5-6학년용 진로교육 통합교과 지도안(90쪽)	①②	• 5, 6학년 학생들을 대상으로 국영수사과 교과통합 진로교육 자료. 로그인해야만 이용 가능 (㉨, ㉬, 6차시)	경북교육포털서비스교육넷>사이버상담>진로정보>자료마당>96번	경상북도 교육 연구원
초등학교 진로교육 웹기반 수업자료	①② ③	• 플래시 형태로 3 · 4학년(7차시)과 5 · 6학년(7차시)으로 구성되어 있으며 학습목표부터 학습정리까지 순서대로 진행되어 교사가 부담없이 진로교육을 할 수 있음 (㉨ 7차시)	경남교육포털서비스교육넷>사이버상담>진로정보>자료마당>55번	경상북도 교육 연구원

자료명 (분량)	활동 영역	특징	주소 (경로)	개발처
초등학교 진로교육 프로그램 (182쪽)	①② ③	• 영역별로 진로 학습에 필요한 다양한 자료가 구비되어 교사가 학생의 수준에 맞추어 적절히 사용 가능함(㉠지, ㉠활, 20차시)	충청남도과학직업교육원>사이버진로상담센터>직업진로정보실>직업진로교육자료실>초등학교 7번	충청남도 과학직업 교육원
희망 키움 32가지 학교상담 프로그램 진로지도	①② ③	• 봉사활동과 진로체험학습을 연계하여 활동할 수 있는 학습지가 수록됨(활 25쪽)	충남공주교육청>참여마당>사이버상담실>상담자료실>39번	충청남도 과학직업 교육원
진로상담과 대안교육 (20쪽)	①② ③	• 진로 집단 프로그램과 관련된 지도안, 활동지, 교사용 자료가 구비되어 있음 (지, 활, 10차시)	충청북도교육청>교수학습자료실>생활지도자료실>115번	충청북도 교육청
자아 실현을 돕는 진로교육 (67쪽)	①② ③	• 진로교육 프로그램과 교사용 자료가 pdf파일로 제공. 교사용 자료가 수록되어 있어 각 차시마다 교사가 손쉽게 프로그램을 지도할 수 있음(지, 활, 17차시)	충청북도교육청>교수학습자료실>생활지도자료실>'자료명' 검색	충청북도 교육청
나를 찾아가는 행복한 시간! 진로 탐색 프로그램 (48쪽)	①② ③	• 활동 진행시 중요한 팁을 적어놓아 진로교육에 부담을 느끼는 교사들이 쉽게 활용 가능함	제주특별자치도진로정보센터>자료실>진로상담자료>58번	제주특별 자치도 교육청
나를 사랑하기	①	• 총 5회기로 구성되어 있으며, 활동시간 및 활동지를 제시하여 체계적으로 자기이해활동을 할 수 있도록 도움(활, 13쪽)	제주특별자치도진로정보센터>자료실>진로상담자료>57번	제주특별 자치도 교육청

SECTION

03 중학교의 진로교육 자료

1) 학교진로교육프로그램(SCEP)

지난 2011년부터 학교에서 체계적인 진로교육이 가능하도록 교육부와 한국직업능력개발원은 SCEP(School Career Education Program)을 개발했다. SCEP은 진로교육목표체계와 지표에 따라서 다양한 측면의 프로그램과 활동으로 구성되어 있다.

[그림 3-9]는 SCEP의 구성과 특징을 제시한 것이다.

그림 3-9 SCEP(School Career Education Program)의 구성

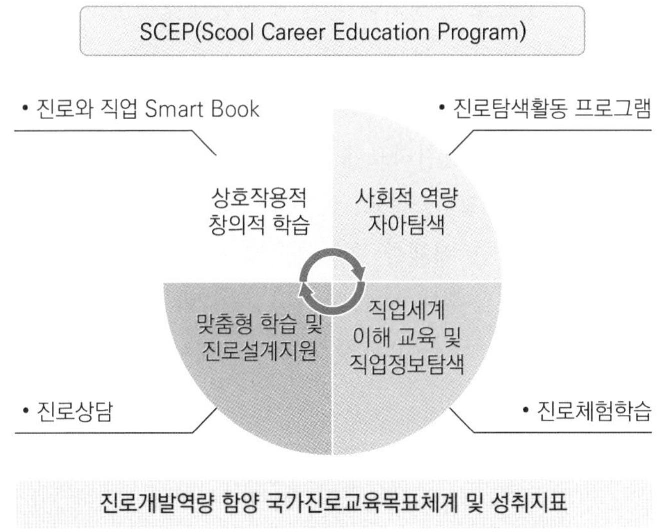
SCEP(Scool Career Education Program)
• 진로와 직업 Smart Book
• 진로탐색활동 프로그램
상호작용적 창의적 학습
사회적 역량 자아탐색
맞춤형 학습 및 진로설계지원
직업세계 이해 교육 및 직업정보탐색
• 진로상담
• 진로체험학습
진로개발역량 함양 국가진로교육목표체계 및 성취지표

자료: 한국직업능력개발원(2013a), 학교진로교육 프로그램 SCEP 운영.

SCEP은 학생들의 활동중심의 프로그램으로 구성된 창의적 진로개발 프로그램, 텍스트와 다양한 매체자료로 구성된 스마트 워크북, 학생들의 현장체험을 할 수 있도록 지원하는 현장체험프로그램, 개별적인 진로지도를 위한 진로상담의 네 가지 요소로 구성되어 있다. SCEP은 내용구성상으로 청소년들의 창의성과 기초역량을 촉진하도록 구성되어 있다는 점, 다양한 체험활동기회를 제공하여 현장기반학습(Work-based Learning)이라는 효과적 학습방법을 활용하고 있다는 점, 이와 아울러 개별적인 맞춤식 지도가 가능하다는 점, 다양한 매체를 활용하고 교사와 학습자간의 상호작용을 촉진하고 있다는 점에서 특징을 가지고 있다. 그리고 무엇보다도 SCEP은 진로교육목표 체계와 수준이라는 국가차원의 교육과정의 토대에서 마련되었다는 점과 이를 구현할 수 있는 진로진학상담교사라는 운영주체가 있다는 점에서 현장에서 무리 없이 수행될 수 있다는 장점을 가진다(한국직업능력개발원, 2013).

SCEP의 창의적 진로개발 활동 프로그램은 진로교육목표와 성취지표에 따라 만들어진 활동중심의 프로그램이다. 학교급별로 활동프로그램이 개발되어 있으며 영역별로 다양한 학습활동방법으로 구성되어 있다. 기본적인 강의와 토론, 연극, 모의 창업(앙터프레너십), 광고 등의 교실 내에서 다양한 활동 및 현장체험학습 등 학교 밖의 활동으로 구성되어 있는데 중학생들을 위한 창의적 진로개발 활동 프로그램 구성의 예시를 보면 <표 3-20>과 같다.

SCEP의 또 다른 특징 중 하나는 '진로와 직업' 스마트북이 개발·보급되었다는 것이다. 진로교육목표와 성취지표에 따라 일차적으로 개발된 자료가 스마트북이다. 스마트북은 초등학교, 중학교, 일반고, 특성화고 네 가지 유형으로 개발되었으며, 동영상 등 다양한 매체를 수업시간에 손쉽게 활용할 수 있고, 교사의 강의에 그치지 않고 직접 수행해 보고 결과를 공유해 볼 수 있도록 개발되었다. 국내 최초의 스마트북으로 내용이나 형식의 측면에서 수업혁신의 시범적 사례가 될 수 있다.

표 3-20 창의적 진로개발활동 프로그램 구성(예시)

	하위영역	내용	학습방법	시수
I. 자아이해와 사회적 역량	자아이해	• 자아존중감 함양 • 소질과 적성의 탐색	• 강의 • 프로젝트 • 연극 프로그램	15-20
	사회적 역량개발	• 대인관계역량 • 자기관리역량개발	• 토론 • PBS • 연극활용 • 프로그램	7-10
II. 일과 직업세계 이해	일과 직업세계 이해	• 다양한 직업세계 이해 • 직업세계의 변화이해	• 인터넷 활용 • 강의 • 토론 • 프로젝트수업	13-15
	직업의식 제고	• 건강한 직업의식함양	• 토론 • PBS • 미디어활용 • 역할놀이	10-12
III. 진로탐색	교육기회의 탐색	• 학습의 중요성 이해 • 학습기회 탐색	• 토론 • 강의 • 인터넷	11-14
	직업정보 탐색	• 직업정보의 탐색 • 직업현장 탐방	• 인터넷활용 • 토론 • 현장체험학습	24-30
IV. 진로디자인과 준비	진로디자인	미래 진로설계	• 프로젝트 수업 • 개별 및 집단 상담	5-6
	진로준비	중학교이후의 진로선택	프로젝트 수업 개별 및 집단 상담	11-16

자료: 한국직업능력개발원(2013a), 학교진로교육프로그램 SCEP 운영.

그림 3-10 「진로와 직업」 스마트북 중학교급 샘플

SMART WORKBOOK
알아보기
스노보드만 알았던 소년, 세계를 요리하다
세계적 요리전문잡지 〈레스토랑 하스피탈리티〉 선정
떠오르는 스타 셰프
빌 클린턴 전 대통령, 가수 머라이어 캐리, 패리스 힐튼이 극찬한 요리의 주인공. 라스베이거스 초대형 호텔의 총주방장 배승욱씨는 23살 때까지만 해도 프로 스노보드계의 세계 10위권 선수였다. 그런데 두 번에 걸친 다리 부상으로 스노보드를 그만 둘 수 밖에 없었고, 2년 동안 '내가 이제 무엇을 할 수 있나'하며 절망의 늪을 헤맸다.
yellowtail
JAPANESE RESTAURANT & LOUNGE
CHEF AKIRA BACK
배승욱 CHEF
초청 시연회
2011년 12월 5일 10시
25살이 된 어느 날 자신이 좋아하는 식당에 갔는데, 그 곳의 총주방장은 늘 즐겁고 행복하게 일하는 사람이었다. 그는 총주방장에게 요리를 가르쳐달라고 졸랐고, 그 길로 요리사의 길에 접어들었다. 그는 손에서 늘 식초 맛이 나도록 연습에 연습을 거듭했고, 미국 전역을 돌아다니며 요리를 배웠으며, 결국 미국의 유명 요리대결 프로그램 〈아이언 셰프 아메리카〉에 한국인 최초로 출연하는 성공을 거둔다.
2:32
19 / 35

자료: 한국직업능력개발원(2013a), 학교진로교육프로그램 SCEP 운영.

SCEP의 또 다른 한 영역은 현장체험학습활동이다. 중학교 단계에서 직업과 일의 탐색은 매우 중요하다. 특정한 직업을 선택하기 위한 활동으로서가 아니라 일의 중요성, 다양한 직업세계에 대한 이해, 변화하는 직업세계에 대한 인식, 나의 공부와 삶과의 연계성의 확인, 대인관계나 의사소통역량과 같은 기초역량의 중요성의 인식 등 다양한 목적으로 학습을 할 수 있는 영역이 일의 세계 탐색이다. 일과 직업세계의 탐색은 교과서를 통하여, 인터넷 매체를 통하여서도 할 수 있지만, 직업현장에서 다양한 역할들, 다양한 직무들과 기술들이 실제로 오고가는 모습을 관찰하고 때로는 실습해 봄으로써 가장 효과적으로 수행할 수 있다. 현장체험학습(Work-based Learning)은 직업세계의 이해뿐만 아니라 인성이나 태도, 기초학습능력을 높이는 학습방법으로서도 효과적이라고 평가되어오고 있다. SCEP에서는 현장체험학습이 진로탐색에서 중요한 영역으로 포함되어 있으며, 특히 현장체험학습이 일회적인 이벤트성으로 그치는 것이 아니라 교육과정의 일환으로서 현장체험전-현장체험-현장체험이후 학습의 형태로 그리고 학교안과 학교 밖의 학습의 연계의 형태로 구조화되어 있다.

SCEP는 단위학교에서 다음과 같은 형태로 운영할 수 있다. 즉, 진로교육목표

체계에 따라서 학교 내의 자유선택활동시간에 스마트 워크북과 창의적 진로개발활동지를 병행하여 체계적으로 운영해 갈 수 있다. 그리고 필요한 경우, 그리고 여건이 허용되는 경우 다양한 현장체험이 가능하도록 기회를 제공하고, 수시로 필요한 경우 학생들의 개별적인 진로지도를 위한 진로상담을 제공하는 형태로 운영된다.

SECTION

04 고등학교의 진로교육 자료

교육부와 한국직업능력개발원은 우리나라 청소년들의 전환기의 중요성을 인식하고 이를 지원하는 진로지도 프로그램 개발을 실시하였다. 그 결과물로 나온 것이 전환기 진로지도 프로그램 즉, STP(School Transition Program) 4종－초6학년(E), 중3학년(M), 대학진학 고3학년(H), 취업 선택 고3학년(J)이다. 이 매뉴얼은 상급학교(취업)로의 전환을 앞둔 학생들에게 명확한 진로계획(의식) 수립 속에서 전환의 내용과 의미를 이해하고 변화를 관리함으로 성공적인 적응을 지원하기 위해 개발되었다(한국직업능력개발원, 2013b).

가. 대학 진학을 앞둔 고3학년을 위한 전환기 진로지도 프로그램(STP-H)

대학 진학 시기의 청소년은 부모에게 의존하던 고등학교 시기와 다른 특성을 보인다. 이는 고등학교 졸업 후 대학진학이나 취업으로 사회에 진출하면서 갑자기 독립적인 판단과 책임을 요구받게 되기 때문이다. 이때 심리적으로 독립되어 있지 못한 학생들은 부적응과 혼란을 겪게 된다. 대학 입학 후 얼마간은 자신이 선택한 진로가 현실적이라는 명료한 진로관을 갖지만 학년이 올라갈수록 자신이 희망하는 진로와 현실과의 괴리로 갈등하며 새로운 진로 결정을 요구받는 혼란을 경험하게 된다. 이 시기에는 전문가의 도움도 필요하지만 무엇보다 학생 스스로가 자기 진로의 주체의식을 갖고 결정하는 심리적 독립을 위한 진로지도가 요구된다.

STP－H는 전체 운영시간 약 14시간으로 정규 고등학교 교과과정의 창의적 체험활동 시간에서 편성할 수 있도록 구성되었다. 이론적 단계는 다음 그림과 같이 전환의 의미 이해하기(인식) → 성공적인 전환 이해하기(탐색) → 전환에 따른 변화 역량을 습득·관리(준비) → 진로계획 수립 및 실천하기(실천)의 4단계로 이루어진다. 한국직업능력개발원은 프로그램 운영시 14차시 전부를 운영할 것을 권장하고 있으나 학교마다 여건에 따라 필요한 활동을 선택하여 운영하는 방법도 가능하다고 하였다(한국직업능력개발원, 2013b).

그림 3-11 STP-H의 이론적 단계

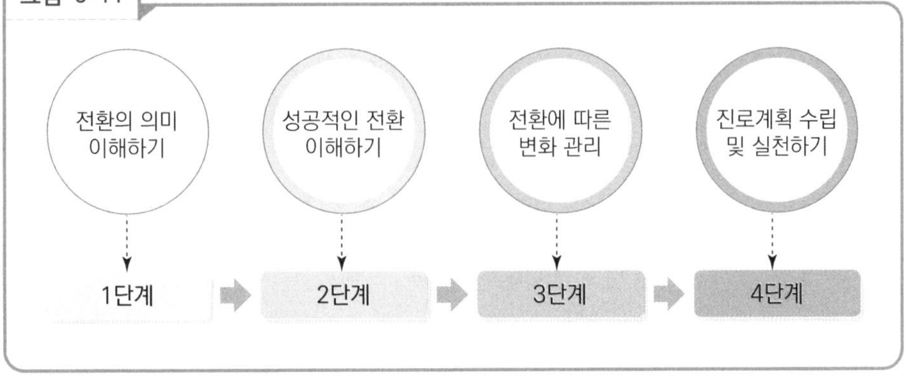
전환의 의미 이해하기
성공적인 전환 이해하기
전환에 따른 변화 관리
진로계획 수립 및 실천하기
1단계
2단계
3단계
4단계

자료: 한국직업능력개발원(2013b), 전환기 진로지도 프로그램 운영 매뉴얼.

세부 활동은 4단계 14차시로 구성되며 각 차시는 교과시간 1시간에 운영한다. 주요 활동방식은 4~6명으로 구성된 소그룹활동으로 학생들이 상호 간 긴밀하게 협력하며 다양한 학습내용을 토론·논의하며 학습에서 소외되는 사람 없이 모든 학생이 그룹 내 활동에 적극 참여하는 이점이 있다. 따라서 STP－H는 기존 교사 중심의 일방적인 강의나 대표적인 소수만이 활동하는 대규모 그룹 활동을 지양하고 소그룹 내 모든 학생들이 상호역동적인 활동을 통하여 학습하는 방식을 강조한다(한국직업능력개발원, 2013b).

단계별 세부 활동은 차시별로 4개의 모듈, 14개의 세부 활동, 17개의 학생 활동으로 구성되어 있으며 다음 표와 같다.

표 3-21 STP-H 단계별 세부활동 구성(1)

차시	이론적 단계	모듈명	모듈별 상위 목표	세부 활동명
1	전환의 의미 이해하기	다지기	성인의 의미를 이해하고 전환기의 중요성을 인식한다	내 인생의 터닝포인트
2				성인이 된다는 것은?
3	성공적인 전환 준비하기	도움 닫기	고등학교 생활과 다른 대학생활 내용을 이해하고, 성공적인 대학생이 되기 위한 자질과 요소에 대해 알아본다	고딩 vs 대딩
4				Super 대학생을찾아서
5				Go~Go~ 대학캠퍼스로
6				선배님, 궁금해요!
7	전환에 따른 변화 관리하기	도약 하기	성공적인 대학생활을 위한 핵심 요소를 알아보고(학업,시간관리,대인관계,경제관리) 관련 역량을 습득한다	도약!學테크
8				도약!時테크
9				도약!人테크
10				도약!財테크
11	진로계획 수립 및 실천하기	비상 하기	고등학교 이후의 장 · 단기 목표를 설정하고 단계별 계획을 수립 · 실천한다	내 안의 숨은 진로 영향 요인은?
12				인생 계획 로드맵
13				전공, 그것이 알고 싶다!
14				꿈은 이루어진다!

자료: 한국직업능력개발원(2013b), 전환기 진로지도 프로그램 운영 매뉴얼.

표 3-22 STP-H 단계별 세부활동 구성(2)

차시	세부활동 목표	학생 활동	소요 시간
1	이전 삶의 주요사건 돌아보기	• 내 인생의 5가지 터닝포인트 • 고3 전환기 준비의 필요성 이해	50
2	성인이 되는 것 이해하기	• 성인기의 신체적, 정서적, 사회적 변화 이해 • '성인이 된다는 것' 마인드맵 작성	50

차시	세부활동 목표	학생 활동	소요 시간
3	고등 · 대학교 생활방식 차이 알아보기	• 대학생활 용어 ○/× 퀴즈 • 고등학교, 대학교 생활의 차이 조사	50
4	성공적인 대학생의 자질과 요소 탐색하기	• 성공적인 대학생활의 자질, 요인 토론 • Super 대학생 & 'F'학점 대학생	50
5	대학교 탐방해보기	• 대학교 캠퍼스 투어 • 대학탐방 통해 느낀 점 작성	120
6	대학생과 인터뷰하기	• 관심학과 재학생 인터뷰	
7	대학에서의 학습요령 익히기	• 나의 학습 유형 검사 및 분석 • 내게 맞는 학습계획 수립	50
8	효율적 시간 관리 해보기	• 평소 시간관리 습관 생각해 보기 • 우선순위에 의한 시간관리 계획	50
9	건강한 인간관계 형성하기	• 내 주변의 관계 분석 • 대인관계 형성을 위한 계획 수립	50
10	경제 관리하는 법 알아보기	• 나의 소비패턴 분석 • 대학생활의 소비 규모와 용돈 충당 방식 예상	50
11	내 삶의 경험을 통하여 진로 영향 요인 찾아보기	• 과거-현재-미래 삶의 진로 영향 요인 분석 • 분석 결과로 미래 진로 방향을 가름해보기	50
12	인생의 최종 목표 및 단계별 과제 설정해 보기	• top-down 방식의 인생 목표 달성 • 목표달성 위한 단계별 실천 계획 작성	50
13	관심 전공에 대해 더 알아보기	• 희망 전공의 교육과정, 향후 진로 • 희망 전공학과 진학 준비	50
14	내 꿈을 이루는 좋은 습관 갖기	• 꿈을 이루기 위한 실천사항 • 프로그램을 마치며(나의 다짐)	50

자료: 한국직업능력개발원(2013b), 전환기 진로지도 프로그램 운영 매뉴얼.

STP－H를 성공적인 운영을 위해서는 STP－H 목적 및 내용을 이해하고, 참여 학생에 대한 정확한 이해를 해야 하며, 상급학교 교육환경을 이해하고, 상호지지적, 역동적인 소그룹 활동이 이루어질 수 있도록 배려해야 하고, 진로의식 고취 및 진로개발 역량을 함양하도록 해야 하고 효과적인 학습 도구를 준비할 필요가 있으며 프로그램 운영교사의 전문성을 함양하고 학교의 적극적인 지원이 뒤따라야 한다.

나. 취업전 고3학년을 위한 전환기 진로지도 프로그램(STP-J)

STP-J(School Transition Program for Job)는 학교급 전환을 앞두고 있는 고등학교 3학년에게 이후 단계로의 원활한 진입을 지원하고자 개발된 전환기 진로지도 프로그램이다. STP-J는 고등학교 졸업 후에 취업을 계획하고 있는 고3 학생들에게 명확한 진로의식(계획) 수립 속에서 전환의 의미와 내용을 지도하여 이후 직장생활에 원활하게 적응할 수 있도록 도와주는 목적으로 개발되었다(한국직업능력개발원, 2013c).

이 목적에 의해 STP-J는 '직장으로의 전환의미-전환내용 이해-변화관리-진로계획'으로 구성되었다. STP-J는 앞서 소개한 STP-H와 세부활동 구성은 14차시로 동일하지만 목표와 세부 활동, 학생 목표는 취업을 준비하는 학생들을 위한 내용으로 이루어져 차별성을 가진다. 이를 운영하는 교사 또한 STP-H 운영교사와는 다른 역량을 요구하는데 크게 지식·정보 영역과 스킬 영역으로 나눈다. 지식·정보 영역에서는 ① STP-J관련 이해, ② 고3 전환기 시점 학생의 특성 이해, ③ 고졸 취업자들의 구직과정 및 취업 환경(노동시장) 이해, ④ 청소년 단계의 진로개발 이론 역량이 필요하고, 스킬 영역에서는 ① 집단 진로지도 프로그램 기획, ② 집단 진로지도 프로그램 준비, ③ 집단 진로지도 프로그램 운영 스킬의 역량이 필요하다.

STP-J의 세부 활동 구성은 다음 표와 같다.

표 3-23 STP-J 단계별 세부활동 구성(1)

차시	이론적 단계	모듈명	모듈별 상위 목표	세부 활동명
1	전환의 의미 이해하기	다지기	성인의 의미를 이해하고 전환기의 중요성을 인식한다.	내 인생의 터닝포인트
2				성인이 되는 것 이해하기

차시	이론적 단계	모듈명	모듈별 상위 목표	세부 활동명
3	성공적인 전환 준비하기	도움 닫기	고등학교 생활과 다른 직장생활 내용을 이해하고, 성공적인 직장인의 자질과 요소에 대해 알아본다.	고딩 vs 직딩
4				슈퍼맨을 찾아서
5				창업, 도전해볼까
6				Go~Go~ 직업 현장으로
7	전환에 따른 변화 관리하기	도약 하기	성공적인 직장생활의 핵심 요소를 알아보고(직무, 대인관계, 시간관리, 경제관리) 관련 역량을 습득한다.	도약!職테크
8				도약!人테크
9				도약!時테크
10				도약!財테크
11	진로계획 수립 및 실천하기	비상 하기	고등학교 졸업 이후의 장·단기 삶의 목표를 설정하고 단계별 실천 계획을 수립한다.	내 안의 숨은 진로 영향 요인은?
12				직업, 그것이 알고 싶다!
13				취업을 향한 첫 걸음!
14				꿈은 이루어진다!

자료: 한국직업능력개발원(2013c), 전환기 진로지도 프로그램 운영 매뉴얼.

표 3-24 STP-J 단계별 세부활동 구성(2)

차시	세부활동 목표	학생 활동	소요 시간
1	이전 삶의 주요 사건 돌아보기	• 내 인생의 다섯 가지 터닝포인트 되돌아보기 • 취업으로의 전환기 준비의 필요성 이해	50
2	성인이 되는 것 이해하기	• 성인기의 신체·인지·정서·사회적 변화 이해 • '성인이 된다는 것' 마인드맵 작성	50
3	고등학생·직장인의 생활내용 차이 이해하기	• '무한상사' 영상시청을 통해 직장생활 엿보기 • 학교와 직장생활의 차이 조사하기	50
4	성공적인 직장인의 자질과 요소 탐색하기	• 성공적인 직장인의 자질과 요인 탐색하기 • 성공 직장인과 非성공 직장인 차이 알아보기	50

차시	세부활동 목표	학생 활동	소요 시간
5	창업 요건 및 절차 이해하기	• 창업에 대한 전반적 이해하기 • 창업 요구 역량 및 성공사례 알아보기	50
6	직업현장 체험 및 직장인과 인터뷰하기	• 직업 현장 탐방하기 • 직장인 인터뷰하기	100
7	관심직업 핵심직무능력 향상의 중요성 및 교육과정 알아보기	• 관심직업 핵심직무능력 향상의 중요성 이해하기 • 직무능력 향상을 지원하는 교육과정 알아보기	50
8	효율적 시간 관리 하기	• 내 주변의 관계 분석 • 보다 나은 대인관계 형성을 위한 계획 수립	50
9	건강한 인간관계 형성하기	• 평소 시간관리 습관 생각해 보기 • 우선순위에 의한 시간관리 계획	50
10	급여 관리 기준에 대해 생각해보기	• 직장인들의 경제관리 상황 이해하기 • 급여 관리 기준 및 계획 토론하기	50
11	나와 내 주변의 진로 영향 요인 알아보기	• 내 주변의 진로영향 요인 분석하기 • 내게 맞는 진로방향 설정해보기	50
12	희망직업에 대한 구체적 정보 알아보기	• top-down 방식의 커리어 패스 설정하기 • 희망직업의 하는 일, 요구능력, 입사조건 등 알아보기	50
13	관심 전공에 대해 더 알아보기	• 전반적인 구직과정 이해하기 • 입사 지원을 위한 이력서, 자기소개서 작성하기	50
14	내 꿈을 이루는 좋은 습관 갖기	• 꿈을 이루기 위한 실천사항 확인해보기 • 프로그램을 마치며(나의 다짐)	50

자료: 한국직업능력개발원(2013c), 전환기 진로지도 프로그램 운영 매뉴얼.

SECTION

05 자기주도적 진로교육 포트폴리오

개인의 능력 및 경력을 증명하거나, 교육이나 훈련을 받은 준비 정도를 증명하기 위해 진로와 관계된 자료를 체계적으로 수집·정리한 것을 진로 포트폴리오라고 한다. 오래전부터 전문적인 작업과 기술을 전시하기 위한 목적으로 디자인, 건축, 미술 등의 분야 및 직업들에서 활용되었으며, 교육 분야에서는 자기평가를 포함한 평가를 위해 활용되어 왔다.

진로(커리어) 포트폴리오는 '진로목표를 위해 진전을 보여주는 성취물(업적)로서 장기적으로 학생이 관리한 수집물'이라고 정의하거나 '개인의 직업능력을 가장 잘 표현할 수 있는 문서들이나 운반이 용이한 작품들을 모아놓은 것'이다.

가. 필요성

진로 포트폴리오는 반성적·자기주도적 진로개발 과정의 기록과 학부모의 자녀 진로선택에 필요한 활용자료로도 필요하다. 또 대학 입시에 있어서 학생부의 보완 자료가 될 수 있고 특히 입학사정관제를 대비한 자료로서도 매우 유용하게 활용될 수 있다.

또한 현대인은 다양하고 세분화된 직업의 세계 속에서 자신에게 최적의 직업을 찾기 위한 노력을 필요로 한다. 이러한 노력의 구체적인 시작은 진학을 앞에 둔 고등학생 시절에 그 필요성이 더욱 부각된다. 직업에 대한 교육이나 경험을 통한 준비정도뿐 아니라 능력 및 경력을 증명할 수 있는 자료를 체계적으로 수집, 정리하는 진로 포트폴리오를 구성함으로써 진로와 진학을 연결시킬 수 있기에 용이하다. 또한 대학 입시에 가장 신뢰성이 있는 학생부를 보완하고 심층적으로 설명할 수 있는 자료로 매우 유용하게 활용할 수 있다.

나. 내용 구성

진로 포트폴리오는 개인의 능력 및 경력을 증명하거나, 교육이나 훈련을 받은 준비 정도를 증명하기 위해 진로와 관계된 자료를 체계적으로 수집·정리한 것이므로 이 안에는 개인의 모든 것이 포함된다고 할 수 있다. 단지 진로 포트폴리오가 진로와 연관될 때에는 생애 설계를 바탕으로 해서 자아 성장과 성취를 위한 노력이 담겨 있어야 한다.

(1) 진로 포트폴리오에 담기는 일반적인 내용

항 목	구성 내용(예)
생애설계	진로심리검사자료, 진로계획서, 자기소개서, 학업계획서, 진로에세이, 일기장 등
성적자료	성적표(학생부, 정기고사 성적표, 모의고사 성적표), 성적분석자료 등
대회참가	참가신청서, 대회사진, 참가작품, 수상목록, 상장, 대회준비자료 등
특별활동	봉사활동, 체험활동, 자치활동, 계발활동, 종교활동, 단체활동, 공연 · 행사활동(팜플렛, 리플릿, 공연안내지), 적응활동(간부수련회, 상담) 등
독서이력	독서목록, 독서이력기록장, 독후감, 도서내용요약, 독서계획서 등
직업체험	직업체험보고서, 인턴십 · 아르바이트 경력기록장 등
대학탐방	대학탐방보고서, 학과탐방보고서, 대학프로그램 · 캠프 등 참가자료 등
자격증 · 인증	자격증목록, 자격증, 인증목록, 인증서 등
교과세부사항	방과후학습 수강목록, 공모전 참가목록, 교과관련 현장학습 목록 등
취미 · 특기	취미활동, 특기활동, 체육활동(경기관람목록), 여가활동(여행목록, 견학목록), 문화 · 예술활동(영화감상목록, 공연관람목록) 등
추천서	추천서, 예비추천서, 자기추천서 등

항 목	구성 내용(예)
학습결과	학습활동자료(책, 공책, 과제물, 보고서, 활동지), 작품 등
사진 · 동영상	기록사진, 작품사진, 기록동영상 등
네트워크	인간관계, 조직관계 등
자료수집	학습자료, 진학자료, 진로자료 등

(2) 진로 포트폴리오 구성 시안

목록	항 목	내 용
1장	나의 생애 설계	• 생애주기 곡선 그리기 • 생애 만족도 • 15년 후 자신의 모습 • 꿈을 이루기 위한 15년 계획 세우기
2장	자기이해	• 나의 이해 - 나는 어떤 사람인가? - 지금의 나 • 적성과 학습 능력 • 커리어넷을 활용한 적성 살펴 보기 - 적성유형과 향상 전략 - 일상행동과 생활의 특징 • 흥미, 성격 및 가치관 - 커리어넷 직업흥미 검사 - 성격유형검사 - 가치관 검사 • 신체 조건과 환경 • 생각 정리하기
3장	진로 의사 결정	• 진로 의사 결정 활동 • 미래의 예상 문제점과 극복 방안 • 선택 기준에 따른 예비 직업 결정 • 10년 후 나의 모습 그리기
4장	직업 및 학과 정보 탐색	• 직업 정보 탐색 - 관심 직업 찾기

목록	항 목	내 용
		- 관심 직업 정보 찾기 - 실제 직업인과의 인터뷰 - 관심 직업관련 사진 및 기사 찾기 • 학과 정보 탐색 - 자신에게 알맞은 학과 찾기 - 진학 준비 방법과 입시 요강 - 관심 학과에 관한 정보 찾기 - 계열 결정
5장	대학 입시 준비	• 모의 지원 모형 - 지원 시기 결정 - 지원 대학 모집 요강 정리(수시) - 지원 대학 성적 분석 - 지원 대학 모집 요강 정리(정시) - 자기소개서 준비와 연습
6장	활동 기록장	• 독서활동: 독서계획서, 독서이력 목록, 독서 이력 카드 • 자치활동: 자치활동 이력 목록, 자치활동 이력 카드 • 봉사활동: 봉사활동 이력 목록, 봉사활동 이력 카드 • 기타: 계발활동/동아리활동, 체험활동/적응활동/행사활동 이력, 자격증/인증 취득상황 목록, 대회/공모전 참가상황목록, 수강강좌목록, 자유탐구활동 목록, 교외활동/기타활동 목록

SECTION

06 진로교육 관련 검사도구

심리검사는 적성(앞으로 잘할 수 있는 잠재력을 가진 분야), 흥미(관심을 갖고 있는 분야), 성격, 가치관(진로 선택에 있어서 중요하게 여기는 기준) 진로발달(진로 관련 객관적인 성숙 정도) 등 5개 영역으로 나누어 상황에 따라 적절하게 선택하여 활용할 수 있도록 제시하였다.

1) 적성검사

검사명	제작 연도	개발처	주소	특징
직업적성 검사	'03	한국직업능력 개발원	http://www.career.go.kr>중학생>심리검사>심리검사실시	웹 심리검사, 중2~고3 대상, 총 59문항, 20분 소요
청소년용 적성검사	-	한국고용 정보원	http://www:work.go.kr/youth>중학생>직업심리검사>청소년용적성검사	153문항, 중1-고3, 70분, 9개 적성요인, 11개 하위검사

2) 흥미검사

검사명	제작 연도	개발처	주소	특징
직업흥미검사	'01	한국직업능력개발원	http://www.career.go.kr>중학생>심리검사>심리검사실시	웹심리검사, 중학생 이상 청소년 대상, 총 192문항, 30분 소요
홀랜드진로탐색검사(중학생)	-	한국가이던스	http://www.jinhak.or.kr>진로심리검사>중학생>홀랜드진로탐색검사	서울거주학생대상 1년 1회에 걸쳐 검사를 실시할 수 있도록 링크
청소년용 직업흥미검사	-	한국고용정보원	http://www.work.go.kr/youth>중학생>직업심리검사>청소년용 직업흥미검사	185문항, 중1-고3, 30-40분, 3개 하위척도, 6가지 일반흥미유형(RIASEC), 13가지 기초흥미 분야
청소년용 직업인성검사(L형)	-	한국고용정보원	http://www.work.go.kr/youth>중학생>직업심리검사>청소년용 직업인성검사(L형)	204문항, 중2-고등학생, 30분, 3가지 하위척도, 6가지 일반흥미유형, 13가지 기초흥미유형 측정
청소년용 직업인성검사(S형)	-	한국고용정보원	http://www.work.go.kr/youth>중학생>직업심리검사>청소년용 직업인성검사(s형)	180문항, 청소년, 20분, 5요인, 30개 하위요인
중학생용 진로탐색검사	-	부산광역시교육청	http://peitho1.busanedu.net>메인>진로정보센터>진로검사>진로탐색검사	적성41문항, 성취23문항, 성격5문항, 소요시간 37분

3) 성격검사

검사명	제작 연도	개발처	주소	특징
청소년용 직업인성 검사(L형)	-	한국고용 정보원	http://www.work.go.kr/youth>중학생>직업심리검사>청소년용 직업인성검사(L형)	204문항, 중2-고등학생, 30분, 3가지 하위척도, 6가지 일반흥미유형, 13가지 기초흥미유형 측정
청소년용 직업인성 검사(S형)	-	한국고용 정보원	http://www.work.go.kr/youth>중학생>직업심리검사>청소년용 직업인성검사(s형)	180문항, 청소년, 20분, 5요인, 30개 하위요인

4) 가치관검사

검사명	제작 연도	개발처	주소	특징
직업가치 관검사	'02	한국직업 능력 개발원	http://www.career.go.kr>중학생>심리검사>심리검사실시	웹 심리검사, 중 2학년 이상 대상, 총 55문항, 20분 소요
청소년용 직업가치 관검사	-	한국고용 정보원	http://www.work.go.kr/youth>중학생>직업심리검사>청소년용 직업가치관검사	15세 이상, 20분, 13개 하위요인

5) 진로발달검사 및 기타

검사명	제작 연도	개발처	주소	특징
진로성숙도검사	'03	한국직업능력개발원	http://www.career.go.kr >중학생>심리검사>심리검사실시	웹 심리검사, 중2~고3 대상, 총 105문항, 25분~30분 소요
홀랜드 진로발달검사 (중학생)	-	한국가이던스 (서울특별시 교육청)	http://www.jinhak.or.kr >진로심리검사>중학생>홀랜드진로발달검사	서울 거주 학생 대상 1년 1회에 걸쳐 검사를 실시할 수 있도록 링크
청소년용 진로발달 검사	-	한국고용정보원	http://www.work.go.kr/youth>중학생>직업심리검사>청소년용 진로발달검사	97문항, 청소년, 40분, 진로성숙도검사(57문항), 진로미결정검사(40문항)
간편 진로심리 검사	'10	한국가이던스 (제주특별자치도 교육청)	http://jinro.jje.go.kr>진로심리검사>간편진로심리검사	한국가이던스에서 제작한 간편 검사들로 주의력결핍 과잉행동장애부터 성공도 예측검사까지 18개의 간이 검사와 결과 해석 가능

SECTION

07 진로교육 관련 사이트

진로교육 관련 사이트에서는 진로교육과 관련하여 유익한 정보와 서비스를 제공하고 있는 사이트 및 메뉴를 소개하고 있다. 진로교육에 있어 진로(직업, 학과, 학교) 정보 검색은 무엇보다 중요한 내용이자 학생들 입장에서도 가장 많은 요구를 하고 있는 부분이다. 따라서 평소 진로교육 관련 사이트 및 메뉴를 숙지해 둔다면 수업, 상담, 행사 진행 등 어떤 영역에서도 큰 도움을 받을 수 있을 것이다.

<table>
<tr><th>기관</th><th>사이트 주소 및 연락처</th><th colspan="2">사이트 특징</th></tr>
<tr><td rowspan="5">한국고용 정보원 (청소년 워크넷)</td><td rowspan="5">• http://youth.work.go.kr
• 노동부 한국고용 정보원
• 서울특별시 영등포구 문래 공원길 5
• 02-2629-7000</td><td colspan="2">• 중/고/대학생 직업심리검사
• 청소년 직업체험 학습 프로그램 운영(JOB School)
• 직업정보(한국직업정보시스템으로 연결), 각종 자격증 및 훈련방법 정보, 계열별학과 정보, 학과 검색
• 진로상담(온라인상담)
• 진로교사 사이트 운영
• 초/중/고/대학교별 진로정보 구분</td></tr>
<tr><td>초등학교</td><td>흥미로운 직업세계(나랑 맞는 직업 · 직업이야기), 진로와 직업 온라인 학습, 정보관련 사이트, 선생님과의 상담</td></tr>
<tr><td>중학교</td><td>직업심리검사, 진로와 직업 온라인 학습, 직업정보, 고교정보, JOB School, 사회봉사활동</td></tr>
<tr><td>고등학교</td><td>진로가이드, 직업가이드, 직업심리검사, 취업한마당(채용정보), 청소년 직장체험, JOB School</td></tr>
<tr><td>대학교</td><td>취업한마당(채용정보), 청소년 직장체험, 직업심리검사, 취업가이드</td></tr>
</table>

<table>
<tr>
<td>서울특별시 교육청 (진학 진로 정보 센터)</td>
<td>• http://www.jinhak.or.kr
• 서울특별시교육연구정보원
• 서울특별시 중구 소월길 113
• 02-311-1260/1273</td>
<td>• 진로심리검사 · 직업안내, 학과안내 (한국가이던스제공)
• 진학 · 진로상담실(온라인상담, 방문상담)
• 초/중/고등학교 진학진로에 관련된 각종 정보
대학 정보 및 학과정보, 대학별 모집요강
<table>
<tr><td>진로정보</td><td>진로직업정보(진로 · 직업 · 자격증 · 고교학과정보), 체험학습장, 진로교육영상자료, 진로직업체험프로그램, 초/중/고등학교안내, 진로자료실, 추천 사이트(진로 · 상담)</td></tr>
<tr><td>대학진학 정보</td><td>대학진학지도지원단, 대입전략정보(입학사정관제에 관한 정보를 비롯하여 대학별 · 전형별 분석/전략정보), 학습전략/기출문제, 대학별정보, 대입자료실, 대학교 업무게시판</td></tr>
<tr><td>진로심리 검사</td><td>홀랜드진로발달검사(중 1학년), 홀랜드진로탐색검사(중2~3학년), 간편진로심리검사, 기타 심리검사</td></tr>
<tr><td>진학진로 상담실</td><td>온라인상담, 방문상담</td></tr>
<tr><td>청소년을 위한 방송</td><td>훈화방송: 2분 명상, 살아가는 이야기(사회저명인사, 연예인, 교육자, 방송인, 예술인 등이 청소년에게 들려주는 다양한 덕목의 훈화) 인터뷰 방송: 전문가와의 만남(사회 각계각층의 다양한 화제의 인물을 리포터가 인터뷰함)</td></tr>
<tr><td>자료실</td><td>진로자료, 진학자료 그 외 기타자료</td></tr>
</table>
</td>
</tr>
<tr>
<td>한국 직업능력 개발원 (커리어넷)</td>
<td>• http://www.career.go.kr
• 교육부
한국직업능력
개발원
• 서울특별시 강남구 청담10로 15
• 02-3485-5000/5100</td>
<td>• 종합심리검사
<table>
<tr><th></th><th>중/고등학교</th><th>대학교 · 성인</th></tr>
<tr><td>종류</td><td>직업적성검사
직업흥미검사
진로성숙도 검사
직업가치관 검사</td><td>진로개발준비도검사
이공계전공적합도검사
주요능력효능감검사
직업가치관검사</td></tr>
</table>
• 초등학생 진로탐색 프로그램
: 아로주니어-중저학년용, 아로주니어플러스-중고학년용
• 중/고등학생 진로탐색 프로그램: 아로플러스
• 직업사전(초/중/일반), 학과사전
• 진로상담(온라인상담): 전문상담인
• 미래의 직업세계 2009(직업편, 학과편)
분야별 직업의 세계(생명, 환경, 문화, 전자, 보건)
직업전망지표(제조건설업종, 서비스업종)
대학원의 세계 관련 자료
• 개인이 필요한 자료 저장, 활용가능</td>
</tr>
</table>

<table>
<tr>
<td></td>
<td></td>
<td>• 교사 · 연구자를 위한 진로교육 프로그램, 연수자료
• 초, 중, 고, 대학교 진로가이드 연계
<table>
<tr><th>초등학교</th><td>직업정보, 학교정보, 진로상담, 예비중학생, 아로주니어</td></tr>
<tr><th>중학교</th><td rowspan="3">심리검사, 직업정보, 학과정보, 학교정보,
진로상담, 진로가이드</td></tr>
<tr><th>고등학교</th></tr>
<tr><th>성인, 교사</th></tr>
<tr><th>연구자</th><td>진로정보, 진로교육프로그램, 진로교육관련자료, 진로교육 교사연수, 진로교육연계, 진로교육지표</td></tr>
</table>
</td>
</tr>
<tr>
<td>한국고용
정보원
(한국
직업
정보
시스템)</td>
<td>• http://know.work.go.kr
• 노동부
한국고용정보원
• 서울특별시
영등포구
문래공원길 5
• 02-2629-7000</td>
<td>• 진로심리검사(워크넷으로 연결)
• 직업정보, 학과정보(계열별 학과의 개요, 전공영역 주요 교과목, 개설대학, 필요한 적성과 흥미를 비롯해 졸업 후 취득자격, 진출직업, 취업률 등 정보)
• 직업자료(직업정보서, 연구보고서, 생생동영상-직업정보, 취업정보)
• 커리어상담(온라인상담): 직업인상담
• 직업찾기, 학과찾기, 테마별 직업여행, 이색직업, 이색학과, 직업사전 정보</td>
</tr>
<tr>
<td>한국산업
인력공단</td>
<td>• http://www.q-net.or.kr
• 서울특별시 마포구
표서길 14
• 1644-8000</td>
<td>• 각종 자격증에 관한 정보
(각종 자격에 대한 소개, 시험일정, 원서접수, 자격 취득자 통계 등)</td>
</tr>
<tr>
<td>서울
특별시
교육청
(서울
직업
교육정보
센터)</td>
<td>• http://happy-4u.net
• 서울시 종로구
송월길 28
• 서울특별시교육청
• 02-3999-619</td>
<td>• 초 · 중 · 고등학교 진로지도 자료
• 전문계 고등학교 진학안내(전문계 고등학교 소개 및 학교별 모집요강 등)
• 전문계 고등학교 대입 진학자료, 취업정보
• 각종 진로교육 교수 · 학습 자료</td>
</tr>
<tr>
<td>한국교육
학술
정보원
(학교
알리미)</td>
<td>• www.schoolinfo.go.kr
• 한국교육학술
정보원
학교정보공시
총괄관리기관</td>
<td>• 전국 초/중/고/특수학교의 최근 교육 소식
• 학교별 특색교육과정 및 홍보자료
• 교육관련 링크사이트 제공(전국 교육연구정보원, 교수학습지원센터, 사이버가정학습, 국가전자도서관)
• 전국 초/중/고/특수학교의 상세한 정보 제공</td>
</tr>
</table>

	• 서울특별시 중구 퇴계로 299	**학생현황**: 학생 재학 현황, 전 · 출입 및 학업중단 학생 수, 입학생 현황, 졸업생 진로 및 장학금 수혜 현황 **교원현황**: 직위별 교원 현황, 자격종별 교원 현황, 연수 참여 교원 현황, 교원단체 및 노조 가입 현황 **교육활동**: 각종 규정, 교육계획 편성 · 운영, 평가기준 및 계획, 학교 운영위원회, 동아리활동 및 방과 후 학교 등 **교육여건**: 학교 시설 및 개방 현황, 학교급식에 관한 사항, 학교폭력 및 학생 · 학부모 상담실적, 학교보건 및 환경위생 현황, 학교도서관, 사무직원 및 노조 가입 현황, 자율공시 **예 · 결산 현황**: 학교회계 예 · 결산서(국 · 공립), 학교발전기금 **학업 성취도**: 학년별 교과별 성적사항
한국교육개발원 (대학 알리미)	• http://www.academyinfo.go.kr • 한국교육개발원 대학정보공시센터 • 서울특별시 서초구 바우뫼길 220-1 • 02-3460-0180~4	• 국내 대학의 취업률, 등록금, 장학금, 재학생 및 교원 현황 등의 정보 • 대학 알리미 검색가이드(통합비교검색): 대학의 종류와 유형, 설립, 지역, 규모 등에 따라 대학별 또는 학과별로 공시된 다양한 정보를 검색하여 비교할 수 있도록 제공.
한국 대학 교육 협의회	• http://www.kcue.or.kr • 서울특별시 마포구 상암동 1601 KGIT 상암센터 11층 • 02-6393-5253	• 대학별 입학정보(대학입학 주요일정, 일반전형, 특별전형, 경쟁률, 모집인원, 대학별 전형일정, 기타 수험정보) • 전형요소별 입학정보(전형요소별 반영비율, 학생부, 수능, 논술, 면접/구술, 실기) • 대학탐방(대학정보, 학과정보, 대학소식, 입학설명회) • 대학교 대입 상담 및 진학정보
한국 전문 대학 교육 협의회	• http://www.kcce.or.kr • 서울특별시 중구 중림동 500번지 대우디오센터 7층 • 02-364-1540	• 전문대학교 입학 상담 및 진학정보(전문대학 현황, 통계, 학과정보)

SECTION

08 진로교육 관련 동영상 및 플래시 자료

1) 동영상 자료

활동영역: 1. 자기이해 2. 진로정보 3. 진로계획 4. 진로체험 5. 통합주제 6. 기타

자료명	개발처	주소	활동영역	특징
직업인 인터뷰	한국 직업 능력 개발원	http://www.career.go.kr>중학생> 직업정보>직업인 인터뷰	2	동영상 자료, 21명 직업인 인터뷰 수록(하는 일, 준비과정, 적성 및 자질, 전망 등), 동영상 분량은 10분 내외
미래의 직업세계 -직업인 인터뷰 바로가기	한국 직업 능력 개발원	http://www.career.go.kr>미래의직업세계2009 >직업편> 직업인 인터뷰 바로가기	2	동영상자료, 150개 직업에 종사하는 직업인 인터뷰 정보 수록, 인터뷰질문은 직무소개, 취업선택 동기, 직업준비 및 경로, 직업특성, 자기계발, 직업전망, 직업선택을 위한 조언 등의 내용을 사진과 기사 형식의 텍스트로 정보, 동영상 3~5분 정도의 분량이며, 3~4장의 사진 컷과 기사형태의 텍스트로 정보 제시
내일을 잡(job)아라	한국 고용 정보원	http://youth.work.go.kr>중학생>직업정보 >내일을 잡아라	5	진로인식, 진로탐색, 진로선택의 단계로 나누어 15개 직업정보 및 직업퀴즈로 구성

자료명	개발처	주소	활동 영역	특징
job school 직업체험 동영상	한국 고용 정보원	http://work.go.kr/youth>중학생>job school>직업체험영상	4	게임, 로봇, 생명공학, 나노, 방송, 패션디자인 등12개 산업분야에 대해 대학교수 및 직업 전문가의 특강, 현장견학, 활동지 등으로 구성
생생 동영상	한국 고용 정보원	http://.know.work.go.kr>직업자료실>생생동영상	2	5개의 분야를 나누어 총 68개의 직업동영상을 제공하고 있다. 시간은 5분 내외이며, 직업인의 하는 일, 근무 환경 소개, 인터뷰 등
직업 동영상	한국 고용 정보원	http://www.edurang.net>진로정보>직업동영상자료	2, 5	169개의 다양한 직업동영상을 제공하고 있으며, 각 직업 당 2분 내외로 수업시간에 활용이 매우 용이함
전문가와의 만남	서울 특별시 교육청	http://www.jinhak.or.kr>청소년을위한방송>전문가와의 만남	3, 5	총 33개의 직업동영상을 탑재하고 있으며, 쇼콜라티에(초콜릿전문가), 쇼핑호스트, 게임 케스터 등 학생들의 흥미를 유발하는 신생직업을 적극 소개

2) 플래시 자료

활동영역: 1. 자기이해 2. 진로정보 3. 진로계획 4. 진로체험 5. 통합주제 6. 기타

자료명	개발처	주소	활동 영역	특징
재량활동(중등)-자기이해	서울특별시 교육청	http://happy-4u.net >자료실>진로교육자료	1	진로 관련 내용 중 자기 이해에 대한 플래시 자료
재량활동(중등)-직업정보	서울특별시 교육청	http://happy-4u.net >자료실>진로교육자료	2	진로 관련 내용 중 직업세계 이해에 대한 플래시 자료
여성특화 직업카드	한국 직업 능력 개발원	http://www.career.go.kr>중학생>진로가이드>진로선택>여성	2	플래시카드 형태 자료임. 여성에게 적합한 직업 60종의 소개, 주요 내용으로 직업소개, 교육 및 훈련, 적성 및 능력, 임금정보 제공 등
재량활동(중등)-합리적 의사결정	서울특별시 교육청	http://happy-4u.net >자료실>진로교육자료	3	진로 관련 내용 중 의사결정에 대한 플래시 자료
재량활동(중등)-학습관리	서울특별시 교육청	http://happy-4u.net >자료실>진로교육자료	3	진로 관련 내용 중 학습 관리에 대한 플래시 자료
재량활동(중등)-자기소개서	서울특별시 교육청	http://happy-4u.net >자료실>진로교육자료	3	진로 관련 내용 중 자기소개서에 대한 플래시 자료
진로교육용 웹 컨텐츠(중등)	서울특별시 교육청	http://happy-4u.net >자료실>진로교육자료	5	진로교육 내용을 주제별로 플래시를 자료화하여 제시
진로의사결정(중등)	서울특별시 교육청	http://happy-4u.net >자료실>진로교육자료		진로 의사결정을 자기이해, 직업정보와 함께 통합적 수록

자료명	개발처	주소	활동 영역	특징
오봉이 이야기	경기도 교육청	http://jinro.kerinet.re.kr>자료실>상담자료	5	• 5분. 학생 작품. 진로와 관련된 학생의 고민, 인물사례 등 게시판 번호 160, 163, 171, 180, 183, 492, 578
절망 속에서 피어난 꽃 이승복	경기도 교육청	http://jinro.kerinet.re.kr>자료실>상담자료		장애물 극복과 관련된 동영상 자료. 4분
사이버직업체험: 나를 찾아서	한국교육학술정보원 (KERIS)	http://www.edunet4u.net>통합검색>'사이버직업체험' 입력	1	사이버가정학습의 자율학습 콘텐츠로서 '나를 찾아서' 등 진로교육의 영역 5개와 '쇼핑호스트'등 직업 27개를 담아 플래시(각각 약 10분 정도)로 제작. 기본 포맷은 동기유발-학습안내-학습활동-현장을 찾아-학습정리-나의 계획으로 구성
사이버직업체험: 직업관			2	
사이버직업체험: 다양한 직업세계			3	
사이버직업체험: 진로선택			4	
사이버직업체험: 직업의 의의			5	
나에게 꼭 맞는 직업은?	한국청소년 상담원	☞http://www.kyci.or.kr	5	자기관찰, 정보탐색의 필요성을 강조하고 10년 후 미래모습을 설계한 내용 플래시 자료(3분)

SECTION

09 『e-진로채널』 콘텐츠 자료

1) e-진로채널 총론 리스트(47편)

대영역	중영역	키워드 및 컨셉	타이틀(안)	형태
I. 자아 이해와 사회적 역량 개발	1. 자아이해 및 긍정적 자아개념 형성	자아존중감의 중요성	나를 사랑해야 할 이유	Image CF
			하얀얼굴	Animation
			나는 이미 주인공	Documentary
		자기이해의 필요성 (자신의 내면 보기)	나는 나의 철학자	Image CF
			찻잔 속에 담긴 지혜	Animation
			설계의 세상속으로	Documentary
		자신의 특성 이해 (적성 흥미에 대한 이해)	함께 한다는 것	Image CF
		적성, 흥미 검사의 이해	내 삶의 주인공	Image CF
		자신의 미래에 대한 상상(꿈)	꿈꾸는 자의 행복	Image CF
			나에게 보내는 파이팅!	Image CF
			저축하는 습관을 길러요!	Image CF
			책을 만든다는 자부심	Image CF
		꿈과 역할 모델 정하기	너를 한 번 믿어봐	Animation
			한 줄의 삶	Documentary
	2.	현대사회와	혼자가 아닌 세상	Image CF

	대인관계 및 의사소통 역량 개발	네트워크 능력관계		
		대인관계 능력의 중요성	소통, 믿음의 시작	Interview
		교우관계, 배려의 실천	친구가 필요해	Animation
			차별, 폭력의 다른 이름	Animation
			배려의 손길	Image CF
			동행	Image CF
		경청과 설득	함께 바라봐 주세요!	Image CF
			마음의 키를 키워 주세요	Image CF
			미래의 영웅	Interview
			아이에게서 배웁니다	Animation
II. 일과 직업 세계의 이해	1. 일과 직업의 이해	현대사회와 다양한 직업의 세계	현대, 직업, 얼굴들	Image CF
		20년 후 나타날 직업의 세계	반짝반짝 작은 별	Animation
	2. 건강한 직업의식 형성	직업의식 (윤리의식과 책임감)	이카로스의 날개	Image CF
			선서, 그 후	Documentary
			나의 마침표	Documentary
			나부터 건강하자	Image CF
			반려동물이래요	Image CF
		직업의식 (공익, 소질, 적성)	작가, 알을 깨는 고통	Image CF
			프로파일러의 하루	Image CF
		근로자 권리 이해의 필요성	선생님이라 불리고 싶습니다	Image CF
			내꿈은 진행형	Documentary
		직업 의식, 편견(선입견 해소)	이분의 직업은 무엇일까요?	Animation
			하늘을 나는 또하나의 외교관	Interview
Ⅲ.진로	1.	직업정보	진로? 혼자 고민하지 마세요	Documentary

	교육기회의 탐색	(진로직업 상담교사)		
탐색	2. 직업정보의 탐색	직업정보 (직업체험과 역할모델)	읽고 또 읽고	Image CF
			의뢰인의 동반자	Image CF
			사회복지사의 하루	Documentary
Ⅳ. 진로디자인과 준비	1. 진로의사 결정 능력개발	합리적 의사 결정의 중요성	판단과 결단	Image CF
			딸에게 보내는 편지	Animation
	2. 진로계획과 준비	미래지향적 진로 설계	나는 회사원이다	Image CF
			와인과 사람의 깊이	Image CF
		진로계획에 대한 분명함과 유연성	계획하지 않는 것은….	Documentary
			별을 세다	Image CF

2) e-진로채널 초등 리스트(72편)

No	직업 군	타이틀(안)	형태
1	건축가	건물을 그리는 사람들	Documentary
2	게임기획자	게임, 즐겁지만 적당히	Interview
3	경찰관	경찰관 아저씨, 감사합니다	Documentary
4	교사	선생님같은 선생님이 되고싶어요	Documentary
5	국제회의전문가	세계는 하나, 같이 고민해요	Documentary
6	기상연구원	아름다운 지구	Documentary
7	기자	항상 바쁜 메모광	Interview
8	도시계획가	집짓는 게임과는 달라요	Interview
9	동물사육사	사랑이 필요합니다	Documentary
10	로봇연구원	만화가 현실로!	Documentary
11	마케팅전문가	마케팅이 무엇일까요?	Interview
12	물리치료사	의사랑 똑같네요!	Interview
13	사진작가	순간을 담는 예술가	Documentary
14	촬영감독	시선을 사로잡는 사람들	Documentary
15	치어리더	꽃보다 열정	Documentary
16	방송연출가	스탠바이큐	Documentary
17	약사	더불어 함께하는 전문가, 약사	Documentary
18	번역가	외국어만 잘해서는 안됩니다	Image CF
19	범죄분석가	CSI 과학수사대	Interview
20	공인회계사	회계가 뭐예요?	Documentary
21	법무사	법이란 무엇이죠?	Documentary
22	변호사	법이란 이래서 생겼어요	Documentary
23	도예가	삶의 과정, 도예공예	Documentary
24	북디자이너	책은 가장 큰 선물!	Documentary

No	직업 군	타이틀(안)	형태
25	비행기조종사	떳다 떳다 비행기!	Interview
26	사회복지사	주변엔 힘든 사람이 참 많습니다	Image CF
27	상담전문가	남들도 나와 똑같아요	Documentary
28	성우	내가 주인공!	Interview
29	소믈리에	와인이 뭐죠?	Documentary
30	소프트웨어 개발자	딱딱한 컴퓨터를 말랑말랑하게	Documentary
31	수의사	상처주기 없기!	Interview
32	스포츠 트레이너	건강도 트레이닝한다	Interview
33	항공승무원	안전이 제일 중요해요	Documentary
34	안경사	안경은 얼굴이다	Documentary
35	만화가	TV보다 스케치북!	Documentary
36	연예인매니저	스타만을 꿈꾸지 마세요	Interview
37	연주가	모짜르트도 도미솔부터!	Interview
38	여행플래너	꿈같은 여행을 만들어드립니다	Interview
39	외환딜러	외환딜러가 뭐죠?	Interview
40	항공우주공학기술자	우주선이 좋아? 비행기가 좋아?	Animation
41	음악치료사	마음의 병, 더 무섭습니다	Interview
42	응급구조사	위험은 항상 존재합니다.	Documentary
43	의사	미리 예방하세요	Image CF
44	자동차공학 기술자	전 자동차 엄마입니다!	Interview
45	카피라이터	마음을 움직이는 사람	Documentary
46	모델	다이어트, 지금부터 해야할까요?	Interview
47	한의사	기를 다스리는 사람들	Interview
48	푸드스타일리스트	너무 맛있어보여요! 누가 만든거죠?	Documentary
49	항공교통관제사	하늘위의 신호등	Documentary

No	직업 군	타이틀(안)	형태
50	항공기 정비원	안전제일! 말할 필요없습니다	Documentary
51	해부학연구원	신비스러운 인간의 몸	Documentary
52	미용사	가위의 꿈	Interview
53	환경컨설턴트	지구가 아파해요	Documentary
54	변리사	변리사? 처음 들어봤어요	Interview
55	간호사	환자와 함께	Documentary
56	커플매니저	두 손을 꼭~	Interview
57	무대감독	공연장의 신호등	Documentary
58	보석디자이너	이렇게 탄생됩니다	Interview
59	운동선수	기초는 프로의 지름길	Interview
60	파티플래너	즐거운 파티!	Documentary
61	웨딩플래너	신데렐라를 꿈꾸며	Documentary
62	인테리어디자이너	빈 공간을 아름답게	Documentary
63	헤드헌터	사람과 사람사이	Interview
64	인터넷게임중독 상담사	중독, 치유 가능합니다	Documentary
65	국악인	우리 소리, 우리 음악	Interview
66	네일아티스트	손은 인생이다	Documentary
67	아나운서	방송의 꽃	Interview
68	무용가	한마리 백조처럼	Interview
69	바리스타	커피를 만드는 사람들	Documentary
70	성악가	기본이 가장 중요	Documentary
71	화가	마음을 그리는 사람	Documentary
72	플로리스트	가장 향기로운 직업	Documentary

3) e-진로채널 중등 리스트(81편)

No	직업 군	타이틀(안)	형태
1	건축사	기본은 당연히 안전이죠	Interview
2	게임기획자	게임은 종합예술	Interview
3	경찰관	뜨거운 가슴, 차가운 머리	Documentary
4	교사	지식 그 이상의 지혜	Documentary
5	국제회의전문가	나라를 홍보합니다	Interview
6	기상연구원	지구를 이해하려면 과학이 필요해요	Interview
7	기자	자유로운 영혼	Interview
8	도시계획가	결국, 사람을 위한 계획	Documentary
9	동물사육사	또 하나의 언어를 배웁니다	Interview
10	로봇연구원	로봇은 무슨 일을 하나요?	Documentary
11	마케팅전문가	저요? 물건만 파는게 아니랍니다	Documentary
12	공인회계사	경제의 파수꾼	Interview
13	법무사	법무사는 이런 일을 합니다	Interview
14	물리치료사	환자와 함께 고통을 느낍니다	Documentary
15	방송연출가	출퇴근이 따로 없어요	Interview
16	번역가	언어의 마술사	Interview
17	범죄분석가	범죄 남의 얘기가 아닙니다	Interview
18	변호사	변호사vs변호사	Documentary
19	북디자이너	디자인이 좋아야 잘팔린다	Documentary
20	사진작가	사진 순간의 마법	Documentary
21	촬영감독	움직이는 미술 또 다른 화가	Documentary
22	치어리더	우리도 프로선수	Interview
23	비행기조종사	이해와 판단, 그리고 소통	Documentary
24	사회복지사	세상을 변화시키는 초심	Interview

No	직업 군	타이틀(안)	형태
25	상담전문가	상담, 창피한 일이 아닙니다	Interview
26	성우	성우, 또 하나의 배우	Documentary
27	소믈리에	멋있다고요? 공부할게 얼마나 많은데요	Interview
28	소프트웨어 개발자	융합시대	Documentary
29	수의사	수의사와 반려동물	Documentary
30	스포츠 트레이너	건강한 몸 건강한 정신	Image CF
31	비행기승무원	부럽다고요? 함께 해요	Documentary
32	안경사	느낌이 다릅니다	Image CF
33	애니메이터	애니메이터의길	Interview
34	연주가	노력은 배반하지 않는다	Documentary
35	외환딜러	외환딜러에게 하는 질문	Documentary
36	항공우주공학기술자	우주를 향한 꿈 멀지 않았습니다	Documentary
37	레크리에이션지도자	꿈의 대화	Interview
38	음악치료사	항상 열려 있습니다	Documentary
39	응급구조사	생명은 정말 소중해요	Interview
40	의사	의사의 품격	Documentary
41	자동차공학 기술자	자동차의 기본개념	Documentary
42	금융자산운용가	마음의 기초공사, 정직과 믿음	Image CF
43	카피라이터	내 인생의 카피	Documentary
44	모델	무대위의 연주가	Documentary
45	한의사	인간과 우주는 하나입니다	Documentary
46	푸드스타일리스트	요리! 또 하나의 예술	Image CF
47	항공교통관제사	푸른꿈을 위한 약속 안전파수꾼	Documentary
48	항공기 정비원	똑같은 푸른꿈!	Interview

No	직업 군	타이틀(안)	형태
49	해부학연구원	의학과 과학의 초석	Documentary
50	미용사	쉬운 일은 없답니다	Interview
51	환경컨설턴트	미래의 전문가입니다.	Documentary
52	변리사	지식도 재산입니다	Documentary
53	간호사	최고의 전문직!	Documentary
54	커플매니저	운명을 상대하는 직업	Interview
55	무대감독	환상의 무대	Interview
56	보석디자이너	트랜드를 선도하는 직업	Documentary
57	운동선수	땀은 배반하지 않는다	Documentary
58	푸드스타일리스트	좌절금지!	Documentary
59	파티플래너	고객의 즐거움이 나의 행복	Documentary
60	웨딩플래너	완벽한 결혼을 위하여	Documentary
61	인테리어 디자이너	공간표현 종합디자인	Interview
62	헤드헌터	모래속에서 진주찾기	Interview
63	인터넷게임중독상담사	과유불급	Interview
64	국악인	국악이 진정한 K-POP 아닐까요?	Interview
65	네일아티스트	가장 작은 예술	Documentary
66	아나운서	나의 미래 사명감	Documentary
67	무용가	비보이를 사랑한 발레리노	Documentary
68	바리스타	자신만의 색과 향	Documentary
69	성악가	행복을 주는 사람	Interview
70	화가	화가들 마음이 다 다릅니다	Documentary
71	여행플래너	레드오션이 아닌 블루오션으로	Interview
72	약사	약사 그들은 의료인입니다	Interview
73	도예가	그 섬세함의 아름다움	Interview

No	직업 군	타이틀(안)	형태
74	플로리스트	꽃보다 향기, 플로리스트	Documentary
75	특성화고등학교	관광외국어과	Doc/Inter
76	특성화고등학교	조리과	
77	특성화고등학교	호텔비즈니스과	
78	특성화고등학교	서울 로봇 마이스터고	
79	특성화고등학교	실용음악과	
80	특성화고등학교	국제뷰티아트과	
81	특성화고등학교	시각디자인	

제 4 부

진로교육을 위한 교수학습 방법

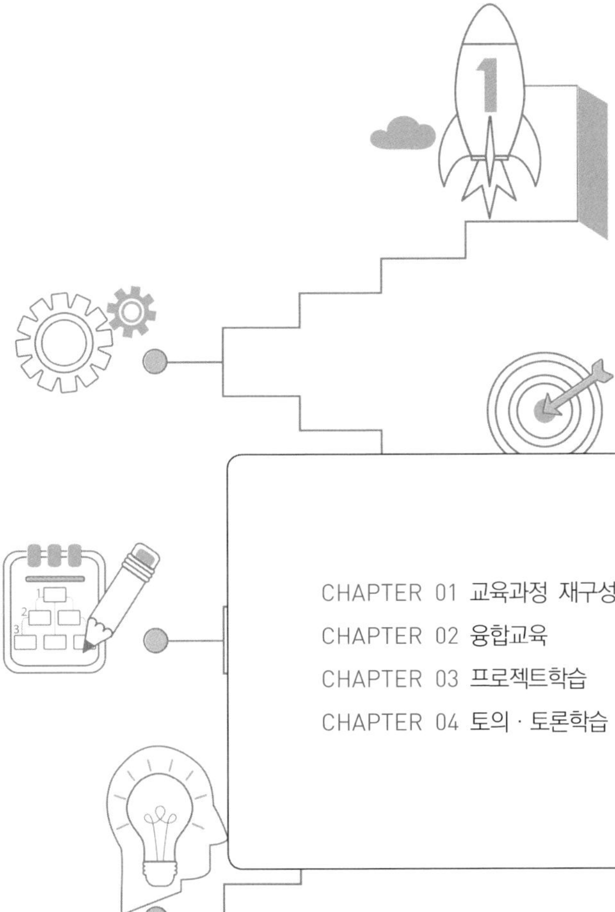

CHAPTER

01

교육과정 재구성

SECTION

01 교육과정의 개념 및 구성요소

가. 개념

교육과정(curriculum)은 '달린다', '뛴다'라는 의미의 라틴어 'currere'에서 유래된 말로서 경마장의 주로(a race course)와 경주하는 그 자체(the race istself)에 해당하고 활동의 장소나 활동의 연속을 의미한다(구병두 · 김병준, 2007).

따라서, 교육과정은 교육에 있어 일정한 순서로 배열된 학습, 학습 내용 및 경험 내용을 가리키는 것으로 학습자의 학습과 경험하는 내용의 학습 경험 그 자체를 의미한다(강봉규 · 박성혜 · 최미리, 2006).

가장 일반적으로 말하면, 교육과정은 '무엇(what)을 가르치고 배울 것인가?'에 대한 답을 결정하는 교육학의 한 탐구 분야이다([그림 4-1] 참조).

그림 4-1 교육과정의 기본 질문

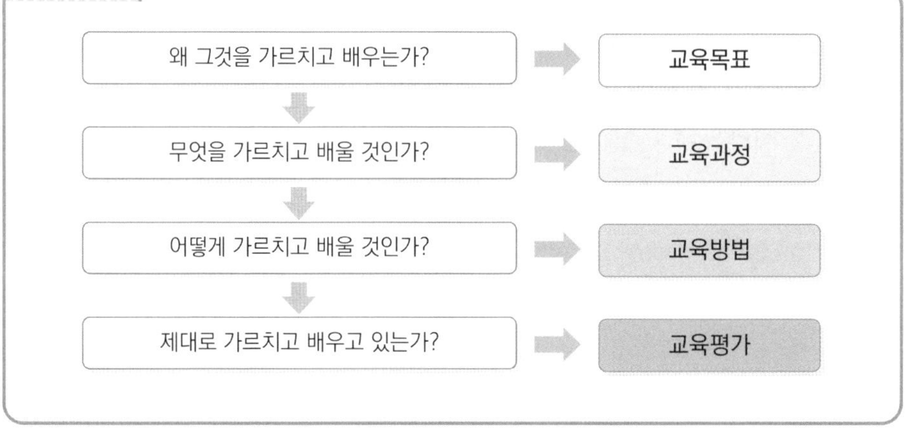
왜 그것을 가르치고 배우는가?
교육목표
무엇을 가르치고 배울 것인가?
교육과정
어떻게 가르치고 배울 것인가?
교육방법
제대로 가르치고 배우고 있는가?
교육평가

[그림 4-1]에서 제시한 교육과정의 기본 질문에 비추어 본 주요 과업은 현행 교육과정에 대한 비판적 이해(critical understanding)와 교육과정에 대한 창의적 개발(creative development)을 중심으로 교육과정 현실에 대한 비판과 교육과정 미래 창출이라 할 수 있다([그림 4-2] 참조).

그림 4-2 교육과정의 기본 질문에 비추어 본 주요 과업

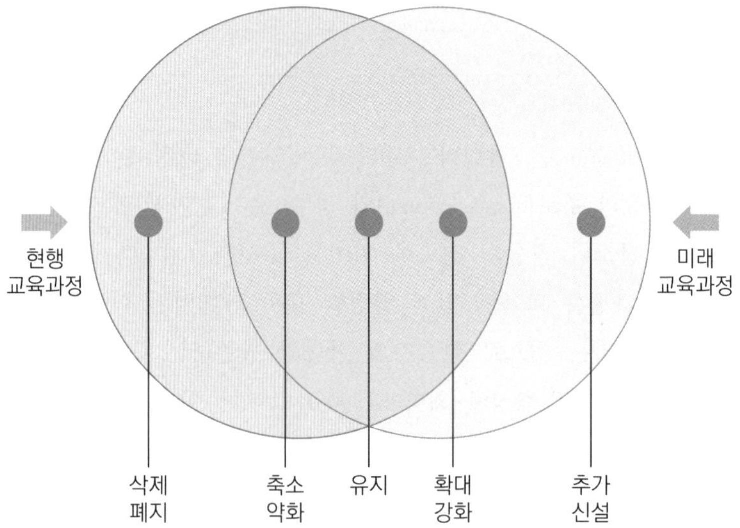
현행
교육과정
미래
교육과정
삭제
폐지
축소
약화
유지
확대
강화
추가
신설

자료: 박도순 · 홍후조(2006). 교육과정과 교육평가(3판). 문음사, 재구성.

특히, 일반적으로 교육과정의 개념은 크게 교육내용, 학습경험, 의도된 학습성과, 문서 속에 담긴 교육계획, 실존적 체험과 그 반성 등 <표 4-1>과 같이 정리할 수 있다(김진규, 2007).

표 4-1 교육과정의 개념

구분	특징
교육내용	• 역사적으로 가장 오래되고 널리 알려진 개념 • 교과들의 목록, 해당 교과 교수 요목, 강의요목(syllabus) • 학생 입장: 학습해 나가는 과정 • 교사 입장: 학생에게 가르쳐야 할 교육내용의 체계 • 일정기간 동안 제공되는 교과목의 종류, 성격, 내용 등을 간단히 나열해서 기술해 놓은 교과과정
학습경험	• 계획된 학습 경험 • 학교의 지원 또는 감독 아래 학생들에게 제공되는 모든 경험
의도된 학습 성과	• 수업을 통해 도달해야 할 의도된 학습성과 • 의도된 일련의 구조화된 학습결과 • 학습경험을 통해 성취해야 하는 결과 • 내용선정, 학습활동 명세화에 대한 책임과 관심 약화, 행동적 결과나 목표만 강조할 우려
문서에 담긴 교육계획	• 문서 속에 담긴 교육목적, 교육내용, 교육방법, 교육평가, 교육운영 등에 대한 종합 계획 • 학습자가 학습경험을 가질 수 있도록 기회를 부여하는데 필요한 교육방법, 교육평가, 기관운영의 일반적인 지침 • 다른 개념보다 포괄적이고 실용적
실존적 체험과 반성	• 교사나 학습자 자신이 외부의 사물이나 사건을 접하고 읽고, 생각하고 느끼고 배우는 체험과 반성의 과정 • 학습자가 학교에서 또는 자신의 삶을 살아가면서 이수하거나 거쳐야 하는 고정된 실체로서의 대상이 아니라, 공부하고 삶을 살아가는 그 자체교사나 학습자 자신이 외부의 사물이나 사건을 접하고 읽고, 생각하고 느끼고 배우는 체험과 반성의 과정 • 학습자가 학교에서 또는 자신의 삶을 살아가면서 이수하거나 거쳐야 하는 고정된 실체로서의 대상이 아니라, 공부하고 삶을 살아가는 그 자체

한편, 교육과정의 개념은 '계획', '의도한 성과나 산출물' 등의 '처방적' 접근 방식과 '경험', '과정' 등 '기술적' 접근 방식으로 각각 <표 4-2>, <표 4-3>과 같이 구분할 수 있다(최호성, 2008).

표 4-2 교육과정의 처방적 접근

구분	개념
Bobbit(1918)	• 개인의 능력을 계발하는 일에 관련된 경험의 범위로서, 개인의 계발을 완결하거나 완전하게 하기 위해 학교가 활용하는 일련의 의식적 지도 훈련의 경험
Rugg(1927)	• 학습자에게 최대한 인생과 유사한 삶을 느낄 수 있도록 도와 주는 일련의 경험과 기도(enterprises)
Hutchins(1936)	• 문법규칙, 읽기, 수수학, 논리학, 수학, 서구사회 고전 등과 같은 비교적 항구적 성격의 교과들로 구성
Tyler(1949)	• 학교가 교육목표를 달성하기 위해 계획하고 지도한 일체의 학습 경험
Taba (1962)	• 목적이나 구체적인 목표의 진술문을 담고 있고 내용 선정과 조직에 관한 것이 포함되어 있으며 특정한 형태의 학습 및 교수활동을 나타내고 그 성과에 따른 프로그램 평가활동도 포함
Johnson (1967)	• 특정 학교에서 다니고 있는 학습자 집단을 겨냥하여 설정한 포괄적인 목표나 그에 관련된 구체적인 목표를 달성하기 위해 적절한 학습 경험을 제공하는 학교 계획
Popham & Baker (1970)	• 학교가 책임지는 모든 계획적 학습 성과들을 포함하는 것으로 수업에서 의도하였던 결과
Saylor, Alexander, & Lewis (1981)	• 교육을 받는 학습자에게 일련의 학습 기회를 마련해 줄 목적으로 작성한 계획
Oliva (2001)	• 전공 분야별로 졸업이나 자격증 취득의 요건으로서 부과하는 체계적인 과목 군이나 교과의 계열
McBrien & Brant(1997)	• 학생이 배우게 될 학습과목 또는 교수요목을 개괄적으로 표현한 서면 계획
Wiles & Bondi (2006)	• 발달과정을 통해 학습자의 경험을 장점에 도달할 수 있도록 활성화하는 일련의 바람직한 목표 똔느 가치 체계

표 4-3 교육과정의 기술적 접근

구분	개념
Dewey(1902)	• 아동이 현재의 경험으로부터 교과라는 진리의 덩어리로 이동하는 하나의 연속적인 재구성
Caswell & Campbell (1935)	• 교사의 지도 아래 아동들이 갖게 되는 모든 경험
Ragan(1960)	• 학교가 책임을 수용하는 아동의 경험 일체
Doll(1992)	• 학습자가 학교의 보호 아래 겪는 일체의 경험
Hass(1987)	• 학습자 자신이나 자신의 교육 프로그램에 대해 가지는 실제 경험의 집합 또는 경험에 대한 인식
Cornbleth(1990)	• 감각으로 만질 수 있는 산물이 아니라, 학습자, 교사, 지식 및 환경이 매일 역동적으로 상호작용하는 자체
Tanner & Tanner (1995)	• 학습자가 학습상황에서 무엇을 할 것인가에 관심을 갖는 것이 아니라, 무엇을 학습하게 될 것인가에 대한 학습자의 수행 결과에 관심

나. 구성요소

교육과정의 구성요소는 교육목적 또는 교육목적을 설정하여 그것을 달성하기 위해서 선정된 교육내용, 조직된 교육내용의 전개, 학습 지도를 위한 교수-학습 방법 및 자료의 구성, 교육성과의 평가 등 <표 4-5>와 같다(김봉수, 1982).

표 4-4 교육과정의 구성요소

구분	특징
교육목표 설정	• 교육을 통해 달성하고자 하는 행동의 변화 • 지식의 이해, 응용, 사고, 창의성, 흥미, 태도, 가치관, 지능 등 일반적 특수적인 행동 변화 포함 • 교육과정의 전체 방향 제시, 교육내용, 학습활동, 지도활동의 기준 및 근거 제공
교육내용 선정 및 조직	• 교육목표를 달성할 수 있는 강력하고 효율적인 수단 • 교육목표와 교육내용의 관계는 목적과 수단의 관계
교수-학습 활동	• 학습자가 직접 교육내용을 습득하거나 익히고 의미 있는 학습경험을 수행하고 이를 확장시켜 나감으로써 교육목표 달성
교육평가	• 교육적 향상과 발전을 위해 체계적이고 계획적인 교육적 노력의 계속 과정으로서 학습자의 학습 성과, 교사 자신 평가, 교육과정 자체 평가도 포함

한편, 교육과정을 결정하는 요소는 교과, 학습자, 사회 등 [그림 4-3], [그림 4-4], [그림 4-5]와 같이 도식화할 수 있다(박도순·홍후조, 2006).

그림 4-3 교과를 중심으로 한 교육과정의 유형

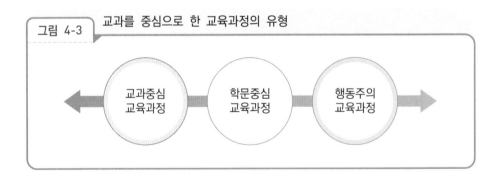

교과중심
교육과정
학문중심
교육과정
행동주의
교육과정

그림 4-4 학습자를 중심으로 한 교육과정의 유형

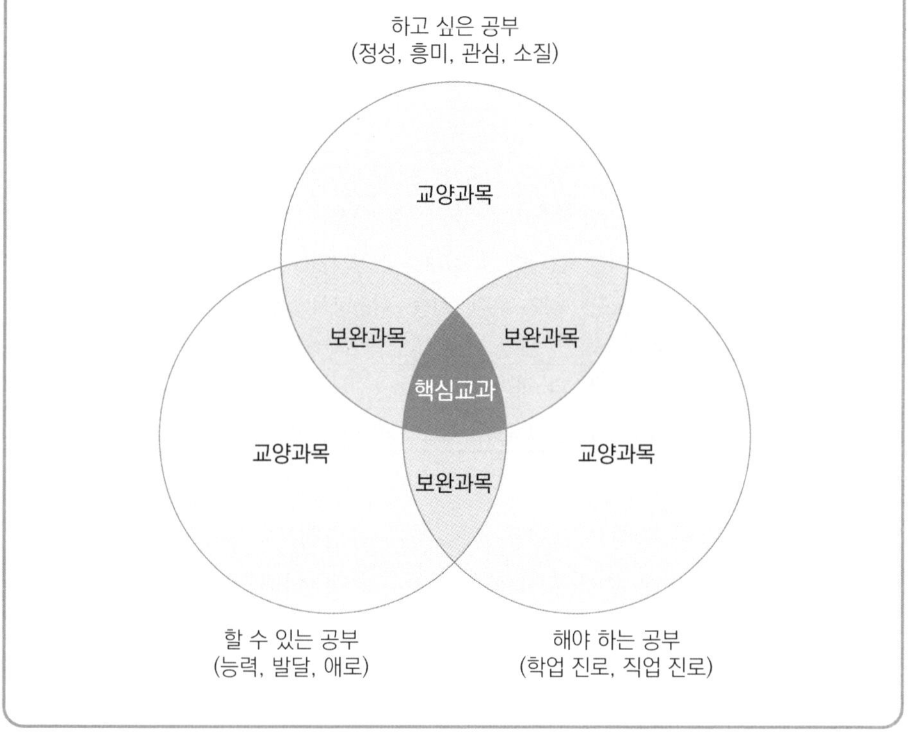
하고 싶은 공부
(정성, 흥미, 관심, 소질)
교양과목
보완과목
보완과목
핵심교과
교양과목
교양과목
보완과목
할 수 있는 공부
(능력, 발달, 애로)
해야 하는 공부
(학업 진로, 직업 진로)

그림 4-5 사회를 중심으로 한 교육과정의 유형

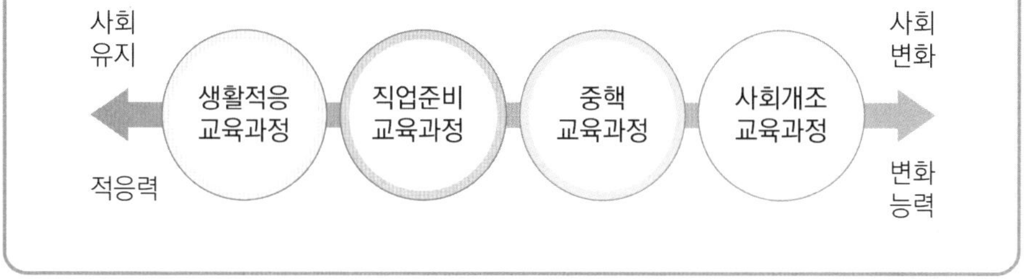
사회
유지
적응력
생활적응
교육과정
직업준비
교육과정
중핵
교육과정
사회개조
교육과정
사회
변화
변화
능력

한편, 교육과정의 일반적인 성격은 <표 4-6>과 같이 요약할 수 있다(구병두 · 김범준, 2007).

표 4-5 교육과정의 성격

구분	특징
포괄성	• 학생, 교사가 행하는 일의 전체이고 생활 그 자체와 같은 넓고 포괄적인 교육과정 구성
수단성	• 교육목적을 달성하기 위한 수단
충족성	• 사회적 요구와 필요를 충족시키는 교육과정 구성
개별성	• 학습자의 능력, 흥미에 따른 개인차 인정
창의성	• 학습자의 개성, 잠재력 등 창의성 신장시키는 교육과정
과학성	• 학습자의 요구, 능력, 흥미, 지능, 학습양식 등 과학적 이해에 적합한 교육과정 구성
변화성	• 끊임없는 재검토와 개정 필요
지역성	• 지역사회의 독자적인 환경, 습관, 특성, 요구에 적합

특히, 교육과정의 특성은 교육목적에 따른 규범성, 교육목적 달성의 수단성, 학습자 존중성, 교육활동 중심의 실제성, 교원 주도성, 미래 지행성 등 <표 4-7>과 같다(홍후조, 2002).

표 4-6 교육과정의 특성

구분	특징
교육목적에 따른 규범성	• 무엇을 가르치면 학습자들이 더 나은 배움과 삶을 열어 가는데 도움이 될 것인가에 대해 올바로 숙고하고 판단하여 결정
교육목표 달성의 수단성	• 교육목적을 달성하기 위한 수단
학습자 존중성	• 학습자의 바람직한 변화, 발달, 성장을 위해 노력하는 교육과정
교육활동 중심의 실제성	• 교육활동 전개를 위한 내용 소재, 방법과 절차, 환경 조성의 기준 제공
교원 주도성	• 교과를 매개로 수업지도와 생활지도를 수행하는 교사가 교육과정의 구체적인 의사결정, 전문적 실천, 반성과 질 관리 담당
미래 지향성	• 학습자의 성장과 발달, 사회의 발전과 개선 등 변화 지향적이고 미래 지향적인 교육과정

SECTION

02 교육과정 재구성의 이해

가. 교육과정 재구성의 의미

교육과정 재구성(curriculum reconstruction)은 법적 문서로 제시된 국가수준의 교육과정의 요구를 학생의 발달, 실태, 능력에 최적화해서 교육하기 위해 교사가 국가수준의 교육과정을 재구성하여 활용한다는 의미이다. 국가수준의 교육과정과 학생 이해라는 두 가지 지평 사이에서 학생들의 삶과 성장을 최적화할 수 있는 행로와 환경을 계획하고, 조직화하고, 실행하는 교사의 교육 행위가 바로 교육과정 재구성인 것이다(박세원, 2013). 국가, 지역, 학교 수준의 교육 계획, 교육 내용, 교육방법 등을 교실에서 실행하기 전 또는 실행 중에 변경 또는 변형

그림 4-6 교육과정 Literacy 습득과정

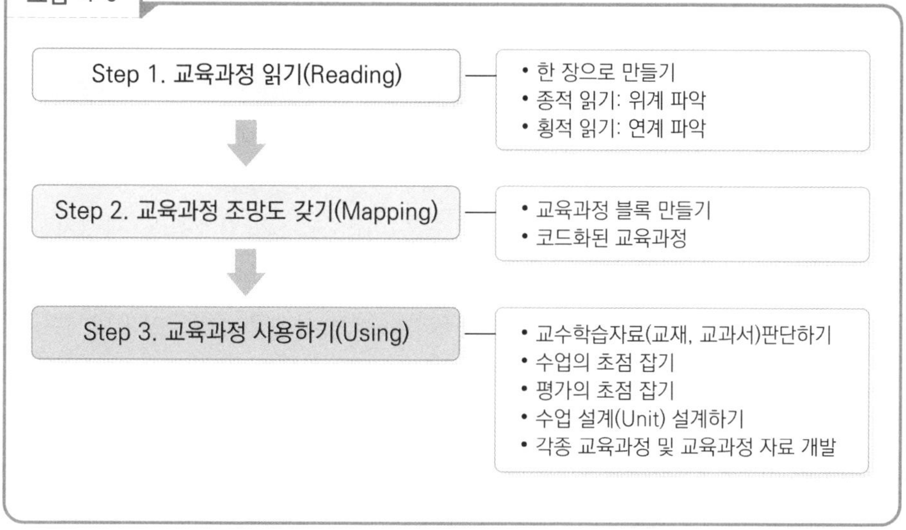
Step 1. 교육과정 읽기(Reading)
• 한 장으로 만들기
• 종적 읽기: 위계 파악
• 횡적 읽기: 연계 파악
Step 2. 교육과정 조망도 갖기(Mapping)
• 교육과정 블록 만들기
• 코드화된 교육과정
Step 3. 교육과정 사용하기(Using)
• 교수학습자료(교재, 교과서)판단하기
• 수업의 초점 잡기
• 평가의 초점 잡기
• 수업 설계(Unit) 설계하기
• 각종 교육과정 및 교육과정 자료 개발

하는 구성적이고 해석적인 활동이다(강현석·방기용, 2012).

위의 의미를 통해 교육과정 재구성은 [그림 4-6]의 교육과정 Literacy 습득 과정에서 3단계 교육과정 사용하기(Using)에 해당된다.

나. 교육과정 재구성의 필요성

교육과정 재구성은 단순한 기술적 문제라기보다는 학습의 적절성이라는 교육과정의 중요성을 내포하고 있는 문제로 교육과정 차별화와 수준별 접근에 중요한 의의가 있다(강현석, 2011). 능력, 적성, 관심, 장래 계획이 각기 다른 학습자에게 교육과정을 적합하게 제공하는 데에 그 의의가 있다.

교육과정 재구성은 교과서 중심 수업에서 교육과정 중심 수업으로의 전환을 의미하며, 배움의 즐거움, 2009 개정 교육과정의 요구, 교사의 전문성 향상, 핵심역량을 배양하기 위해 필요한 것이다.

교육과정의 재구성의 필요성은 다음과 같다(경북대학교 사범대학 교육학과, 2010).

첫째, 목표 중심의 학습활동이 이루어지기 위해서는 교과서에 제시된 자료와 내용을 창의적으로 재구성하여 활용할 필요가 있다. 둘째, 교과서에 제시된 내용을 교사가 순서와 내용을 재조직하여 지도할 필요가 있다. 셋째, 학생들의 수준에 적합하지 않은 것은 무의미하므로 학생들의 수준을 고려하여 적합한 활동을 계획하고 지도할 필요가 있다. 넷째, 가능한 범위 내에서 다양한 제재간의 연계를 생각하여 두 개 이상의 제재를 연계하여 학습의 효과를 높일 수 있도록 지도할 필요가 있다. 다섯째, 교과 간 혹은 교과 내 유사한 단원의 학습 시기를 비슷한 시기에 학습하도록 재배치한다면 학습의 효율성을 높일 수 있으므로 학년, 학습의 상황에서 상호연계학습이 가능하도록 여러 교과의 단원들을 재배치하여 활용할 필요가 있다.

이처럼 교육과정 재구성은 교육의 자율성과 적합성을 높이고, 교원의 자율성과 전문성을 신장시키며, 학생의 발달 단계에 적합한 탄력적이고 융통성 있는 학습자 중심의 교육을 실현하고, 강의식·주입식 교육을 탈피하여 학생 개개인이 즐겁고 행복해하는 교육의 다양성을 추구함에 있다.

다. 교육과정 재구성의 유형

교육과정 재구성의 유형은 크게 재구성 방법과 목적에 따라 <표 4-8>과 같이 나눌 수 있다.

표 4-7

교육과정 재구성 유형			교육과정 재구성 방법
재구성 방법	교과내 재구성	전개 순서의 변경	교사들이 여러 교과의 수업에서 계절이나 절기 등을 고려하여 단원의 순서를 바꾸거나 한 단원 내에서 전개 순서를 바꾸어 재구성
		내용 생략	교사들이 학생의 수준에 맞추기 위하여 혹은 시간이 부족하여 혹은 교과 전문 지식이나 기능이 부족하여 단원이나 단원 내의 일부 내용을 생략
		내용 추가	교사들이 단원 내용의 특성에 따라 내용을 추가
		내용 축약	교사들이 학생의 수준에 맞추기 위하여 교과서 내용을 축약
		내용 대체	교사들이 학생의 수준이나 흥미, 실생활과의 연계성 등을 고려하여 단원 내용의 일부를 이외의 내용으로 대체
	교과간 재구성	타교과와의 통합	중심교과+타교과+(범교과) 중심교과+타교과+창의적 체험활동
재구성 목적	주제중심 재구성		개인적 차원의 문제와 사회적 차원의 문제를 모두 망라하여 윤리적 문제를 다루고, 다양한 관점들을 균형적으로 고려하는 태도의 함양을 목표
	수업전략 중심 재구성		주제에 따른 수업 운영 방법과 수업 전략을 어떻게 설정할 것인지를 염두해 주고 교육과정을 재구성, 협동학습, 프로젝트학습, 탐구학습, PBL, 협력적 문제해결 등
	핵심역량 중심 재구성		창의적 문제해결력, 의사소통능력, 시민의식 등 미래 사회에 필요한 핵심역량을 중진시키기 위해 교육과정을 재구성

라. 교육과정 재구성의 과정

Shulman(1987)은 교육과정 재구성의 과정을 [그림 4-7]과 같이 '이해 → 변환 → 교수 → 평가 → 반성 → 새로운 이해'의 과정으로 설명하였다.

그림 4-7 교육과정 재구성의 과정

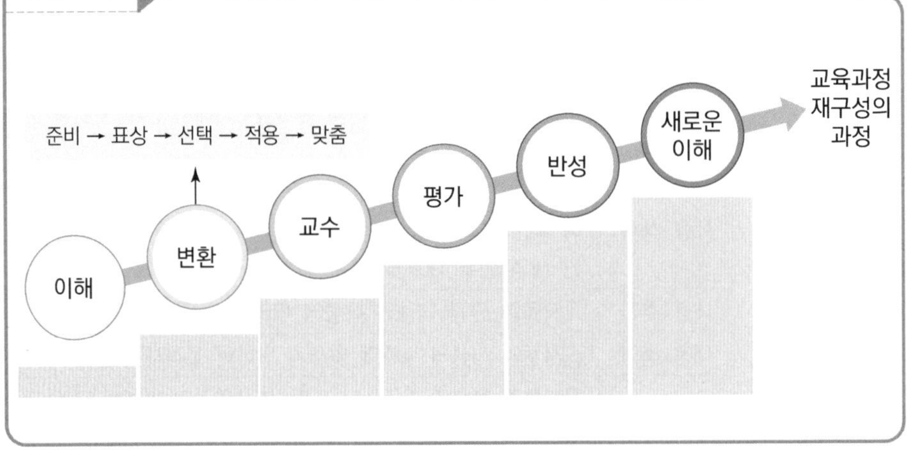
준비 → 표상 → 선택 → 적용 → 맞춤
이해
변환
교수
평가
반성
새로운 이해
교육과정 재구성의 과정

첫째, 이해 단계는 가르칠 내용을 교사가 비판적으로 해석하는 단계이다.

둘째, 변환 단계는 가장 핵심적인 과정으로 '준비 → 표상 → 선택 → 적용 → 맞춤'의 과정으로 이루어진다. 준비 과정에서 교수 목표를 명확히 하고, 표상 과정에서 교과 내용을 학생들이 이해하기 쉬운 형태로 바꾸어 제시한다. 선택 과정에서는 다양한 교수 유형과 방법을 선정하고, 적용과정에서는 학습자의 능력, 특성을 반영하여 교과 내용을 변형시키고, 맞춤 과정에서는 특수한 학습자를 위한 교과 내용을 변화하는 노력을 한다.

셋째, 교수 단계에서는 교사가 학생들과 상호작용을 하면서 교수 행위를 하는 것이다.

넷째, 평가 단계에서는 교수 과정에서 교사에게 피드백을 주는 단계로서 공식적인 평가와 시험이 포함된다.

다섯째, 반성 단계에서는 교육 목표에 관련하여 교수 과정을 검토하고 수정한다. 이러한 과정을 통해 교사는 내용에 대한 새로운 이해를 얻고, 이것은 다시 수업에서 교과 내용의 변환으로 순환하는 과정을 거친다. 특히, 변화의 과정이 교육과정 재구성의 한 가지 사고 과정이라고 볼 수 있다.

SECTION

03 성취기준과 핵심 성취기준

가. 성취기준과 성취수준

교육부(2012)에서는 성취기준과 성취 기준을 다음과 같이 정의하였다.

성취기준(achievement standards)은 교수·학습 및 평가에서의 실질적인 근거로서, 각 교과목에서 학생들이 학습을 통해 성취해야 할 지식, 기능, 태도의 능력과 특성을 진술한 것을 말한다.

성취수준(achievement level)은 학생들이 성취기준에 도달한 정도를 몇 개의 수준으로 구분하고 각 성취수준에 속한 학생들이 무엇을 알고 할 수 있는지를 기술한 것이다. [그림 4-8]은 성취기준과 성취수준, 교수·학습, 평가 활동과의 관계를 그림으로 나타낸 것으로 성취기준을 근간으로 교수·학습과 평가가 이루어지며, 학생에 대한 평가 결과가 성취기준에 도달한 몇 개의 단계로 구분한 성취수준의 형태로 제공됨을 보여준다.

그림 4-8 성취기준과 성취수준의 의미

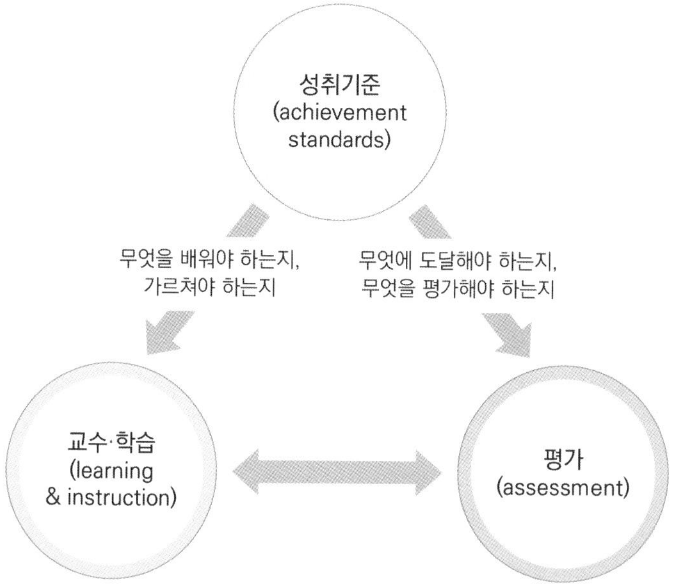
성취기준
(achievement
standards)
무엇을 배워야 하는지,
가르쳐야 하는지
무엇에 도달해야 하는지,
무엇을 평가해야 하는지
교수·학습
(learning
& instruction)
평가
(assessment)

자료: 교육부(2012). 2009 개정 교육과정에 따른 성취기준 · 성취 수준(초등학교 3 · 4학년). p.7.

나. 핵심 성취기준

교육부(2013)에서 핵심 성취기준(key achievement standards)을 개발한 배경은 교과를 통한 창의성과 인성교육의 실현을 위해 학습 내용의 감축과 여유로운 교수·학습 조건을 마련할 수 있도록 핵심 성취기준을 개발하였다.

2009년 개정 교육과정에 따른 교과별 성취기준이 개발, 보급된 현 시점에서 해야 할 과업으로서 개발된 성취기준 가운데 보다 중점을 두고 가르치고 배워야 할 성취기준들을 정선할 필요가 있는 것이다. 핵심 성취기준은 "학교급별 교육 목표와 각 교과(목)에서 추구하는 교과 교육의 목표를 달성하는 데 보다 중요하고 필수적인 교육 내용을 다루는 성취기준"으로 개념화될 수 있고, 이는 핵심 성취기준이 아닌 '일반 성취기준'을 달성하는 데 기초가 되는 성취기준이기도 하다.

핵심 성취기준은 교육과정의 재구성을 통해 학생들이 배워야 할 것과 학습을 통해 성취할 수 있는 지식, 기능, 태도 등을 보다 명확하게 구조화함으로써 획일적인 주입식 교육을 벗어나 학습의 부담을 경감하고 교수·학습의 질을 제고한다.

표 4-8 핵심 성취기준의 방향

개선 방향		기대 효과
교육과정	• 교육과정 재구성의 활성화 • 강조, 중략, 생략, 압축 가능	• 교과 교육의 경제성 제고 • 교수 · 학습 활동의 효율성 및 효과의 극대화 • 학교 교육의 경쟁력 강화
교과서	• 핵심 내용 중심의 자기주도적 학습 촉진	
수업	• 강의 위주 수업 및 지식전달의 주입식 수업 지양 • 체험, 토론, 협력, 프로젝트 학습	
평가	• 교수 · 학습과정의 점검 및 학습 결과의 질 관리	

핵심 성취기준 선정에 기초가 되는 자료는 2009 개정 교육과정에 따른 교과별 교육과정 기준과 그에 의거하여 2012년에 개발되어 보급된 교과별 성취기준이다. 양자에 기초하여 정선된 핵심 성취기준은 교수·학습 활동을 통해서 성취해야 할 지식과 기능, 태도의 능력과 특성들을 보다 합리적으로 (재)구조화함으로써 교사의 교수·학습 활동에 일종의 '선택과 집중의 원리'를 적용하는 것을 의미한다.

표 4-9 2009 개정 교육과정에 따른 핵심 성취기준 선정 현황

학교급 / 과목	초등학교			중학교
	1~2학년	3~4학년	5~6학년	
국어	✔	✔	✔	✔
도덕		✔	✔	✔

과목 \ 학교급	초등학교			중학교
	1~2학년	3~4학년	5~6학년	
사회		✔	✔	✔
역사			✔	✔
수학	✔	✔	✔	✔
과학		✔	✔	✔
실과 (기술 · 가정)			✔	✔
체육				
음악				
미술				
영어		✔	✔	✔

[그림 4-9]는 핵심 성취기준 선정과 교육과정 재구성 활용방안을 크게 5단계로 제시하였다.

그림 4-9 핵심 성취기준 선정과 교육과정 재구성 활용방안 단계

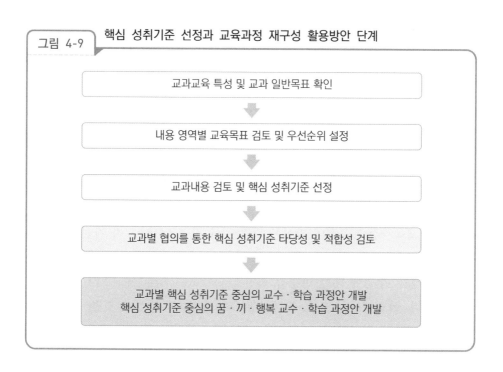

교과교육 특성 및 교과 일반목표 확인

↓

내용 영역별 교육목표 검토 및 우선순위 설정

↓

교과내용 검토 및 핵심 성취기준 선정

↓

교과별 협의를 통한 핵심 성취기준 타당성 및 적합성 검토

↓

교과별 핵심 성취기준 중심의 교수 · 학습 과정안 개발
핵심 성취기준 중심의 꿈 · 끼 · 행복 교수 · 학습 과정안 개발

SECTION

04 교육과정 재구성 활성화를 위한 교사의 역할

지금까지 살펴본 교육과정 재구성(curriculum reconstruction)은 교사의 전문성의 출발점이자 핵심이라 볼 수 있다. 교사의 교육과정 재구성을 통한 행복한 교육과정 편성·운영을 위한 교사의 역할을 살펴보면 다음과 같다.

첫째, 교사는 가능하게 하는 사람이지 못하게 하는 사람이 아니다. 교사는 학생들의 표현의 자유, 경험의 자유를 방해할 것이 아니라 허용적인 분위기에서 자유롭게 표현하고 경험할 수 있도록 전폭적으로 지원하고 격려해야 할 것이다.

둘째, 교사는 아이들이 성공하도록 돕는가에 모든 초점을 두어야 한다. 교사는 지시자가 아닌 학생들이 자유롭게 학습활동을 이끄는 조력자의 역할에 충실해야 할 것이다.

셋째, 교사는 계획과 과정을 함께하는 사람이지 평가하는 사람이다. 교사는 학습의 전과정에 학생들과 눈높이를 함께 해서 계획–과정–결과를 함께 공유할 수 있어야 한다.

넷째, 교사는 흥미를 유발하는 사람이지 흥미를 훔쳐가거나 숨기게 하는 사람이어서는 안된다. 교사는 항상 학생들이 학습에 관심 있어 하거나 관심을 끌 수 있도록 흥미유발자로서의 역할을 수행하여야 한다.

끝으로 교육과정 재구성이 활성화 되기 위한 전략으로는 교사 자신은 수업의 전문가라는 마인드를 갖고, 교육과정 literacy 능력을 함양한 후 능동적인 교육과정 재구성자, 수업에 대한 반성적 실천가(reflective practitioner)로서 삶을 실천하여야 하며, 학교에서는 교장, 교감선생님의 전폭적인 관심과 지원, 소통과 공유를 통한 학교, 학년간의 교육과정 협의회가 활성화 될 수 있는 학교풍토(school climate)가 조성되어야 할 것이다.

CHAPTER

02

융합교육

SECTION

01 융합교육의 개념

융합은 원래 '두 개 이상의 상이한 요소들이 동일한 방향으로 움직이거나 하나의 요소로 수렴되는 현상'으로서, 번들(bundle), 패키지(package), 하이브리드(hybrid), 퓨전(fusion) 등과 유사한 개념이지만 <표 4-11>과 같이 구분될 수 있다(이병욱, 2011).

특히, 융합은 매우 간단한 물리적 결합에서 시작하여 복잡한 화학적 결합으로 발전하는 개념으로서, 두 개의 사물을 단순히 통합하는 것뿐만 아니라, 두 개의 사물을 완전히 분해하여 하나의 완벽한 사물로 재탄생시키는 것도 포함한다. 다시 말해 융합의 개념은 여러 개의 사물을 물리적 또는 화학적으로 분해한 후에, 다시 복잡한 하나의 새로운 사물로 창조함으로써 기존의 기술이나 제품을 창조적으로 재조합하는 작업이라 할 수 있다.

한편, 융합교육은 융합의 개념을 바탕으로 두 개 이상의 교과나 학문을 단순히 통합하는 것뿐만 아니라, 두 개 이상의 교과나 학문에서 요구하는 지식, 기능, 태도 등을 완전히 분리하여 하나의 새로운 교과나 학문을 만들 수 있다. 이러한 융합의 결과로 도출된 새로운 교과나 학문은 매우 다양할 수 있기 때문에, 특정 주제나 과제를 해결할 수 있는 융합교육 방법은 매우 다양할 수 밖에 없다.

따라서, 획일적으로 제한된 융합교육 방법으로 특정 주제나 과제를 해결하기보다는 교사나 학습자가 다양하고 새로운 융합교육 방법을 창안하고 구안함으로써 좀 더 효과적이고 효율적인 융합교육 방법을 탐색할 필요가 있다.

표 4-10 STEAM 융합교육의 필요성

구분		특징	예시	비고
통합	번들	• 같은 제품을 여러 개씩 묶어서 하나의 상품 단위로 판매 • 동일한 상품의 물리적인 묶음	라면을 5개씩 포장하여 하나의 번들로 판매	화학적 결합
	패키지	• 여러 개의 다른 상품들을 하나의 상품 단위로 묶어서 판매 • 상이한 상품을 묶어서 판매	여행 패키지는 렌터카, 호텔, 항공권, 관광지 가이드의 묶음	↕
융합	하이브리드	• 여러 제품에서 얻을 수 있었던 독립된 기능을 하나의 제품에 결합하여 판매 • 독립된 기능의 제품을 결합	스마트폰(PDA+핸드폰), 복합기(프린터+복사기+스캐너+팩시밀리)	
	퓨전	• 기존에 상반되는 개념으로 판매되는 제품 및 서비스로부터 제공받던 기능을 합쳐 새로운 상품 가치 제공 • 상반되는 개념의 상품 결합	MP3(음악+자료저장), 퓨전 음식(동양음식+서양음식, 일식+한식)	
	융합	• 다른 개념의 상품이나 서비스로 제공되는 것을 화학적으로 결합하여 새로운 상품 개발 • 다른 개념의 상품을 화학적으로 결합	내비게이션(길안내+라디오+TV+하이패스)	물리적 결합

SECTION

02 융합교육의 배경

21세기 교육의 패러다임은 사람이 중심이 되는 사회 즉, 감성을 지닌 창조지식인의 사회로의 진화를 강조한다. 이러한 교육적 지향점의 변화에 따라 '창의력과 상상력 교육'과 '문화예술교육'이 상당한 중요성을 가지게 되었다. 현대 사회는 단순지식보다는 상상력과 과정, 감성적 기능이 더 중요하다. 따라서 창조와 문화의 시대에 맞는 인재 양성시스템을 구축하기 위한 국가 아젠다(agenda)로서 예술과 인문사회 및 자연과학과의 융합 교육이 최근 부각되고 있는 실정이다.

특히, 문화와 창의자본의 시대를 이끌어갈 창의적이고 융합적인 능력을 갖춘 인재를 기르기 위해서는 이에 부응할 수 있는 교육 시스템과 프로그램의 개발이 선행되어야 한다. 인간의 근원적인 감성을 계발하고, 창조적이며 자율적인 삶을 영위할 능력을 배양함에 있어 타 학문 분야 간의 융합은 가장 효과적인 방법의 하나이다. 즉, 미래를 대비하는 인재 양성 방안으로 효과적인 융합적 교육을 이루기 위한 인프라 구축이 시급하며, 현장에서 다양한 교과목과 상호 연계할 수 있는 융합인재교육 프로그램의 개발이 필요하다.

최근 시대적 요구에 따라 정부는 '2011년 업무계획'을 통해 창의적인 융합인재 양성을 위한 초·중등 STEAM(Science, Technology, Engineering, Arts & Mathematics) 교육의 강화를 발표했다(교육부, 2010). 이에 따라 초·중등 교육과정에서 과학기술에 대한 흥미와 이해를 높이고 융합적 사고와 문제해결 능력을 배양하기 위한 STEAM교육(과학예술융합교육)이 강조되고 있으며, 현재 융합 교육 프로그램의 개발 방향은 과학·기술·공학·수학의 학습내용을 핵심역량 위주로 재구조화하고, 과목간 연계를 강화하며, 예술적 기법을 접목하는 교육과정을 개발하는데 있으며, 이는 과학과 예술의 접목을 추구하여온 교육 선진국들의 지향점이기도 하다.

한편, 우리나라에서도 자연계열 학생 수 감소, 국제 성취도 평가에서 성적 하향 추세 등의 이유로 STEAM 융합교육의 필요성이 대두되었다(<표 4-11> 참조).

표 4-11 STEAM 융합교육의 필요성

구분	개발 배경
이공계 기피 현상	• 우수한 과학기술인력 양성 및 공급에 차질 • 어려운 과목으로 과학이라는 인식 팽배 • 과학에 대한 관심 저조 • 자연계열 학생수 지속적인 감소
과학 학습 동기 부족	• 수학과 과학 학습에 대한 자신감 및 즐거움 중/하위권 • 문제해결능력, 창의력 분야, 과학과목 흥미도, 자기주도적 학습능력 최하위권
창의 · 인성교육 강화	• 단순 지식보다 상상력, 과정을 더 중요시하는 시대 • 창의력과 상상력 교육, 문화예술교육이 절대적 중요 • 창조와 문화의 시대로 수평 통합적 교육으로 전환
예술 및 감성교육 강화	• 예술교육의 힘은 관찰, 상상, 창의, 표현, 구성, 통합 • 예술교육에서 활용하는 상상의 도구들은 창의성교육에서 유용하게 사용

지금까지 살펴본 STEAM의 각 영역별 정의 및 기능을 살펴보면 <표 4-12>과 같이 정리할 수 있다(박현주 · 백윤수, 2011).

표 4-12 STEAM 융합교육의 각 영역별 정의 및 기능

구분	정의	기능
과학(S)	• 자연 그 자체에 대한 학문	지식 기반
기술(T)	• 가치재를 만드는 방법 또는 그 자신	지식 기반
공학(E)	• 조건 하에 가치를 창출하기 위한 방법론	사고 기반
예술(A)	• 감성을 통한 순화 및 표현	감성 기반
수학(M)	• 수리에 따른 체계적이고 논리적인 언어	언어개념 기반

이 외에도 Yakman과 김진수(2007)은 STEAM 융합교육의 피라미드 모형([그림 4-10] 참조)을 제시하면서 예술을 포함한 STEAM 융합교육을 실시함으로써 실생활과 관련성을 높이고 흥미도가 높은 수업을 할 수 있다고 주장하였다(Yakman & Jinsoo, 2007).

그림 4-10 STEAM 융합교육의 피라미드 유형

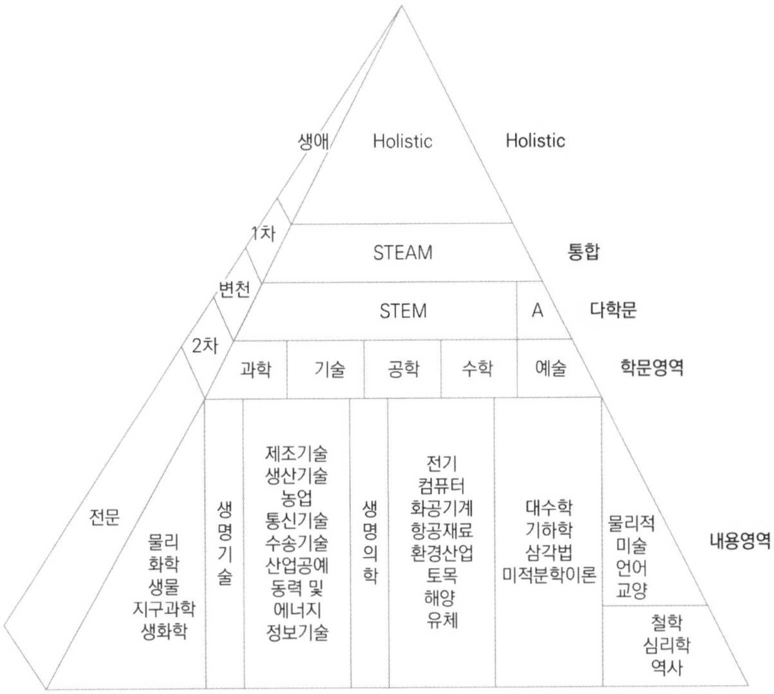
생애
Holistic
Holistic
1차
STEAM
통합
변천
STEM
A
다학문
2차
과학
기술
공학
수학
예술
학문영역
전문
물리
화학
생물
지구과학
생화학
생명기술
제조기술
생산기술
농업
통신기술
수송기술
산업공예
동력 및
에너지
정보기술
생명의학
전기
컴퓨터
화공기계
항공재료
환경산업
토목
해양
유체
대수학
기하학
삼각법
미적분학이론
물리적
미술
언어
교양
철학
심리학
역사
내용영역

SECTION

03 융합교육을 위한 교육과정 재구성

교과 시간이나 창의적 체험활동을 활용함으로써 수업 시간 재구성, 블록타임 시간제 운영, 창의적 체험활동 재구성, 차시통합을 통한 시수 확보 등 다양한 방법으로 STEAM 융합교육을 실시하기 위해서 교육과정을 재구성할 수 있다. 먼저 교육과정의 수업 시간을 재구성하기 위해서는 전북 옥봉초등학교 사례에서도 알 수 있듯이 [표 4-13]과 같이 교과 32시간을 확보할 수 있다.

표 4-13 수업 시간 재구성 방안(예시)

구분 \ 내용 \ 학년		6학년 2학기 배당 기준 시수				
		기준시수	증감시수	본교기준 시수	STEAM 시수	본교STEAM 시수
교과	수학	64	2	66	13	10
	과학	48	0	48	9	8
	실과	32	-3	29	5	4
	음악	32	0	32	6	5
	미술	32	0	32	6	5
계		208	-1	207	39	32

특히, 창의적 체험활동을 재구성하기 위해서는 월 1회 STEAM 창의적 체험활동의 날을 지정하여 학년군별로 STEAM 융합교육을 운영할 수 있다. 또한, 각 교과별로 차시통합을 통해 시수를 확보할 수 있는 방안도 있다(<표 4-14> 참조).

표 4-14 차시통합을 통한 시수 확보 방안(예시)

순	단원명	학습주제	차시	재구성	비고
51	7.정비례와 반비례	반비례의 활동	5/7	5/7	
52	7.정비례와 반비례	단원평가	6/7	6/7	차시통합 (교과 내용 재구성)
	7.정비례와 반비례	탐구활동	7/7		
53	STEAM교육			4	시수확보
54	8.문제 해결 방법 찾기	그림을 그리거나 식을 세워 문제해결	1/7	1/7	
55	8.문제 해결 방법 찾기	거꾸로 생각하거나 식을 세워 문제해결	2/7	2/7	
56	8.문제 해결 방법 찾기	표 작성 또는 예상과 확인으로 문제 해결	3/7	3/7	
57	8.문제 해결 방법 찾기	여러 가지 방법으로 문제 해결	4/7	4/7	
58	8.문제 해결 방법 찾기	새로운 문제를 만들고 풀어 보기	5/7	5/7	
59	8.문제 해결 방법 찾기	단원평가	6/7	6/7	
60	8.문제 해결 방법 찾기	탐구활동	7/7	7/7	
61	STEAM교육			5	시수확보
62	STEAM교육			6	시수확보
63	STEAM교육			7	시수확보
64	STEAM교육			8	시수확보
65	STEAM교육			9	시수확보
66	STEAM교육			10	시수확보

한편, STEAM 융합교육을 실시하기 위해서 각 교과별로 적용할 수 있는 연간 교육계획안을 작성할 수 있는 방안은 <표 4-15>와 같다.

표 4-15 STEAM 융합교육 연간 교육계획안(예시)

교과	지도시기	단원	차시	학습주제	STEAM 융합교육 요소
수학	10월 1주	4.사각형과 사다리꼴	7/11	여러 가지 모양 만들기	• M: 조각을 사용하여 여러 가지 모양 만들기 • A: 도형판 조각을 활용하여 디자인하기
과학	10월 2주	2. 용해와 용액	6/10	물의 양에 따라 물질이 녹는양	• S: 물의 양에 따라 물질이 물에 녹는 양 알기 • A: 요소 결정을 이용한 꽃나무 만들기

SECTION

04 융합교육의 교수 · 학습 방법

STEAM 융합교육에서 실시할 수 있는 수업 방법 중에서 원리(principle), 내용의 연계성(relationship), 상상력(imagination), 설계(design), 탐구(exploration) 등 <표 4-16>과 같이 정리할 수 있다(전영석, 2011).

표 4-16 STEAM 융합교육 수업 방법(PRIDE)

구분	수업 방법
원리 (Principle)	• 미래 핵심 기술과 관련된 수학, 과학, 공학적 원리를 실제 상황과 연관지어 맥락적으로 학습
내용 연계성 (Relationship)	• 다양한 전문 분야의 서로 밀접한 관계와 유기적인 상호작용을 이해할 수 있도록 학습
상상력 (Imagination)	• 상상력을 발휘하여 창의적인 사고력과 창의적 성향을 가질 수 있도록 학습
설계 (Design)	• 실험 과정 및 장치를 설계하고, 자원 등 주어진 조건을 감안하여 문제의 해결 방안을 계획하고 조직하여 학습
탐색 (Exploration)	• 탐구와 조사를 통한 문제를 해결하는 능력, 과학/기술 분야의 진로 탐색, 전문가 업무 경험 및 이해, 전공 분야로의 진출 방안 모색 등 학습

이 외에도 STEAM 융합교육을 수업할 수 있는 방법은 STEAM 구성 요소 반영 방법, 교재 구성 접근 방법, 중심 영역 방법 등 <표 4-17>과 같이 정리할 수 있다.

표 4-17 STEAM 융합교육

구분	수업 방법	모형
구성 요소 반영 방법	• STEAM 요소를 모두 반영하는 방법	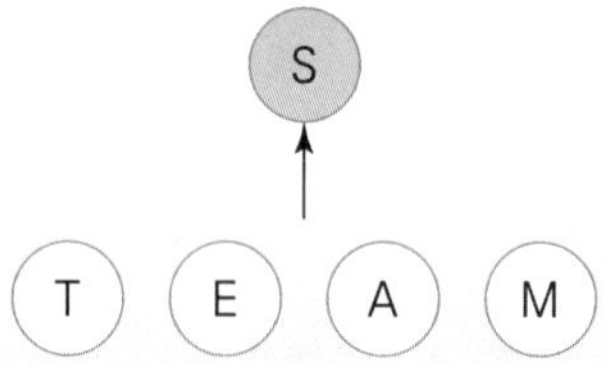S T E A M
	• STEAM 요소를 일부 반영하는 방법	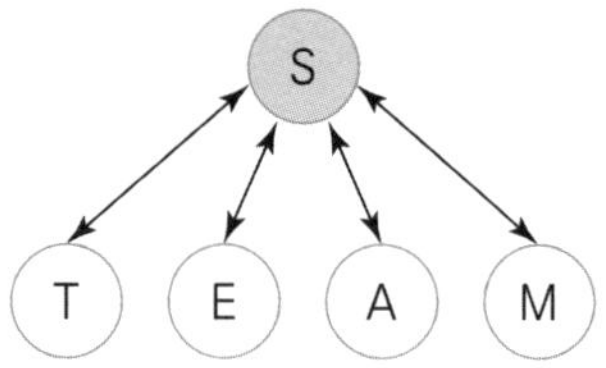S T E A M
교재 구성 접근 방법	• 다양한 사례를 통해 과학적 개념을 설명하는 귀납적 방법	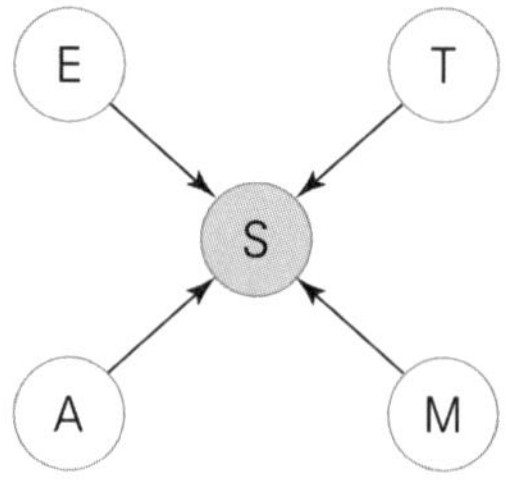E T S A M
	• 과학적 개념을 설명하고 다양한 사례를 제시하는 연역적 방법	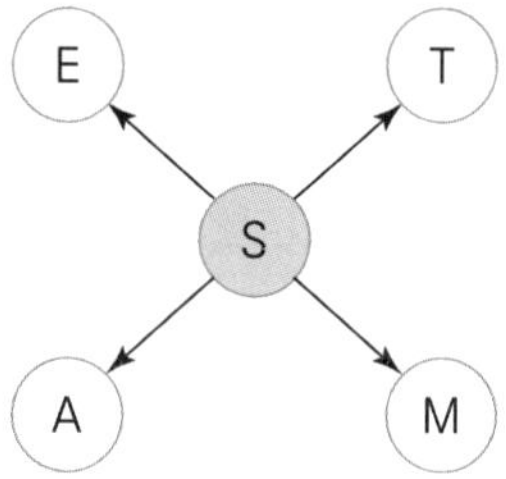E T S A M

구분	수업 방법	모형
중심 영역 방법	• 중심에서 부분으로 나아가는 방법	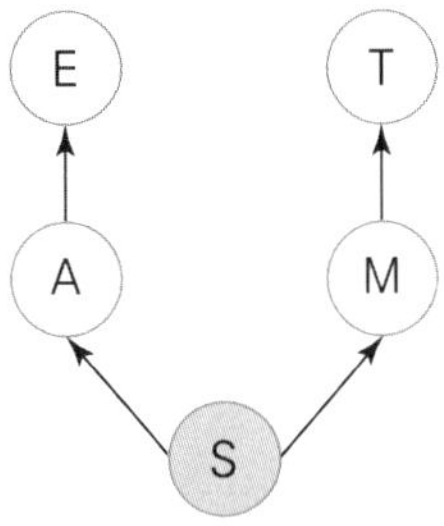E T A M S
	• 부분에서 중심으로 나아가는 방법	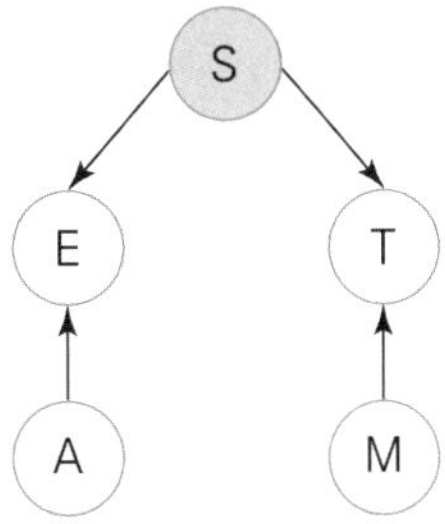S E T A M

한편, STEAM 요소 중에서 두 가지 요소로 융합하여 수업을 실시할 수 있는 방안을 소개하면 <표 4－18>과 같다(김왕동, 2011).

표 4-18 STEAM 요소별 융합교육 수업 방법

구분	수업 방법	대표 사례
과학+미술	• 과학은 미술적 상상력과 시각화 원리 이용 • 미술은 과학적 발견과 원리 이용 • 과학자는 수식만으로 표현할 수 없는 자연현상을 미술적 표현방식을 활용하여 시각화하고 미술가는 과학적 발견과 원리를 활용해 작품 소재와 기법으로 활용	• 리처드 파인만: 빛, 전자, 공간이 서로 상호작용하며 시공간을 움직인다는 가설을 일반인에게 쉽게 설명하기 위해 미술적 기법인 시각화 활용 • 파블로 피카소: 수학자 듀프레의 공식을 응용하여 4차원 공간을 2차원으로 표현하는 '큐비즘' 양식 발전

구분	수업 방법	대표 사례
과학+음악	• 과학자는 음악적 감성과 상상력 활용 • 음악가는 과학적 발견의 아이디어를 활용	• 아인슈타인: 바이올린 연주하며 상상력 고취 • 스트라빈스키: 과학적 방법의 핵심원리인 관찰의 중요성을 강조하면서 주의 깊게 듣기
기술(공학)+미술	• 테크놀로지의 예술적 가능성 추구 • 비디오, 영상과학, 컴퓨터 소프트웨어 등을 활용하여 미술 작품 제작	• 비디오 아트: 백남준의 달은 가장 오래된 TV다 • 인터렉티브 디지털 아트: 로미 아키튜브와 카미유 우터백의 텍스트 레인
기술(공학)+음악	• 현대 기술을 활용한 새로운 악기 제작 시도 • 전자기술의 발전으로 만들어진 디지털 신디사이저와 컴퓨터 음악 하드웨어, 소프트웨어 등을 활용하여 전자악기 제작	• 전자악기/미디 디지털 포맷: 신디사이저, 소프트웨어 가상 악기 등 개발 • 컴퓨터 음악 저작 프로그램: 음원의 DB화를 활용하여 복사 및 변형을 통한 작곡 가능

한편, STEAM 융합교육을 실시하기 위해서 다학문적 통합, 간학문적 통합, 탈학문적 통합 등 세 가지 유형으로 융합할 수 있는 방법을 <표 4-20>과 같이 김진수(2011)는 제안하였다.

표 4-19 STEAM 융합교육의 유형

구분	모형
다학문적 통합	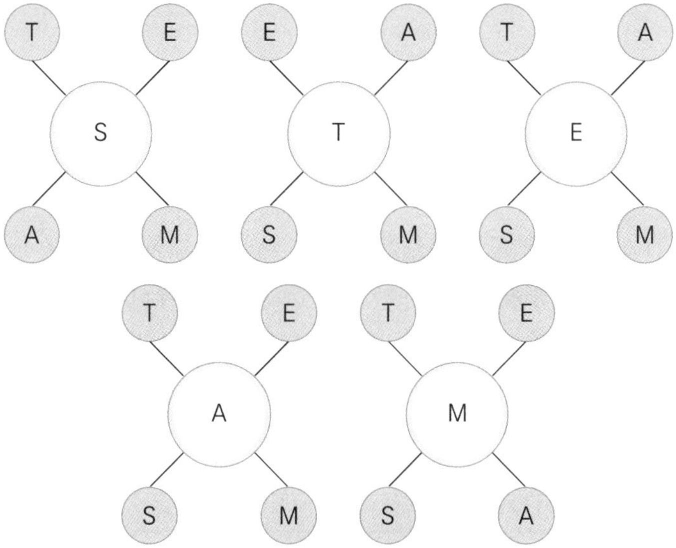 T E S A M E A T S M T A E S M T E A S M T E M S A
간학문적 통합	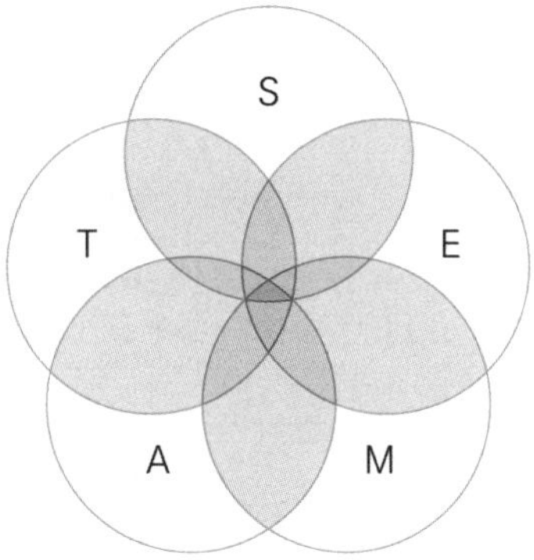 S T E A M
탈학문적 통합	 STEAM

SECTION

05 융합교육의 수업 사례

STEAM 융합교육을 활용한 수업 사례를 소개하면 [그림 4-11]과 같이 도식화할 수 있다. 중학교에서 '통기타 만들기'를 위해서 관련 단원은 과학 8단원 빛과 파동, 기술 7단원 기술과 발명, 8단원 전기와 전자, 수학 8단원 근사값과 오차, 음악 등이 있다.

그림 4-11 STEAM 융합교육 수업 사례

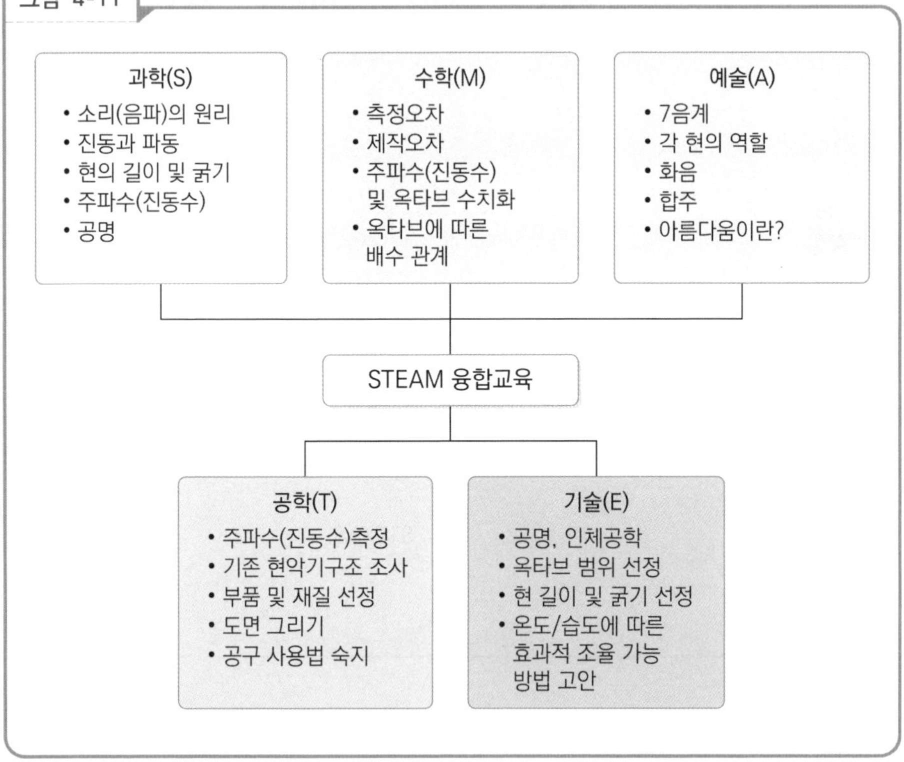
과학(S)
• 소리(음파)의 원리
• 진동과 파동
• 현의 길이 및 굵기
• 주파수(진동수)
• 공명
수학(M)
• 측정오차
• 제작오차
• 주파수(진동수) 및 옥타브 수치화
• 옥타브에 따른 배수 관계
예술(A)
• 7음계
• 각 현의 역할
• 화음
• 합주
• 아름다움이란?
STEAM 융합교육
공학(T)
• 주파수(진동수)측정
• 기존 현악기구조 조사
• 부품 및 재질 선정
• 도면 그리기
• 공구 사용법 숙지
기술(E)
• 공명, 인체공학
• 옥타브 범위 선정
• 현 길이 및 굵기 선정
• 온도/습도에 따른 효과적 조율 가능 방법 고안

특히, 이성희(2011)는 STEAM 융합교육은 과학과 1가지 학습 활동과 연계하거나 2-3가지 교과와 연계하는 경우로 구분할 수 있다고 주장하였다(<표 4-20> 참조).

표 4-20 STEAM 융합교육의 결합 방법

구분		주제	관련학년	목표	자료
과학과 1가지 학습활동과 결합	신체 활동	식물의 밀도와 자랑 이해하기	5학년 환경과 생물	식물의 밀도와 자람의 관계를 신체 표현으로 이해한다.	신문지 2장
	음악	산성과 염기성의 성질	6학년 1학기 2. 산과 염기	일상생활에서 쉽게 구할 수 있는 산성과 염기성 용액을 이용해 산성과 염기성의 성질을 알아본다.	쥬스, 사이다, 비눗물 등
	UCC	물에 의한 지표 변화 알기	4학년 1학기 2. 지표의 변화	지표가 변하게 되는 원인을 알고 물에 의한 침식, 운반, 퇴적 작용을 알아본다.	식빵, 포크 접시
	북아트	여러 가지 씨앗 관찰하기	4학년	여러 가지 씨앗을 관찰하여 특징을 안다.	여러 가지 씨앗, 돋보기, 북아트
과학과 2~3가지 교과의 결합	음악 체육	물에 의한 지표 변화	4학년	침식 작용이 활발하게 이루어지는 경우를 안다.	쌀, 콩, 리본 테이프, 리코더
	미술 기술	잎의 구조	5학년	잎을 관찰하여 잎의 구조를 설명할 수 있다.	잎, 크레파스, 도화지, 색한지
	수학 미술	생물의 생김새	3학년	도마뱀의 생김새를 관찰하고 반복성을 활용하여 아름다운 무늬를 만들 수 있다.	도마뱀 사진, 모눈종이, 색상지, 카메라

SECTION

06 융합교육의 특징

융합교육의 특징을 정리하면 <표 4-21>과 같이 정리할 수 있다(임동욱, 2012).

표 4-21 융합교육의 특징

구분	융합교육의 특징	비융합교육의 특징
교육철학	학생 미래를 준비하는 교육	입시, 시험만을 대비하는 교육
교육내용	관련된 교과가 자연스럽게 연계되고 융합되는 교육	교과별로 분리된 교육
통합방법	연속적으로 연계되고 이어지는 교육	단원마다 분절된 교육
교과서 활용	교육과정에 연계한 다양한 자원을 활용하는 교육	교과서에만 의존하는 교육
교육방향	체험, 지식활용, 문제해결 위주 교육	지식 습득 위주 교육
교육원리	원리를 깨우치는 교육	원리를 전달받는 교육
교육목적	지식이 어디에 사용되는지, 왜 배우는지 알고 실생활 문제를 해결하기 위한 교육	학문적 개념에 집중하는 교육
문제해결	문제를 정의하는 교육	주어진 문제에 답하는 교육
학생중심	학생의 실생활에 연계된 교육(관련성)	학생의 관심이 배제된 교육
학생참여	학생의 창의적 아이디어가 드러나는 교육	학생의 참여가 제한된 교육
교육평가	다양한 학습결과물이 산출되는 교육	동일한 정답을 요구하는 교육
협력학습	학생이 서로 협력할 수 있는 교육	학생이 독립적으로 혼자서 학습하는 교육

구분	융합교육의 특징	비융합교육의 특징
교사-학생 관계	교사와 학생이 활발히 상호작용하는 교육	교사와 학생의 상호작용이 제한된 교육
협력수업	교사가 협력하여 준비 및 실행하는 교육	교사 1인이 책임지는 교육
교사역할	교사가 안내하는 교육	교사가 가르치는 교육
수업방법	프로젝트형 교육	강의중심 교육
결과중심	문제해결 과정이 강조되는 교육	결과가 강조되는 교육
교육방법	방법을 찾아가는 교육	원인을 알아가는 교육
실험교육	주어진 조건 하에서 실험을 설계하는 교육	지식을 확인하는 실험교육

SECTION

07 융합교육의 설계 방법

기존에 개발된 STEAM 융합교육의 설계 방법 중에서 김진수(2011)의 STEAM 큐빅 모형은 통합요소(활동중심, 주제중심, 문제중심, 탐구중심 등), 학교급(초등학교, 중학교, 고등학교, 대학교), 학문 통합 방식(연계형, 통합형, 융합형) 등 세 가지 차원으로 하였고, 김성원 외(2012)는 Ewha-STEAM 융합 모형을 제안하면서 융합 단위(체험활동, 문제/현상, 개념/탐구 과정), 융합 방식(다학문적, 간학문적, 탈학문적), 융합 맥락(개인적 맥락, 지역 사회적 맥락, 세계적 맥락) 등 세 가지 차원으로 구분하였다. 그러나, 두 가지 STEAM 융합교육 설계 방법은 융합 방법과 통합 요소를 분리하여 설명함으로써 실질적인 융합과 통합을 하기에는 한계가 있다. 또한, 김진수(2011)와 김성원 외(2012)의 STEAM 융합교육의 설계 방법은 STEAM 융합교육에서 가장 중요하게 인식해야 할 융합적인 사고를 어떻게 해야 한다는 방법적인 측면이 부족하다. 이 외에도 김진수(2011)는 학교급을 중요한 축으로 구성하였는데 동일한 학교급 안에서도 학생의 발달 단계 및 능력, 수준 등이 다르기 때문에, 학교급을 활용한 STEAM 융합교육 설계 방법은 너무 포괄적이고 학생 개인차를 무시한 설계 방법이라 할 수 있다.

따라서, 이러한 문제점을 보완하기 위해 본 연구에서는 STEAM 융합교육 설계 방법으로 융합 방법, 융합 요소, 융합 사고 유형 등 세 가지 차원으로 구분하였다. 먼저 융합 방법에 따른 설계를 위해 본 연구에서는 융합의 가장 낮은 단계인 통합 교육과정을 제안한 Fogarty(1991)의 9가지 통합 방법 중에서 김진수(2011)가 제시한 통합 요소와 가장 유사한 통합 방법을 STEAM 융합 방법으로 채택하였다. 다음으로 학교 현장에서는 STEAM 다섯 가지 융합 요소를 모두 사용할 것인지, 그 중에서 일부만 사용할 것인지 결정해야 하므로 융합 요소를 전체형과 부분형으로 구분하였다. 또한, 융합적 사고 유형을 강조하기 위해 사례를 중심으로 개념 및 이론을 설명하는 귀납적인 융합 사고와 개념 및 이론을 먼저 설명한 후 사례를 제시하는 연역적인 융합 사고로 구분하였다. 이 외에도 STEAM 융합교육을 설계할 때 학생들의 발달 단계, 능력, 수준 등 개인차가 존재하기 때문에, 학생들의 발달 단계를 고려한 수준별 STEAM 융합교육을 설계할 필요가 있다.

가. 융합 방법에 따른 설계

표 4-22 융합 방법에 따른 설계

구분	개념	융합 방법	그림	비고
주제 중심형	특정 주제를 중심으로 STEAM 요소를 활용하는 융합 형태	거미줄형	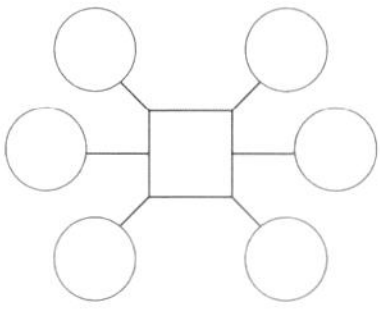	낮은 발달 단계 학생
요소 중심형	STEAM 요소 중 하나를 중심으로 다른 요소를 부수적 활용하는 융합 형태	선형	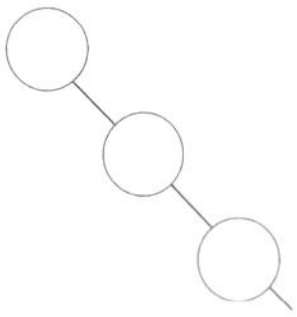	↕
개념 중심형	특정 개념의 이해를 심화시키기 위해서 공통적으로 추출된 STEAM 요소를 활용하는 융합 형태	공유형 /통합형	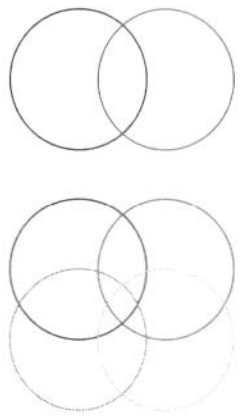	
문제 해결 중심형	특정 문제 및 과제를 해결하기 위해서 STEAM 요소를 활용하는 융합 형태	몰입형	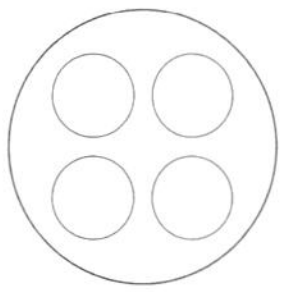	높은 발달 단계 학생

STEAM 융합 방법에 따른 설계 방법은 Fogarty(1991)의 통합 교육과정의 유형 중에서 여러 교과간의 연계를 통한 통합 유형과 학습자 내부 및 학습자 간의 연계를 통한 통합 유형 즉, 계열형, 공유형, 거미줄형, 선형, 통합형, 몰입형 등을 활용하였다. 구체적인 융합 유형은 주제 중심형, 요소 중심형, 개념 중심형, 문제해결 중심형으로 구분하고 주제 중심형에 가까울수록 교사중심형이고, 문제해결 중심형에 가까울수록 학습자 중심형이라고 볼 수 있다. 따라서, 발달단계가 높거나 연령이 많을수록 문제해결 중심형을 활용하고, 발달단계가 낮거나 연령이 낮을수록 주제 중심형을 활용할 수 있다(<표 4-22>).

나. 융합 요소에 따른 설계

표 4-23 융합 요소에 따른 설계 방법

융합 요소	개념	그림	비고
전체형	STEAM 요소를 모두 활용하는 융합 형태	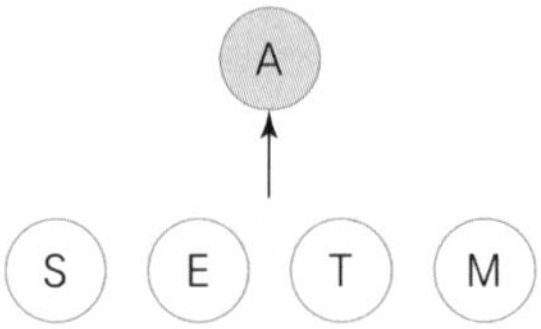A S E T M	높은 발단단계 학생
부분형	STEAM 요소 중 일부분을 활용하는 융합 형태	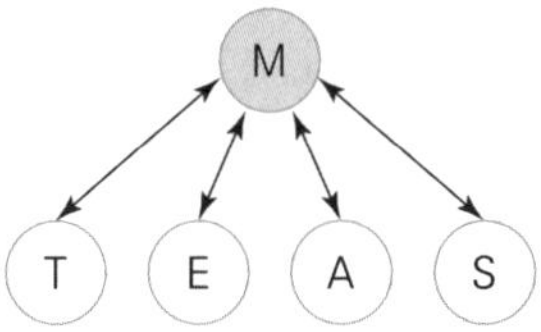M T E A S	낮은 발달단계 학생

융합 요소에 따른 설계 방법은 STEAM 요소를 모두 활용하는 전체형과 STEAM 요소 중 일부분을 활용하는 부분형으로 구분할 수 있다(<표 4-23> 참조). 발달단계가 높거나 연령이 많을수록 전체형을 활용하고, 발달단계가 낮거나

연령이 낮을수록 부분형을 활용할 수 있다. 특히, 전체형에서 제시한 그림은 STEAM 요소 중에서 예술(A) 요소를 중심으로 융합한 형태를 나타내었고, 부분형에서 제시한 그림은 수학(M) 요소를 중심으로 융합한 형태를 나타내고 있고 있다.

다. 융합 사고 유형에 따른 설계

융합 사고 유형에 따른 설계 방법은 STEAM 요소 중 하나의 요소 개념을 먼저 설명한 후 다른 요소의 사례 및 예시를 제시하는 연역형과 STEAM 요소 중 먼저 여러 가지 요소의 사례 및 예시를 제시한 후, 하나의 요소 개념을 설명하는 귀납형으로 구분할 수 있다(<표 4−24> 참조).

표 4-24 융합 사고 유형에 따른 설계 방법

융합 사고 유형	개념	그림	비고
연역형	STEAM 요소 중 하나의 요소 개념을 먼저 설명한 후 다른 요소의 사례 및 예시를 제시하는 융합 형태	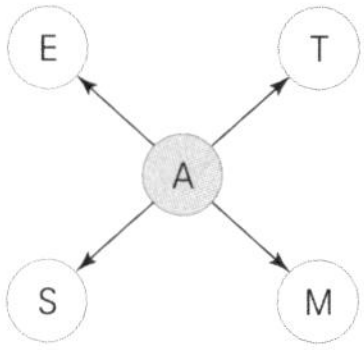E T A S M	높은 발단단계 학생
귀납형	STEAM 요소 중 먼저 여러 가지 요소의 사례 및 예시를 제시한 후, 하나의 요소 개념을 설명하는 융합 형태	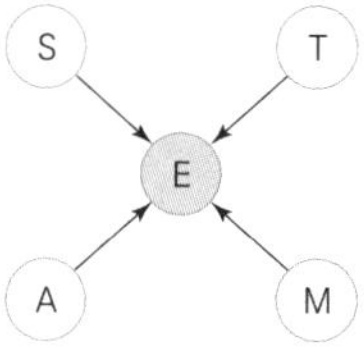S T E A M	낮은 발달단계 학생

발달단계가 높거나 연령이 많을수록 연역형을 활용하고, 발달단계가 낮거나 연령이 낮을수록 귀납형을 활용할 수 있다. 특히, 연역형에서 제시한 그림은 STEAM 요소 중에서 예술(A) 요소의 개념을 먼저 설명한 후, 다른 요소 사례를 제시하는 형태이고, 귀납형에서 제시한 그림은 다른 요소 사례를 먼저 제시한 후, 공학(E) 요소의 개념을 설명하는 형태를 나타내고 있다.

SECTION

08 융합교육의 설계 모형

융합교육의 설계 모형은 융합 방법에 따른 설계(주제 중심형, 요소 중심형, 개념 중심형, 문제해결 중심형), 융합 요소에 따른 설계(전체형, 부분형), 융합 사고 유형에 따른 설계(연역형, 귀납형) 등을 종합적으로 정리하였다. STEAM 융합교육의 설계 모형은 [그림 4−12]에서도 알 수 있듯이, 4(융합 방법)×2(융합 요소)×2(융합 사고 유형)=16개로 구분할 수 있다.

그림 4-12 융합교육의 설계 모형

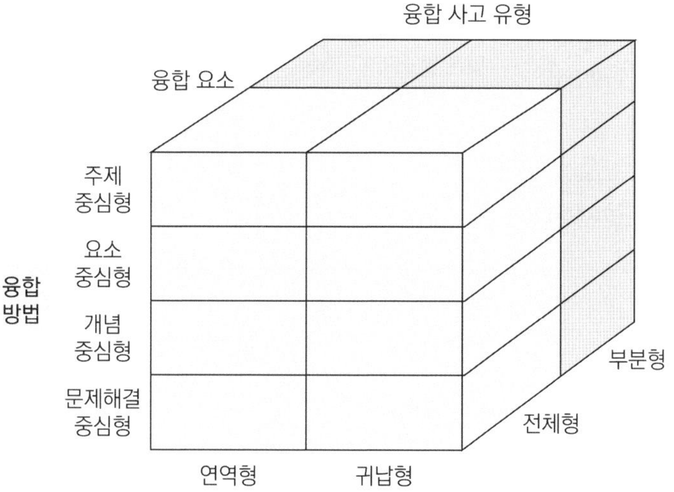
융합 사고 유형
융합 요소
주제
중심형
요소
중심형
융합
방법
개념
중심형
문제해결
중심형
부분형
전체형
연역형
귀납형

[그림 4−12]에서 제시된 STEAM 융합교육의 설계 모형을 학생들의 수준 및

능력 등 발달 단계를 고려하여 좀 더 구체적으로 STEAM 융합교육의 설계 모형을 제시하면 <표 4-26>과 같이 나타낼 수 있다. 즉, 융합 방법이 주제 중심형이고 융합 요소가 부분형이며, 융합 사고 유형이 귀납형일수록 낮은 발달 단계의 학생에게 적합하며 교사 주도적인 STEAM 융합교육을 설계해야 하고 융합 방법이 문제해결 중심형이고, 융합 요소가 전체형이며 융합 사고 유형이 연역형일수록 높은 발달 단계의 학생에게 적합하며 학생 주도적인 STEAM 융합교육을 설계해야 한다.

따라서, [그림 4-12], <표 4-25>에서도 알 수 있듯이 본 연구에서 제시한 16개의 STEAM 융합교육 설계 방안은 교과 특성, 학생 수준 및 능력, 학생 발달 단계 및 연령 등을 고려하고 교사 주도적인 수업과 학생 주도적인 수업의 특성을 감안하여 그에 적합한 STEAM 융합교육 설계 방법을 선택할 필요가 있다.

표 4-25 발달 단계를 고려한 융합교육의 설계 모형

융합 방법		주제 중심형	요소 중심형	개념 중심형	문제해결 중심형
융합 요소 (융합사고 유형)	부분형 (귀납형)	낮은 발달단계 및 교사주도		중간 발달 단계 및 교사 · 학생 협동 관계	
	전체형 (연역형)				높은 발달단계 및 학생주도

CHAPTER

03

프로젝트학습

SECTION

01 프로젝트 학습의 역사적 배경

프로젝트 학습의 시초는 1830년 Cobbet가 학교에서 실생활과 동떨어진 무관한 주입식 교육을 받는 데 불만을 품고 자신의 가정에서 실생활에 필요한 활동을 통한 교육방법을 시도한 것이다. 또한, 프로젝트 학습은 19세기 말 과학과 실험수업 방법 및 농업과의 실험연구 방법으로 활용하면서 본격적으로 사용되기 시작했다.

특히, '프로젝트(project)'라는 용어는 1900년 컬럼비아 대학에서 학생들의 공작학습에 프로젝트를 활용하면서 사용되기 시작하였는데, 1908년 '홈 프로젝트(home project)'라는 용어를 사용하면서부터 '프로젝트'라는 용어가 일반화되었다.

한편, 원래 프로젝트의 개념은 '앞으로 던진다'. '생각한다', '연구한다', '구상한다', '탐색한다', '묘사한다'라는 의미로서, 무엇인가 마음 속에 생각하고 있는 것을 구체적으로 실현하고 형상화하기 위해 자기 스스로가 계획을 세워 수행하는 활동으로 정의할 수 있다.

프로젝트 학습의 대표적인 인물은 Rousseau, Pestalozzi, Frobel, Kilpatrick, Dewey 등이 있다. 그 중에서 Rousseau, Pestalozzi, Frobel은 교과 중심이 되기보다 통합된 전인격체로서의 아동을 중심으로 교육과정을 생각하는 관점에서 프로젝트 학습의 아동관의 기초가 되고 있다. 즉 Rousseau, Pestalozzi, Frobel는 아동의 자유, 인격, 자발성, 독창성 등을 강조하면서 아동에게 반복, 연습 암기 등을 통해 다른 사람의 생각과 태도를 가르치는 주입식 교육을 무시하고 아동의 개성과 인격적 존엄성을 바탕으로 신체적 자유로움과 지적 호기심을 발휘할 수 있도록 허용되어야 한다고 주장하였다. Pestalozzi는 인간성의 전능력으로서 인간 천부의 성능을 정신력, 심정력, 기술력의 세 영역으로 구분하고 마음의 도야를 핵심으로 한 조화로운 통합적 발달 즉, 전인교육을 교육의 이상으로 하였고, Frobel은 아동의 성장을 창조성, 활동성에 기반을 둔 자유로운 교육, 놀이를 통한 자발적 자기 활동, 노작활동 등을 강조하였다.

이 외에도 Dewey는 교육을 인간이 사회 또는 환경과의 부단한 상호작용을 통해 스스로 성장, 발달하는 존재이며 생활을 통한 경험의 계속적인 재구성 과정을 거치면서 인간이 성장한다는 점을 강조하였다. 게다가, 1886년 Dewey가 직접 세운 실험학교에서 활동을 통한 학습을 실현하고자 교육은 분과된 교과목이 아니라, 아동의 정신발달에 초점을 맞추어 통합되어야 하고 프로젝트 지향적이어 하며 실제적인 경험과 사고를 중심으로 시작해야 한다고 주장하였다(유승희·성용구, 2007).

Dewey에 영향을 받은 Kilpatrick의 프로젝트 학습은 유아의 경험, 작업, 개별화 활동, 문제해결 학습 활동을 강조하였다. 즉, 신체적 활동에 의해 무엇인가 실체로서 현실적 결과를 얻으려 한다는 점과 문제 상황으로부터 출발하여 현실적, 신체적, 물질적으로 문제를 해결하도록 한다는 점에서 Kilpatrick의 프로젝트 학습은 매우 효과적이다. 또한, Kilpatrick은 프로젝트의 본질을 전심을 다하는 유목적적인 활동으로 정의함으로써 프로젝트가 이루어지는 전 과정에 중추적인 역할을 수행한다고 주장하였다.

한편, Kilpatrick의 프로젝트 학습을 검증하기 위한 연구는 Collings(1923)와 Rawciffe(1927)의 연구가 대표적이다. 먼저 Collings는 프로젝트 교육과정을 통해 학습한 아동들이 전통적인 교육과정에 의해 학습한 아동보다 훨씬 학업성취도가 높고 학부모나 학생들이 학교에 대해 긍정적인 태도를 형성한다고 밝혔고, Rawciffe는 프로젝트를 하고 있는 생동적인 교실 상황을 묘사하면서 프로젝트 학습에 대한 관심을 증가시켰다.

그 이후 Katz와 Chard는 프로젝트 활동과 관련된 연구들을 검토함으로써 프로젝트에 의한 학습활동이 유아의 학문적, 인지적, 정서적 발달에 매우 바람직한 영향을 미친다고 밝히며 '프로젝트 접근법(project approach)'라는 용어를 사용하였다.

따라서, 프로젝트 접근법은 Dewey의 이론을 근거로 해서 Kilpatrick가 체계화한 '프로젝트법'을 오늘날 Katz와 Chard가 교육의 현실에 적합하게 재조직한 교육방법이라 할 수 있다.

지금까지 살펴본 프로젝트 학습의 역사적 발달 과정을 <표 4-26>과 같이 요약할 수 있다(하순련, 2008).

표 4-26 프로젝트 학습의 역사적 발달 과정

구분	역사적 과정
1830년대	• Cobbet 교육방법은 프로젝트법의 시작 • 가정에서 활동을 통한 교육방법 실시
1886년	• Dewey 실험학교의 교육과정은 프로젝트 형식의 교육방법과 유사
1919년	• Kilpatrick는 프로젝트에 의한 학습활동을 구체적으로 체계화하여 발표하여 전심을 다하는 유목적적인 활동의 정의
1923년	• Collings는 프로젝트법을 적용한 연구의 효과 검증
1927년	• Rawciffe는 프로젝트법에 대한 관심 증가
1950년	• 학문중심 교육과정 등장 후 프로젝트법 쇠퇴
1960년대	• 교육의 비인간화 현상 우려, 교육과정 비판 시작
1970년대	• 인간중심 교육 운동 전개 • 프로젝트법에 대한 관심 고조
1980년	• Tanner & Tanner에 의하면 프로젝트의 위험성을 극단적인 아동중심이론과 연관시켜 이해하였던 점
1989년	• Katz & Chard는 프로젝트법의 학습활동이 유아에게 긍정적인 영향 미침 • 통합적 교육과정 적용 강조
1990년	• 프로젝트 지향 교육과정인 Reggio Emilia Program에 관심

SECTION

02 프로젝트 학습의 특징

프로젝트 학습의 개념은 아동이 학습의 전 과정에 주도적으로 참여하는 되는 학습, 주제·제재, 문제·쟁점 등에 관한 탐구활동과 결과에 대한 표현 활동을 하는 학습, 만들어가는(emerging) 교육과정으로 요약할 수 있다(김대현·왕경순·이경화·이은화, 2001).

특히 프로젝트 학습의 궁극적인 목적으로 지식 기능, 정서적·도덕적·심미적 감수성까지 포함하는 '아동의 정신 계발'에 두고 다음과 같은 구체적인 목적을 제시하고 있다(Katz & Chard, 1989).

첫째, 아동의 주변 사례에 대한 이해를 증진시키고 긍정적인 학습 성향을 발전시킨다.

둘째, 체계적 교수나 자발적 놀이를 통해 학습한 내용을 프로젝트 활동을 보완하고 강화한다.

셋째, 학교에서의 학습과 아동의 삶이 분리되지 않도록 교육을 실제 생활과 연결시킨다.

넷째, 집단에 대한 소속감과 공동체 의식의 발달을 돕는다.

다섯째, 교사가 도전감을 가지고 자신의 일을 수행하도록 한다.

한편, 프로젝트 학습의 교육적 가치는 <표 4-27>과 같이 정리할 수 있다.

표 4-27 프로젝트 학습의 교육적 가치

구분	교육적 가치
학습의욕 고취	• 학습과정에서 생기는 만족감이나 학습 결과로 얻는 성취감 • 학습자의 내적 동기 강화, 학습효과 향상, 후속 학습에 대한 의욕
책임감 신장	• 교사와 동료 학생과 함께 끊임없이 선택에 따른 활동 전개 • 프로젝트 학습 과정에서의 선택, 활동, 동료 학습자에게 미치는 영향 등 고려
긍정적 자아개념	• 학습과정의 만족, 학습 결과의 성취감, 교사와 동료들의 인정 등 • 자신의 의견이 교사와 동료 학생들에게 수용될 기회 증가
협동심과 사회적 기술	• 학습자들에게 과제 해결을 위해 협동하는 마음 획득, 자신의 이야기를 논리 정연하게 펼치기 위한 노력 신장
문제해결력 신장	• 학교교육과 실세계와의 관련성 인식 • 사회적 문제나 쟁점을 탐구 대상
탐구활동과 표현활동 능력 신장	• 조사, 실험, 면담 등 다양한 방법을 통한 사물이나 현상의 탐구 기회 제공 • 학습의 과정에서 일어나는 것을 언어, 숫자, 소리, 그림, 입체, 신체 등의 다양한 표현 양식을 사용하여 표현할 기회 제공
사고의 유연성 신장	• 학습 목표와 내용 추가 및 삭제, 학습 방법 수정 등을 통한 사고 유연성 신장
체험적 학습 기회 제공	• 현상, 사물에 대한 친근감, 경애감, 두뇌와 오감의 연결, 학교교육과 실세계의 관계, 삶에 대한 자체 반성 등 교육적 효과 신장
새로운 교수 경험 제공	• 현행 교과별 교육과정과 교과서 중심 수업의 한계 인식
학부모 관심 증가	• 주제 관련 선경험 도출, 탐구 및 표현활동, 전시활동에 적극적인 학부모 동참 기대
교육에 대한 사회의 관심 촉구	• 학교, 가정, 사회의 공동 목적 달성을 위한 노력 • 지역사회와 인사들의 교육적 관심 증가

한편, 프로젝트 학습의 특성은 <표 4-28>과 같이 요약할 수 있다.

표 4-28 프로젝트 학습의 특성

구분	특성
학습방법	• 지식, 기술, 성향, 느낌을 강조하여 전인적 성장 지향 • 자율적인 학습자로서 육성
교사와 아동의 상호작용	• 상호보완적이고 유기적인 상호작용 촉진
구체적인 교육활동 과정 제시	• 준비-교사 주제 선정, 주제망 작성, 자원 점검 • 시작-주제에 대한 아동의 아이디어 도출, 주제망 구성, 유목화 • 전개-현장견학 계획 및 실시, 새로운 경험과 지식 심화 • 마무리-전시회, 발표회 등 다양한 행사 계획 및 실시
현장견학 및 전문가 초청	• 현장견학을 통한 직접적인 경험 탐색 • 주제에 따른 적절한 장소 선정 및 전문가 선정
토의활동	• 자율적인 학습자로 성장할 수 있는 토의활동 전개
절충적 방법	• 놀이 중심과 교사 중심의 교육방법의 중간 형태

프로젝트 학습의 구조적 특성을 요약하면 <표 4-29>와 같다(Chard, 1995).

표 4-29 프로젝트 학습의 구조적 특성

구분	1단계 (프로젝트 시작)	2단계 (프로젝트 전개)	3단계 (프로젝트 마무리)
토의	• 주제에 대한 이전 경험과 현재의 지식 상호 공유하기	• 현장활동과 면담을 위한 준비 • 현장활동 검토 • 이차적 자원으로부터의 학습	• 프로젝트 전 과정을 주변 사람들과 나누기 위한 준비 • 프로젝트의 검토와 평가
현장 작업	• 주제와 곤련된 경험에 대해 부모와 함께 이야기 나누기	• 조사를 위해 현장으로 나가기 • 교실이나 현장에서 전문가와의 면담	• 외부 사람의 눈을 통한 프로젝트 평가

구분	1단계 (프로젝트 시작)	2단계 (프로젝트 전개)	3단계 (프로젝트 마무리)
표현	• 이전 경험과 현재 지식을 교사나 친구들과 상호 공유하기 위해 그리기, 쓰기, 구성하기, 극화놀이 등 활동	• 간단한 현장 스케치와 기록 • 그리기, 쓰기, 수 다이어그램, 지도 작성하기 등을 통한 새롭게 학습한 것을 표현하기	• 프로젝트 전 과정의 요약, 정리를 통해 관심을 가진 다른 사람들에게 프로젝트에 대해 설명하기
조사	• 현재 지식에 기초하여 질문 만들기	• 초기 작성된 질문에 대한 조사 • 현장 활동과 도서를 통한 연구 • 보다 발전되고 심화된 질문 제기	• 새로운 질문거리에 대한 고찰 • 자신의 강점 지능 발견
전시	• 주제에 대해 개인적으로 표현한 것을 함께 보며 생각이나 지식을 상호 공유하기	• 새로운 경험과 지식에 대해 표현한 것 상호 공유하기 • 프로젝트 활동에 대한 계속적인 보고	• 프로젝트 전 과정을 통해 이루어진 학습 요약

이 외에도 프로젝트 학습을 효과적으로 운영하기 위해서는 교사가 다음과 같은 역할을 수행해야 한다(하순련, 2008).

첫째, 아동의 강점과 흥미와 관심이 되는 대상에 맞추어 교육과정을 구성해야 한다.

둘째, 아동의 흥미를 유발시켜 자신들의 작업에 능동적으로 참여하도록 격려해야 한다.

셋째, 유아의 지식과 이해의 확장 및 심화를 위해 토론을 진행해야 한다.

넷째, 프로젝트의 활성화를 위해 보다 의도적이고 계획적인 지원활동을 제공해야 한다.

다섯째, 아동의 다양한 활동 수행 능력을 계속 관찰하고, 그 차이를 지켜보아 능력있는 아동에게는 도전의 범위를 확대하고, 학습과 동기가 부족한 아동에게는 특별한 기회를 제공해야 한다.

여섯째, 다양한 표현과 조사를 선택하도록 도와주어야 한다.

일곱째, 정서적인 안정감을 제공하여 예측하지 못한 문제 상황에서 자신감을 가지고 해결할 수 있도록 도와주어야 한다.

여덟째, 토론을 통해 아동의 프로젝트 진행 과정에서 흥미를 갖지 않는 아동에게는 개별 미니 프로젝트를 수행하도록 제안해 주어야 한다.

아홉째, 작업활동의 선택과 결정을 도와야 한다.

열째, 아동의 활동과정과 그 결과를 평가하고 수집하고 전시함으로써 아동과 부모들을 안내해 주어야 한다.

열한째, 가정과 연계된 교육을 실시해야 한다.

SECTION

03 프로젝트학습 단계

가. 수업 준비

1) 주제 선정

프로젝트 학습을 실행할 경우 아동의 실생활과의 관련성, 경험의 재구성, 주제와의 관련된 구체적인 자료와 교육, 교구의 유용성, 지역사회 공동체와의 자원의 접근할 수 있는 가치 있는 주제를 선정해야 한다.

특히, 주제를 선정할 경우 관련된 적합한 준거로는 교육부 교육과정의 영역에 잘 통합할 수 있는 주제, 가치있는 주제로 실생활과 관련된 주제, 다문화사회에 적응할 수 있는 주제, 아동이 이미 경험해서 알고 있는 주제, 계속적으로 흥미를 유발할 수 있고 구체적 경험을 줄 수 있는 주제, 아동의 생활 주변에서 손쉽게 구할 수 있는 주제, 장기적으로 탐색할 수 있는 주제, 발표회·전시회·현장견학·전문가 초청이 용이한 주제, 탐구·조사활동·문제해결을 위한 충분한 기회를 제공하는 주제, 부모와 활동에 대한 아이디어를 함께 공유할 수 있는 주제, 다양한 표현활동(그리기, 쓰기, 만들기, 구성하기, 극화활동하기, 음률활동하기 등)을 위한 아이디어를 제공하는 주제, 아동 간에 서로 더 잘 이해하고 도울 수 있는 상호 협동의 기회를 제공하는 주제 등이 있다.

2) 교사의 예비 주제망

프로젝트 학습의 주제가 선정되면 먼저 교사가 주제의 개념 및 주제를 학습할 수 있는 다양하고도 풍부한 활동을 추출하여 재구성해야 한다. 이러한 과정에서 교사는 주제와 관련된 다양한 과목과 영역을 통합해서 현재 가지고 있는 개념, 지식, 아이디어 등을 개념망의 형태로 조직해 보는 활동이다.

3) 수업 목표 진술

프로젝트 학습에서 주제망이 선정되면 각각의 하위 주제에 대해 구체적인 수업 목표를 진술할 필요성이 있다. 즉, 각각의 주제에 따른 학습목표를 구체적으로 설정해야 수업 후 도달해야 할 종착점을 알고 수업할 때 나가야할 방향을 효과적으로 안내해 줄 수 있다.

4) 교육과정 재구성 및 통합

수업 목표가 진술되면 교육부에서 요구하는 교육과정 내용에 적합한 교육내용을 재구성하고 통합적으로 운영해야 한다. 이를 통해서 교육과정을 효과적이고도 효율적으로 운영할 수 있는 장점이 있고 학생들의 학습의 효과도 매우 높다.

5) 학습활동계획 세우기

교육과정을 재구성하고 통합하게 되면 대주제와 중주제에 따른 세부 학습내용 및 활동을 구체적으로 제시해야 한다.

6) 주간학습 계획표 작성

주제별로 세부 학습활동계획을 구체적으로 세우고 나면 주간 학습활동계획를 세우고, 그에 따른 학습활동, 학습방법, 준비물, 관련 교과 등 구체적으로 제시해 주어야 한다.

7) 자원목록표 작성 및 준비

학습활동계획을 세우고, 주간학습 계획표를 작성하면 그에 필요한 인적자원, 정보자원, 물적자원 등 구체적인 자원목록표를 작성해야 한다. 또한, 작성된 자원목록표를 토대로 필요한 자원을 준비해 두어야 한다.

8) 학부모 안내하기

마지막으로 프로젝트 수업의 취지, 방향, 목적, 방법 등을 가정통신문이나 홈페이지 등을 통해서 홍보를 하고 학부모에게 안내해 주어야 한다.

나. 수업 시작

1) 주제 발현

주제 발현은 아동이 주제에 대해 알고 있는 것이 무엇이며 경험한 것은 무엇인지 확인하는 기회를 가질 수 있고, 이전 경험을 표현하는 과정에서 주제에 대한 흥미를 유발할 수 있다. 또한, 아동 간에 서로의 경험, 지식, 생각을 공유함으로써 주제에 대한 흥미뿐만 아니라, 아동 간에도 더 관심과 흥미를 가질 수 있다.

특히, 교사는 주제 발현을 통해서 아동들이 해당 주제에 대해 어느 정도의 지식과 이해, 개념을 가지고 있는지 파악할 수 있고, 이전 경험의 표현 내용, 표현 방법, 선택 과정, 표현 결과물 발표 과정을 관찰함으로써 아동의 특성도 파악할 수 있다.

2) 브레인스토밍

아동과 교사의 이전 경험 나누기 활동 과정 중 브레인스토밍(brainstorming)을 통해서 다양한 생각들을 종이에 기록하게 된다. 이는 주제와 관련된 다양한 생각들을 제한된 시간 안에 기록할 수 있다.

3) 유목화

유목화는 브레인스토밍한 내용을 보고 비슷한 내용의 유사성에 따라 몇 개의 그룹으로 분류하는 것으로서, 유사한 단어끼리 그룹짓기, 그룹 재조정하기, 그룹에 제목 부여하기 등의 순서로 할 수 있다.

4) 주제망 작성

중주제별로 유목화가 되면 주제를 중심으로 망의 형태로 조직할 수 있는데, 프로젝트 주제 적기, 유목화된 그룹들의 제목 적기, 주제망 완성하기 등의 과정을 거친다. 이러한 주제망을 작성하는 과정은 프로젝트 학습 계획을 위한 출발점으로써 교사는 자신이 해당하는 주제에 관해 가지고 있는 일반적인 지식을 활용하게 된다.

다. 수업 진행

주제망을 작성하게 되면 본격적인 프로젝트 학습을 진행할 수 있도록 전문가 초빙, 현장 견학, 관찰, 조사, 수집, 토의 등 다양한 방법을 활용하여 수업을 효과적으로 진행할 수 있다.

특히, 현장 견학 전에는 학생들에게 필요한 준비물, 안전 지도, 유의점, 현장 견학 장소 안내 등 다양한 사전 지도를 하고 현장 견학 후에는 그리기, 만들기, 보고서 작성하기 등 다양한 활동을 전개할 수 있다.

라. 수업 마무리

1) 전시 및 발표회

전시회 및 발표회를 개최하기 전에 먼저 학부모, 지역사회 인사 등 초청할 대상자를 선정하고, 프로젝트 학습에서 다양한 활동을 수행한 결과물을 전시회하거나 발표회를 개최할 수 있다.

2) 수업 반성 및 피드백

전시회 및 발표회가 종료되면 전체적인 프로젝트 학습에 대한 반성 및 추후 다음 프로젝트 학습을 계획, 실행, 마무리 할 때 피드백을 제공할 수 있다.

CHAPTER

04

토의 · 토론학습

SECTION

01 토의 · 토론학습의 개념

토의와 토론은 대화를 통해서 문제를 해결한다는 공통점을 가지고 있기 때문에, 학교 교육 현장에서는 토의와 토론을 크게 구분하지 않고 사용되어 왔다. 그러나 토의와 토론은 목적과 문제 해결 방법 및 과정에 있어서 매우 큰 차이를 가지고 있기 때문에 두 가지 용어를 구별하여 사용할 필요가 있다.

일반적으로 광의적 의미로서 토의는 상호 간에 주고 받는 일상의 대화, 논의, 논쟁, 잡담, 일문일답식 수업, 면담, 협상, 강의와 같은 말하기, 토의와 토론 등을 포괄하고 있지만, 협의의 의미로서 토의는 특정한 문제에 관해 여러 사람이 각자의 의견을 내놓고 검토하고 협의하는 것을 의미한다(경상북도교육위원회, 2003). 즉, 토의는 일정한 지식 획득, 문제 해결, 가치 명료화 등의 목적을 달성하기 위해 두 사람 이상이 대면적 상황에서 정보나 아이디어를 교환하는 과정이라 할 수 있다.

따라서, 토의학습은 특정한 학습과제에 대해 학생 상호 간에 의견을 교환하며 이루어지는 학습으로서 자기 학습의 결과를 토대로 구성원 상호 간에 묻고 가르쳐 주면서 자기가 학습한 내용과 해결 방법에 대해 확신을 가지게 하는 학습방법이다(부산광역시교육청, 2005).

한편, 토론은 특정한 문제에 관해 찬성과 반대의 입장이 분명한 당사자들이 자기 주장의 정당성과 논리적 합리성을 토대로 상대방을 설득하는 논의 형태를 이다. 즉, 토론은 공동의 관심사를 서로 다른 관점에서 의견을 교환하고 검토하며 특정 문제에 관하여 지식과 이해, 판단과 의사결정, 해결방안 등을 향상하려는 집단적인 상호작용의 특수한 형태라 할 수 있다. 이러한 관점에서 보면 토론학습은 학습자가 각자의 생각이나 경험을 발표하거나 남의 생각이나 경험을 받아들임으로써 다면적으로 사물을 보고 심층적으로 본질을 추구하는 학습 방법

(대구광역시, 2001)으로서, 학습자와 학습자 또는 교사와 학습자의 대화, 토의 및 논쟁을 거치면서 이루어지는 학습활동이라 할 수 있다(대구광역시교육청, 2007).

특히, 토론과 토론학습을 좀 더 구체적으로 비교해 보면 <표 4-30>과 같다.

표 4-30 토론과 토론학습의 비교

구분	토론	토론학습
목표	상대방 설득	학습목표 성취, 통합적 사고력 향상
규칙	엄격함	발언시간 및 횟수 평등, 인격적 평등, 규칙 세분화
참여인원	소수	학급 학생 전원
교과학습 적용 형태	교육과정에 적합하도록 재구성한 후 적용	교과 특성에 적합한 논제 구성
접근 방식	분석적, 단일 주제	토의-토론-토의, 토의-토론, 토의-토론-협상, 제안-토론
활용 예시	대통령토론, 국회토론, 쟁점토론 등	찬반토론, 논쟁토론, 모의재판토론, 패널토론, 원탁토론, 피라미드토론 등

토의와 토론의 차이점을 서로 비교하면 <표 4-31>과 같이 정리할 수 있다.

표 4-31 토의와 토론의 차이점

구분	토의	토론
개념	특정 주제에 관해 여러 사람들이 정보와 의견을 교환하여 주제에 대해 학습하거나 문제를 해결하려는 말하기 듣기 활동	특정 주제에 관해 서로 다른 주장을 하는 사람들이 논증이나 검증을 통해 자기 주장을 정당화하고 다른 사람들을 설득하려는 말하기 듣기 활동
정답의 관점	개별로 정답을 가지고 있는 것이 아니라, 여러 사람이 함께 정답을 만들어 가는 과정	주장하는 사람마다 각자의 정답을 가지고 자신의 정답이 옳다는 것을 설득하려는 과정
목표	정보 교환 및 합의	상대방 설득

구분	토의	토론
규칙	덜 엄격함	엄격함
참여인원	소수 또는 다수	소수
교수 · 학습 적용 형태	직접 적용	교육과정에 적합하도록 재구성한 후 적용
접근 방법	통합적, 다수 주제	분석적, 단일 주제
활용 예시	담당자회의, 어린이회의, 교직원회의	대통령토론, 국회토론, 쟁점토론 등

그러나 토의와 토론의 공통점으로는 문제해결을 위해 서로 다른 의견을 말하고 듣는 과정, 토의 및 토론은 그 자체가 문제 해결이 아니라, 각자 다른 생각을 확인하고 더 나은 방법을 찾는 과정, 회의의 핵심적인 수단 등이 있다.

지금까지 살펴본 토의, 토론이라는 용어는 협의, 의논, 논쟁 등과도 구분할 수 있다([그림 4-13] 참조).

그림 4-13 토의, 토론, 협의, 의논, 논쟁의 관계

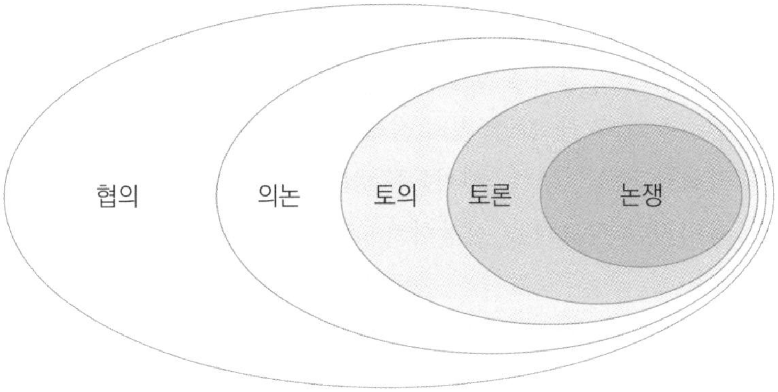
협의
의논
토의
토론
논쟁

한편, 토의·토론학습은 전통적으로 수동적인 학습형태에서 벗어나 학습자들의 적극적인 참여, 집단 과정을 중요시한다. 이러한 토의·토론학습의 특징은 논쟁 중심 학습, 집단학습, 학생 중심 학습, 민주주의 정신을 배우는 학습 등 <표

4-32>와 같이 정리할 수 있다.

표 4-32 토의 · 토론학습의 특징

구분	특징
논쟁 중심 학습	• 학습 주제나 문제에 관해 처음부터 끝까지 자기 주장이 옳음을 고수하는 학습
집단학습	• 대립되는 두 집단이 상대방의 질의에 관해 대신 답변할 수 있다는 점에서 유기적인 관계를 형성하는 학습
학생 중심 학습	• 토론자, 사회자, 판정인 등 학습자가 수업의 전 과정을 주도해 가는 학습
민주주의 정신을 배우는 학습	• 찬성측 토론자, 반대측 토론자의 두 집단에게 모든 조건을 공평하게 주어지는 학습

특히, 토의·토론학습의 장점을 정리하면 다음과 같다.

첫째, 비판적 사고력과 논리적 분석력, 종합적인 사고력을 길러 준다.

둘째, 구두 의사소통 능력과 글쓰기 능력, 의사결정력이 신장될 수 있다.

셋째, 문제 분석력, 상황 대처 능력을 향상시킬 수 있다.

넷째, 교과통합으로 지식의 통합교육을 실천할 수 있다.

다섯째, 민주주의 의식 함양, 민주적인 시민 태도를 길러 준다.

여섯째, 자료를 수집, 분류, 해석하는 탐구 능력을 향상시킬 수 있다.

일곱째, 창의적인 사고력을 신장시켜 고차원적 지식을 습득할 수 있다.

한편, 토의·토론학습을 실시할 경우 주의해야 할 점은 <표 4-33>과 같다.

표 4-33 토의·토론학습에서 주의해야 할 점

구분	특징
주제 선정	• 편협된 사고나 흑백 논리를 유발할 수 있는 내용, 사회적으로 민감한 내용은 토론 주제에서 제외 • 학습자의 수준, 능력, 특성에 적합한 토론 주제 선정
토론 규칙 준수	• 토론자 수, 토론 횟수, 토론 시간 등 공평한 조건 부여 • 사회자에게 동의를 얻어 발언하기, 상대방 의견 존중하고 고운말 사용하기, 도덕적이고 인격적으로 언어 사용하기
논쟁 지양	• 상대방과 말싸움이 아닌 정당한 논리와 증거 자료를 토대로 상대방 설득하기
상대방 의사 존중	• 자신의 의견만 고집하기 보다 다른 사람의 의견을 잘 경청하고 상대방 입장을 이해하고 수용하는 열린 마음으로 토론하기

SECTION

02 수업 사례

가. 하동중앙중학교 운영사례

학생활동 중심의 살아있는 교수·학습 방법 개발 및 적용을 위하여 교과별 특성에 맞게 학생참여형의 교수·학습 방법을 개발하여 적용하였다. 각 교과별 주요 교수·학습 방법은 <표 4-34>와 같은데 토의·토론학습은 전교과에 두루 활용되고 있는 교수·학습방법 중의 하나라고 볼 수 있다.

표 4-34 교과별 주요 교수 · 학습 방법

교과	교수 · 학습 방법
국어	프로젝트학습, 탐구학습, 문제해결학습
영어	문제해결학습, 프로젝트학습
수학	탐구 학습, 토론 학습, 발표 학습
과학	실험 · 실습, 보고서 작성
사회	개인별 · 모둠별 프로젝트 학습, 실습
도덕	토론학습, 개인별 탐구학습
기술 · 가정	문제해결학습, 실기 · 실습, 토의 · 토론, 발견학습
음악	모둠학습, 개별학습
미술	작품활동을 위한 협동학습, 개별학습
체육	모둠학습, 수준별학습, 발표학습

나. 경남거창여중 운영사례

국어과에서 독서토론을 통해 토의·토론학습을 적용하고 있었다.

<table>
<tr><td rowspan="4">단원</td><td rowspan="4">'2. 일기랑 쓰기랑' 단원과 관련하여
같은 책을 읽고 모둠별 토론하기</td><td>차시</td><td>3/6</td></tr>
<tr><td>지도교사</td><td>서00</td></tr>
<tr><td>대상학생</td><td>1-0반</td></tr>
<tr><td>교재</td><td>「스프링 벅」 책</td></tr>
<tr><td>학습목표</td><td colspan="3">• 독서토론을 통해 다른 사람의 다양한 생각이나 의견을 들을 수 있다.
• 독서토론을 통해 책의 내용을 깊고 풍부하게 이해할 수 있다.</td></tr>
</table>

<table>
<tr><th>단계</th><th>학습 내용</th><th>교수·학습 활동</th><th>시간</th><th>자료</th><th>지도상 유의점</th></tr>
<tr><td rowspan="3">도입</td><td>인사</td><td>• 인사</td><td rowspan="3">5'</td><td rowspan="3"></td><td rowspan="3"></td></tr>
<tr><td>학습동기 유발</td><td>• 지난 시간에 정한 모둠구호를 모둠별로 외쳐보게 한다.</td></tr>
<tr><td>학습목표 제시</td><td>• 본시 학습 목표 제시 및 안내</td></tr>
<tr><td>전개</td><td>수행활동</td><td>〈모둠원 역할 정하기〉
• 활동지2를 모둠별로 나누어 주고 토론을 이끌어갈 사회자와 토론 내용을 기록할 기록자, 토론내용을 발표할 때 사용할 PPT나 프레지를 제작할 사람, 그리고 발표할 발표자를 선정하게 한다.

〈모둠별 독서토론〉
• 책을 읽고 자기가 적성한 활동지1을 중심으로 모둠원들과 토론한다.
- 내용 줄거리 파악, 이해가 안 된 부분, 인상 깊거나 친구들과 이야기 해보고 싶은 부분, 인물분석, 누가 주인공인가?, 작가가 이 책을 통해 독자들에게 전하고자 하는 내용은 무엇인가에 대해 토론하게 한다.</td><td>35'</td><td>활동지2
(모둠별 토론)

활동지1</td><td>토론 시 너무 소란스럽지 않도록 주의를 주의</td></tr>
</table>

		- 토론을 할 때 각자의 의견을 포스트잇에 써서 활동지2에 붙여가며 토론한다. - 기록자는 모둠원들의 토론결과를 포스트잇에 정리하여 적는다.		포스트잇	
정리	차시 예고	• 토론시간이 부족하여 다음시간에도 이어서 토론할 것을 안내한다.	5'		
	의사	• 인사			

다. 광주 운암중학교 운영사례

표 4-35 도덕과 교수 · 학습 과정안

<table>
<tr><td rowspan="3">단 원</td><td colspan="5" rowspan="3">Ⅰ. 5. (4) 도덕문제 해결을 위한 토론의 중요성과 방법</td><td>차 시</td><td colspan="2">2/2</td></tr>
<tr><td>수업자</td><td colspan="2">문사라</td></tr>
<tr><td>장 소</td><td colspan="2">도서실</td></tr>
<tr><td>학습 주제</td><td colspan="8">토론을 통한 도덕문제 해결 절차 및 태도 습득</td></tr>
<tr><td>학습 목표</td><td colspan="8">1. 토론 방법을 익혀 바람직한 자세로 토론에 참여할 수 있다.</td></tr>
<tr><td rowspan="2">교수 · 학습 방법</td><td colspan="2" rowspan="2">모둠별 토론학습
주제중심 학습</td><td rowspan="2">융합</td><td>교과</td><td>시기</td><td>방법</td><td rowspan="2">평가 방법</td><td rowspan="2">자기 평가</td></tr>
<tr><td>국어</td><td>전개</td><td>내용 통합</td></tr>
<tr><td>진로 관련 요소</td><td colspan="8">비판적, 체계적 사고</td></tr>
<tr><td rowspan="2">교수 · 학습 자료</td><td>교사</td><td colspan="7">교과서, ppt, 동영상 자료</td></tr>
<tr><td>학생</td><td colspan="7">학습활동지, 교과서</td></tr>
</table>

단계	교수 · 학습 내용	교수 · 학습 활동	교수 · 학습자료 지도상의 유의점
도입	주의환기 전시학습 확인	• 상호 인사하며 학습분위기를 조성한다. • 질문을 통해 전시 학습내용에 대한 학생들의 이해도를 점검한다. • 전시학습 내용을 회상하며 질문에 답한다. - 추론의 3요소: 도덕원리, 사실판단, 도덕판단 - 토론의 과정: 주장하기 → 반론하기 → 반론꺾기 → 최종변론 • 미리 예고한 과제물을 확인하며 수업준비도를 점검한다. • 토론에 사용하기 위해 수집한 근거자료를 가져왔는지 확인한다.	동영상 자료 :지식채널e “동물실험”

라. 전남 곡성중학교 운영사례

1) 독서토론 평가지

학번		이름	
평가 영역	평가항목	평가	
자기 평가	토론 내용을 올바르게 이해했는가?		
	자료수집이 적절히 이루어졌는가?		
	주장이 논리적이고 설득력 있는가?		
	다양하고 적절한 해결책을 제시하였는가?		
	토론에 임하는 태도(상대방 배려, 시간준수, 토론예절 등)가 올바른가?		
	합계		
동료 평가	토론 내용을 올바르게 이해했는가?		
	자료수집이 적절히 이루어졌는가?		

	주장이 논리적이고 설득력이 있는가?	
	다양하고 적절한 해결책을 제시하였는가?	
	토론에 임하는 태도(상대방 배려, 시간준수, 토론예절 등)가 올바른가?	
	합계	
교사 평가	평가항목	평가
	토론 내용을 충분히 이해하고 쉽고 정확하게 전달하였는가?	
	적절한 질의응답이 이뤄졌는가?	
	다양하고 적절한 해결책을 제시하였는가?	
	모둠원의 참여도 및 협동심(팀원 간의 역할배분)이 적절히 나타나는가?	
	토론에 임하는 태도(상대방 배려, 시간준수, 토론예절 등)가 올바른가?	
	합계	

마. 서울 당산중학교 운영사례

1) 독서토론대회

바. 대전가양중학교 운영사례

1) 창의성을 기르는 다양한 수업

구분	운영내용	활동 모습
토론 학습	• 토론을 통해 경청하는 자세와 자신의 의견을 내세움 • 다양한 의견 속에서 자신의 관점을 명확히 함 • 논리적이고 타당한 근거를 제시하여 자신의 의견을 표현하고 발표함. **국어** - 디베이트 수업 - '토의 간' 모의 재판하기 **영어** - 학교 사랑의 방법에 대한 토의활동 **역사** - 이 시대에 필요한 리더십과 나의 리더십	 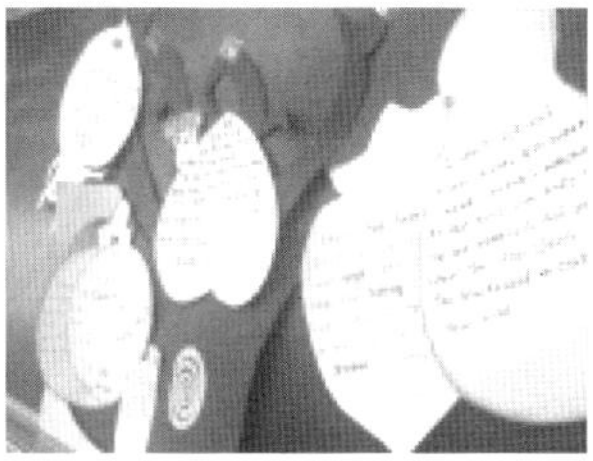

사. 경기천보중학교 운영사례

1) 교과연계독서프로젝트활동

• 희망 교과별로 수업 시간을 활용하여 독서 활동 후 토론 및 서술 논술형 평가를 연계하여 폭넓고 심도 있고 사고력과 표현력, 의사소통능력을 기르는 데 중점을 둔다.

과목 학년	시기	방법	활동	활용도서
국어	5월~ 7월	독서- 토론수업	• 모둠별 독서활동 • 1-2차시: 독서 및 한 줄 소감 나누기 • 3-4차시: 독후활동 및 독서 토론	• 청소년 성장소설 50종 • 재미로 읽는 시/ 재미로 읽는 소설/ 국어시간에 세계단편소설 읽기 등
도덕	5월	영상보고 토론수업	아이의 사생활 · 사춘기편을 시청 후 올바른 성과 청소년기의 성에 대한 토론	• EBS 아이의 사생활-사춘기 편
	6월	과제부여식 -챕터별 읽기	수업 내용과 연계하여 챕터별 읽고 생각나누기, 자기 생각 쓰기	꽃들에게 희망을 (1학년)
사회	6월	자료제시 형태의 독서수업	• 권장 도서의 발췌된 부분을 읽고 독후 활동 • 1차시: 자료읽기 • 2차시: 감동 있고 인상 깊은 부분 찾아 쓰기, 나의 생활과 연결된 경험 쓰기, 사회 속에서 연결된 부분(사건) 찾아 쓰기	• '불편해도 괜찮아' • 일상에서 자리를 만나다 등
영어	6월~ 7월	독서수업	• 1-3차시: 독서 및 가장 인상적 영어 문장 3개 쓰기 및 의미 적기 • 4차시: 독후활동	Esop's Tales, Four Voice 등 영어동화책 읽기
수학	6월~ 7월	독서수업	• 1차시: 교사추천 발췌독 읽기 • 2-3차시: 독서토론 및 논술평가	수학의 비밀/ 수학은 아름다워/ 수학교과서 영화에 딴지 걸다 등
과학	6~7 월	독서수업	• 1-2차시: 독서 • 3차시: 독후활동지작성 및 독서토론	오늘의 지구를 말씀드리겠습니다/ 십대, 식물도감 등

아. 광주운암중학교 운영사례

표 4-36 선택프로그램(글짱! 말짱!) 지도 계획

차시	날짜 (교시)	단원	교수 · 학습 내용	교수 · 학습유형	평가방법
1	4/10(5)	프로그램 소개	(글 짱! 말 짱!)프로그램 소개	프로그램 교사별 설명	
2	4/10(6)	선택프로그램 반편성			
3	4/16(5)	NIE자료 1	자료 강독, 자유토론	토론 및 질의 응답	발표태도평가
4	4/16(6)	NIE자료 1	활동지작성, 발표하기	글쓰기 및 발표	글 구성력평가
5	4/16(7)	NIE자료 2	자료 강독, 자유토론	토론 및 질의 응답	발표태도평가
6	4/17(5)	NIE자료 2	활동지작성, 발표하기	글쓰기 및 발표	글 구성력평가
7	4/17(6)	NIE자료 3	자료 강독, 자유토론	토론 및 질의 응답	발표태도평가
8	4/23(5)	NIE자료 3	활동지작성, 발표하기	글쓰기 및 발표	글 구성력평가
9	4/23(6)	NIE자료 4	자료 강독, 자유토론	토론 및 질의 응답	발표태도평가
10	4/23(7)	NIE자료 4	활동지작성, 발표하기	글쓰기 및 발표	글 구성력평가
11	4/24(5)	NIE자료 5	자료 강독, 자유토론	토론 및 질의 응답	발표태도평가
12	4/24(6)	NIE자료 5	활동지작성, 발표하기	글쓰기 및 발표	글 구성력평가
13	5/7(5)	NIE자료 6	자료 강독, 자유토론	토론 및 질의 응답	발표태도평가
14	5/7(6)	NIE자료 6	활동지작성, 발표하기	글쓰기 및 발표	글 구성력평가
15	5/7(7)	NIE자료 7	자료 강독, 자유토론	토론 및 질의 응답	발표태도평가
16	5/8(5)	NIE자료 7	활동지작성, 발표하기	글쓰기 및 발표	글 구성력평가

표 4-37 선택프로그램(글짱! 말짱!) 교수학습 과정안

단 원	'끝사랑' 하고픈 청춘의 현실 '안생겨요'			차 시	2		
				수업자	안민영		
				장 소	2-2		
학습 주제	청춘 남녀의 사랑 실태						
학습 목표	코미디프로에서 다루는 다양한 청춘 남녀의 사랑을 보고, 사회구조적 문제를 두 가지 이상 발표할 수 있다.						
교수 · 학습 방법	강의, 토론, 질문법	융합	교과	시기	방법	평가 방법	수행 평가
			도덕	6월	강의		
진로 관련 요소	사회진출 후 원만하고 건전한 대인관계 형성						
교수 · 학습 자료	교사	신문스크랩 자료, 동영상 자료					
	학생	학습활동지					

단계	교수 · 학습 내용	교수 · 학습 활동		교수 · 학습자료 지도상의 유의점
		교사	학생	
도입	학습목표제시	• 개그콘서트나 코미디빅리그프로에서 다루는 다양한 청춘물들을 소개하고 함께 이야기해본다. • 학습목표제시	• 코미디 프로에서의 청춘물들에 대해 아는바를 발표한다. • 학습목표를 인지한다.	동영상자료
전개	학습자료에서 언급된 코미디프로 시청	• 개그콘서트와 코미디빅리그에서 방영 중인 청춘물 네 꼭지를 순서대로 보여준다. • 학습자료를 두 번 읽고 모르는 어휘를 찾게한다.	• 개그 프로를 학습 목표를 보며 관람한다. • 자료에서 모르는 어휘에 밑줄을 그으며 읽는다.	• 학습자료 • 동영상 • 활동지

자. 거제중앙중학교 운영사례

1) 미술(블록타임 운영)

- 융합형 수업을 기반: 과학, 기술, 수학 등 다양한 분야와 융합을 기반으로 한 수업을 실시했다.
- 창조적 아이디어, 예술적 감성을 접목: 학생 개인이 프로젝트를 수행 했다. 생활 속에서 과학 기술적 원리를 바탕으로 예술적인 내용을 접목하여 다양한 산출물을 낼 수 있도록 했다.
- 토의 토론형 수업: 생활 속의 산출물을 통해 학생들 간 모둠 토의를 실시했다.

순번	단원	수업방법	수업내용
1	생활 속 미술	프로젝트 토의 토론 수업	자연환경을 닮은 조형물 만들기: 자연의 이미지를 주제로 한 건축물에 대해 토의, 이해하고 의견을 피력하는 활동은 서로 다른 교과와의 연계 및 융합을 통하여 새로운 형태의 수업을 가능하게 했다. 또한 각 교과의 특성을 살려 부분적으로 접목하여 자료를 활용하고 창의적인 아이디어를 더하여 작품화함으로 새로운 예술을 창조할 수 있게 하였다.

모둠별 토론을 통한 주제 선정 및 건축물 디자인

자기평가, 동료 평가를 기반으로 한 모둠별 발표

차. 강원 횡성중학교 운영사례

2015학년도 제2회 희망드림 탐구토론대회 계획

Ⅰ. 목 표

- 학생들로 하여금 인격을 도야하고 바람직한 가치관을 내면화함으로써 올바른 인성을 형성한다.
- 자유학기제 교수·학습 방법 변화와 연계한 문제해결 중심 사고력을 향상시킨다.
- 지역사회의 문제점을 인식하고 해결해 보는 경험을 통하여 애향정신을 고취한다.
- 언어적 표현 경험을 제공하여 의사소통능력을 향상시킨다.

Ⅱ. 세부 추진 계획

- 대회명: 2015학년도 제2회 희망드림 탐구토론대회
- 주제명: 횡성한우 브랜드 가치를 향상시키기 위한 방안
- 대상: 횡성중학교 2학년

1) 세부 추진 내용

일 시	추 진 내 용	지 도	비고
6월 10일(수) ~ 6월 22일(월)	토론대회 공고 및 진행방법 연수	토론 특강 및 담임	교실
6월 29일(월) 1교시 ~ 4교시	반별 예선대회 진행 후 각반 대표 1팀(4인1조) 선발	담임	교실
7월 16일(목) 09:00 ~ 12:00	결선대회 (각 반 1팀씩 4팀 결선)	담임 및 교과 담임	송백관

단계 팀	1단계	2단계	3단계	4단계
A	발표	평가	평론	반론
B	반론	발표	평가	평론
C	평론	반론	발표	평가
D	평가	평론	반론	발표

2) 탐구토론대회 진행규칙

(1) 4인1팀으로 팀원들이 역할을 분담하여 발표, 질문, 평론을 번갈아하며 그 동안 탐구한 내용에 대하여 발표와 토론을 한다.

(2) 토론에서 각 팀은 자신의 주장을 옹호하고 상대편이 지적한 문제에 대하여 공개적으로 방어하는데, 자기 팀의 주장을 상대방뿐만 아니라 대중에게도 효과적으로 설득시킬 수 있어야 한다. 이 때 자신들의 주장의 정당성을 입증할 수 있게 제작된 모형이나 도구, 컴퓨터, 빔프로젝터, OHP 등의 활용, 시연 등도 가능하다.

(3) 1회전에 4팀이 참가하여 서로 발표, 반론, 평론 및 평가를 번갈아 하여 총 4번 이루어진다.(단, 평가 팀은 논쟁에 참여하지 않는다.)

(4) 예선전과 결승전은 모두 아래와 같은 활동으로 40분간 진행한다.(단, 제한시간 반드시 확인)

3) 진행활동 및 제한시간

* 시작 전 심사위원장은 팀장들로 하여금 각자 팀원을 소개하게 하고, 이어 심사위원들을 소개함
* 한 단계가 종료된 후 휴식 및 준비시간 10분

진행활동	제한시간
① 발표팀의 발표	12분
② 반론팀의 준비	3분
③ 반론팀 질의 및 반론(최대 5분), 발표팀의 답변, 두 팀간의 논쟁	12분
④ 평론팀의 준비	3분
⑤ 평론팀의 평론	5분
⑥ 발표팀의 마지막 논평	5분
총 시간	40분

※ 규정제한시간을 지키는 것을 원칙으로 하며, 발표시간의 제한시간 초과 시 감점처리(5점/40점) / 나머지의 경우 제한시간 초과 시 제재

– 타종시간: 3분전 한 번, 1분전 두 번, 마지막 세 번(발표, 반론)

4) 토론 진행 방법

(1) 발표팀의 발표

발표자는 자기 조의 탐구주제에 대한 주요 착안점과 과정 및 결론을 제시한다. 이를 위하여 제한 시간 내에 공동 탐구자의 도움을 받으며 그림, 슬라이드, 사진 등을 사전에 준비하여 제시하거나 시범실험을 보일 수 있다.

(2) 발표팀에 대한 반론팀의 질문, 발표팀의 답변 및 토론

반론자는 발표자의 발표 내용을 듣고, 반론의 근거가 될 수 있는 질문을 한다. 반론 시 답변자를 지정하여 질문 할 수 있다. 이때 논쟁을 진행하는 것이 아니라, 단지 발표 내용에 대한 질문을 한다. 발표자는 예, 아니오 등으로 답을 한다. 반론자는 발표자의 주요 착안점에 대한 자신의 견해를 밝히고 발표에 대한 비판을 한다. 여기에는 발표자의 실수, 문제 이해의 오류, 답을 구하는데 있어서의 방법론적 부당성 등을 제시한다. 그러나 비판에는 오직 발표자의 해결에 관계된 것만이 허용된다. 반론자가 자신의 답을 제시할 수도 있다. 이어 발표자와 반론자 사이의 논쟁이 이어진다. 발표자의 연구 내용이 토론된다. 발표자는 반론자의 질문에 답변해야 하지만, 반론자가 우선권을 가진다.

(3) 발표팀과 반론팀의 견해에 대한 평론팀의 해설과 논평

평론자는 발표자의 중요한 쟁점과 반론자의 비판 의의와 강약점/장단점을 지적한다.

(4) 발표팀의 마무리

반론팀의 반박과 평론팀의 평가가 논의되고 결론적인 마무리를 한다.

- 원칙적으로 발표, 반론, 평론의 역할을 분담하여 맡은 자가 진행하되, 필요에 따라 다른 역할을 맡은 학생이 일부 도와줄 수 있다.
- '토론'은 맡은 역할에 상관없이 조원들이 모두 참여할 수 있다.
- 평가팀은 발표팀, 반론팀, 평론팀을 평가하여 심사위원에게 제출한다.

5) 토론의 판정

가. 심사위원의 역할

① 토론의 전 과정을 평가하여 승패를 공식적으로 판정한다.

② 도덕적, 교육적으로 결함이 없는 공정성을 유지한다.

나. 심사위원의 구성

– 공정하고 전문성 있는 교사와 외부인사로 4인의 심사위원을 구성한다.

다. 평가팀의 평가 내용도 심사에 반영한다.(단, 반영여부와 반영점수는 심사위원의 결정에 따른다.)

(6) 시상계획

가. 최우수(1팀), 우수(1팀), 장려(2팀)

나. 시상인원(4팀) – 16명 시상

III. 기대효과

1. 토론 교육의 바람직한 방향과 방법을 모색하여 전파한다.
2. 비판적 사고를 통하여 우리 사회의 당면 문제들을 분석하고 합리적인 해결책이나 대안을 모색할 수 있도록 토론 교육의 필요성을 홍보할 수 있다.
3. 다양한 토론 경험을 제공함으로써 자신의 생각을 논리적으로 자신 있게 주장할 수 있는 능력을 향상시킨다.
4. 올바른 토론 기술을 학습할 수 있는 계기를 마련해 준다.
5. 토론대회 참여를 통해 학생들의 발표력을 향상시키고, 논리적·비판적 사고력, 정보 분석 및 종합 능력 등을 기르게 한다.
6. 토론 참가자들의 동기 유발 및 학습 의욕을 고취시킬 수 있으며, 나아가 지역사회의 일원으로서 작은 부분이지만 도움을 줄 수 있는 역할을 할 수 있다.

제 5 부

자유학년제 운영 모형

CHAPTER

01

진로탐색 중점 모형

SECTION

01 진로탐색 중점 모형의 개요

진로탐색중점 모형은 체계적인 진로 학습 및 체험을 위한 것으로 교육부 예시에 따르면 기본교과(65%)와 진로(15%), 기타(20%)로 편성하여 진로탐색활동 위주의 자율과정을 편성하도록 되어 있다. 여기서 진로탐색 활동이란 진로검사, 초청강연, 포트폴리오 제작 활동, 현장체험, 직업리서치, 모의창업 등을 말한다고 교육부는 밝히고 있다(교육부, 2013).

그림 5-1 **진로탐색 + 예술 · 체육 중점 모형**

진로탐색 중점 모형(1)
⇒ 진로탐색활동 위주로 학교 자율과정 편성

<table>
<tr><th>요일 / 시간</th><th>월</th><th>화</th><th>수</th><th>목</th><th>금</th></tr>
<tr><td>1</td><td colspan="5" rowspan="4">기본교과 편성
(22시간)
○ 교육과정: 핵심 성취 기준 기반 수업
○ 수업방법~
- (국 · 영 · 수) 문제해결, 의사소통, 토론 등
- (사 · 과 등) 실험, 현장체험, 프로젝트 학습 등</td></tr>
<tr><td>2</td></tr>
<tr><td>3</td></tr>
<tr><td>4</td></tr>
<tr><td>5</td><td colspan="2"></td><td rowspan="2">동아리</td><td rowspan="3">예 · 체</td><td rowspan="3">진로
진로검사
초청강연
포트폴리오
현장체험
직업리서치
모의창업 등</td></tr>
<tr><td>6</td><td rowspan="2">진로</td><td rowspan="2">선택
프로그램</td></tr>
<tr><td>7</td><td></td></tr>
<tr><td>방과후
학교</td><td colspan="5">'자율과정'과 연계 · 운영하여 시너지 창출</td></tr>
</table>

※ 진로탐색 5 선택프로그램 2 + 동아리 2 + 예술 · 체육 3 = 12시간

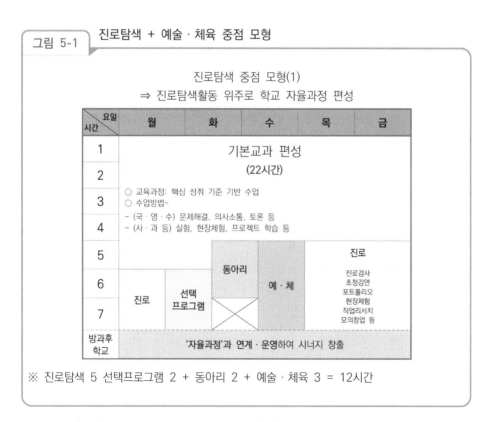

자료: 교육부(2013). 중학교 자유학기제 시범 운영계획(안).

진로탐색 프로그램은 크게 교내·교외 프로그램으로 분류할 수 있다. 교내 프로그램은 교과 내 진로연계 수업, 선택과목 <진로와 직업>을 통한 진로교육, 창의적 체험활동 내 진로 활동 강화, 방과 후 학교에서의 직업연계 프로그램 등으로 진행할 수 있다. 교과 내 진로연계 수업은 진로독서 등 기존의 교과교육에 진로교육을 결합한 형태의 수업이다. 교내 프로그램은 교과 담당 교사가 진행하는 학급별 집합교육, 전문가 초청 등 외부인사 활용 수업, 모의 진로 박람회 등 학생 중심 활동 등을 통해 이루어진다. 한편 교외 프로그램은 대체로 전일제 시행일에 현장 진로 체험, 진로 캠프 및 수련회 등을 통해 운영된다. 현장 진로 체험은 주로 학부모나 지역사회와의 연계를 통한 직업 체험, 지역 대학 및 고궁, 박물관 방문 등을 통해 이루어지게 된다(황규호, 2013).

진로탐색 프로그램 시행에는 진로탐색 프로그램이 유용하게 활용된다. SCEP (School Career Education Program)의 창의적 진로개발 워크북을 활용한 진로탐색 활동을 지도하거나 진로교육 수업의 질과 학생 참여도를 높이기 위한 담당 교사 간 사전 협의회를 통해 관련 영상자료 및 학습활동 자료를 공유하고 전체 학급에 일관성을 갖도록 하며, 스마트북을 활용하여 단원 활동목표 관련 교수 아이디어와 노하우를 상호 교류 및 공유함으로써 단위학교 교사들의 진로교육 지평을 넓힐 수 있다. 그리고 발표와 학생활동을 최대한 이끌어내되 소외학생이 발생하지 않도록 유의해야 하며 학생 개개인의 자존감과 자신감이 향상될 수 있도록 해야 한다. 학생 워크북 작성 및 관리를 통해 학생의 생각, 바람, 진로탐색 과정 등에 관한 정보를 가정과 상시 공유하고 이를 상담 자료로 활용하고 전일제 직업체험의 날을 운영하여 학생들에게 직업 일터 체험을 제공함으로써 진로탐색활동이 직업체험으로 이어질 수 있도록 하며, 해당 직업의 탐색, 작업장에서의 역할 수행 계획서 작성 등 사전활동과 활동 후 소감문 작성, 학급별 발표를 통한 체험내용 공유, 작업장 멘토에게 감사엽서 발송 등 사후활동의 맥락을 갖추어 내실있게 운영해야 한다.

SECTION

02 진로탐색 중점 모형 운영의 실제

자율과정의 운영 절차는 다음 표와 같이 단계별로 추진한다. 단, 세부적인 내용은 자율과정의 프로그램에 따라 다를 수 있다.

표 5-1 자유학기제 자율과정 운영 절차

단계	절차
	운영연구팀의 협의를 통한 운영 모형 결정
	⬇
	학생 수요조사 실시 및 프로그램 결정
	⬇
준비(기획)	자율과정 운영 계획 수립
	⬇
	자율과정 담당자 연수
	⬇
	학습지도안 작성
	⬇
	자율과정 운영에 대한 학생 및 학부모 설명회
	⬇
	학생 프로그램 배정
운영(실행)	⬇
	자율과정 운영
	⬇
	자율과정 학생 만족도 조사 및 중간평가 실시
	⬇
	자율과정에 대한 학생 학교생활기록부 기록
	⬇
정리(평가)	자율과정 운영 성과 발표 및 자료집 제작
	⬇
	자유학기 이후 학년 교육과정과의 연계 방안 모색

자료: 최상덕 외(2014). 자유학기제 운영 종합매뉴얼. 한국교육개발원 연구자료 CRM2014-56.

가. 준비 단계

준비(기획)단계에서는 자유학기제 운영 연구팀의 협의회를 통해 학교의 자율과정 운영 모형을 결정한다. 운영 모형 결정시에는 학교 여건과 상황을 파악한 뒤 중점 모형을 결정해야 한다.

진로탐색 활동은 수요자 맞춤형 프로그램 편성을 위한 희망 진로 관련 프로그램 설문조사를 실시하고 대학생 멘토, 전공학과 체험, 실제 일터 체험 등의 수요를 반영하여 진로탐색 활동 중 학교 내에서 이루어지는 활동과 지필고사 기간 등을 활용한 외부체험 활동을 구분하여 계획하도록 한다.

자율과정 운영 계획을 수립할 때에는 진로체험 활동을 위해 학부모지원단을 조직하되, 기존의 학부모회를 기반으로 조직하여 운영할 수 있고 학부모지원단 발대식을 개최하여 자유학기제에 대한 안내 및 지원단 활동에 대한 소개를 실시하도록 한다. 체험학습 계획을 수립하고 체험학습장 발굴 및 인프라 구축을 실시한다. 이때 학부모지원단의 협조를 요청하고 진로 담당 교사를 중심으로 공공기관 및 사회단체의 체험학습장을 발굴하도록 한다.

- 교육부와 한국교육개발원에서 MOU를 체결한 협업기관을 활용함과 동시에 지역사회의 특성에 맞는 협업기관을 발굴함.
- 자유학기제 협업기관(2014년 3월 현재): 한국고용정보원, 한국과학창의재단, 한국교육개발원, 한국교육과정평가원, 한국교육방송공사, 한국교육학술정보원, 한국문화예술교육진흥원, 한국산업인력공단, 한국언론진흥재단, 한국잡월드, 한국직업능력개발원, 한국청소년상담복지개발원, 한국청소년정책연구원, 한국청소년활동진흥원, 국민체육진흥공단, 한국콘텐츠진흥원, 한국폴리텍대학(총 17개 기관)

학부모지원단과 진로 담당 교사 수시로 협의를 거치되 교육기부 동의, 멘토 선정, 체험학습 과정 협의, 체험학습장 제공자와 수시로 연락하도록 하며 진로탐색 활동 운영 방법 등에 대한 교사 연수와 학부모지원단 대상 연수를 실시한다. 진로탐색 활동은 진로체험활동 연간 계획을 수립하고 진로체험 워크북 등을 진로 담당 교사 중심으로 제작하고 학생들이 계획, 실천, 결과보고 등의 단계로 진로체험 활동을 기록할 수 있도록 하며 학부모지원단의 활동 내용 및 체험담을 기록하도록 한다.

나. 운영 단계

자율과정 운영 단계에서는 과정 공통으로 운영 전반에 대한 학생 및 학부모 설명회를 실시하는데 자율과정의 취지와 목적을 충분히 이해하게 하고, 학생 선택프로그램 활동, 진로탐색 활동, 동아리 활동, 예술·체육 활동의 각각의 특징과 운영 방법에 대해 설명하도록 한다. 그리고 학생 수요조사 결과를 바탕으로 최대한 학생이 원하는 프로그램에 배정받을 수 있도록 해야 하며 학기 시작에 따라 각각의 자율과정을 운영하고 자율과정이 운영되는 동안 진행에 따른 과정평가를 실시한다. 또한 학생 대상으로 자율과정 운영에 대한 만족도 조사를 실시하도록 하는데 학생 만족도 조사 결과를 바탕으로 자율과정 운영 전반에 대한 중간평가를 실시하여 자율과정 운영 전반에 대한 검토와 교사 간 운영 방법 공유의 기회를 갖도록 한다.

체험 학습장을 선정하여 학생 희망을 중심으로 배치하고 개인 또는 그룹으로 구분하여 학생 희망에 따라 운영하되 시험기간을 활용한 진로직업체험 활동 등을 실시한다. 개인체험 신청자는 계획서 검토 후 실시하도록 하고 그룹체험은 학교에서 체험장을 공지하여 학생 희망에 따라 배치하여 실시한다.

진로탐색 프로그램 운영에 대한 중간검토를 실시하고 체험학습 실시를 위해 사전 검토와 사후 점검 작업 등을 실시하며 활동 장소에 대한 학생, 학부모, 교사의 반응을 점검하도록 한다.

다. 정리 단계

정리 단계에서는 자율과정 공통으로 자율과정에 대한 수시 누가 기록 내용을 바탕으로 학교생활기록부에 서술식으로 기재하되 각 활동에 대한 기재 방법은 교육부의 학교생활기록부 기재요령에 따르도록 한다. 학생들의 꿈과 끼를 키우는 활동과 관련된 내용에 대한 평가 결과를 기록하며, 긍정적으로 기술하도록 한다.

자율과정 운영 성과에 대한 성과 발표회 등을 실시하여, 교사들 간에 운영 결과를 공유하고 우수한 성과에 대한 자료집 제작 등을 통해 운영 결과를 일반화한다. 자유학기에서 일반학기로의 이행 단계에서 완충역할을 할 수 있는 프로그램 및 연계 프로그램을 마련하고 자유학기제의 취지에 맞게 창의적 체험 활동을 운영 할 수 있는 프로그램을 개발하도록 한다.

진로체험 활동에 대한 결과보고회를 개최할 수 있고 진로탐색 활동에 대한 학생 만족도 조사를 실시하고 및 결과를 공유하도록 하며 학부모지원단의 평가 보고회를 개최할 수도 있다.

SECTION

03 진로탐색중점 모형 운영 사례

인천 부평동중학교는 진로탐색 프로그램을 운영하면서 다음 표와 같이 교육과정을 체계화하였다.

표 5-2 진로탐색 프로그램 운영 예시(인천 부평동중학교)

대영역	하위영역	내용	학습방법	시수
Ⅰ. 자아이해와 사회적 역량	자아이해	• 자아 존중감 함양 • 소질과 적성의 탐색	강의, 프로젝트, 연극 프로그램	12
	사회적 역량개발	• 대인관계 역량 • 자기관리 역량개발	토론, PBS, 연극활용 프로그램	9
Ⅱ. 일과 직업 세계의 이해	일과 직업세계 이해	• 다양한 직업세계 이해 • 직업세계의 변화 이해	인터넷 활용, 강의, 토론, 프로젝트수업	6
	직업의식제고	건강한 직업의식함양	토론, PBS, 미디어활용, 할놀이	9
Ⅲ. 진로탐색	교육기회의 탐색	• 학습의 중요성 이해 • 학습기회 탐색	토론, 강의, 인터넷	6
	직업정보탐색	• 직업정보의 탐색 • 직업현장 탐방	인터넷활용, 토론, 현장체험학습	6
Ⅳ. 진로디자인과 준비	진로디자인	미래 진로설계	프로젝트수업, 개별 및 집단 상담	3

자료: 최상덕 외(2014). 자유학기제 운영 종합매뉴얼. 한국교육개발원 연구자료 CRM2014-56.

대구동변중학교와 신길중학교는 진로체험 활동을 운영하는 절차를 준비(기획) → 운영 → 평가의 3단계로 설정하고 운영하였다.

대구동변중학교는 진로 탐색 활동으로 진로탐색 능력 향상 프로그램을 43회 운영하고 동변 WORK체험을 3차에 걸쳐 실시하였다. 자유학기제 준비를 위하여 교육공동체 연수를 실시하고 교육과정을 재구성하였으며 우리마을 교육공동체를 구축하였다. 수업 방법 개선을 위해 학생활동 중심 수업, 전문가 협업 수업, 1교과 1특색 진로수업, 예체능 학생 선택수업을 실시하였다.

진로탐색은 3차로 나뉘어 진행하였는데 '준비기 → 체험기 → 실습기로 나누고 Dream Search Program(30종) → Dream Growth Program (8종) → Dream Realization Program (5종)'의 프로그램을 실시하였다. 상세한 운영 내용은 다음 표와 같다.

표 5-3 진로체험 활동 운영 절차 예시 1

<table>
<tr><th>영역</th><th>진로체험 활동 - 대구 동변중학교 운영 사례</th></tr>
<tr><td>준비
(기획)</td><td>1. TF 구성
• 교감, 교무부장, 연구부장, 진로진학상담부장, 교육지원부장, 1학년부장, 교무기획

2. TF 논의 내용
• 학교 실정에 맞는 중점 연구 과제 선정
• 각 연구과제별 구체적 시행 계획 수립
• 우리마을 교육공동체 구축 방안 협의

3. 자유학기제 운영 기반 조성
• 1학년 담임 및 교과 담당 교사 협의회
• 학교 실정에 가장 적합한 수업 시수 증감축 방안 논의
• 지역사회 소통의 장으로서 학교의 역할 정립
[슬로건: 학교는 지역민에게 배움의 재충전 기회를! 지역민은 학생들에게 재능기부와 Work체험의 기회를!]
• 학교교육과정위원회 개최
• 협의회 결과
<table>
<tr><td>교육과정 재구성</td><td>교과별 교육과정 재구성</td><td>학생 선택프로그램 계획</td></tr>
<tr><td>진로활동 51차시 순증</td><td>교과 내 진로수업 계획 수립</td><td>예체능 교과 실시</td></tr>
<tr><td>• (10% 감축한 기본교과 34차시)+(순증 17차시)
• 진로 51차시 운영 계획 수립</td><td>• 교과 10% 감축 부분
• 교과별 1진로 특색 활동 및 체험 활동을 위한 시간 확보</td><td>• 학생 1인당 음악 6개 프로그램 중 2개, 미술, 체육 3개 프로그램 중 2개 이수할 수 있도록 운영 중</td></tr>
</table>
</td></tr>
</table>

영역	진로체험 활동 - 대구 동변중학교 운영 사례

시간표 운영 계획	우리마을 교육공동체 구성	교육과정 지원체제 구축
블록타임 및 예체능 오후 배치	지역 공공기관 협의체 구성	공감대 형성 및 책무성 제고
• 선진형 교과교실 활용 극대화 • 1학급 1일 1회 블록타임 수업 • 음악, 미술, 체육, 진로 수업 모두 오후로 배치	• 지역기관 MOU 체결 • 매월 지역민 대상 특강 • Work 체험 사업장 확보 협조	• 교원업무전담팀 구성 운영 • 학생, 교사, 학부모 연수 • 학부모 재능기부 및 지원 체제 구축

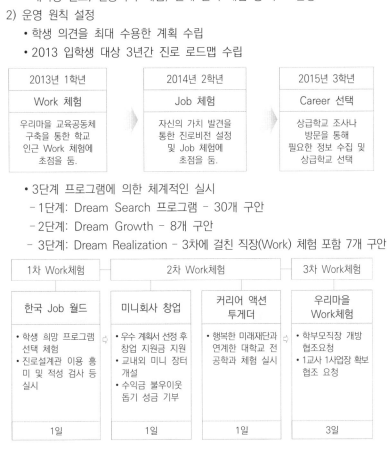

4. 진로탐색 모형 운영 과정

1) 학생 수요 사전 조사

- 수요자 맞춤형 프로그램 편성을 위한 희망 진로 관련 프로그램 설문조사 실시
- 대학생 멘토, 전공학과 체험, 실제 일터 체험 등 수요 반영

2) 운영 원칙 설정

- 학생 의견을 최대 수용한 계획 수립
- 2013 입학생 대상 3년간 진로 로드맵 수립

2013년 1학년	2014년 2학년	2015년 3학년
Work 체험	Job 체험	Career 선택
우리마을 교육공동체 구축을 통한 학교 인근 Work 체험에 초점을 둠.	자신의 가치 발견을 통한 진로비전 설정 및 Job 체험에 초점을 둠.	상급학교 조사나 방문을 통해 필요한 정보 수집 및 상급학교 선택

- 3단계 프로그램에 의한 체계적인 실시
  - 1단계: Dream Search 프로그램 - 30개 구안
  - 2단계: Dream Growth - 8개 구안
  - 3단계: Dream Realization - 3차에 걸친 직장(Work) 체험 포함 7개 구안

1차 Work체험	2차 Work체험		3차 Work체험
한국 Job 월드	미니회사 창업	커리어 액션 투게더	우리마을 Work체험
• 학생 희망 프로그램 선택 체험 • 진로설계관 이용 흥미 및 적성 검사 등 실시	• 우수 계획서 선정 후 창업 지원금 지원 • 교내외 미니 장터 개설 • 수익금 불우이웃 돕기 성금 기부	• 행복한 미래재단과 연계한 대학교 전공학과 체험 실시	• 학부모직장 개방 협조요청 • 1교사 1사업장 확보 협조 요청
1일	1일	1일	3일

영역	진로체험 활동 - 대구 동변중학교 운영 사례
	• 1교과 1진로 특색 프로젝트 실시 - 전교과 교육과정 재구성을 통해 2학기 수업 시수의 20% 내외를 확보하여 실시 • 진로탐색 프로그램은 운영의 효율성을 높이기 위해 담임교사 지도를 원칙으로 함. 3) 진로탐색 프로그램 시간표 작성 • 각 교과 10%정도를 감축하였으므로 2학기 수업일수 95일의 약 10%에 해당하는 9일, 51차시의 진로탐색 프로그램 계획을 수립 • 블록타임, 반일제, 전일제로 실시 • 중간고사, 기말고사 기간 5일 전일제 체험 활동 실시
운영 (실행)	4) 진로탐색 프로그램 실시 • 1단계: Dream Search 프로그램 - 고등학생 39인, 대학생 18인, 전문직업인 18인을 초청하여 만남의 날 개최 등 30가지 프로그램 실시 • 2단계: Dream Growth 프로그램 - 진로포트폴리오, 동변독서학위인증제 등 8개 프로그램 실시 • 3단계: Dream Realization 프로그램 - 3차에 걸친 직장(Work) 체험, 꿈 아트타일 제작, 꿈 발표대회 등 7개 프로그램 실시 • 교과별 수업 시수 20% 내외의 1교과 1진로 특색 프로젝트 수업 실시 5. 연수 1) 교사 연수: 수시 개최 - 총 20여회 실시 • 내용: 자유학기제 이해, 교과별 진로교육, 교과별 수업 방법 개선, 자유학기제 운영 현황, 운영 평가 2) 학부모 및 지역민 연수 • 방법: 가정통신문 10여회 발송, 전국 명강사 초빙 특강 5회 실시 • 내용: 자유학기제 및 교육과정 편성 안내, 진로체험 활동 안내, 자녀 진로교육, 자기주도 학습태도 함양, 자녀와의 소통, 창의성 함양 방안 등
정리 (평가)	6. 프로그램 평가 • 학생: 자기평가 및 동료평가 • 담당 교사: 평소 학생 개인별 장점 관찰 기록 정리 • 기재: 학생별 성취기준 대비 수행정도, 협동심, 탐구심, 창의성 등 활동 내용을 수합하여 학교생활기록부에 기재

영역	진로체험 활동 - 대구 동변중학교 운영 사례
	7. 운영 후 만족도 조사와 피드백 • 개방형 조사, 5점 척도 조사 • 전체 자유학기 운영, 상 · 하반기 프로그램 만족도 조사

자료: 최상덕 외(2014). 자유학기제 운영 종합매뉴얼. 한국교육개발원 연구자료 CRM2014-56.

경기 신길중학교는 진로 수업 프로그램을 매주 금요일 5, 6교시 운영하였는데, 8개반을 각 학급 담임교사가 지도하였다. 진로교사가 전체적인 프로그램을 기획하고 자료 구성 및 수업전개방식을 연수하고 협의 과정을 거쳤다.

진로/직업 체험 프로그램은 1, 2차 지필고사 기간에 실시하였는데 1차 기간에는 5인 이내로 소규모 그룹 편성을 하여 직업 체험을 하고, 2차 지필고사 기간에는 진로적성선택프로그램 10개반 중심으로 진로직업체험을 실시하였다.

학부모 지원단을 운영하여 40여개 일터를 발굴하고 학부모 코치활동 매뉴얼을 작성하여 연수를 실시하고 평가회를 여는 과정을 거쳤다.

표 5-4 진로체험 활동 운영 절차 예시 2

영역	진로체험 활동 - 신길중학교 운영 사례
준비 (기획)	1. 운영연구팀 협의: 진로체험 활동 일정, 방법 등 협의 • 일정: 2, 3학년 지필고사 기간 활용(2회 실시) • 방법: 학생들의 자기주도적 체험 활동 유도, 소규모 그룹별 실시, 개인 체험 활동 가능, 진로 담당 교사 계획 수립, 학부모지원단 조직 및 협조 요청 2. 학부모지원단 조직 • 기존의 학부모회를 기반으로 조직 • 학부모 대상 자유학기제 홍보(학교운영위원회, 학부모회 협조 요청) • 학부모 회장단에서 희망 학부모 대상으로 조직 • 학부모지원단 발대식 개최: 자유학기제 안내 및 지원단 활동 소개 3. 진로 담당 교사 계획 수립 • 운영연구팀이 계획 수립 지원: 수시 협의회 개최 • 체험 활동은 가능한 학교의 개입을 최소화 하고 학생과 학부모 중심으로 실시할 것을 원칙으로 수립 • 학생이 희망하는 체험학습 활동에 대한 사전 조사

영역	진로체험 활동 - 신길중학교 운영 사례
	4. 체험학습장 발굴 및 구축 • 학부모지원단 협조 요청: 50여 개 체험학습장 추천 • 진로 담당 교사: 공공기관 및 사회단체 중심 체험학습장 발굴 • 학부모지원단과 진로 담당 교사 수시 협의: 교육기부 동의, 멘토 선정, 체험학습 과정 협의, 체험학습장 제공자와 수시 연락 • 최종 30여 개 선정: 학생들에게 공고, 학생 희망 중심 배치 • 개인별 체험장 50여 개 별도 5. 진로체험 워크북 제작 • 진로 담당 교사 중심 제작 • 학생들이 진로체험 활동을 계획, 실천, 결과보고 등 단계별로 기록할 수 있도록 제작 • 학부모지원단의 활동 내용 및 체험담 기록 6. 학부모지원단 연수(2회 실시): 교감, 진로 담당 교사
운영 (실행)	7. 1차 진로직업체험 활동 실시(2, 3학년 1차 지필고사 기간) • 개인체험신청자: 계획서 검토 후 개인체험 허용 • 그룹체험: 학교에서 30여개 체험장 공지 → 학생 희망 배치 원칙 (1개의 체험학습장에 4-8명 배치), 인원의 편중을 방지하기 위한 학생 상담(담임교사), 부적응학생 분산배치 노력 • 1일차: 학부모지원단과 학생들의 만남(학부모지원단 및 학생들이 협의하여 장소 선정) → 활동 계획 수립 → 학부모지원단의 활동 내용 상세 설명 및 주의 사항 안내 → 체험학습장 소개(학부모) → 멘토(체험학습장 근무자)와의 만남 • 2일차: 체험학습장의 상황에 따라 6시간 정도 활동, 멘토가 학생들과 함께 활동, 활동보고서 작성을 위한 자료 수집(학부모지원단), 1학년 담임선생님들이 그룹을 나누어 체험학습장 방문 • 3일차: 활동 결과 보고서 작성, 학부모와 학생들이 편리한 장소 선정, 보고서 작성 방법 자율화(프리젠테이션, UCC, 판넬 제작 등), 학부모의 요청으로 2, 3학년의 시험이 끝난 오후에 학교 개방 • 결과보고회 개최: 진로직업체험 활동이 끝난 다음 주 금요일(진로시간)을 이용하여 학급별로 결과보고회 개최 • 제출한 결과보고서 전시: 학교 축제 기간 및 자체 평가 기간 등을 활용 • 학부모지원단 활동 평가회 개최: 진로직업체험 활동 동영상 제작 및 상영, 학부모지원단의 자유로운 발표 및 토론

영역	진로체험 활동 – 신길중학교 운영 사례
	8. 2차 진로직업체험 활동 실시(2, 3학년 2차 지필고사 기간) • 운영연구팀 협의: 1차 체험 활동과 다른 방법으로 실시할 것을 제안, 진로적성을 고려한 선택프로그램 중심으로 체험 활동을 실시(단, 신길 비즈쿨반은 1차 체험 활동과 동일한 방법으로 실시함) • 체험학습장 발굴 – 진로 담당 교사: 신길 비즈쿨반의 체험학습장 발굴, 1차 체험 활동 시 활용한 체험학습장 중심으로 발굴 – 선택프로그램 담당 교사: 프로그램반 학생들이 체험할 체험학습장 발굴, 프로그램 특성에 맞도록 고려. (예) 영상스토리창작반 – EBS중계차 체험, 스포츠문화반 – 태릉선수촌 체험 등 • 1일차: 체험학습장 알아보기, 중점 체험 활동 내용 발표 및 점검 • 2일차: 체험 활동 실시 • 3일차: 보고서 작성 • 1, 3일차 활동 시 2학년 시험이 끝난 후 오후에 등교하여 활동함
정리 (평가)	9. 진로체험 활동 평가 실시 • 진로체험 활동 후 결과보고회 개최, 학생 만족도 조사 • 학부모지원단 평가보고회 개최 • 보고회 결과를 바탕으로 피드백 실시

자료: 최상덕 외(2014). 자유학기제 운영 종합매뉴얼. 한국교육개발원 연구자료 CRM2014-56.

CHAPTER

02

학생선택프로그램 중점 모형

SECTION

01 학생 선택프로그램 중점 모형의 개요

학생 선택프로그램 중점 모형은 수요자 중심으로 선택 교과를 활용하여 운영하는 것으로 기본교과(57%), 선택(23%), 기타(20%)로 편성하고 선택형 프로그램 위주의 자율과정을 편성하여 운영하도록 하고 있다(교육부, 2013).

그림 5-2 진로탐색 + 예술 · 체육 중점 모형

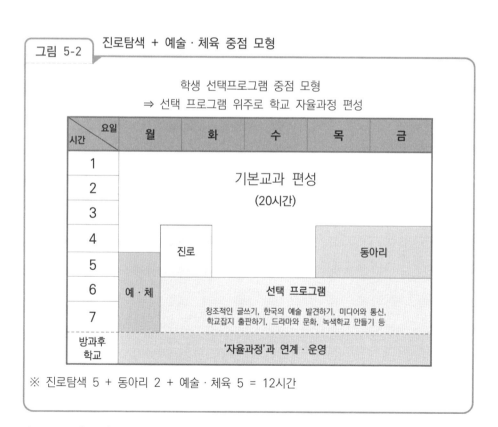

학생 선택프로그램 중점 모형
⇒ 선택 프로그램 위주로 학교 자율과정 편성

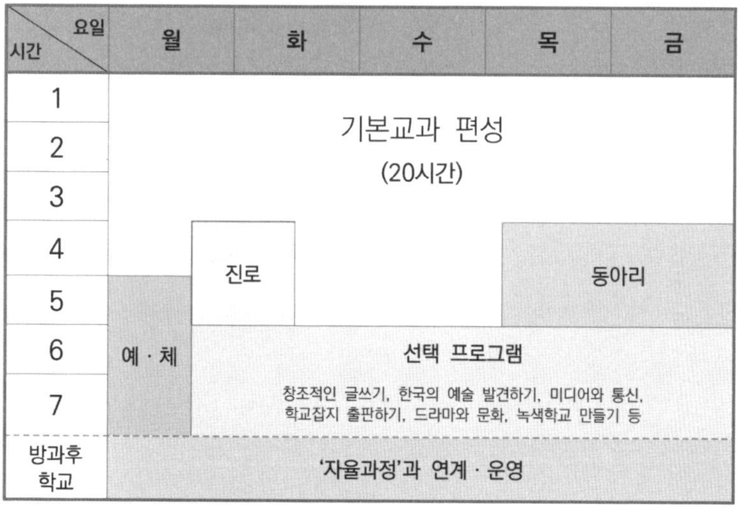

요일
시간
월
화
수
목
금
1
2
3
4
5
6
7
방과후 학교
기본교과 편성
(20시간)
진로
동아리
예 · 체
선택 프로그램
창조적인 글쓰기, 한국의 예술 발견하기, 미디어와 통신, 학교잡지 출판하기, 드라마와 문화, 녹색학교 만들기 등
'자율과정'과 연계 · 운영

※ 진로탐색 5 + 동아리 2 + 예술 · 체육 5 = 12시간

자료: 교육부(2013). 중학교 자유학기제 시범 운영계획(안).

교육부가 예시로 제시한 선택프로그램의 내용은 창조적 글쓰기, 한국의 예술 발견하기, 미디어와 통신, 학교잡지 출판하기, 드라마와 문화, 녹색학교 만들기, 농림수산 체험활동, 미니컴퍼니 경영, 바리스타, 요리 실습, 우리역사 바로 알기, 자유주제 연구, 패션 디자인 등이다. 선택프로그램을 운영하기 위해서는 학생들을 대상으로 수요조사를 통해 선택프로그램 중 몇 가지를 선택하도록 하여 운영할 수 있다(황규호, 2013).

SECTION

02 학생 선택프로그램 중점 모형 운영의 실제

자율과정의 운영 절차는 다음 표와 같이 단계별로 추진한다. 단, 세부적인 내용은 자율과정의 프로그램에 따라 다를 수 있다.

표 5-5 자유학기제 자율과정 운영 절차

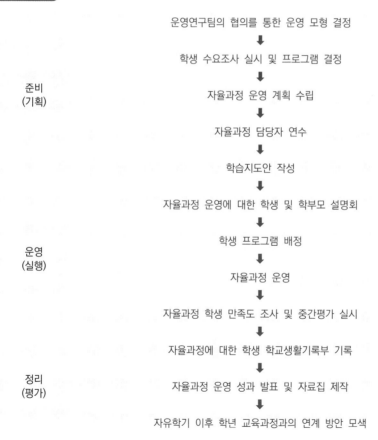

단계	절차
준비 (기획)	운영연구팀의 협의를 통한 운영 모형 결정
	⬇
	학생 수요조사 실시 및 프로그램 결정
	⬇
	자율과정 운영 계획 수립
	⬇
	자율과정 담당자 연수
	⬇
	학습지도안 작성
	⬇
운영 (실행)	자율과정 운영에 대한 학생 및 학부모 설명회
	⬇
	학생 프로그램 배정
	⬇
	자율과정 운영
	⬇
	자율과정 학생 만족도 조사 및 중간평가 실시
	⬇
정리 (평가)	자율과정에 대한 학생 학교생활기록부 기록
	⬇
	자율과정 운영 성과 발표 및 자료집 제작
	⬇
	자유학기 이후 학년 교육과정과의 연계 방안 모색

자료: 최상덕 외(2014). 자유학기제 운영 종합매뉴얼. 한국교육개발원 연구자료 CRM2014-56.

가. 준비 단계

준비(기획)단계에서는 자유학기제 운영 연구팀의 협의회를 통해 학교의 자율과정 운영 모형을 결정한다. 운영 모형 결정시에는 학교 여건과 상황을 파악한 뒤 중점 모형을 결정해야 한다.

학생 선택프로그램 활동 시에는 학생 수요조사를 실시하여 학생이 희망하는 프로그램을 개설하도록 한다. 선택프로그램 중점의 자율과정 운영방침은 다음과 같이 설정할 수 있다.

① 학력 저하 문제 해소를 위한 교과연계 선택프로그램 운영
② 학생의 흥미와 적성을 고려한 진로적성 선택프로그램 운영
③ 정서적 안정 및 건강한 학교생활을 고려한 블록타임 예체능 프로그램 운영
④ 학생의 인성과 진로를 고려한 진로인성프로그램 운영

학생 희망 조사 결과를 바탕으로 운영연구팀과 자유학기제 프로그램 담당 교사 협의를 통해 선택프로그램을 확정한다. 교과연계 선택프로그램은 자율과정 운영을 위해 시수를 조정한 교과 중심으로 개설하되 한국교육개발원에서 개발한 선택프로그램을 활용하여 운영할 수 있다. 그 예는 다음과 같다. 수요자 요구뿐만 아니라 교사의 성장을 유도할 수 있는 프로그램으로 개설하도록 한다.

- 한국교육개발원 개발 선택프로그램 목록(10종): 요리 실습, 패션 디자인, 미디어와 통신, 드라마와 사회, 미니컴퍼니 경영, 농림수산 체험 활동, 녹색학교 만들기, 한국의 예술 발견하기, 영상 스토리 창작, 우리역사 바로알기

자율과정 운영 계획을 수립할 때에는 외부강사의 프로그램 운영 지원 시 교육기부를 최대한 활용하고 프로그램을 운영하는 교사의 자율성을 보장하도록 하고 외부체험 활동, 외부강사 초청 등 프로그램 운영에 관한 모든 것은 프로그램 운영 교사의 판단에 따르도록 하는 것이 좋다. 학생 선택프로그램별 운영 방법 및 수업 사례에 대한 연수를 실시하고 담당 교사가 프로그램 운영을 계획 및 발표하고 자유토론 및 피드백 등의 협의회 시간을 운영하도록 한다. 연간 운영 계획을 수립하고 프로그램 운영에 대한 상세 계획안이 포함된 학습과정안을 작

성하여 활용한다.

나. 운영 단계

자율과정 운영 단계에서는 과정 공통으로 운영 전반에 대한 학생 및 학부모 설명회를 실시하는데 자율과정의 취지와 목적을 충분히 이해하게 하고, 학생 선택프로그램 활동, 진로탐색 활동, 동아리 활동, 예술·체육 활동의 각각의 특징과 운영 방법에 대해 설명하도록 한다. 그리고 학생 수요조사 결과를 바탕으로 최대한 학생이 원하는 프로그램에 배정받을 수 있도록 해야 하며 학기 시작에 따라 각각의 자율과정을 운영하고 자율과정이 운영되는 동안 진행에 따른 과정 평가를 실시한다. 또한 학생 대상으로 자율과정 운영에 대한 만족도 조사를 실시하도록 하는데 학생 만족도 조사 결과를 바탕으로 자율과정 운영 전반에 대한 중간평가를 실시하여 자율과정 운영 전반에 대한 검토와 교사 간 운영 방법 공유의 기회를 갖도록 한다.

학생 선택프로그램에 대해 학생들의 수강신청을 받아 특정 프로그램에 인원이 편중되는 것을 방지하기 위한 상담을 실시한 후 학생 희망을 고려하여 선택프로그램별 적정 인원을 배치한다.

운영 중 필요에 따라 외부강사를 섭외 및 초빙할 수 있고 교과 또는 진로와 연계된 융합 프로그램을 권장하며 지역사회 인프라를 활용한 체험 중심 활동을 권장하고 대학생 멘토링 제도 등을 활용할 수 있다. 지역사회 단체와 협약을 체결하여 프로그램 개발 운영 등에 협조를 받을 수 있다.

자유학기제 운영에 관한 전반적인 중간평가를 실시하는데 기존의 운영 결과를 바탕으로 피드백을 실시하고 프로그램 담당 교사의 애로 사항을 반영하여 프로그램 수정을 위한 노력을 기울여야 한다.

다. 정리 단계

정리 단계에서는 자율과정 공통으로 자율과정에 대한 수시 누가 기록 내용을 바탕으로 학교생활기록부에 서술식으로 기재하되 각 활동에 대한 기재 방법은 교육부의 학교생활기록부 기재요령에 따르도록 한다. 학생들의 꿈과 끼를 키우는 활동과 관련된 내용에 대한 평가 결과를 기록하며, 긍정적으로 기술하도록 한다.

자율과정 운영 성과에 대한 성과 발표회 등을 실시하여, 교사들 간에 운영 결과를 공유하고 우수한 성과에 대한 자료집 제작 등을 통해 운영 결과를 일반화한다. 자유학기에서 일반학기로의 이행 단계에서 완충역할을 할 수 있는 프로그램 및 연계 프로그램을 마련하고 자유학기제의 취지에 맞게 창의적 체험 활동을 운영 할 수 있는 프로그램을 개발하도록 한다.

학생 선택프로그램에 대한 운영 성과를 발표하고 자료집을 제작할 수 있으며 학생 선택프로그램 운영에 대한 자율 토론 및 피드백을 통해 개선 방안을 도출하도록 한다. 학생들에 대해서는 만족도 조사를 실시하고 결과를 공유·활용하도록 한다.

SECTION

03 학생선택프로그램 중점 모형 운영 사례

인천 부평 동중학교는 매주 화요일 2시간씩 34차시로 운영하며 외부강사를 활용하여 교내에서 진행되는 창업가 정신 Wi-Fi, 청소년수련관의 교육기부로 진행되는 창의공작, 건축학개론, 난타와 퍼포먼스 등 총 4개 프로그램으로 구성하여 개별학생의 특성과 희망을 반영하여 4개 프로그램 중 택일하여 활동하였다.

창업가 정신 Wi-Fi 활동은 외부강사 4명을 투입하고 SCEP(School Career Education Program) 모형에 기초하여 학교의 여건, 학생의 필요와 요구에 맞추어 지도함. 창업의 과정을 익히며 그 안에서 발휘해야 할 창업가 정신과 자질을 함양하고 변화하는 직업세계의 대응 능력을 키우도록 하였다.

창의공작은 직접 보고, 만지고, 만들고, 사용하는 기술공작을 체험하여 기술친화형 창의인재를 양성하는 데에 목적을 둠. 공작체험 활동 및 설계에서 제작까지 여러 분야의 융합을 통한 STEAM 교육을 경험하도록 하는 데에 주안점을 두었고 건축학개론을 통해 미래 주거공간을 이해하고 공간 속에 담게 될 자신의 미래모습과 꿈에 대해 생각하도록 지도하였으며 난타와 퍼포먼스 프로그램 참여를 통해 문화예술인으로서의 소양과 정서를 체험하도록 하였다. 구성 예시는 다음 [그림 5-3]과 같다.

그림 5-3 자율선택 진로체험 프로그램 구성 예시(인천 부평동중학교)

창의 공작과 창업가 정신 Wi-Fi

창의 공작과 난타 타악		
건축학 개론	창의공작 기계	난타와 퍼포먼스
건축 모형 만들기	교육용 공작기계 사용법과 창의작품 만들기	한국 전통 가락과 퍼포먼스를 접목

창업가 정신 Wi-Fi
모의창업을 통해 창업가정신(앙터프레너쉽) 함양을 위한 활동으로 구성
※ 터프레너쉽(창업가정신) 7가지 요소 훌륭한 기업가는 사회를 긍정적으로 변화시키는 사람이며 공통적으로 갖는 덕목은 창의력, 추진력, 판단력, 독립심, 인내심, 협동심, 통솔력임. ※ Wi-Fi란 World icon Find idea의 약자로 창업가정신에 기초하여 창업에 필요한 자질을 배워 자신의 내적성장을 통해 세계시장의 중심이 될 아이디어를 찾는 역량을 키우는 데 목적이 있음.

자료: 최상덕 외(2014). 자유학기제 운영 종합매뉴얼. 한국교육개발원 연구자료 CRM2014-56.

또, 마음 성찰 프로그램을 구성·운영하였는데 이 프로그램은 매주 수요일 2시간씩 34차시로 운영되며 자아탐구 → 힐링 체험 → 행복 찾기 → 자아발견의 맥락을 갖춘 4단계로 구성되며 순차적으로 활동하게 되며 '좋은 삶'이 무엇인지 질문하고 앞으로의 삶에서 마주칠 다양한 가치 중에서 무엇에 비중을 두고 살아갈 것인가에 대한 생각의 기회를 제공한다. 자신과 세계를 긍정적으로 연결시키며 자존감을 고양하는 데 중점을 두며 타인을 존중하면서 의사소통하고 협업하는 능력을 키우는데 목적이 있다. 자기주도적인 시간 관리, 돈 관리, 건강 관리를 실천해 가는 가운데 자신감과 책임감을 익히도록 하고 전문가 중심 수업을 우선 배치하며 매개자(지도교사) 중심 수업의 경우 충분한 사전 연수를 통해 질적 안정성을 확보하였다. 이 프로그램의 구성 예시는 [그림 5-4]와 같다.

그림 5-4 마음 성찰 프로그램 구성 예시(인천 부평동중학교)

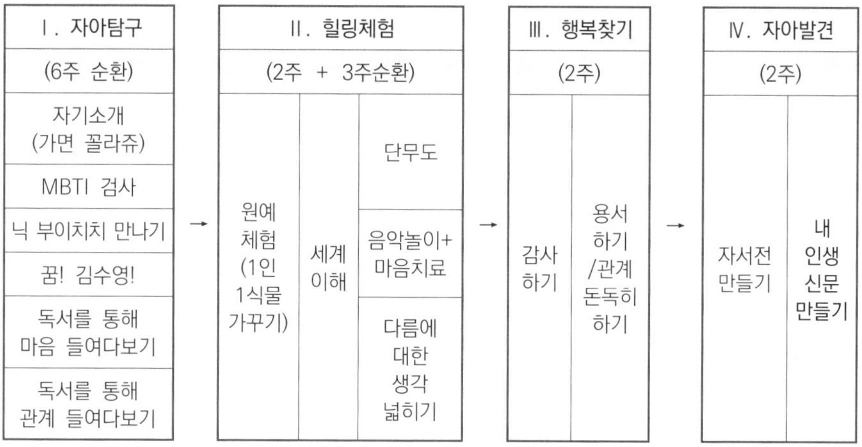
Ⅰ. 자아탐구
(6주 순환)
자기소개
(가면 꼴라쥬)
MBTI 검사
닉 부이치치 만나기
꿈! 김수영!
독서를 통해
마음 들여다보기
독서를 통해
관계 들여다보기
Ⅱ. 힐링체험
(2주 + 3주순환)
원예
체험
(1인
1식물
가꾸기)
세계
이해
단무도
음악놀이+
마음치료
다름에
대한
생각
넓히기
Ⅲ. 행복찾기
(2주)
감사
하기
용서
하기
/관계
돈독히
하기
Ⅳ. 자아발견
(2주)
자서전
만들기
내
인생
신문
만들기

자료: 최상덕 외(2014). 자유학기제 운영 종합매뉴얼. 한국교육개발원 연구자료 CRM2014-56.

표 5-6 선택 프로그램 운영 사례(1)

영역	선택 프로그램 운영 - 잠실중학교 운영 사례
준비 (기획)	1. TF 구성 교감, 수석교사, 교무부장, 연구부장, 진로부장, 1학년부장, 교무기획, 1학년기획, 고사담당계 2. TF 논의 내용 • 학교 중점 연구 과제 선정 • 각 연구과제별 구체적 시행 계획 수립 3. 교육과정 재편성 과정 • 1학년 교과 담당 교사 회의: 2학기 수업 시수 변경이 가능한 교과의 신청을 받음 • 2학기 주당 수업 시수 증감 논의 및 결정 • 1학년 2학기 교육과정 재편성 • 화요일, 목요일 6, 7교시 선택프로그램 실시 • 진로와 직업 선택 과목 포함

영역	선택 프로그램 운영 - 잠실중학교 운영 사례
	4. 선택프로그램 운영 과정 1) 학생 수요 사전 조사 • 학생 선호 프로그램 설문 조사 실시: 총 47개 프로그램 대상 • 가장 선호하는 18개 프로그램 선정 • 18개 프로그램 대상 설문 실시 후 최종 12개 프로그램 선정 2) 운영 원칙 설정 • 학생 의견을 최대 수용하여 반 편성 • 각 프로그램별 전문 강사 1인과 본교 교사 1인이 공동 지도 • 흥미 있는 활동 위주, 관련 산업 및 직업 소개, 미래전망 소개 등 프로그램 내용을 중학교 1학년 수준에 맞게 구성 • 한 학기를 상반기, 하반기로 구분하여 2개 프로그램을 체험할 수 있도록 운영 3) 선택프로그램 시간표 작성 • 1학년 12개 반을 12개 선택프로그램별로 재편성(화, 목요일별 편성) • 12개 반에 동시에 12명 교사가 필요(1학년 선택프로그램과 창 · 체 시간표를 통합하여 편성) • 강사 섭외: 한국문화예술진흥원, 한국언론진흥재단
운영 (실행)	4) 선택프로그램 실시 • 선택프로그램 담당 외부강사 오리엔테이션 실시(강의내용 가이드 라인, 학생 평가 방법, 수업 중 학생 지도 유의사항, 교내 상벌점 제도 안내) • 동기유발 프로그램 실시 • 내용: 꿈, 진로탐색, 공부 방법 등의 동영상, 활동지 • 시기: 8월 개학 이후 9월 전까지 선택프로그램 시간에 총 6차시 실시 • 담당: 수석교사 주관으로 수업 준비 및 진행 책임 • 강사의 강의 계획 시 사전 검토, 수업 중 보완 수정 5. 연수 1) 교사 연수 • 횟수: 매월 1회 총 7회(6월~12월) • 내용: 자유학기제 이해, 교과별 진로교육, 교과별 수업 방법 개선, 자유학기제 운영 현황, 운영 평가 2) 학부모 연수 • 방법: 가정통신문, 외부강사 연수 • 내용: 2학기 교육과정 및 선택프로그램 의견 수렴, 교육과정 편성 안내, 진로체험 활동 안내, 자녀 진로교육, 자기주도학습

영역	선택 프로그램 운영 - 잠실중학교 운영 사례
정리 (평가)	6. 선택프로그램 평가 • 담당 교사: 평소 학생 개인별 장점 관찰 기록 정리 • 기재: 학생 1인당 4개 프로그램별 평가 내용과 동기유발 프로그램 활동 내용을 수합하여 학교생활기록부에 기재 7. 운영 후 만족도 조사 및 피드백 • 개방형 조사, 5점 척도 조사 • 전체 자유학기 운영, 상 · 하반기 선택프로그램 만족도 조사

자료: 최상덕 외(2014). 자유학기제 운영 종합매뉴얼. 한국교육개발원 연구자료 CRM2014-56.

표 5-7 선택 프로그램 운영 사례(2)

영역	선택프로그램 운영 - 신길중학교 운영 사례
준비 (기획)	1. 운영연구팀 협의 학교의 여건을 고려하여 학생 선택프로그램 중점 모형으로 실시할 것에 합의, 교육과정 조정의 필요성 논의(자율과정 12시간 확보, 단위 수 조정 교과부장 협의회 실시) 2. 학생 희망 조사 실시: 개설 프로그램 희망 설문조사 3. 선택프로그램 중점의 자율과정 운영 방침 확정: 운영연구팀 • 학력 저하 문제 해소를 위한 교과연계 선택프로그램 운영(수 3시간) • 학생의 흥미와 적성을 고려한 진로적성 선택프로그램 운영(목 3시간) • 정서적 안정 및 건강한 학교생활을 고려한 블록타임 예체능 프로그램 운영(월 2시간. 화 2시간) • 학생의 인성과 진로를 고려한 진로인성프로그램 운영(금 2시간) • 자유학기제 일반화를 고려한 본교 교사 중심 프로그램 운영 • 학생들에 대한 세심한 이해 및 바른 인성 지도를 위해 진로인성프로그램은 담임교사 중심으로 운영(단, 진로 관련 프로그램은 진로교사가 지도자료 제작 배부) • 외부강사의 프로그램 운영 지원 시 교육기부를 원칙으로 함 • 프로그램 운영 교사의 자율성 보장(외부 체험 활동, 외부강사 초청 등 프로그램의 운영 전반에 관한 모든 것은 프로그램 운영 교사의 판단에 따름)

영역	선택프로그램 운영 - 신길중학교 운영 사례
	4. 선택프로그램 확정: 운영연구팀과 자유학기제 프로그램 담당 교사 협의 • 학생 희망 조사 결과를 반영 • 교과연계 선택프로그램은 자율과정 운영을 위해 시수를 조정한 교과 중심 개설 • 한국교육개발원에서 제공한 선택프로그램 운영 방안 협의 • 전체 교사의 평균 시수를 고려하여 선택프로그램 담당 교사를 선정 • 수요자 요구뿐만 아니라 교사의 성장을 유도할 수 있는 프로그램으로 개설
준비 (기획)	5. 운영연구팀 및 자유학기제 프로그램 담당 교사 연수(1박2일) • 여름 방학 기간을 활용한 연수 • 운영연구팀의 자유학기제 운영 방향 제시 • 프로그램 담당 교사의 프로그램 운영 계획 발표 • 자유 토론 및 피드백 6. 프로그램별 2학기 교육과정 준비: 프로그램 담당 교사, 방학 중 • 학습지도계획 수립(연간운영계획) • 학습과정안 작성(프로그램 운영 상세 계획안)
운영 (실행)	7. 학생 설명회 개최: 2학기 개학 후 1주일 운영(자율과정 시간 활용) • 월: 자유학기제 개념 및 운영 방향 안내 • 화: 학생 생활지도 안내 • 수: 교과연계 선택프로그램, 진로 · 인성 프로그램 소개(프로그램 담당 교사) • 목: 진로적성선택프로그램, 예체능 프로그램 소개(프로그램 담당 교사) • 금: 학생들의 수강 신청 받음(담임교사) • 특정 프로그램에 인원이 편중되는 것을 방지하기 위한 상담 실시 • 가능한 적정 인원 배치를 원칙으로 함. 8. 자율과정 운영 • 운영 중 필요에 따라 외부강사 섭외 및 초빙(교육기부 원칙) • 교과 또는 진로와 연계한 융합프로그램 운영 권장 • 지역사회 인프라를 활용한 체험 중심 활동 권장 • 대학생 멘토링제 활용 • 지역사회 단체와 협약체결 및 프로그램 개발 협조(봉사, 환경교육 등) ※ 학교 또는 프로그램 담당 교사가 지역사회 단체 방문, 자유학기제 운영 설명 및 협조 요청(프로그램 담당 교사의 적극적인 노력 필요) • 프로그램별 형평성 있는 예산 배정 및 담당 교사의 자율적 예산 운용 9. 학부모가 참여하는 프로그램 운영 • 외부 체험 활동 시 학생 인솔 협조(학부모 지원단) • 담당 교사의 프로그램 계획에 따라 학부모 교육기부 요청

영역	선택프로그램 운영 - 신길중학교 운영 사례
정리 (평가)	10. 자율과정 운영 중간 평가회 실시 • 자유학기제 운영에 관한 전반적인 중간평가 실시 • 기존 운영 결과를 바탕으로 한 피드백 실시 • 프로그램 담당 교사의 어려움 반영 및 프로그램 수정 노력 11. 자율과정 학생 평가 • 평가 방법: 운영연구팀 협의 • 학생생활기록부 기록 방법: 교육부 지침 및 운영연구팀 협의에 따라 방법 결정 (선택프로그램의 경우 동아리 중복 배정을 통한 학생 개인별 누가기록 및 특기사항 입력) 12. 자율과정 운영 피드백 • 겨울방학 중 전체 교사 연수 • 자율과정 프로그램 운영 성과 발표(프로그램 담당 교사 전원) • 자율과정 프로그램 운영 자료집 제작(교육과정부장) • 자유 토론 및 피드백

자료: 최상덕 외(2014). 자유학기제 운영 종합매뉴얼. 한국교육개발원 연구자료 CRM2014-56.

선택 프로그램 운영시에 유의해야 할 사항은 다음과 같다.

첫째, 선택프로그램을 선정할 때에는 선택프로그램이 학생 수요를 기반으로 운영되기 때문에 자칫 외부 강사 의존도가 높아질 우려가 많고 학력저하에 대한 우려도 크기 때문에 교과기반 선택프로그램 개발을 통해 교사의 직접 운영 비율을 높일 필요가 있다.

둘째, 교사를 배치할 때 자유학기제 실시 후 전체교사의 수업 시수에 변동이 없게 하기 위해 선택프로그램 담당교사를 고려한 시간표를 2월 중에 미리 작성하여 운영하여야 한다.

셋째, 학생 반 편성시 생활지도에 문제가 생길 수 있는 부분을 고려하여 신청을 받을 때 3지망까지 신청할 수 있도록 하며 반편성시 학급 담임교사와 생활지도부장의 검토가 필요하다.

넷째, 담당 교사의 출장시 보강 대책 수립이 필요한데 선택프로그램은 시간을 변경할 수 없으므로 담당 교사의 출장은 가능한 줄이고 보강은 최대한 미리 준비 및 인수인계하고 보강 담당 교사에 의해서도 실제 선택프로그램 수업이 이루어질 수 있도록 철저히 준비해야 한다(한국교육개발원, 2014).

CHAPTER

03

동아리활동 중점 모형

SECTION

01 동아리활동 중점 모형의 개요

동아리활동 중점 모형에 대해서 교육부는 수요자 맞춤형으로 개설하고 동아리간 연계를 중요시한다고 밝히면서 기본교과(65%), 동아리(15%), 기타(20%)로 편성할 것을 예시로 제시하고 있다(교육부, 2013).

그림 5-5 진로탐색 + 동아리활동 중점 모형

진로탐색+동아리활동 중점 모형
⇒ 진로+동아리 위주로 학교 자율과정 편성

요일 / 시간	월	화	수	목	금
1	기본교과 편성 (21시간)				
2					
3					
4					동아리
5	예 · 체	진로		진로	
6					
7			╳		
방과후 학교	'자율과정'과 연계 · 운영				

※ 진로탐색 6 + 동아리 4 + 예술 · 체육 3 = 13시간

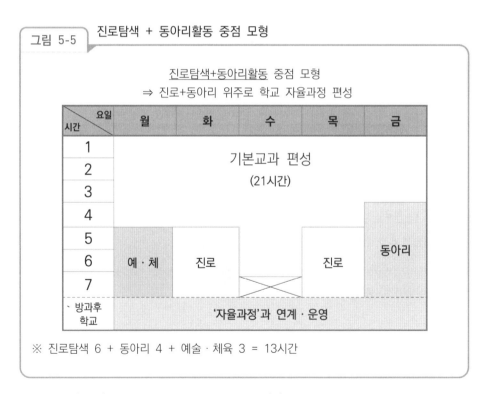

자료: 교육부(2013). 중학교 자유학기제 시범 운영계획(안).

교육부의 시범 운영계획(안)에는 2가지의 모형이 예시되어 있다. 첫 번째가 [그림 5-5]와 같이 진로탐색과 동아리활동을 함께 운영하는 것이고 두 번째는 [그림 5-6]과 같이 동아리활동을 중점 운영하는 것이다. 두 가지의 예시안 모두 진로탐색과 동아리활동, 예술·체육 활동을 포함하고 있으면서 동아리활동에 몇 시간을 배정하느냐의 차이가 있다.

그림 5-6 진로탐색 + 동아리활동 중점 모형

동아리활동 중점 모형
⇒ 동아리활동 위주로 학교 자율과정 편성

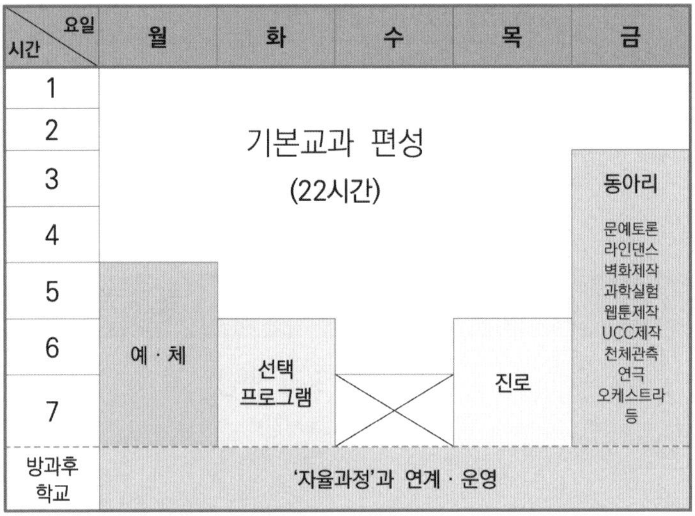
요일
시간
월
화
수
목
금
1
2
3
4
5
6
7
방과후 학교
기본교과 편성
(22시간)
예 · 체
선택 프로그램
진로
동아리
문예토론
라인댄스
벽화제작
과학실험
웹툰제작
UCC제작
천체관측
연극
오케스트라
등
'자율과정'과 연계 · 운영

※ 진로탐색 6 + 동아리 4 + 예술 · 체육 3 = 13시간

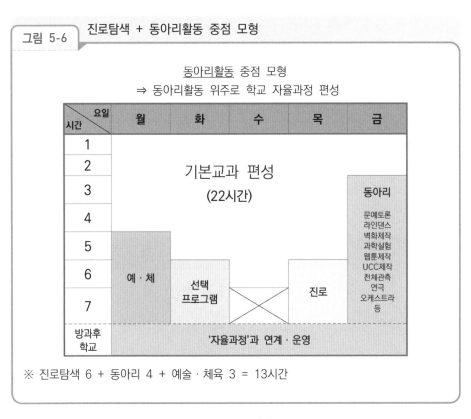

자료: 교육부(2013). 중학교 자유학기제 시범 운영계획(안).

자유학기제의 자율과정으로서 동아리는 공통의 관심사를 공유하는 청소년들이 모여 취미나 적성, 가치관과 생각을 나누는 집단이며 청소년들에 의한 주체적이고 자주적인 활동이다. 청소년들이 동아리 활동을 통해 주도성과 자발성을 기반으로 토론과 실습 및 체험을 진행할 수 있다는 면에서 자유학기제의 취지와 목적을 실현할 수 있는 중요한 프로그램이 될 수 있다. 하지만 기존의 십자수,

배드민턴, 축구 등과 같은 계발활동과의 차이점은 무엇이고, 차별화전략을 어떻게 수립하느냐가 중요하게 부각된다. 동아리는 학생 자율성이 중심으로 정규 교육 과정 안의 교과목으로서의 동아리에 어떻게 학생의 자율성과 선택권을 부여해 줄 것인지 고민해 보는 것으로 동아리활동이 시작된다고 할 수 있다(한국교육개발원, 2014).

동아리 운영은 다양한 동아리 프로그램의 운영으로 소질과 적성을 계발하고, 사전 학생 수요 조사를 실시하여 학생들의 다양한 분야의 직접 경험이 일어날 수 있도록 하며, 직역 내 외부강사 및 재능 기부를 적극 활용하고 학생들에게 예술 체험기회를 제공하는 것을 목적으로 한다(한국교육개발원, 2014).

동아리 활동은 자율과정 운영을 위한 중요한 활동 영역으로 받아들여지고 있는데 교육부 예시 프로그램대로 문예토론, 라인댄스, 벽화제작, 과학실험, 웹툰제작, UCC 제작, 천체관측 등의 동아리 운영 계획을 수립·추진할 수도 있고, 기존에 운영하고 있던 동아리 호라동에 진로교육을 결합시켜 진로 체험 및 탐색을 할 수 있는 진로동아리를 운영하거나 예술·체육 활동을 강화한 동아리활동이나 스포츠클럽 활성화를 지원할 수도 있다(황규호, 2013).

SECTION

02 동아리활동 중점 모형 운영의 실제

자율과정의 운영 절차는 다음 표와 같이 단계별로 추진한다. 단, 세부적인 내용은 자율과정의 프로그램에 따라 다를 수 있다.

표 5-8 자유학기제 자율과정 운영 절차

단계	절차
준비 (기획)	운영연구팀의 협의를 통한 운영 모형 결정
	⬇
	학생 수요조사 실시 및 프로그램 결정
	⬇
	자율과정 운영 계획 수립
	⬇
	자율과정 담당자 연수
	⬇
	학습지도안 작성
	⬇
운영 (실행)	자율과정 운영에 대한 학생 및 학부모 설명회
	⬇
	학생 프로그램 배정
	⬇
	자율과정 운영
	⬇
	자율과정 학생 만족도 조사 및 중간평가 실시
	⬇
정리 (평가)	자율과정에 대한 학생 학교생활기록부 기록
	⬇
	자율과정 운영 성과 발표 및 자료집 제작
	⬇
	자유학기 이후 학년 교육과정과의 연계 방안 모색

자료: 최상덕 외(2014). 자유학기제 운영 종합매뉴얼. 한국교육개발원 연구자료 CRM2014-56.

가. 준비 단계

준비(기획)단계에서는 자유학기제 운영 연구팀의 협의회를 통해 학교의 자율과정 운영 모형을 결정한다. 운영 모형 결정시에는 학교 여건과 상황을 파악한 뒤 중점 모형을 결정해야 한다.

동아리 활동은 학생들이 희망하는 동아리에 대해 설문조사를 실시하고 개설 가능한 부서와 수요가 많은 부서를 중심으로 부서를 편성하도록 한다.

자율과정 운영 계획을 수립할 때에는 동아리 활동 예산 계획을 수립하고 동아리별 강사 배정 및 외부강사 초빙 여부를 결정하여 기본교과 편성 후 과목 시수 조절. 주로 시수 감축 교사를 대상으로 동아리 지원 여부를 협의한다. 예산 협의 결과를 통해 외부강사 지원 가능 여부와 부서 수를 결정하고 외부강사 위탁이 어려운 경우 교내 교사 협조 가능 여부를 결정한 후 부서별 교실을 배치한다. 외부강사를 포함하여 동아리 활동 담당 교사를 대상으로 운영 방법, 사례 관련 연수를 실시하고 창의적 체험 활동에서 운영되었던 동아리와 구별되는 자유학기제의 취지에 맞는 동아리 활동 운영에 대한 연수를 실시한다. 연간 운영 계획을 수립하고 차시별 세부 운영 내용 및 방법 등을 결정한다.

나. 운영 단계

자율과정 운영 단계에서는 과정 공통으로 운영 전반에 대한 학생 및 학부모 설명회를 실시하는데 자율과정의 취지와 목적을 충분히 이해하게 하고, 학생 선택프로그램 활동, 진로탐색 활동, 동아리 활동, 예술·체육 활동의 각각의 특징과 운영 방법에 대해 설명하도록 한다. 그리고 학생 수요조사 결과를 바탕으로 최대한 학생이 원하는 프로그램에 배정받을 수 있도록 해야 하며 학기 시작에 따라 각각의 자율과정을 운영하고 자율과정이 운영되는 동안 진행에 따른 과정 평가를 실시한다. 또한 학생 대상으로 자율과정 운영에 대한 만족도 조사를 실시하도록 하는데 학생 만족도 조사 결과를 바탕으로 자율과정 운영 전반에 대한 중간평가를 실시하여 자율과정 운영 전반에 대한 검토와 교사 간 운영 방법 공유의 기회를 갖도록 한다.

동아리 활동의 학생 배정은 학생 수요조사 결과 개설이 확정된 동아리에 대해 학생들이 선택하도록 희망조사를 실시하고 학급별 배정 인원을 고려하여, 최대한 학생이 희망하는 부서에 배정받을 수 있도록 배치한다. 1차 개방형 설문조사를 통한 부서 파악 후 2차 선택형 수요조사를 통한 부서 배정 방법 등을 활용할 수 있다.

동아리 활동 실시 후에는 부서별 일지를 작성하고 부서별 수업과정이 담긴 사진 및 결과물을 취합하여 결과물 전시 등에 활용한다.

동아리 활동 운영 전반에 대한 중간 점검을 실시하고 외부강사 수업 운영 내용에 대한 점검과 운영상의 애로 사항 파악 등을 실시해야 한다.

다. 정리 단계

정리 단계에서는 자율과정 공통으로 자율과정에 대한 수시 누가 기록 내용을 바탕으로 학교생활기록부에 서술식으로 기재하되 각 활동에 대한 기재 방법은 교육부의 학교생활기록부 기재요령에 따르도록 한다. 학생들의 꿈과 끼를 키우는 활동과 관련된 내용에 대한 평가 결과를 기록하며, 긍정적으로 기술하도록 한다.

자율과정 운영 성과에 대한 성과 발표회 등을 실시하여, 교사들 간에 운영 결과를 공유하고 우수한 성과에 대한 자료집 제작 등을 통해 운영 결과를 일반화한다. 자유학기에서 일반학기로의 이행 단계에서 완충역할을 할 수 있는 프로그램 및 연계 프로그램을 마련하고 자유학기제의 취지에 맞게 창의적 체험 활동을 운영 할 수 있는 프로그램을 개발하도록 한다.

동아리 활동 운영에 대한 성과 보고회를 별도로 가질 수 있고 자율과정 성과 보고회와는 별도로 학생 동아리 발표회 개최가 가능하다.

SECTION

03 동아리활동 중점 모형 운영 사례

동아리활동 중점 모형을 운영할 때에는 학생들의 희망이 최우선적으로 고려되어야 하고 교내 교사가 아닌 외부강사에게 위탁하는 경우에는 수업의 질 관리 방안이 수립되어야 한다. 동아리활동 운영 절차를 예시하면 다음과 같다.

표 5-9 동아리활동 운영 절차 예시

주요 과정	업무 내용 - 강원 함태중학교
1. 동아리의 성격 정하기	• 학교의 자유학기제 모형 및 자율 과정의 타 프로그램 성격을 고려하여 동아리 성격 정하기.
2. 예산 계획	• 자유학기제 예산 및 기타 보충 지원이 가능한 예산이 있는지 협의
3. 외부강사 위탁 여부 결정	• 예산 협의 결과 외부강사 지원 가능 여부와 부서 수 결정 • 외부강사 위탁 어려울 시 교내 교사 협조 가능 여부 결정
4. 교내 교사 수급 결정	• 기본교과 편성 후 과목 시수 조절. 주로 시수 감축 교사를 대상으로 동아리 지원 여부 협의 • 교사 협의 시 충분한 공감대 형성 필수
5. 1차 수요조사	• 개방형 조사
6. 1차 수요조사 정리	• 개설 가능한 부서, 수요가 많은 부서 등을 중심으로 1차 부서 정리 • 개설 가능한 부서 작성 시 미리 외부강사 연락 취해야 함. 교육청 구인 홈페이지 또는 방과후학교 부서 업무 협조, 유선 연락 등
7. 2차 수요조사	• 선택형 조사
8. 부서 개설	• 외부강사 및 교내 교사 부서 개설 • 각 반 최대 인원수 결정 • 교실 배치

주요 과정	업무 내용 - 강원 함태중학교
9. 학생 부서 선택 배정	• 부서별 최대인원기준으로 반별 1/N • 학급 간 긴밀한 협조를 통해 부서 인원 융통성 있게 배정 • 최대한 학생의 수요를 반영
10. 수업 운영	• 부서별 계획서 및 일지 작성 • 부서별 매시간 사진 또는 결과물 취합, 사진 자료 정리 및 결과물 전시
11. 동아리 발표회	• '너의 끼를 펼쳐봐' 동아리 발표회 • 학생부 축제 담당 교사와 긴밀하게 협조
12. 학교생활 기록부 기록	• 동아리 외부강사 및 담당 교사가 학생 특기사항 (본교 성장일지) 작성, 담임교사가 NEIS에 입력
13. 기타 - 강사관리 및 예산 결산	• 강사 관리 및 강사비 지급 등의 업무는 방과후 코디 인력 활용

자료: 최상덕 외(2014). 자유학기제 운영 종합매뉴얼. 한국교육개발원 연구자료 CRM2014-56.

강원 함태중학교는 진로 및 예·체 동아리 중점 모형을 시범 운영하였는데 진로는 꿈세상, 예술·체육 활동은 신명세상, 동아리활동은 끼세상으로 이름 짓고 진로 4~10시간, 동아리(음악, 체육) 2시간, 예술·체육 3시간, 동아리 2시간으로 편성하였다.

표 5-10 동아리활동 중점 모형 교육과정 편성 사례

<table>
<tr><th>구분</th><th>월</th><th>화</th><th>수</th><th>목</th><th>금</th></tr>
<tr><td>1</td><td colspan="5" rowspan="4">[공통과정]
기본교과 편성 (22시간)
○ 교육과정: 핵심성취수준 기반 수업
○ 다양한 수업방법 개선을 통한 학생 활동 참여중심 수업 구현</td></tr>
<tr><td>2</td></tr>
<tr><td>3</td></tr>
<tr><td>4</td></tr>
<tr><td>5</td><td colspan="2" rowspan="2">진로탐색활동
꿈세상</td><td rowspan="2">예술체육
활동
신명세상</td><td rowspan="2"></td><td rowspan="2">동아리활동(3)
끼세상</td></tr>
<tr><td>6</td></tr>
</table>

구분	월	화	수	목	금
7	동아리활동(1) 끼세상			자율동아리활동(2) 끼세상	
8					

자료: 강원 함태중학교 자율과정(동아리) 시범운영 발표자료. 2014.

함태중학교에서 운영한 동아리 부서는 월, 화는 스포츠댄스, 뇌체조, 골프, 축구 등 예술·체육 활동을 중심으로 편성하고, 금요일은 미술 취미 교양 동아리로 요리, 회화, ucc 제작 등으로, 목요일은 학생 자율 동아리로 독서논술, 치어리더, 역사토론 등으로 운영하였다. 상세 내용은 다음 표와 같다.

표 5-11 동아리 운영 예시 (음악, 체육 동아리)

연번	부서명	활동분야	인원	장소
1	인조이 댄스	스포츠댄스	12	국민체육센터
2	상쾌통쾌	뇌체조	7	1-1
3	홀인원	골프	16	오투리조트골프
4	바삭한 바스켓	농구	14	운동장
5	함태FC	축구	13	운동장
6	핫요가	요가	17	1-2
7	함태진야구	야구	16	운동장
8	댄서댄서	방송댄스	34	국민체육센터
9	핑퐁사랑	탁구	11	탁구장
10	스틱과 쟁반	드럼	29	밴드실
11	Rocker본능	락밴드	14	밴드실
12	밝고 맑게	오카리나	27	1-3
13	어쿠스틱러브	기타A	28	음악실
14	페르마타	기타B	22	1-4

연번	부서명	활동분야	인원	장소
15	빛깔있는 우리소리	우리소리	24	도덕실
16	신나게난타	난타	16	사회실
17	참소리	사물놀이	11	국어실

자료: 강원 함태중학교 자율과정(동아리) 시범운영 발표자료. 2014.

<표 5-11>에서 알 수 있는 바와 같이 스포츠댄스, 구기, 드럼 등의 음악, 체육 동아리 17개를 인원은 7명~34명으로 융통성 있게 편성하고 장소는 교내, 국민체육센터, 골프장 등으로 주변 기관과 연계하여 운영하였다. 미술 취미 교양 동아리는 7개로 요리, 일본어, 중국어 회화, UCC영상제작, 아이클레이 아트, 종이접기, POP 예쁜글씨 등을 편성하고 교내에서 활동하였다. 학생 자율 동아리는 독서논술, 만화, 치어리더, 댄스, 과학실험, 역사토론, 로봇제작, 산행 등 8개로 편성하여 운영하였고 그 상세 내용은 다음 표와 같다.

표 5-12 동아리 운영 예시 (미술 취미 교양 동아리)

연번	부서명	활동분야	인원	장소
1	맛세상, 멋세상, 나눔세상	요리(봉사)	-	가사실
2	니홍고아이~!	일본어 회화	17	1-1
3	대륙스토리	중국어회화	16	1-2
4	HBS소리샘	UCC영상제작	19	1-3
5	믹스랑 조물랑	아이클레이 아트	14	도서실
6	아팅 페이퍼	종이접기	15	1-4
7	바른손글맵시	Pop예쁜글씨	16	과학실

자료: 강원 함태중학교 자율과정(동아리) 시범운영 발표자료. 2014.

표 5-13 동아리 운영 예시 (음악, 체육 동아리)

연번	부서명	활동분야	인원	장소
1	북적북적	독서논술반	9	독서토론, 문학기행
2	함태니	만화반	11	만화 그리기, 제작
3	위아더리더	치어리더반	8	치어리더 댄스
4	더 홀릭	댄스반	15	방송댄스 및 취미댄스
5	유레카	과학 실험반	6	야생화 탐구, 과학실험
6	역사인	역사토론	5	역사 주제 토론, 영화토론
7	로봇사랑	로봇제작	9	로봇 제작
8	힐링백두대간	산행	19	산행, 나들이(격주 토)

자료: 강원 함태중학교 자율과정(동아리) 시범운영 발표자료. 2014.

시범 운영 결과에 대한 제언으로 첫째, 지방 소도시 지역의 강사 수급 및 인프라가 구축될 필요가 있고, 둘째, 학생 자율 및 자치력을 강화한 동아리 활동을 모색해야 하며, 셋째, 자유학기 이후에도 연계하여 운영할 수 있는 교육과정이 고안되어야 하고, 넷째, 강사료 및 학생 동아리 활동 비용 예산 확충 문제가 해결되어야 한다고 하였다(염혜현, 2014).

연암중학교는 동아리 조직을 위한 준비 단계에서 1차로 Holland 6가지 유형별 진로적성검사 결과와 연계하여 수요 조사를 실시하고 2차로 학생 흥미, 적성을 고려한 수요 조사를 실시하여 자발적 동아리 진로탐색 동아리 15개와 스포츠 동아리 13개를 확정하여 운영하였다.

표 5-14 「행복찾기」진로탐색 동아리 프로그램

순위	프로그램 명	순위	프로그램 명
1	나도 연예인! 연극반	9	신명난 난장 놀이반
2	나는 과학자다	10	그림이 좋다❤~
3	다양한 직업 속 과학	11	나는야 십자수디자이너

순위	프로그램 명	순위	프로그램 명
4	보글보글 만능 요리왕	12	우린 조립 전문가!
5	우리는 소녀시대	13	나도 가수 · 팝송반
6	토론으로 너의 끼를 펼쳐!	14	내사랑 민턴사랑~
7	나도 기타연주가	15	날아라 ~ 셔틀콕
8	척척!! 컴퓨터박사~		

자료: 자유학기제 연구학교 보고서(2013). 연암중학교.

표 5-15 스포츠 동아리 프로그램

순위	프로그램 명	순위	프로그램 명
1	테라피요가	8	바둑
2	에어로빅댄스	9	농구A
3	방송댄스 A	10	풋살
4	방송댄스 B	11	농구B
5	방송댄스 C	12	축구A
6	재즈발레	13	축구B
7	Funny 줄넘기		

자료: 자유학기제 연구학교 보고서(2013). 연암중학교.

동아리활동을 운영할 때에는 필수적으로 운영계획서가 작성되어야 한다. 이 운영계획서에는 동아리명, 지도교사, 지도목표, 차시별 주제, 학습내용, 준비물 등이 포함되어야 하며 교사의 주도하에 학생과 함께 작성하는 것이 효과적이다. 운영계획서 예시를 살펴보면 다음과 같다.

그림 5-7 동아리 프로그램 운영계획서 예시(울산 연암중학교)

2013학년도 자유학기제 동아리 운영계획서

○○중학교

동아리명	연극반		지도교수	조○○	
대상	1학년		지도시수	15회/45시간	
지도기간	2013년 8월 26일~ 2014년 2월 13일				
지도목표	1. 연극 만들기를 통해 타인의 삶에 대한 이해와 함께 사는 삶에 삶의 소중함을 깨닫는다. 2. 개인의 소질 및 적성을 개발하여 자신의 꿈을 찾고 이루는 일에 적극적인 태도를 기른다.				
일시	주제	차시	학습내용	준비물	비고
8/29	동아리 조직 및 운영 계획 세우기	1-3	• 동아리 홍보 및 학생 자발적인 동아리 조직 • 지도교사와 학생이 함께 동아리 운영 계획 세우기		공통 사항
9/5	연극과 친해지기	4	연극놀이: 벽 깨기		
		5	나를 소개하고 표현하기		
		6	모둠 세우기		
9/12	연극 관람	7	연극관람		
		8	연극관람		
		9	감상 나누기		
9/26	연극의 기초1	10	연극에 사용되는 각종 용어 공부하기		
		11	신체로 감정 표현하기		
		12	의자를 이용한 즉흥극 만들기		
10/17	연극의 기초 2	13	신체훈련-짝지어 몸풀기, 호흡과 발성		
		14	신체로 감정 표현하기		
		15	만화로 짧은 극 만들기		

자료: 최상덕 외(2014). 자유학기제 운영 종합매뉴얼. 한국교육개발원 연구자료 CRM2014-56.

위의 예와 같이 동아리 운영 활성화를 위해서는 다음의 조건들을 보완할 필요가 있다고 시범학교 보고서들은 밝히고 있다.

첫째, 지방 소도시 지역의 강사 수급 및 인프라 구축을 통해 학생들의 수요를 수용할 수 있는 여건을 마련해야 한다.

둘째, 학생 자율 및 자치력을 강화한 동아리 활동을 모색할 필요가 있다

셋째, 자유학기 이후(2학년)에도 연계하여 운영할 수 있는 교육과정을 고안하여 일회성이 아닌 지속적인 연계 운영이 되어야 한다.

넷째, 강사료 및 학생 동아리 활동 비용 예산이 확보되어야 한다.

다섯째, 체험 중심의 다양한 진로직업체험 프로그램이 개발 · 보급되어야 한다.

여섯째, 가정 · 지역사회와의 협력 체계가 구축되어야 한다.

이에 교육부는 동아리 활성화를 위해 학생의 희망과 선호에 따른 다양한 동아리를 개설하고 활동을 지원하기 위해 지방학교 동아리의 수도권 체험기관 방문, 예술동아리 기자재 등을 지원하거나 동아리 공동 프로젝트 수행, 우수작품 발표회, 동아리 종합 경진대회 등의 학교간 동아리 연계 활동을 강화할 것을 제시하고 있다. 또한 교육지원청과 학교 공동으로 학교 밖 인프라 발굴 및 확보를 확대하여 방과후, 토요일 등을 활용한 동아리 활동을 지원할 계획을 밝혔다(교육부, 2013).

CHAPTER

04

예술 · 체육 중점 모형

SECTION 01 예술 · 체육 중점 모형의 개요

SECTION 02 예술 · 체육중점 모형 운영의 실제

SECTION 03 예술 · 체육 중점 모형 운영 사례

SECTION

01 예술·체육 중점 모형의 개요

예술·체육 중점 모형은 예술·체육교육의 다양화, 내실화를 위한 것으로 교육부 예시에 따르면 기본교과(66%)와 예.체(15%), 기타(19%)로 편성되며 예술·체육활동 위주(국악, 무용, 만화, 사진, 디자인, 축구, 농구, 배구, 배드민턴, 스포츠리그)의 자율과정으로 편성한다(교육부, 2013).

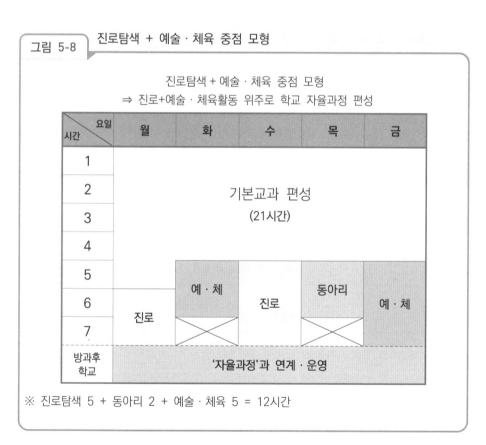

그림 5-8 진로탐색 + 예술·체육 중점 모형

진로탐색 + 예술·체육 중점 모형
⇒ 진로+예술·체육활동 위주로 학교 자율과정 편성

<table>
<tr><th>요일 / 시간</th><th>월</th><th>화</th><th>수</th><th>목</th><th>금</th></tr>
<tr><td>1</td><td colspan="5" rowspan="4">기본교과 편성
(21시간)</td></tr>
<tr><td>2</td></tr>
<tr><td>3</td></tr>
<tr><td>4</td></tr>
<tr><td>5</td><td></td><td rowspan="2">예·체</td><td rowspan="3">진로</td><td rowspan="2">동아리</td><td rowspan="3">예·체</td></tr>
<tr><td>6</td><td rowspan="2">진로</td></tr>
<tr><td>7</td><td>X</td><td>X</td></tr>
<tr><td>방과후 학교</td><td colspan="5">'자율과정'과 연계·운영</td></tr>
</table>

※ 진로탐색 5 + 동아리 2 + 예술·체육 5 = 12시간

자료: 교육부(2013). 중학교 자유학기제 시범 운영계획(안).

예술·체육 중점 프로그램은 음악, 미술, 체육 등의 교과와 연계된 프로그램, 방과후 프로그램 중 교과 관련 프로그램을 제외한 특기·적성 계발 교육 등으로 구성된다. 예술 분야의 경우 한국문화예술교육진흥원을 통해 전문 강사 인력을 확보하여 교내에서 진행할 수도 있고 지역 사회 축제·미술관 방문·음악회 관람 등 교외에서 진행할 수도 있다. 체육 분야에서는 기존에 진행하고 있던 스포츠클럽 활성화, 리그대회 개최 등을 할 수 있다(황규호, 2013).

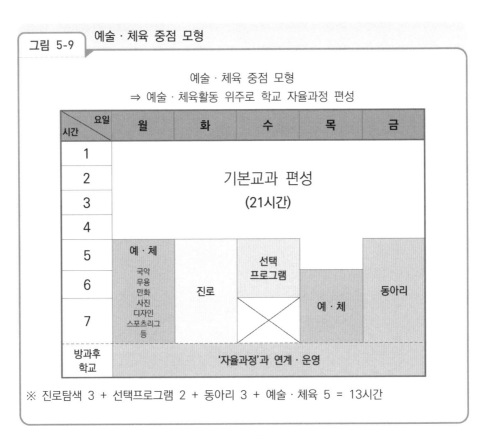

그림 5-9 예술 · 체육 중점 모형

예술 · 체육 중점 모형
⇒ 예술 · 체육활동 위주로 학교 자율과정 편성

<table>
<tr><th>요일
시간</th><th>월</th><th>화</th><th>수</th><th>목</th><th>금</th></tr>
<tr><td>1</td><td colspan="5" rowspan="4">기본교과 편성
(21시간)</td></tr>
<tr><td>2</td></tr>
<tr><td>3</td></tr>
<tr><td>4</td></tr>
<tr><td>5</td><td rowspan="3">예 · 체
국악
무용
만화
사진
디자인
스포츠리그
등</td><td rowspan="3">진로</td><td rowspan="2">선택
프로그램</td><td></td><td rowspan="3">동아리</td></tr>
<tr><td>6</td><td rowspan="2">예 · 체</td></tr>
<tr><td>7</td><td></td></tr>
<tr><td>방과후
학교</td><td colspan="5">'자율과정'과 연계 · 운영</td></tr>
</table>

※ 진로탐색 3 + 선택프로그램 2 + 동아리 3 + 예술 · 체육 5 = 13시간

자료: 교육부(2013). 중학교 자유학기제 시범 운영계획(안).

예술·체육 중점 모형은 예체능 교육을 다양화·내실화하여 학생들의 소질과 잠재력을 끌어내려는 목적을 갖는다. 교육부는 이를 위해 다양한 인프라 제공 기관에서 전문강사 인력 확보 등을 추진하여 이를 연구학교에 우선 배치하고 학생의 희망에 따라 예술교육선도학교 등에서 개발된 '예술(음악·미술)－교과 융합 프로그램'을 활성화하여 입체적인 학습을 지원하고 한국문화예술교육진흥원을 통한 정규교과 및 학교 자율과정 등에 예술강사 지원으로 문화·예술교육을 활성화하려는 계획을 제시하였다. 또한 스포츠 클럽 리그대회 활성화 및 운영매뉴얼을 마련하여 스포츠클럽을 토요스포츠데이 및 방과 후 교육과 연계하는 방안도 추진하기로 하였다(교육부, 2013).

예술·체육 중점 모형을 예술과 체육으로 나누어 논의한 사례를 살펴보면 먼저, 백령 경희대학교 문화예술경영연구소 연구위원은 전통적 교육 패러다임의 입시교육에서 21세기의 감각을 가진 주체적이고 자기 주도적 학습으로 패러다임의 전환이 필요하고 자기 주도적 활동을 통해 지역에 대한 새로운 감각과 자신의 삶을 설계할 수 있는 역량 개발과 재화의 기회 제공이 필요하며 예술활동의 궁극적 목표인 자기표현, 소통, 공감은 전인적 성장의 근간이므로 특히 청소년시기의 양질의 예술교육프로그램이 자기주도적이고 주체적 활동기회로 활용될 수 있으므로 예술 중점 모형 운영이 필요하다고 하였다. 이를 위해 미적 체험 교육의 개념적 핵심 요소로 '감각 열기', '상상하기', '이야기(story telling, narrative)', '창의력', '콘텐츠'를 제안하였다. 이런 핵심 요소의 교육을 위해 학교 밖의 다양한 시설과 공간을 활용하는 다양한 교육 여건과 환경 조성이 필요하고 장르, 행위, 활동에 전문화된 교육 활동가가 필요하며, 학습자에 대한 입체적 이해를 근간으로 한 프로그램 기획을 해야 하고, 협동학습, 통합학습, 문제풀이학습, 놀이학습, 체험학습 등 다양한 방법을 사용해야 한다고 주장하였다(백령, 2013).

그리고 유정애(2013)는 체육 활동의 근본적인 목적이 운동기능 습득이 아닌 라이프 기술 습득에 있음을 전제하고 라이프 기술은 개인이 활동적인 삶을 계획하고 이를 실천할 수 있는 기술로, 팀워크, 스포츠맨쉽, 문제해결능력, 타인존중, 리더십과 팔로워십, 타인 배려 등이 포함된다고 하였다. 이와 같은 학교체육의 역할은 전세계적으로 정규 체육 수업 시간 뿐만 아니라 방과후, 주말 체육 등이 결합되어 강조되고 있다고 하면서 우리나라 학교 체육에 대한 시각의 변화가 필요하다고 주장하였다. 그러므로 체육중점 모형의 교육적 방향은 학습자의 흥미 및 적성을 고려한 체육 집중 학습 및 심화 학습을 확대하고 체육관련 다양한 진로 또는 직업 탐색의 기회를 횡적으로 확대하며 체육관련 특정 분야에 대한 집중 진로 탐색 시간을 확보함으로써 종적인 확대를 함께 이루어야 한다고 하였다. 이를 위한 체육중점 모형을 3차원(주제중심, 내용중심, 방법중심)의 구조로 제안하였다(유정애, 2013).

그림 5-10 체육중점 모형의 구조

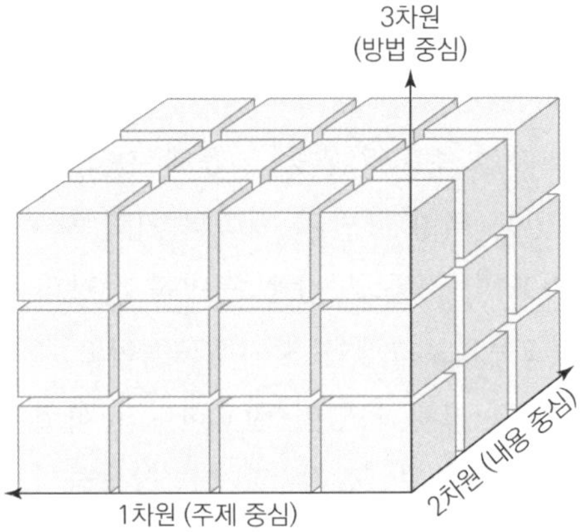
3차원
(방법 중심)
2차원 (내용 중심)
1차원 (주제 중심)

자료: 유정애(2013). 자유학기제 연구학교 교원 연수 자료집. 체육 활동 운영모형개발. 한국교육개발원.

또한, 체육중점 모형의 3가지 유형을 개발하여 체육진로탐색용, 체육활동체험용, 체육융합자율선택용을 제시하였다.

표 5-16 체육중점 모형의 모듈 유형별 목적과 특징

영역	모듈 유형	모듈 목적	세부 내용 요소	운영상의 특징
[1차원] 주제중심	체육진로 탐색용	체육과 관련된 다양한 진로를 체험하고 이해함으로써 자신의 적성을 찾을 수 있는 기회 제공	체육관련 10대 직업군(언론계열, 교육계열, 경영계열, 의학계열 등)	교사주도
[2차원] 내용중심	체육활동 체험용	배드민턴을 활용하여 심도있는 체육활동을 체험할 수 있는 기회 제공	배드민턴+관련 진로체험	교사기획 +학생주도

영역	모듈 유형	모듈 목적	세부 내용 요소	운영상의 특징
[3차원] 방법중심	체육융합 자율선택용	학생 스스로 희망하는 체육의 학습 방법을 선택하여 꿈과 끼를 설계할 수 있는 기회 제공	• 체육+국어 • 체육+미술 • 체육+과학+음악 등	학생주도

자료: 유정애(2013). 자유학기제 연구학교 교원 연수 자료집. 체육 활동 운영모형개발. 한국교육개발원.

체육진로탐색용의 특징은 체육계의 다양한 진로 탐색 기회를 제공함으로써, 자신의 적성을 계발할 수 있는 교육 환경을 제공하는 것이다. 그 예로 체육관련 교육계열(교수, 교사, 코치 등), 의학계열(스포츠의학자, 운동재활사, 운동처방사 등), 언론 방송계열(스포츠기자, 스포츠해설가, 스포츠아나운서 등), 경영계열(스포츠마케터, 스포츠산업관리사 등), 외교 행정계열(스포츠외교관, IOC위원, 정부 및 공공기관 체육관련 부처 공무원 등) 등이 있다. 체육활동체험용 모듈의 특징은 200개 이상의 스포츠 또는 신체활동 중, 학생들이 가장 선호하는 스포츠인 배드민턴을 소재로 체육 활동의 집중 체험 기회를 확대하는 것으로 단위학교에 배드민턴 예시를 제공함으로써, 이를 토대로 또 다른 스포츠 활동을 위한 체육활동체험용 교육 자료를 개발 및 적용하도록 하는 것이다. 마지막으로 체육융합자율선택용의 특징은 체육과 타분야(과학, 사회, 디자인, 음악 등)와의 융합 학습 기회를 확대하여 스포츠의류디자이너, 스포츠기자, e-스포츠콘텐츠개발자 등의 진로 탐색을 위한 학생주도적인 학습(예: 프로젝트학습, 협동학습, 토론학습 등)의 선택권을 제공한다는 것이다. 이와 같은 체육 진로 탐색용 프로그램을 통해 정규 체육 교과 시간에는 접하기 힘든 진로와 관련된 교육활동을 다양한 게임, 페육관련 진로 및 직업 체험, 글쓰기 등의 다양한 방법을 활용하여, 학생들에게 체육과 관련된 다양한 진로를 소개하고 탐색할 수 있는 기회를 제공할 수 있기 때문에 유용하며 체육관련 직업이 운동선수, 감독, 코치, 트레이너, 체육교사 정도라는 일반적인 상식에서 벗어나, 스포츠 외교관, 기자, 과학자, 디자이너 등의 다양한 직업과도 연관되어 있다는 것을 학생들에게 소개하고, 각각의 진로를 위해 자신이 준비해야 할 것이 무엇인지 안내해 줄 수 있다고 하였다(유정애, 2013).

SECTION

02 예술 · 체육중점 모형 운영의 실제

자율과정의 운영 절차는 다음 표와 같이 단계별로 추진한다. 단, 세부적인 내용은 자율과정의 프로그램에 따라 다를 수 있다.

표 5-17 자유학기제 자율과정 운영 절차

단계	절차
준비 (기획)	운영연구팀의 협의를 통한 운영 모형 결정
	⬇ 학생 수요조사 실시 및 프로그램 결정
	⬇ 자율과정 운영 계획 수립
	⬇ 자율과정 담당자 연수
	⬇ 학습지도안 작성
운영 (실행)	⬇ 자율과정 운영에 대한 학생 및 학부모 설명회
	⬇ 학생 프로그램 배정
	⬇ 자율과정 운영
	⬇ 자율과정 학생 만족도 조사 및 중간평가 실시
정리 (평가)	⬇ 자율과정에 대한 학생 학교생활기록부 기록
	⬇ 자율과정 운영 성과 발표 및 자료집 제작
	⬇ 자유학기 이후 학년 교육과정과의 연계 방안 모색

자료: 최상덕 외(2014). 자유학기제 운영 종합매뉴얼. 한국교육개발원 연구자료 CRM2014-56.

가. 준비 단계

준비(기획)단계에서는 자유학기제 운영 연구팀의 협의회를 통해 학교의 자율과정 운영 모형을 결정한다. 운영 모형 결정시에는 학교 여건과 상황을 파악한 뒤 중점 모형을 결정해야 한다.

예술·체육 활동은 학생 사전 수요조사를 통해 학생들이 선호하는 프로그램 조사를 실시하고 학생 희망과 강사 섭외 가능 여부 등을 파악하여 다양한 예술·체육 활동을 개설하도록 한다.

자율과정 운영 계획을 수립할 때에는 예술·체육 활동 프로그램 시간표를 편성하고 예술·체육 강사를 섭외하여 담당 교사와 외부강사에 대한 연수를 실시해야 하며 예술·체육 활동의 취지 및 목적에 대한 이해와 운영 방법에 대한 사전 연수를 실시하고 운영 연간 계획안과 학습지도안을 작성하도록 하여 계획적인 지도가 이루어지도록 해야 한다.

나. 운영 단계

자율과정 운영 단계에서는 과정 공통으로 운영 전반에 대한 학생 및 학부모 설명회를 실시하는데 자율과정의 취지와 목적을 충분히 이해하게 하고, 학생 선택프로그램 활동, 진로탐색 활동, 동아리 활동, 예술·체육 활동의 각각의 특징과 운영 방법에 대해 설명하도록 한다. 그리고 학생 수요조사 결과를 바탕으로 최대한 학생이 원하는 프로그램에 배정받을 수 있도록 해야 하며 학기 시작에 따라 각각의 자율과정을 운영하고 자율과정이 운영되는 동안 진행에 따른 과정평가를 실시한다. 또한 학생 대상으로 자율과정 운영에 대한 만족도 조사를 실시하도록 하는데 학생 만족도 조사 결과를 바탕으로 자율과정 운영 전반에 대한 중간평가를 실시하여 자율과정 운영 전반에 대한 검토와 교사 간 운영 방법 공유의 기회를 갖도록 한다.

개설된 예술·체육 활동에 대해 학생의 희망조사를 받아 희망하는 활동에 배정하고 예술·체육 프로그램을 실시한다. 외부강사의 수업과정안에 대해서는 사전 검토 과정을 거치도록 한다. 그리고 학생 만족도 조사 및 중간평가를 실시하는데 예술·체육 활동 운영 전반에 대한 중간 점검을 실시하고 외부강사 수업 운영 내용에 대한 점검과 운영상의 애로 사항 파악 등을 하여야 한다.

다. 정리 단계

정리 단계에서는 자율과정 공통으로 자율과정에 대한 수시 누가 기록 내용을 바탕으로 학교생활기록부에 서술식으로 기재하되 각 활동에 대한 기재 방법은 교육부의 학교생활기록부 기재요령에 따르도록 한다. 학생들의 꿈과 끼를 키우는 활동과 관련된 내용에 대한 평가 결과를 기록하며, 긍정적으로 기술하도록 한다.

자율과정 운영 성과에 대한 성과 발표회 등을 실시하여, 교사들 간에 운영 결과를 공유하고 우수한 성과에 대한 자료집 제작 등을 통해 운영 결과를 일반화한다. 자유학기에서 일반학기로의 이행 단계에서 완충역할을 할 수 있는 프로그램 및 연계 프로그램을 마련하고 자유학기제의 취지에 맞게 창의적 체험 활동을 운영 할 수 있는 프로그램을 개발하도록 한다.

예술·체육 활동을 중점 운영할 때에는 운영에 대한 성과 보고회를 가질 수 있고 프로그램별 만족도 조사를 실시하여 결과를 공유할 수 있다(최상덕 외, 2014).

SECTION

03 예술·체육 중점 모형 운영 사례

대전 한밭 여자중학교는 문화감성 체험활동을 통한 진로탐색능력 신장을 주제로 연구학교를 운영하였다. 중학교 1학년을 대상으로 2학기에 자유학기제를 적용하여 학생·학부모·교원·지역사회가 함께 만들어가는 진로교육 여건을 조성하고, 학생들의 흥미와 수요를 반영한 진로체험 프로그램을 구안·적용하여 자신의 소질과 적성을 찾을 수 있는 기회를 제공하며, 꿈과 끼를 지닌 진로탐색 능력을 키워나감으로써 아름답고 행복한 미래를 준비하도록 돕는 예체능 및 진로탐색 혼합 모형을 구안·적용하였다.

표 5-18 예술·체육 중점 모형 운영 사례

영역	예술·체육 활동 – 한밭여자중학교 운영 사례
준비 (기획)	1. TF 구성 교감, 교무부장, 연구부장, 진로부장, 학력증진부장, 방과후 부장, 1학년부장, 교무기획, 1학년기획 2. TF 주요 논의 사항 • 학교 중점 연구 과제 선정 • 각 연구과제별 구체적 시행 계획 수립 • 각 분과별 교육프로그램 및 진행과정 토의 3. 교육과정 재편성 1) 1학년 교과 담당 교사 회의: 2학기 수업 시수 변경 가능 교과 신청 받음. 2) 2학기 주당 수업 시수 증감, 자율과정 시수 논의 및 결정 3) 1학년 2학기 교육과정 재편성 • 오전 교과 22시간 배정(3, 4교시 전학년 블록타임 실시) • 월요일(3시간), 목요일(2시간) 예체능 프로그램 실시 • 화요일 진로체험(3시간) 실시 • 수요일 진로 독서 선택 프로그램(2시간) 실시 • 금요일 동아리 활동 프로그램(3시간) 실시

영역	예술 · 체육 활동 – 한밭여자중학교 운영 사례
운영 (실행)	4. 예체능 활동(동아리) 운영 과정 1) 사전 학생수요 조사 • 학생 선호 프로그램 설문조사 실시: 총 40개 프로그램 대상 • 가장 선호하는 프로그램 선정(예체능 12개, 동아리 10개) • 1, 2, 3지망 순으로 신청 받은 후 배치 2) 운영 원칙 설정 • 학생 의견 최대 수용하여 반 편성 • 각 프로그램별 전문 강사 1인과 본교 교사 1인이 코티칭 지도 • 꿈과 끼를 찾는 교육적인 활동으로 진로탐색의 기회 제공 3) 예체능(동아리) 프로그램 시간표 작성 • 1학년 6개 반을 예체능 12개 반, 동아리 10개 반으로 재편성 • 강사 섭외: 지역인프라 및 학교 자체적으로 섭외 4) 예체능(동아리)프로그램 사전 강사 연수실시 • 예체능(동아리)프로그램 담당 외부강사 오리엔테이션 실시 (강의내용 가이드라인, 준비물, 수업 중 학생 지도 유의사항) • 동기유발 프로그램 실시
운영 (실행)	• 내용: 꿈, 진로탐색, 활동지 • 시기: 9월 첫 주부터 11월 마지막 주까지(예체능 50차시, 동아리 30차시 운영) • 강사의 각 프로그램 별 수업계획서 및 수업과정안 제출 · 사전 검토, 컨설팅 실시하여 보완 수정(저작권 주의) 5. 교사 · 학부모 · 학생 연수 1) 교사 연수 • 횟수: 매월 1회 총 7회(4월~10월) • 내용: 성취평가제, 자유학기제 운영 방안, 융합형 인재 교육 등 다양한 연수 실시 2) 학부모 연수 • 방법: 가정통신문, 외부강사 연수 • 내용: 자유학기제 지정 및 이해, 자유학기제의 필요성 및 진로 조사, 자유학기제 운영 계획 안내 등 다수 연수 실시 3) 학생 연수 • 방법: 각종 심리검사 실시, 진로전문가 초청 강연 실시 • 내용: 자유학기제 지정 및 이해, 자유학기제의 필요성 및 진로 조사, 자유학기제 예체능, 동아리 프로그램, 진로체험 안내

영역	예술 · 체육 활동 – 한밭여자중학교 운영 사례
정리 (평가)	6. 예체능(동아리)프로그램 평가 • 담당 교사: 평소 학생 개인별 장점 및 수업태도 관찰 기록 정리 • 기재: 학생 개인별 프로그램 평가 내용과 활동 내용을 수합하여 예체능은 학교생활기록부 '교과세부능력 특기사항'에 동아리는 '창의적 체험 활동'에 프로그램별로 서술형으로 기재 7. 운영 후 만족도 조사 • 개방형 조사, 5점 척도 조사 • 전체 자유학기 운영, 예체능(동아리) 각 프로그램 별 만족도 조사

자료: 최상덕 외(2014). 자유학기제 운영 종합매뉴얼. 한국교육개발원 연구자료 CRM2014-56.

한밭여자중학교는 문화 감성을 키우는 다양한 맞춤형 예체능 프로그램 운영으로 특기 계발과 진로 탐색 능력의 신장을 추구하기 위하여 학생 및 학부모의 요구를 수합하여 12개 강좌를 개설하고, 강사를 초빙하여 학생의 진로 및 특기, 학생의 희망을 수합하여 배정하였다. 특히 상담을 통하여 100% 맞춤형 배정을 실시하였다. 그리고 교사의 활동 평가와 학생이 SCEP의 자기실적을 활용해 평가하고 포트폴리오를 구성하여 2학기 동안 계발된 특기 발표회를 실시해 우수 활동 학생을 시상하는 방법으로 운영하였다.

한밭여자중학교에서 운영한 특성화 예체능 활동 프로그램은 다음 표와 같다.

표 5-19 특성화 예체능 활동 프로그램

일시	구분	프로그램	인원	문화감성활동
1. 매주(월) 5,6,7교시 11회 2. 매주(목) 6,7교시 9회	음악	바이올린	16	bowing의 기초, bowing 변화, 활 테크닉 등
		첼로	15	스타카토 주법, 피치카토와 아르코, 활의 분배, 활 테크닉 등
		사물놀이	5	입장단, 오금질 이해, 장고채 쥐는 법, 꽹과리 치는 법, 북치는 법 등
		피아노	21	손가락 연습, 음자리표 연습, 박자 연습, 이음줄 지키기 등

미술	생활디자인	24	소품(디자인)만들기, 팀별 합동 디자인, 헌옷 리폼 등
	만화일러스트	16	인체표현, 수채화표현기법, 입체캐릭터 디자인, 창작 캐릭터 표현 등
	기초데생반	10	명암과 투시 이해, 정물소묘, 보테니컬 아트, 일러스트 퍼즐 등
체육	방송댄스	20	베이직스텝, 웨이브, 곡별 안무 배우기
	요가	19	호흡법 익히기, 기본 동작 익히기, 힐링요가, 유연성, 하타요가, 명상 등
	음악줄넘기	12	줄넘기 기본스텝(사이드스텝, 컬링스텝, 복싱스텝)
	골프	24	어드레스, 백스윙, 하프스윙, 탑스윙 훈련 연습
	축구	5	드리블, 슈팅, 팀패스, 헤딩 연습

자료: 한밭중학교(2013). 중학교 자유학기제 성과보고서.

경기도 교육청은 자유학기제 성과보고회 자료집에서 예술·체험활동이 주로 기존의 음악, 미술, 체육 교과에 배당된 단위수를 자율과정의 일부로 편입시키는 방식으로 편성하는 경우가 다수 있다고 하면서 음악·미술·체육을 오후에 편성해놓고 수업 내용 상의 변화 없이 블록식으로 운영하는 경우가 있는데, 이는 기존의 체제와 차이 없이 시간표 상의 조정에 그치고 있다고 판단할 수 있다고 분석하였다. 이에 대한 발전적 방향은 음악·미술·체육 교과의 세부 내용이나 항목을 학생들이 선택하도록 운영하거나, 교과 간의 통합 수업을 지향하는 등의 노력을 기울이는 것이 자유학기제 취지에 적합하다고 제안하였다(경기도교육청, 2013).

참고자료

강기수(2013). 새 정부 핵심 교육정책 진단. 한국교원단체총연합회 토론회 자료집(새정부 핵심 교육정책 진단 현장 점검 토론회).

강봉규 · 박성혜 · 최미리(2006). 교육과정 및 교육평가. 태영출판사.

강원횡성중학교(2014). 자유학기제 운영보고서.

강현석(2011). 현대 교육과정 탐구. 서울: 학지사.

강현석 · 방기용(2012). 교육과정 재구성 저해 요인 분석을 위한 탐색. 수산해양교육연구, 24(1), 123-135.

강현석 · 주동범(2004). 현대 교육과정과 교육평가. 학지사.

거제중앙중학교(2013). 자유학기제 운영보고서.

경기도교육청(2013). 교육부정책 이해 연수(자유학기제) 자료집.

경기천보중학교(2014). 자유학기제 운영보고서.

경남거창여중(2014). 자유학기제 운영보고서.

경상북도교육위원회(2003). 토의 · 토론학습의 실제. 장학자료.

계보경, 박태정, 차현진(2016). 4차 산업혁명 시대 it 융합 신기술의 교육적 활용 방안 연구. 연구보고 RR 2016-7. 한국교육학술정보원.

광주운암중학교(2014). 자유학기제 운영보고서.

교육부 (2009), 초등학교 교사용 지도서

교육부 외(2010). 진로교육 종합계획

교육부(2009a). 초 · 중등학교 교육과정 총론: 교육부 고시 제2009-41호.

교육부(2009b). 초등학교 교육과정 해설: 교육부 고시 제2009-41호.

교육부(2011). 2011. 5. 31. 《과학기술예술 융합 STEAM 교육 활성화 방안》 발표 보고서. 교육부.

교육부(2012). 2009 개정 교육과정에 따른 성취기준 · 성취 수준(초등학교 3 · 4학년).

교육부(2012). 학교 진로교육 운영(고등학교).

교육부(2012). 학교 진로교육 운영(중학교).

교육부(2012). 학교 진로교육 운영(초등학교).

교육부(2012). 학교장을 위한 길라잡이(학교 진로교육 운영, 고등학교).

교육부(2012). 학교장을 위한 길라잡이(학교 진로교육 운영, 중학교).
교육부(2012). 학교장을 위한 길라잡이(학교 진로교육 운영, 초등학교).
교육부(2012a). 진로교육정책 설명자료집.
교육부(2012b). 학교 진로교육 운영(초등학교).
교육부(2012c). 학교 진로교육 운영(중학교).
교육부(2012d). 학교 진로교육 운영(고등학교).
교육부(2013). 2009 개정 교육과정에 따른 초등학교 핵심성취기준의 이해(초등학교 3·4학년).
교육부(2013). 중학교 자유학기제 시범 운영계획(안).
교육부(2016). 지능정보사회에 대응한 중장기 교육정책의 방향과 전략(시안). 2016년 1월 발표자료. 교육부.
교육부보도자료. 2014.3.18. 교육부 홈페이지.
구병두·김범준(2007). 교육과정 및 교육평가. 공동체.
구정화(2008). 학교 토론수업의 이해와 실천. 교육과학사
국가교육과정 정보센터(http://www.ncic.re.kr)
김경자(2010). 미래형(2009) 교육과정에 대한 일 고찰. 교육과정연구, 28(1), 67-86.
김대현·왕경순·이경화·이은화(2001). 프로젝트 학습의 운영. 학지사.
김봉섭, 김현철, 박선아, 임상수(2017). 4차 산업혁명시대, 지능정보사회의 '디지털 시민성(Digital Citizenship)'에 대한 탐색. 2017 KERIS 이슈리포트 연구자료 RM 2017-6. 한국교육학술정보원.
김봉수(1982). 교육과정. 서울: 학문사.
김왕동(2011). 창의적 융합인재 양성을 위한 과제: 과학기술과 예술 융합(STEAM). STEPI Insight, 67호, 과학기술정책연구원.
김원구 외(2014). 역량교육의 학교 현장 착근을 위한 방안. 대구광역시교육청 특별연구교사 계획서 및 보고서.
김윤일·이명호·유은옥·이정원(2007). 성공적인 토론 수업을 위한 프로그램 안내. 장학자료 초-229. 대구광역시교육청
김정효 역(1997). 토론학습의 이론과 실제. 교육과학사.
김진규(2007). 교육과정과 교육평가(개정판). 동문사.
김진모(2001). 기업의 인적 자원 개발을 위한 역량 중심의 교육과정 설계. 직업교육연구, 20(2), 109-128.
김진수(2008). 기술교육의 새로운 통합교육 방법인 STEM 교육의 탐색, 한국기술교육학회지, 7(3), 1-29.

김진숙(2017). 4차 산업혁명 대응 미래교육 방향. 4차 산업혁명 대응 미래교육을 말하다. 2017 KERIS 이슈리포트. 연구자료 RM 2017－7. 한국교육학술정보원.
김충기(1986). 진로교육과 진로지도. 서울: 배영사.
김충기(1998). 생활지도 · 상담 · 진로지도. 서울: 교육과학사.
김충기(2000). 진로교육과 진로상담. 서울: 학지사.
김태기 외(2002). 생애단계별 능력형성의 관점에서 본 기업교육의 현황과 과제. 한국교육개발원 연구보고서 RR 2002－19－7.
김평국(2004). 초등학교 교사들의 교과 내용 재구성 실태와 그 활성화 방안. 교육과정연구, 22(2), 91－161.
김혜진(2011). 2009 개정 교육과정의 중학교 사회 교과서 진로교육 내용분석. 금오공과대학교 석사학위논문.
대구광역시교육청(2001). 협의활동 및 토론학습 이렇게 해 봅시다. 장학자료 초－107.
대구광역시교육청(2007). 초등학생의 창의력 신장을 위한 토론학습의 길잡이. 장학자료 정책－28.
대전가양중학교(2014). 자유학기제 운영보고서.
문대영(2009). STEM 통합 접근의 사전 공학 교육 프로그램 모형 개발. 공학교육연구, 11(2), 90－101.
민영욱(2003). 성공하는 사람들의 토론의 법칙. 가림출판사.
박관현(2013). 2009 개정 교육과정에 대한 초등학교 교사의 관심도와 실행도에 관한 연구. 부산대학교 석사학위논문.
박남기(2017). 제4차 산업혁명기의 교육개혁 새패러다임 탐색. 교육학연구, 55(1), 211－240.
박도순 · 홍후조(2006). 교육과정과 교육평가(3판). 문음사.
박병선(2001). 초등학교 사회과에서 문제중심학습(PBL)이 학업 성취에 미치는 효과, 석사학위논문: 공주교육대학교 교육대학원, pp 9～10.
박세원(2013). 학생 이해에 기초한 교과교육과정 통합 재구성 전략: 도덕과를 중심으로. 서울교육대학교 한국초등교육, 24(4), 57－77.
박순경(2010). 2009 개정 교육과정에 따른 교과 교육과정의 개선 방향 탐색. 제1차 교과교육과정개선을 위한 포럼 발표자료. 국가교육과학기술자문회의 교육과정위원회.
박순경 · 이광우 · 이미숙 · 정영근 · 민용성 · 이근호 · 이경진 · 김평국(2008). 초 · 중등학교 교육과정 선진화 개혁 방안 연구(Ⅰ)－총괄. 한국교육과정평가원 연구보고 CRC 2008－28－1. 한국교육과정평가원.
박재윤 · 이정미 · 김택현(2010). 미래교육비전연구. 한국교육개발원 연구보고 RR 2010－08.

한국교육개발원.
박현주 · 백윤수(2011). 융합인재교육(STEAM) 파이오니어(선도교원) 양성과정 연수. 한국과학창의재단.
배선아(2009). 공업계열 전문계 고등학교 전기 · 전자 · 통신 분야의 활동 중심 STEM 교육프로그램 개발. 박사학위논문. 한국교원대학교.
배선아 · 금영충(2009). 공업계열 전문계 고등학교 활동 중심 STEM 교육프로그램 개발 모형. 실과교육연구, 15(4), 72-102.
백령(2013). 자유학기제 연구학교 교원 연수 자료집. 예술 활동 운영모형개발. 한국교육개발원.
부산광역시교육청(2005). 손에 잡히는 토의 · 토론학습.
서울당산중학교(2014). 자유학기제 운영보고서.
서혜숙(2017). 디지털교과서의 현재와 미래. 4차 산업혁명 대응 미래교육을 말하다. 2017 KERIS 이슈리포트. 연구자료 RM 2017-7. 한국교육학술정보원.
성태제(2017). 제4차 산업혁명시대의 인간상과 교육의 방향 및 제언. 교육학연구, 55(2), 1-21.
신동훈(2017). 제4 차 산업혁명과 뇌-기반 교육. 교육비평, (39), 386-421.
신재한(2016). 뇌과학적 고찰을 통한 뇌교육 기반 인성교육 방향 탐색. 아동교육, 25(2), 365-381.
심금순(2001). STS 교육에 관한 초등학교 교사들의 인식과 STS 교수-학습 방법이 아동들의 과학적 태도에 미치는 영향. 석사학위논문. 한국교원대학교 교육대학원.
안영자(2013). 교사의 교육과정 이해와 활용. 초등교육과정 전문가 양성 교육과정 직무연수교재.
안종배(2017). 4 차 산업혁명에서의 교육 패러다임의 변화. 미디어와 교육, 7(1), 21-34.
연암중학교(2013). 자유학기제 시범학교 운영 보고서.
염혜현(2014). 2014 자유학기제 연구학교 교원 연수 발표자료. 강원 함태중학교.
원덕재(2004). 주제 중심의 통합적 접근을 통한 실과의 전통문화 교육 프로그램 개발. 석사학위논문. 한국교원대학교 대학원.
유광찬(2002). 통합교육의 탐구. 교육과학사.
유광찬 · 이영준(2005). 통합교과 교육. 교육과학사.
유승희(1998). 교육과정 재구성과 통합화. 열린교육 춘계 세미나. 대구열린교육연구회, 12-15.
유승희 · 성용구(2001). 초등교사를 위한 프로젝트 접근법. 양서원.
유일호(2009). 대화, 토론, 소통, 인터넷 한국일보 서울경제, 검색일 2009. 3. 25, 웹주소

http://economy.hankooki.com/lpage/opinion/200903/e2009032417463548320.htm
유정애(2013). 자유학기제 연구학교 교원 연수 자료집. 체육 활동 운영모형개발. 한국교육개발원.
유현숙 · 이정미 · 최정윤 · 임후남 · 권기석 · 서영인 · 류장수(2011). 고등교육 미래비전 2040 수립을 위한 정책 연구. 한국교육개발원 연구보고 CR2011－24. 한국교육개발원.
이광우(2008). 미래 한국인의 핵심역량 탐색을 위한 세미나 －초 · 중등학교교육에서 강조해야 할 핵심역량－. 연구자료 ORM 2008－14. 한국교육과정평가원.
이광우 · 민용성 · 전제철 · 김미영(2008). 미래 한국인의 핵심역량 증진을 위한 초 · 중등교육 교육과정 비전 연구(Ⅱ) － 핵심역량 영역별 하위 요소 설정을 중심으로. 연구보고 RRC 2008－7－1. 한국교육과정평가원.
이광우 · 전제철 · 허경철 · 홍원표(2009). 미래 한국인의 핵심역량 증진을 위한 초 · 중등교육 교육과정 설계 방안 연구. 연구보고 RRC 2009－10－1. 한국교육과정평가원.
이근호 · 곽영순 · 이승미 · 최정순(2012). 미래 사회 대비 핵심역량 함양을 위한 국가 교육과정 구상. 한국교육과정평가원 연구보고 CRC RRC 2012－4. 한국교육과정평가원.
이동윤(2011). STEM 교육의 필요성에 대한 기술교사의 인식과 요구. 석사학위논문. 충남대학교 교육대학원.
이병욱(2011). 미래 디지털 사회를 위한 융합의 이해. 생능출판사.
이병욱(2011). 융합의 이해. 생능출판사.
이병환 외(2014). 자유학기제의 안정적 정착 방안. 경상북도교육청 교육정책연구보고서.
이상갑(2001). 주제 중심 통합적 접근에 의한 기술교과 교육프로그램 개발. 박사학위논문. 한국교원대학교 교육대학원.
이성희(2011). 융합인재교육(STEAM) 파이오니어(선도교원) 양성과정 연수. 한국과학창의재단.
이영만(2002). 통합교육과정. 서울: 학지사.
이운발(2005). 고등 사고력 함양을 위한 주제 스트랜드 중심의 사회과 통합교육과정 구성의 방략. 박사학위논문. 경북대학교 대학원.
이지연 · 정윤경 · 최동선 · 김나라(2009). 미국 · 프랑스 · 핀란드 · 덴마크의 진로교육. 한국직업능력개발원.
이태훈(2008). 초등 사회과 문제중심학습 환경에서 자기조절 학습능력이 학습만족도 및 문제해결 과정의 변화에 미치는 영향, 석사학위논문: 계명대학교 교육대학원, p. 6
이홍민 · 김종인(2003). 핵심역량 핵심 인재－인적 자원 핵심역량 모델의 개발과 역량 평가. 리드출판.

인천광역시교육청(2009). 교과교육연구회 도담도담 사회과 토의토론연구회.
인천광역시남부교육지원청(2009). 토의토론에 자신감을 심어주는 초등 사회과 사례 중심 수업자료.
임동욱(2012). 손에 잡히는 STEAM 교육 –무엇이 아이들을 즐겁게 하는가?–(STEAM 가이드북). 교육부·한국과학창의재단.
임보람(2014). 2009 개정 초등학교 교육과정 운영 실태 분석. 청주교육대학교 석사학위논문.
임언(2008). 미래 한국인의 핵심역량 탐색을 위한 세미나 –직업세계에서 요구하는 핵심역량–. 연구자료 ORM 2008–14. 한국교육과정평가원.
임종헌, 유경훈, 김병찬(2017). 4차 산업혁명사회에서 교육의 방향과 교원의 역량에 관한 탐색적 연구. 한국교육, 44(2), 5–32.
장기영(2009). 교과통합 기반의 발명 교사 연수 프로그램에 대한 교사들의 인식 변화. 석사학위논문. 서울교육대학교 교육대학원.
장명희·김선태·박윤희·최동선(2010). 2009 개정 교육과정에 따른 진로교육 교육과정 개선 방향 탐색. 한국직업능력개발원.
전남곡성중학교(2014). 자유학기제 운영보고서.
전남련(2006). 유아교육기관 교사를 위한 프로젝트 접근법의 이론과 실제. 양서원.
전영석(2011). 융합인재교육(STEAM) 파이오니어(선도교원) 양성과정 연수. 한국과학창의재단.
정광순(2013). 2009 개정 교육과정 및 교과교육과정의 이해. 초등 1–2학년 담임교사 직무 연수자료집.
정동준(2012). 초등학교 도덕과 교육에서의 진로교육 방향에 관한 연구. 부산교육대학교 석사학위논문.
정문성(1998). 사회과 협동학습구조에서 의사결정모형이 학업성취에 미치는 효과 연구, 사회와 교육 26호(학술저널), 한국사회과교육학회 pp. 185–206
정문성(2008). 토의토론 수업방법 36, 교육과학사
조헌국(2017). 4 차 산업혁명에 따른 대학교육의 변화와 교양교육의 과제. 교양교육연구, 11(2), 53–89.
최경희(1997). STS 교육의 이해와 적용. 교학사.
최상덕 외(2014). 자유학기제 운영 종합매뉴얼. 한국교육개발원 연구자료 CRM2014–56.
최승현·곽영순·노은희(2011). 학습자의 핵심역량 제고를 위한 교수학습 및 교사교육 방안 연구: 중학교 국어, 수학, 과학교과를 중심으로. 한국교육과정평가원 연구보고 RRI 2011–1. 한국교육과정평가원.

최호성(2008). 교육과정 및 평가–이해와 응용–. 교육과학사.

하동중앙중학교(2014). 자유학기제 운영보고서.

하순련(2008). 다중지능이론에 접근한 프로젝트 접근 방법의 이론과 실제. 양서원.

한경호(2016). 제4차 산업혁명과 교육. "제4차 산업혁명 시대와 여성인재 양성. 2016 추계 학술세미나집. (사)전국여교수연합회, 128–146.

한국교육개발원(2013). 자유학기제 연구학교 워크숍 자료집. 한국교육개발원.

한국교육개발원(2014). 2014년도 2차 자유학기제 연구학교 교원 연수 교재.

한국직업능력개발원(2009). 공부가 참 재미있는 초등 교과통합 진로교육. 한국직업능력개발원.

한국직업능력개발원(2011). 초등 교과 통합 진로교육 교수·학습자료 개발 매뉴얼. 한국직업능력개발원.

한국직업능력개발원(2012). 학교 진로교육 목표와 성취기준. 한국직업능력개발원.

한국직업능력개발원(2013a). 학교진로교육프로그램 SCEP 운영.

한국직업능력개발원(2013b). 전환기 진로지도 프로그램 운영 매뉴얼; STP–H.

한국직업능력개발원(2013c). 전환기 진로지도 프로그램 운영 매뉴얼; STP–J.

한국직업능력개발원. (http://www.career.go.kr)

한동숭(2016). 4차 산업 혁명 시대, 대학 교육과 콘텐츠. 인문콘텐츠, (42), 9–24.

한은미(2016). 제4차 산업혁명 시대, 노동시장의 위기와 기회. "제4차 산업혁명 시대와 여성인재 양성. 2016 추계학술세미나집. (사)전국여교수연합회, 112–124.

현주 외(2004). KEDI 종합검사도구 개발을 위한 기초연구. 한국교육개발원 연구보고서 RR 2004–18.

홍선주, 이명진, 최영진, 김진숙, 이인수(2016). 지능정보사회 대비 학교 교육의 방향 탐색. 연구자료 ORM 2016–26–9. 한국교육과정평가원.

홍원표(2013). 2009 개정 교육과정에 따른 초등학교 학년군 제도의 현장 적용에 대한 탐색적 연구. 초등교육연구, 26(2).

홍후조(2002). 교육과정의 이해와 개발. 문음사.

황규호(2013). 자유학기제를 위한 교육과정 설계 방안 탐색. 제1차 자유학기제 포럼 자료집. 한국교육개발원.

Beane, J. A.(1993). Problems and Possibilities for an Integrative Curriculum. Middle School Journal, 18–23.

Bobbit, F.(1918). The curriculum. Boston: Houghton Mifflin.

Boyatzis, R. E.(19820. The competent Manager: A Model for effective performance.

New York: Wiley.
Bybee, R & Mau, T.(1986). Science and Technology related global problems: An international survey of science educators. Journal of Research in. Science Technology, 23.
Caswell, H. L., & Campbell, D. S.(1935). Curriculum development. New York: American Book.
Chard, S. C.(1995). 지옥정 역(1995). 프로젝트 접근법: 교사를 위한 실행지침서. 창지사.
Collings, E.(1923). An experiment with a project curriculum. N. Y.: Teachers College Press.
Cornbleth, C.(1990). Curriculum in context. London: Falmer.
Dewey, J.(1902). Child and the curriculum. Chicago: University of Chicago Press.
Dewey, J.(1916). Essays in Experimental Logic. Chicago: University of Chi－cago Press, 97－99.
Doll, R. C.(1992). Curriculum improvement: Decision making and process. (8th ed.) Boston: Allyn & Bacon, Inc.
Downes, L., & Nunes, P.(2014). Big bang disruption: Strategy in the age of devastating innovation. Penguin.
Dressel, P. L.(1958). The ingegration of educational experiences. Chicago: University of Chicago Press.
Dubois, d.(19930. competency－Based Performance Improvement: A Strategy for Organization Change. Amberst, MA: HRD Press.
Ginzberg, E.Ginsburg, S.W., Axelrad, S. and Herman, J. L.(1951). *Occupational Choic: An Approach to a General Theory.* New York: Columbia University Press.
Griffin, P., McGaw, B., & Care, E.(Eds.)(2012). Assessment and Teaching of 21st Century skills. Springer: New York.
Hamel, G., & Prahalad, C.K.(1990). The Core Competence of the Corporation, Harvard Business Review, 68(3), 79－93.
Hass, G.(1987). Curriculum planning: A New approach. (5th ed.). Boston: Allyn and Bacon.
Hopkins, L. T.(1937). Integration－Its Meaning and Application. D. Appleton－Century Company, 1.
Hoyt. K. B. (1974). *An introduction to career education.* Washington D. C.: U. S. Government Printing Office.

Hutchins, R. M.(1936). The higher learning in America. New Haven, CT: Yale University Press.

Ingram, J. B.(1979). Curriculum Integration and Lifelong Education. N. Y..: Pergamon, 24.

Jensen, E. (2007). Introduction to brain－compatible learning. Corwin Press.

Johnson, M.(1967). Definitions and models in curriculum theory. Educational Theory, 17(2), 127－140.

Katz, L. & Chard, S. C.(1989). Engaging Chilren's Minds. 이윤경 · 석춘희 역(1995). 유아들의 마음 사로잡기. 이화여자대학교출판부.

Kim, S. I. (2006). Brain－based Learning Science: What can the Brain Science Tell us about Education?. Korean Journal of Cognitive Science, 17.

Kindsvatter, R(1990). Teacher social power and classroom discussion. In W. Wilen(Ed), Teaching and learning through discussion: The Theroy, Research and Practice of the discussion Method. Springfield: Charles C. Thomas Pub.

Klemp, G. P.(Ed).(1980). The Assessment of Occupational Competence. Washington D. C.: Report to the National Institute of Education.

Lomask, M.(1996). Extended Performance Tasks for Mathematics, Science, and Technology.

McBrien, J. L., & Brandt, R.(1997). The language of learning: A guide to educational terms. Alexandria, VA: Associaton for Supervision and Curriculum Development.

OECD(2003). Definition and selection of competencies: Theoretical and conceptual foundation(DeSeCo), OECD Press.

Oliva, P. F.(2001). Developing the curriculum. (5th ed.). New York: Longman.

Pillkahn, M.(2011). Trends und Szenarien Als Werkzeuge Zur Strategieentwicklung. Public corporate Public, Erlangen. 박여명 역(2009). 트랜드와 시나리오. 서울: 응진씽크빅.

Popham, W. J., & Baker, E. I.(1970). Systematic instruction. Englewood Cliffs, NJ: Prentice Hall.

Pring, R.(1978). Curriculum Integration. The Philosophy of Education. London: Oxford Uni. Press, 126－127.

Ragan, W. B.(1960). Modern elementary curriculum. (Rev. ed.). New York: Henry Holt.

Rawciffe, F. W.(1927). Practical problem project(1924－1927). Chicago: F. E. Compton

& Company.

Rugg, H. O.(1927). An adventure in understanding. In G. M. Whipple(Ed.), The foundations of curriculum-making. 26th Yearbook, National Society for the study of Education, Part 2. Bloomington, IL: Public School Publishing.

Satchwell, R. E. & Loepp, F. L.(2002). Designing and Implementing Integrated Mathematics, Science and Technology Curriculum for the Middle School.

Saylor, J. G., Alexander, W. M., & Lewis, A. J.(1981). Curriculum planning for better teaching and learning. (4th ed.). New York: Holt, Rinehart and Winston.

Schwab, K.(2016). The Fourth Industrail Revolution. Colony/Geneva: World Economic Forum. 송경진(역). 제4차 산업혁명. (2016). 서울: 새로운 현재.

Schwab, K.(2016). The Fourth Industrial Revolution: what it means, how to respond. Paper Presented at World Economic Forum Annual Metting 2016.

Shulman. L. S.(1986). Paradigams and research programs in the study of teaching, A comtemporary perspective, In M. C. Wittrock(ed.) Handbook of research on teaching(3rd edition, 3-36). New York: Macmillan.

Spencer, L. M., & Spencer, S. M.(1998). 민병모 외(역). 핵심역량 모델의 개발과 활용. PSI컨설팅.

Super, D. E. (1957). *The psychology of careers.* New York.: Harper and Brothers.

Taba, H.(1962). Curriculum development: Theory and practice. New York: Harcourt Brace and World.

Tanner, D., & Tanner, L. N.(1995). Curriculum development: Theory into practice. (3rd ed.). New York: Macmillan.

Tyler, R. W.(1949). Basic Principles of Curriculum and Instruction. Chicago: University of Chicago Press, 1-56.

Wiles, J. W., & Bondi, J.(2006). Curriculum development: A guide to practice. (6th Ed.). Upper Saddle River, New Jersey: Prentice Hall.

World Economic Forum.(2016). The Future of Jobs: Employment, Skills and Workforce Strategy for the Fourth Industrial Revolution. Colony/Geneva: World Economic Forum. January 2016.

Yakman, G. & Jinsoo, Kim(2007). Using BADUK to teach purposefully integrated STEM/STEAM Education. 37th Annual Conference International Society for Exploring Teaching and Learning, Atlanta, USA.

저자 소개

신재한 교수

국제뇌교육종합대학원대학교 뇌교육학과 학과장
경북대학교 교육학 박사(교육공학)
한국교육개발원 연구위원
한국교육과정평가원 교수학습센터 운영위원
인성교육연구원 원장
교육부 연구사

논문

- 뇌과학적 고찰을 통한 뇌교육 기반 인성교육 방향 탐색
- 뇌교육 기반 인성놀이 프로그램이 초등학생의 인성지수에 미치는 효과
- 뇌교육 기반 인성계발 통합프로그램이 아동의 자아존중감 및 사회성에 미치는 영향
- 뇌교육 기반 인성교육과정이 청소년의 인성지수에 미치는 영향
- 에너지집중력 스톤을 활용한 자석놀이가 초등학생의 집중력과 두뇌활용능력에 미치는 영향
- 테니스 운동 경력자와 비경력자의 뇌파와 두뇌활용능력의 차이 분석
- 두뇌활용능력의 이론 및 원리 탐색

학술연구

- 인성교육 평가 모형 및 지표 개발 연구
- 2015개정 교육과정 및 교과서 개발 연구
- 학교폭력 예방을 위한 학교장 연수프로그램 – 개발 연구
- 진로캠프 프로그램 개발 연구
- 집중력 향상 프로그램 개발 연구

저서

- 인성교육의 이론과 실제
- 뇌기반 자기주도학습의 이론과 실제
- 교육 프로그램 개발의 이론과 실제
- 창의인성교육을 위한 수업 설계 전략
- 융합교육의 이론과 실제
- 자유학기제의 이론과 실제
- 구조중심 협동학습 전략
- 수업컨설팅의 이론과 실제

박소영

충청북도 진로교육원 상담사
보담브레인연구소 연구원
인성교육연구원 선임연구원

인공지능 시대 미래 핵심 역량 향상을 위한 진로교육의 이해와 실제

초판발행 2021년 10월 15일

지은이 신재한 · 박소영
펴낸이 노 현

편 집 김윤정
기획/마케팅 오치웅
표지디자인 이수빈
제 작 고철민 · 조영환

펴낸곳 ㈜ 피와이메이트
서울특별시 금천구 가산디지털2로 53 한라시그마밸리 210호(가산동)
등록 2014. 2. 12. 제2018-000080호
전 화 02)733-6771
f a x 02)736-4818
e-mail pys@pybook.co.kr
homepage www.pybook.co.kr
ISBN 979-11-6519-195-5 93370

정 가 29,000원

박영스토리는 박영사와 함께하는 브랜드입니다.